国土空间规划 100 讲

河北省国土空间规划编制研究中心　编著

中国建筑工业出版社

图书在版编目（CIP）数据

国土空间规划100讲/河北省国土空间规划编制研究
中心编著.—北京：中国建筑工业出版社，2024.5
ISBN 978-7-112-28952-3

Ⅰ.①国…　Ⅱ.①河…　Ⅲ.①国土规划—中国　Ⅳ.
①F129.9

中国国家版本馆CIP数据核字（2023）第132533号

责任编辑：黄　翊
文字编辑：郑诗茵
责任校对：王　烨

国土空间规划100讲

河北省国土空间规划编制研究中心　编著

*

中国建筑工业出版社出版、发行（北京海淀三里河路9号）

各地新华书店、建筑书店经销

北京雅盈中佳图文设计公司制版

河北鹏润印刷有限公司印刷

*

开本：880毫米×1230毫米　1/16　印张：18¾　字数：502千字

2024年7月第一版　2024年7月第一次印刷

定价：99.00元

ISBN 978-7-112-28952-3

（41675）

本书编委会

主　　编：赵　勇
副 主 编：崔立烨　张　平　谢雪燕
编写组成员：张守利　刘　阳　霍　磊　柴红霞　苗润涛
　　　　　　武明明　李　如　任少飞　张　浩　刘怡茜
　　　　　　赵晶雪　李　宁　马静思　张吉雄　杜琬馨
　　　　　　郭士永　李雪培　武文智　田时雨　孙佳琪
　　　　　　韩文烁　褚　铮　崔晓美　李梦姣　郝会思
　　　　　　薛少欣　吴紫琼　张　帆　杨一洋　李　雯

序

国土空间规划是国家空间发展的指南、可持续发展的空间蓝图，是各类开发、保护、建设活动的基本依据。建立国土空间规划体系并监督实施，将主体功能区规划、土地利用规划、城乡规划等空间规划融合为统一的国土空间规划，实现"多规合一"，强化国土空间规划对各专项规划的指导约束作用，是党中央、国务院作出的重大部署。

目前，国土空间规划体系总体形成，但针对不同层级、不同类型的规划工作，还有很多问题需要在实际中认真探索。特别是"多规合一"后，不同工作背景的规划工作者走到一起，担负起规划和自然资源管理的工作，第一步要做的努力就是相互融合。从事城乡规划的同志们要认真补充学习土地利用规划领域的政策和理论技术知识，反过来，过去从事土地利用规划的同志们也需要认真补充学习城乡规划的政策和理论技术知识，相互学习，共同探索，以适应改革对规划工作的新要求。这方面不少地方有很好的培训学习经验。

河北省国土空间规划编制研究中心编写了《国土空间规划 100 讲》，就国土空间规划体系、战略定位与空间格局、三条控制线、用地用海、资源环境底线约束、中心城区布局形态、自然历史文化资源和国土整治修复、公共设施布局与安全防灾、乡镇和村庄规划、规划实施管理 10 个方面的问题进行了认真梳理，对实际工作中常见的重要概念和技术方法进行解答，简明扼要，图文并茂，不失为一部国土空间规划工作的好读本。

这个读本着眼于帮助基层的国土空间规划管理人员，不仅介绍了国家的国土空间规划政策法规文件，而且结合不同地方省、市、县、乡村的规划案例，解答了不同层级国土空间规划技术指南的有关要求，还系统梳理了各行业"十四五"规划和专项规划的要求。编者精心组织素材，下了很大功夫，尽管有些观点还可以讨论，但其中体现出规划工作者的敬业精神，是当下推进国土空间规划工作非常需要的。

衷心感谢河北省国土空间规划编制研究中心的同仁们付出的努力！

张兵

自然资源部国土空间规划局

目录

第三篇

三条控制线　／ 083

第四篇

国土空间规划用地用海安排　／ 103

第五篇

资源环境底线约束 / 123

第六篇

市县中心城区空间布局形态 / 149

第七篇

自然历史文化资源保护利用和国土整治修复　/ 183

第八篇

公共设施布局与安全防灾　/ 213

第九篇

乡镇国土空间总体规划和村庄规划　/ 239

第十篇

规划实施管理和"一张图"建设　/ 269

1

第一篇

国土空间规划体系

1. 建立国土空间规划体系并监督实施的意义与要求

2019 年 1 月，中央全面深化改革委员会第六次会议指出，将主体功能区规划、土地利用规划、城乡规划等空间规划融合为统一的国土空间规划，实现"多规合一"，是党中央作出的重大决策部署。要科学布局生产空间、生活空间、生态空间，体现战略性，提高科学性，加强协调性；强化规划权威，完善规划审批，健全用途管制，监督规划实施，强化国土空间规划对各专项规划的指导约束作用。

（1）国土空间规划概念

国土空间规划是对一定区域国土空间开发保护在空间和时间上作出的安排，是国家空间发展的指南、可持续发展的空间蓝图，是各类开发保护建设活动的基本依据。

（2）建立国土空间规划体系的重大意义

加快形成绿色生产方式和生活方式、推进生态文明建设、建设美丽中国的关键举措。建设生态文明是中华民族永续发展的千年大计。国土是生态文明建设的空间载体。中共中央、国务院印发《关于生态文明体制改革总体方案》中明确提出，构建以空间规划为基础、以用途管制为主要手段的国土空间开发保护制度，着力解决因无序开发、过度开发、分散开发导致的优质耕地和生态空间占用过多、生态破坏、环境污染等问题。国土空间规划就是要合理划定耕地和永久基本农田、生态保护红线、城镇开发边界，强化底线约束，优先保障粮食安全、生态安全、国土安全，形成节约资源和保护环境的空间格局。

坚持以人民为中心、实现高质量发展和高品质生活、建设美好家园的重要手段。推动高质量发展，是适应我国社会主要矛盾变化和全国建成小康社会、全面建设社会主义现代化国家的必然要求。过去很长一段时间，我们城市工作指导思想不太重视人居环境建设，重建设、轻治理，重速度、轻质量，重眼前、轻长远，重发展、轻保护，重地上、轻地下，重新城、轻老城。现在，人民群众对城市宜居生活的期待不断提高，城市工作要把创造优良人居环境作为中心目标，努力把城市建设成为人与人、人与自然和谐共生的美丽家园[1]。这就需要发挥国土空间规划在城乡建设方面的指导和调控作用，优化国土空间结构和布局，实现高质量发展和高品质生活。

保障国家战略有效实施、促进国家治理体系和治理能力现代化、实现"两个一百年"奋斗目标和中华民族伟大复兴的必然要求。新中国成立后，特别是改革开放以来，各级、各类空间规划在支撑城镇化快速发展、促进国土空间合理利用和有效保护方面发挥了积极作用，但也存在规划类型过多、内容重叠冲突、审批流程复杂、周期过长、地方规划朝令夕改等问题[2]。因此，要发挥国土空间规划在

云南省红河哈尼梯田
图片来源：图虫网.

---

[1] 中共中央党史和文献研究院. 论坚持人与自然和谐共生 [M]. 北京：中央文献出版社，2022.
[2] 同[1].

国家规划体系中的基础性作用，为国家发展规划落地实施提供空间保障，科学配置各类资源，强化对各类开发保护建设活动的空间管制，从而全面落实党中央、国务院重大决策部署。

（3）国土空间规划编制要求[1]

体现战略性。全面落实党中央、国务院重大决策部署，体现国家意志和国家发展规划的战略性，自上而下编制各级国土空间规划，对空间发展作出战略性、系统性安排。落实国家安全战略、区域协调发展战略和主体功能区战略，明确空间发展目标，优化农业生产格局、生态保护格局、城镇化格局，确定空间发展策略，转变国土空间开发保护方式，提升国土空间开发保护质量和效率。

提高科学性。坚持生态优先、绿色发展，尊重自然规律、经济规律、社会规律和城乡发展规律，因地制宜开展规划编制工作。坚持节约优先、保护优先、自然恢复为主的方针，在资源环境承载能力和国土空间开发适宜性评价的基础上，科学有序统筹布局农业、生态、城镇等功能空间，划定耕地和永久基本农田、生态保护红线、城镇开发边界等空间管控边界以及各类海域保护线，强化底线约束，为可持续发展预留空间。坚持山水林田湖草生命共同体理念，加强生态环境分区管治，量水而行，保护生态屏障，构建生态廊道和生态网络，推进生态系统保护和修复，依法开展环境影响评价。坚持陆海统筹、区域协调、城乡融合，优化国土空间结构和布局，统筹地上地下空间综合利用，着力完善交通、水利等基础设施和公共服务设施，延续历史文脉，加强风貌管控，突出地域特色。坚持上下结合、社会协同，完善公众参与制度，发挥不同领域专家的作用。运用城市设计、乡村营造、大数据等手段，改进规划方法，提高规划编制水平。

加强协调性。强化国家发展规划的统领作用，

强化国土空间规划的基础作用。国土空间总体规划要统筹和综合平衡各相关专项领域的空间需求。详细规划要依据批准的国土空间总体规划进行编制和修改。相关专项规划要遵循国土空间总体规划，不得违背总体规划强制性内容，其主要内容要纳入详细规划。

注重操作性。按照谁组织编制、谁负责实施的原则，明确各级各类国土空间规划编制和管理的要点，明确规划约束性指标和刚性管控要求，同时提出指导性要求。制定实施规划的政策措施，提出下级国土空间总体规划和相关专项规划、详细规划的分解落实要求，健全规划实施传导机制，确保规划能用、管用、好用。

云南省大山包黑颈鹤国家级自然保护区
图片来源：图虫网.

（4）国土空间规划实施与监管要求[2]

推进"多规合一"。要坚持"多规合一"，不在国土空间规划体系之外另设其他空间规划。不再新编和报批主体功能区规划、土地利用总体规划、城镇体系规划、城市（镇）总体规划、海洋功能区划等。已批准的规划期至2020年后的规划，将既有规划成果融入新编制的同级国土空间规划中，实现规划编制更加科学，实施监管更加严格。

---

❶ 中国政府网 . 国新办就《中共中央 国务院关于建立国土空间规划体系并监督实施的若干意见》有关情况举行新闻发布会 . http：//www.china.com.cn/zhibo/content_74818917.htm.

❷ 同 ❶.

体现国家意志。 下级国土空间规划要服从上级国土空间规划，相关专项规划和详细规划要服从总体规划。要把党中央、国务院的重大决策部署，以及国家安全战略、区域发展战略、主体功能区战略等国家战略，通过约束性指标和管控边界逐级落实到最终的详细规划等实施性规划上，保障国家重大战略落实和落地。

强化规划权威。 规划一经批复，任何部门和个人不得随意修改、违规变更，防止出现换一届党委和政府改一次规划的现象。坚持先规划、后实施，不得违反国土空间规划进行各类开发建设活动。规划不是一成不变的，但对规划的调整和修改有严格的限制。因国家重大战略调整、重大项目建设或行政区划调整等确需修改规划的，须先经规划审批机关同意后，方可按法定程序进行修改。

"一张图"支撑。 建立全国统一的国土空间规划的基础信息平台，并形成全国国土规划"一张图"。以自然资源调查数据为空间基础，应用全国统一的测绘基准和测绘系统，整合各类空间数据，利用先进的信息化手段来构建全国统一的国土空间基础信息平台。同时，结合各级、各类国土空间规划编制，逐步形成全国统一的国土空间基础信息平台，建立形成全国国土空间开发保护的"一张图"。

落实"放管服"改革。 按照"谁审批、谁监管"的原则，以"多规合一"为基础，统筹规划、建设、管理三大环节，推动"多审合一""多证合一"。重点实行控制性审查，减少过去审查内容承载过多的问题。按照"放管服"改革的要求，改进用地审批和其他行政许可，切实改善营商环境，提高行政审批效率，促进营商环境更加优化、更加有利。

强化监督实施。 依托国土空间基础信息平台，建立健全国土空间规划动态监测评估预警和实施监管机制。上级自然资源主管部门要会同有关部门组织对下级国土空间规划中各类管控边界、约束性指标等管控要求的落实情况进行监督检查，将国土空间规划执行情况纳入自然资源执法督察内容。健全资源环境承载能力监测预警长效机制，建立国土空间规划定期评估制度，结合国民经济社会发展实际和规划定期评估结果，对国土空间规划进行动态调整完善。

加强用途管制。 以国土空间规划为依据，对所有国土空间分区分类实施用途管制。在城镇开发边界内的建设，实行"详细规划 + 规划许可"的管制方式；在城镇开发边界外的建设，按照主导用途分区，实行"详细规划 + 规划许可"和"约束指标 + 分区准入"的管制方式。对以国家公园为主体的自然保护地、重要海域和海岛、重要水源地、文物等实行特殊保护制度。因地制宜制定用途管制制度，为地方管理和创新活动留有空间。

2. 空间规划演进历程和主要特征

从演进历程来看，我国空间规划大概经历了城市规划先导阶段，土地利用规划、城乡规划、主体功能区规划并存阶段，"多规合一"探索阶段，国土空间规划体系建立阶段 4 个阶段。

（1）城市规划先导阶段

该阶段大体为新中国成立至改革开放前后。新中国成立初期，我国借鉴苏联经验建立起城市规划制度，1984 年颁布《城市规划条例》，1989 年颁布《城市规划法》，明确城市规划分为总体规划和详细规划两个层次。

（2）土地利用规划、城乡规划、主体功能区规划并存阶段

该阶段大体为改革开放前后至党的十八大前。

土地利用规划。国家 1986 年颁布《土地管理法》，1998 年进一步修订，明确土地利用总体规划的任务是规定土地用途、控制建设用地总量、对耕地实行特殊保护。

国土规划。20 世纪 80 年代，国家组织编制了《京津唐地区国土规划纲要》，1987 年颁布了《国土规划编制办法》，1990 年后我国大部分地区相继开展了编制，1998 年国土规划的职能划转国土资源部。

城乡规划。2007 年颁布《城乡规划法》，实现了从城市规划到城乡规划的转变，建立了城镇体系规划、城市规划、镇规划、乡规划、村庄规划的规划体系。

主体功能区规划。2007 年《国务院关于编制全国主体功能区规划的意见》印发，提出将主体功能区规划确定的优化开发区域、重点开发区域、限制

专栏　北京城市总体规划（2004 年—2020 年）

《北京城市总体规划（2004 年—2020 年）》确定的规划区范围为北京市行政辖区，总面积为 16410 平方千米。规划明确了北京城市发展目标为"国家首都、世界城市、文化名城和宜居城市"[1]。

规划提出构建"两轴（沿长安街的东西轴和传统中轴线的南北轴）、两带（包括怀柔、密云、顺义、通州、亦庄、平谷的'东部发展带'和包括延庆、昌平、门头沟、房山、大兴的'西部发展带'）、多中心（多个服务全国、面向世界的城市职能中心）"的城市空间格局。

北京市城市空间结构规划图
图片来源：《北京城市总体规划（2004 年—2020 年）》，2004 年 12 月发布．

---

[1] 《北京城市总体规划（2004 年—2020 年）》，2004 年 12 月发布．

专栏　浙江省杭州市土地利用总体规划（2006—2020年）

　　《杭州市土地利用总体规划（2006—2020年）》提出以国际风景旅游城市和文化旅游城市为发展目标，严格保护生态环境用地、耕地和风景旅游用地资源。按照在长江三角洲建设最宜居城市和建设品质城市的要求，优化土地利用结构和空间布局。

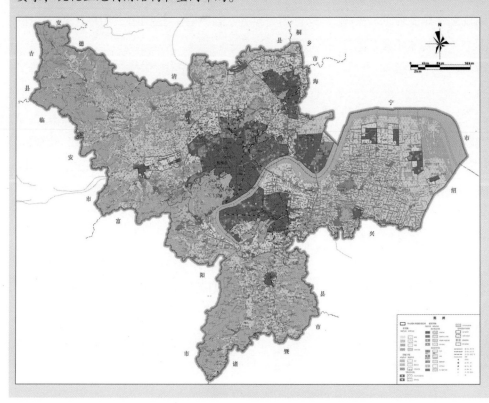

　　规划将杭州市域划分为基本农田集中区、一般农业发展区、城镇村发展区、独立工矿区、生态环境安全控制区、自然与文化遗产保护区六个土地利用功能区。

杭州市土地利用总体规划图
图片来源:《杭州市土地利用总体规划（2006—2020年）》，2010年11月发布.

开发区域和禁止开发区域，作为确定国土空间保护开发格局的基础依据。

（3）"多规合一"探索阶段

　　该阶段大体为党的十八大至2018年前后。

　　空间规划的提出。2013年，中央城镇化工作会议首次提出要建立空间规划体系，推进规划体制改革，加快推进规划立法工作，形成统一衔接、功能互补、相互协调的规划体系。

　　党的十八届三中全会通过的《中共中央关于全面深化改革若干重大问题的决定》提出要建立空间规划体系，划定生产、生活、生态空间开发管制界限，落实用途管制。

　　省、市、县层面探索。2014年，国家发改、国土、环保和住建四部委在全国选取28个市、县开展"多规合一"试点工作。2015年9月，中共中央政治局会议审议通过了《生态文明体制改革总体方案》，提出建立全国统一、相互衔接、分级管理的空间规划体系。2017年，国务院选取9个省级行政区开展省级空间规划试点工作，要求统筹各类空间性规划，划定农业、生态、城镇空间以及耕地和永久基本农田、生态保护红线、城镇开发边界。

（4）国土空间规划体系建立阶段

　　2018年，《中共中央关于深化党和国家机构改革的决定》提出，强化国土空间规划对各专项规划的指导约束作用，推进"多规合一"，实现土地利用规划、城乡规划等有机融合;《深化党和国家机构改革方案》明确组建自然资源部，并提出了建立国土空间规划体系并监督实施的任务。

2019 年 1 月，中央全面深化改革委员会第六次会议指出，将主体功能区规划、土地利用规划、城乡规划等空间规划融合为统一的国土空间规划，实现"多规合一"。2019 年 5 月，党中央、国务院出台《关于建立国土空间规划体系并监督实施的若干意见》，提出要建立"五级三类"国土空间规划体系。

从空间规划演进历程看，国土空间规划既延续了其他空间规划的优势，又有很多创新和提升，主要体现在以下五个方面。

层级类别方面。完善了原有城乡规划体系，明确国家、省、市、县、乡镇五个层级的总体规划，将村庄规划纳入详细规划；在总体规划和详细规划基础上，增加了专项规划，成为三类规划。

基础评价方面。整合主体功能区规划、土地利用规划和城乡规划中的"资源环境承载能力评价""土地适宜性与潜力评价"和"建设用地评价"，形成资源环境承载能力和国土空间开发适宜性评价（简称"双评价"）。

底线管控方面。明确对农业、生态、城镇空间以及耕地和永久基本农田、生态保护红线、城镇开发边界的划定与管控。确定自然资源利用上线和环境质量安全底线，提出水、土地、能源等重要自然资源供给总量、结构以及布局调整的重点和方向。

空间布局方面。确定城镇等级结构、规模、职能，明确中心城区用地布局和空间形态，安排水电路气讯等基础设施、文教体卫等公共服务设施和安全设施。

空间管制方面。落实主体功能区等国家重大战略，确定农业、生态、城镇三大空间。完善区域协调格局，重点解决资源和能源、生态环境、重大基础设施共建共享等区域协同问题。

专栏　山东省国土空间开发保护格局

山东省突出"一群两心三圈"区域布局的战略引领作用，并确定国土空间开发保护总体格局为"一群"（山东半岛城市群）、"双核"（济南、青岛）、"两屏"（鲁中南山地丘陵、鲁东低山丘陵）、"三带"（沿黄、沿海、沿大运河生态带）、"三区"（莱州湾、威海、日照海域三大海洋渔业集中发展区）、"九田"（护鲁北、鲁西北、鲁西南、汶泗、湖东、沂沭、鲁东南、胶莱、淄潍九大农田集中区）。

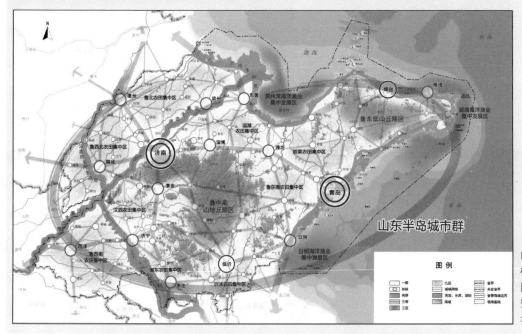

山东省国土空间开发保护格局图

图片来源：《山东省国土空间规划（2021—2035年）》，2024 年 1 月公布．

3. 国家发展规划与国土空间规划

《中共中央 国务院关于统一规划体系更好发挥国家发展规划战略导向作用的意见》提出，立足新形势新任务新要求，明确各类规划功能定位，理顺国家发展规划和国家级专项规划、区域规划、空间规划的相互关系，避免交叉重复和矛盾冲突。

（1）国家发展规划

国家发展规划即中华人民共和国国民经济和社会发展五年规划纲要，是社会主义现代化战略在规划期内的阶段性部署和安排，主要阐明国家战略意图、明确政府工作重点、引导规范市场主体行为，是经济社会发展的宏伟蓝图，是全国各族人民共同的行动纲领，是政府履行经济调节、市场监管、社会管理、公共服务、生态环境保护等职能的重要依据。

国家发展规划统筹重大战略和重大举措时空安排功能，明确空间战略格局、空间结构优化方向以及重大生产力布局安排，为国家级空间规划留出接口。科学选取需要集中力量突破的关键领域和需要着力开发或者保护的重点区域，为确定国家级重点专项规划编制目录清单、区域规划年度审批计划并开展相关工作提供依据。

专栏 长江三角洲地区区域规划

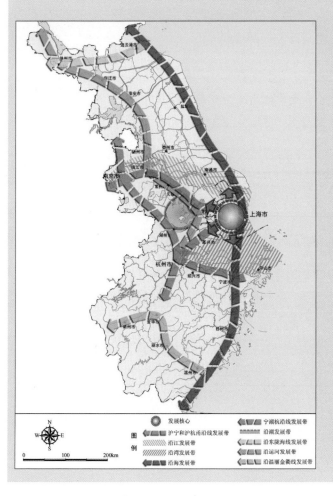

《长江三角洲地区区域规划》于2010年经国务院批复后，由国家发展和改革委员会印发实施。该规划统筹两省一市（江苏省、浙江省、上海市）发展，辐射泛长三角地区，涉及区域面积21.07万平方千米，是指导长三角地区未来一个时期发展改革的纲领性文件和编制相关规划的依据。

规划提出，按照优化开发区域的总体要求，统筹区域发展空间布局，形成以上海为核心，沿沪宁和沪杭甬线、沿江、沿湾、沿海、沿宁湖杭线、沿湖、沿东陇海线、沿运河、沿温丽金衢线为发展带的"一核九带"空间格局，推动区域协调发展。

长江三角洲地区区域规划总体布局图
图片来源：《长江三角洲地区区域规划》，2010年6月发布.

（2）国土空间规划

国土空间规划是国家空间发展的指南、可持续发展的空间蓝图，是各类开发保护建设活动的基本依据。建立国土空间规划体系并监督实施，将主体功能区规划、土地利用规划、城乡规划等空间规划融合为统一的国土空间规划，实现"多规合一"，强化国土空间规划对各专项规划的指导约束作用，是党中央、国务院作出的重大部署。

全国国土空间规划是对全国国土空间作出的全局安排，是全国国土空间保护、开发、利用、修复的政策和总纲。在资源环境承载能力和国土空间开发适宜性评价的基础上，科学有序统筹布局农业、生态、城镇等功能空间，划定耕地和永久基本农田、生态保护红线、城镇开发边界等空间管控边界以及各类海域保护线，强化底线约束，为可持续发展预留空间。

专栏　海南省国土空间开发保护格局

《海南省国土空间规划（2020—2035）》（公开征求意见版）提出，构建南北两极带动（分别以海口和三亚为核心，构筑"海澄文定"和"大三亚"两大经济圈）、西翼集聚推进（强化"儋州—洋浦"的区域中心职能，打造自由贸易港先行）、东翼组群协同（提升琼海市的区域中心职能，形成以"琼海—万宁"为主体的东部城镇组群）、中部生态保育（以热带雨林国家公园为主体，构建全岛绿色生态核心）、陆海统筹布局（构建有机的"山水林田湖海"生态系统）的国土空间总体格局。

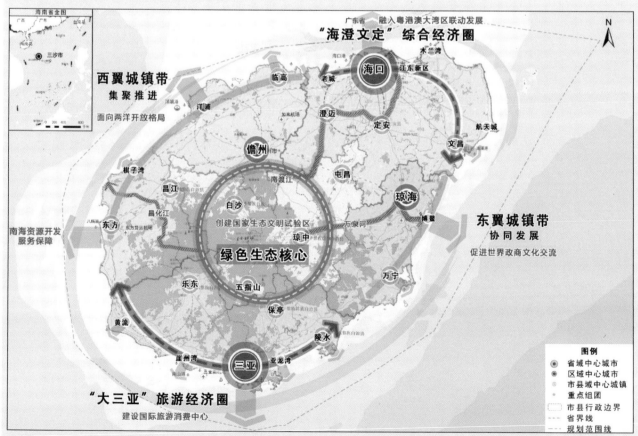

海南省国土空间总体格局规划图

图片来源：《海南省国土空间规划（2020—2035）》（公开征求意见版），2021 年 3 月公示．

4. 国土空间规划的"五级三类四体系"

国土空间规划体系具有"五级三类四体系"的特点。"五级"是国土空间总体规划的层级,指纵向对应我国行政管理体系的国家级、省级、市级、县级、乡镇级;"三类"指规划类型,即总体规划、详细规划、相关专项规划;"四体系"指规划运行体系,即编制审批、实施监督、法规政策、技术标准。

(1)国土空间规划的"五级"

全国国土空间规划是对全国国土空间作出的全局安排,是全国国土空间保护、开发、利用、修复的政策和总纲,侧重战略性[1]。

省级国土空间规划是对全国国土空间规划的落实,指导市县国土空间总体规划编制,侧重协调性[2]。

市级国土空间总体规划是对省级国土空间规划的细化落实,是市域国土空间保护、开发、利用、修复和指导各类建设的行动纲领,指导县(市、区)国土空间总体规划、城市详细规划、专项规划编制和实施国土空间用途管制,侧重实施性。

县级国土空间总体规划是对省级、市级国土空间总体规划的细化落实,是县域国土空间保护、开发、利用、修复和指导各类建设的总体部署,指导乡镇国土空间总体规划、详细规划、专项规划编制和实施国土空间用途管制,侧重实施性。

乡镇级国土空间总体规划是对市级、县级国土空间总体规划的细化落实,是对乡镇国土空间保护开发作出的具体安排,指导详细规划、村庄规划、专项规划编制和实施国土空间用途管制,侧重实施性。

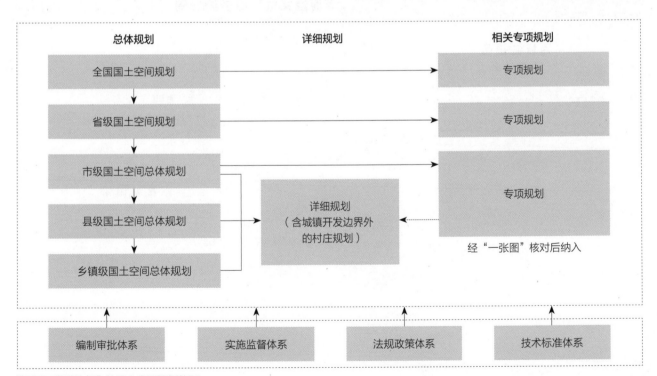

"五级三类四体系"的国土空间规划体系

---

[1] 《中共中央 国务院关于建立国土空间规划体系并监督实施的若干意见》(2019年5月).

[2] 同[1].

（2）国土空间规划的"三类"

总体规划是对一定区域，如行政区全域范围涉及的国土空间保护、开发、利用、修复作出的全局性安排，是详细规划的依据、相关专项规划的基础，体现综合性。总体规划分为国家、省、市、县、乡镇五级。

详细规划是对具体地块用途和开发建设强度等作出的实施性安排，是开展国土空间开发保护活动、实施国土空间用途管制、核发城乡建设项目规划许可、进行各项建设等的法定依据，在市县及以下层面进行编制。详细规划包括城镇开发边界内详细规划、城镇开发边界外村庄规划及风景名胜区详细规划等类型。

专项规划是指在特定区域（流域）、特定领域，为体现特定功能，对空间开发保护利用作出的专门安排，是涉及空间利用的专项规划，包括海岸带，自然保护地，交通、能源、水利、农业、信息、市政等基础设施，公共服务设施，军事设施，安全

专栏　首都功能核心区控制性详细规划（街区层面）（2018 年—2035 年）

首都功能核心区是全国政治中心、文化中心和国际交往中心的核心承载区，是历史文化名城保护的重点地区，是展示国家首都形象的重要窗口地区。《首都功能核心区控制性详细规划（街区层面）（2018 年—2035 年）》落实北京首都的城市战略定位，延续古都历史格局，保障首都功能，提出强化"两轴"（长安街和中轴线）、"一城"（北京老城）、"一环"（沿二环路的文化景观环线）的城市空间结构。

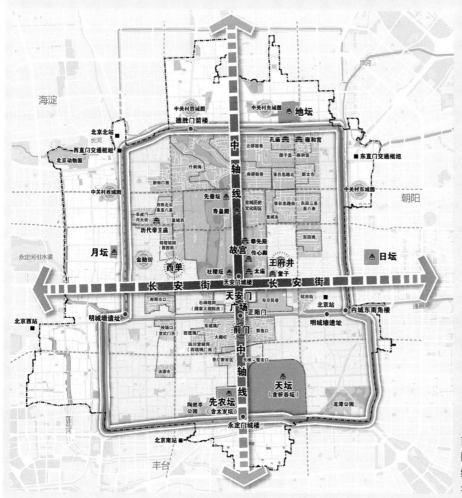

首都功能核心区空间结构规划图

图片来源：《首都功能核心区控制性详细规划（街区层面）（2018 年—2035 年）》，2020 年 8 月发布.

设施，以及生态环境保护、文物保护、林业草原等专项规划。

（3）国土空间规划的"四体系"

编制审批体系。明确国家、省、市、县、乡镇五级规划和总体规划、详细规划、专项规划三类规划的编制内容、审批程序和要求。

实施监督体系。依托国土空间基础信息平台，建立健全国土空间规划动态监测评估预警和实施监管机制。将国土空间规划执行情况纳入自然资源执法督察内容。健全资源环境承载能力监测预警长效机制，建立国土空间规划定期评估制度，结合国民经济社会发展实际和规划定期评估结果，对国土空间规划进行动态调整完善。

法规政策体系。加快国土空间规划相关法律法规建设，国家层面研究制定国土空间规划法，地方政府研究相关配套条例。健全适应国土空间规划要求的配套政策，保障国土空间规划有效实施。

技术标准体系。按照"多规合一"要求，修订完善国土资源现状调查和国土空间规划用地分类标准，构建统一的国土空间规划技术标准体系，制定各级各类国土空间规划编制办法和技术规程。

专栏　河北省国土空间生态修复总体格局

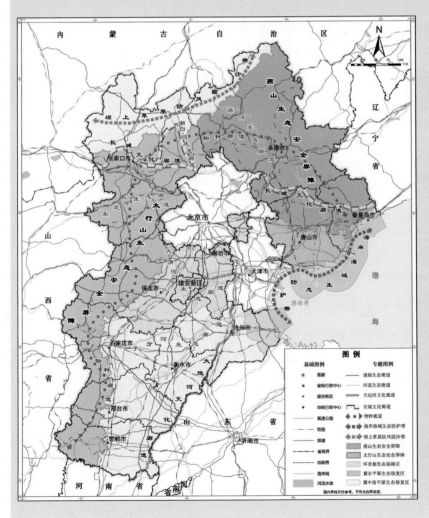

依据河北省自然地理格局，落实京津冀生态安全格局要求，聚焦重点生态功能区，构建"两屏两带三区多廊"的生态修复格局。"两屏"指燕山、太行山生态安全屏障，按地貌单元可进一步划分为燕山山地、太行山地和冀西北间山盆地；"两带"指坝上草原防风固沙带、海岸海域生态防护带；"三区"指环首都生态保障区、冀中南平原生态修复区、冀东平原生态修复区；"多廊"指构筑以重要水系、海岸带、长城文化带、大运河文化带、交通绿道为主的生态廊道网络体系，实现生态空间的连通。

河北省国土空间生态修复总体格局图
图片来源：《河北省国土空间生态修复规划（2021—2035年）》，2022年12月发布．

5. 全国和省级国土空间规划编制审批

《中共中央 国务院关于建立国土空间规划体系并监督实施的若干意见》提出，全面落实党中央、国务院重大决策部署，体现国家意志和国家发展规划的战略性，自上而下编制各级国土空间规划，对空间发展作出战略性系统性安排。按照谁审批、谁监管的原则，分级建立国土空间规划审查备案制度。精简规划审批内容，管什么就批什么，大幅缩减审批时间。

（1）全国国土空间规划

编制审批。 全国国土空间规划由自然资源部会同相关部门组织编制，由党中央、国务院审定后印发。

《全国国土空间规划纲要（2021—2035年）》。 我国首部"多规合一"的国家级国土空间规划，居"五级三类"国土空间规划体系的最顶层，是对未来15年全国国土空间作出的全局安排，是全国国土空间保护开发、利用、修复的政策和总纲。纲要综合考虑全国人口分布、经济布局、国土利用、生态环境保护等因素，整体谋划新时代国土空间开发保护格局，科学布局生产、生活、生态空间，加快形成绿色生产生活方式，保障国家战略有效实施，推动实现高质量发展、高品质生活，促进国家治理体系和治理能力现代化[1]。

（2）省级国土空间规划[2]

编制审批。 省级国土空间规划由省级人民政府组织编制，经同级人大常委会审议后报国务院审批。编制程序包括准备工作、专题研究、规划编制、规划多方案论证、规划公示、成果报批、规划公告等。

规划内容。 包括：①目标定位和空间战略；②开发保护格局，含主体功能分区、生态空间、农业空间、城镇空间、三条控制线等；③自然资源、历史文化和自然景观资源；④基础设施和防灾减灾基础支撑体系；⑤生态修复和国土综合整治；⑥省际协调和省域重点地区；⑦市县规划传导和专项规划指导约束；⑧国土空间基础信息平台和规划监测评估预警；⑨配套政策机制和近期安排等。

专栏 全国土地利用总体规划纲要（2006—2020年）

《全国土地利用总体规划纲要（2006—2020年）》由国土资源部组织编制，于2008年由国务院批准实施。该纲要主要阐明规划期内国家土地利用战略，明确政府土地利用管理的主要目标、任务和政策，引导全社会保护和合理利用土地资源，是实行最严格土地管理制度的纲领性文件，是落实土地宏观调控和土地用途管制、规划城乡建设和各项建设的重要依据。

该纲要提出，到2020年全国耕地保有量18.05亿亩，确保15.60亿亩基本农田数量不减少、质量有提高，建设用地总面积控制在37.24万平方千米（5.5860亿亩）以内。2016年，经国务院同意，国土资源部印发的《全国土地利用总体规划纲要（2006—2020年）调整方案》提出，到2020年全国耕地保有量18.65亿亩，确保15.46亿亩基本农田数量不减少、质量有提高，建设用地总面积40.72万平方千米（6.1079亿亩）。

---

❶ 焦思颖. 我国首部"多规合一"《全国国土空间规划纲要》开编 [N]. 中国自然资源报，2019-9-20（1）.
❷ 《省级国土空间规划编制指南》（试行）.

成果要求。规划成果一般包括规划文本、规划附表、规划图集、规划说明、国土空间规划"一张图"实施监督信息系统评估报告、专题报告和其他材料。

①规划文本。一般包括战略目标和任务、总体格局、农业生产空间保护、生态空间保护与修复、新型城镇化和乡村振兴、陆海空间协同（沿海省份）、文化遗产和自然遗产保护利用、基础支撑体系、区域协调发展的空间指引、规划实施保障。

②规划附表。包括规划指标表、耕地和永久基本农田保护面积指标表、生态保护红线面积指标表、城镇开发边界扩展倍数指标表、国家级和省级主体功能区名录、历史文化保护名录表、无居民海岛分区分类一览表、重点项目安排表、大陆自然岸线保有率指标表、自然保护地一览表、战略性矿产保障

区名录一览表、特别振兴区名录一览表，各地可结合实际情况增加。

③规划图集。一般包括基础分析图和规划成果图，图件内容可根据实际调整。

④规划说明。一般包括规划编制基础、规划协调衔接、规划目标定位、规划空间格局、国土空间布局、历史文化传承、支撑体系、规划方案论证、规划环境影响评价及其他。

⑤国土空间规划"一张图"实施监督信息系统评估报告。评估国土空间规划"一张图"实施监督信息系统的数据是否完备、是否符合有关数据库要求、是否具备规划审查初步功能。评价系统功能模块的完整性和实际管理应用情况，以及支撑国土空间规划编制、审批、实施监管全周期管理的能力。

⑥专题研究报告。根据规划主要内容要求，结合区域国土空间开发利用存在的问题和区域特点，开展国土空间规划专题研究形成的成果集，包括专题研究报告、基础研究数据集、分析图等相关成果。

省级国土空间规划的图件类型表

基础分析图	
区位分析图	地形地貌图
行政区划图	国土空间用地用海现状图
矿产资源分布图	自然保护地现状图
城镇体系现状图	综合交通现状图
历史文化保护现状图	水利基础设施现状图
地质、水文、灾害、海洋环境质量等其他现状图	资源环境承载能力和国土空间开发适宜性评价图（包括单因子评价和综合承载能力评价图）等

规划成果图	
国土空间开发保护格局图	耕地和永久基本农田保护红线图
生态保护红线图	城镇开发边界图
三条控制线图	国家级和省级主体功能区分布图
农产品主产区格局优化图	重点生态功能区格局优化图
城市化地区格局优化图	主要灾害重点防控区域规划图
海洋空间功能布局图	文化遗产与自然遗产整体保护空间体系图
自然保护地体系规划图	生物多样性保护规划图
水资源安全保障和水源涵养保护规划图	重点基础设施规划图
海岸带保护利用规划图	生态修复和国土综合整治规划图
能源资源安全保障规划图	陆海统筹战略格局图
其他相关图件	

资料来源：《省级国土空间规划编制技术规程》（GB/T 43214—2023）

省级国土空间规划审查要点

➢ 国土空间开发保护目标

➢ 国土空间开发强度、建设用地规模，生态保护红线控制面积、自然岸线保有率，耕地保有量及永久基本农田保护面积，用水总量和强度控制等指标的分解下达

➢ 主体功能区划分，城镇开发边界、生态保护红线、永久基本农田的协调落实情况

➢ 城镇体系布局，城市群、都市圈等区域协调重点地区的空间结构

➢ 生态屏障、生态廊道和生态系统保护格局，重大基础设施网络布局，城乡公共服务设施配置要求

➢ 体现地方特色的自然保护地体系和历史文化保护体系

➢ 乡村空间布局，促进乡村振兴的原则和要求

➢ 保障规划实施的政策措施

➢ 对市县级规划的指导和约束要求等

资料来源：根据《自然资源部关于全面开展国土空间规划工作的通知》（自然资发〔2019〕87号）整理．

⑦其他材料。包括规划编制过程中形成的工作报告、基础资料、会议纪要、部门意见、专家论证意见、公众参与记录等。

审查要点。重点对目标定位、重要指标、主体功能区和重要边界、空间格局、自然保护地与历史文化保护体系等内容进行审查。

专栏　江苏省国土空间总体格局

《江苏省国土空间规划（2021—2035年）》严格落实《全国国土空间规划纲要（2021—2035年）》确定的农产品主产区、重点生态功能区和城市化地区格局，细化落实"十四五"规划确定的以粮食生产功能区和重要农产品生产保护区为重点的国家粮食安全产业带，"三区四带"的生态屏障和"两横三纵"的城镇化战略格局，深化落实"1+3"重点功能区，以服务全国构建新发展格局为目标，坚持"生态优先、带圈集聚、腹地开敞"的空间开发保护思路，优化徐淮、里下河、沿海、沿江、宁镇扬丘陵五大农业片区。

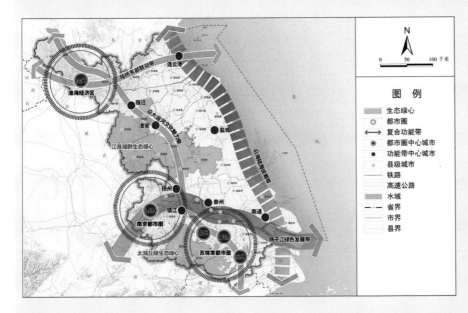

规划围绕总体定位，构建"两心"（太湖丘陵生态绿心、江淮湖群生态绿心）、"三圈"（南京都市圈、苏锡常都市圈、淮海经济区）、"四带"（扬子江绿色发展带、沿海陆海统筹带、大运河文化魅力带、陆桥东部联动带）的国土空间总体格局。

江苏省国土空间总体格局图
图片来源：《江苏省国土空间规划（2021—2035年）》，2023年8月公布．

6. 市县国土空间总体规划编制审批

《中共中央 国务院关于建立国土空间规划体系并监督实施的若干意见》提出，需报国务院审批的城市国土空间总体规划，由市政府组织编制，经同级人大常委会审议后，由省级政府报国务院审批；其他市县国土空间规划由省级政府根据当地实际，明确规划编制审批内容和程序要求。

（1）编制主体和审批程序

市级层面。①直辖市、计划单列市、省会城市及国务院指定城市的国土空间总体规划，由市级人民政府组织编制，经省级人民政府同意后报国务院审批；②其他市（地区、州、盟）国土空间总体规划，由市（地区、州、盟）人民政府组织编制，报省级人民政府审批。

县级层面。县级国土空间总体规划，由县级人民政府组织编制，由省级人民政府根据当地实际，明确规划编制审批内容和程序要求。例如，《中共河北省委 河北省人民政府关于建立国土空间规划体系并监督实施的实施意见》提出，河北省县级国土空间总体规划由县级政府组织编制，北京周边、雄安新区周边、重要生态敏感区20个重点县（市）由市人民政府报省人民政府审批，其他县（市）由市人民政府审批；《湖南省县级国土空间总体规划编制指南（试行）》提出，湖南省县级国土空间总体规划，报市州人民政府审查，审查通过后先将规划数据库报省自然资源主管部门，待规划数据库审查通过后，由市州人民政府将规划成果正式上报省人民政府审批；《浙江省县级国土空间总体规划编制技术要点（试行）》提出，浙江省县级国土空间总体规划，报本级人大常委会审议后，逐级上报浙江省人民政府审批。

（2）规划层次

《市级国土空间总体规划编制指南（试行）》提

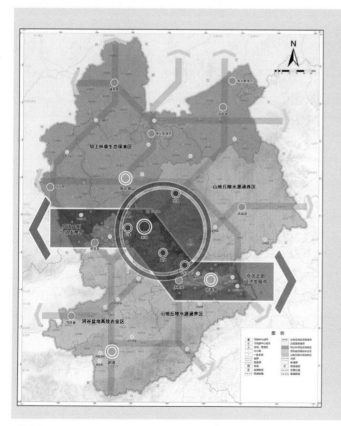

专栏　河北省张家口市国土空间总体格局

张家口市围绕首都水源涵养功能区和生态环境支撑区、国家可再生能源示范区、世界冰雪运动休闲胜地、京冀晋蒙交界区域中心城市的城市性质，统筹全域国土空间保护开发、利用修复。

规划提出构建"一带"（京张走廊经济发展带）、"三区"（坝上林草生态保育区、河谷盆地高效农业区、山地丘陵水源涵养区）、"一主"（中心城区）、"三副"（怀来、张北、蔚县县城）、"多点"（怀安、康保、尚义、沽源、阳原、涿鹿、赤城县城、察北、塞北城区和中心镇）的国土空间开发保护总体格局。

张家口市市域国土空间总体格局规划图
图片来源：《张家口市国土空间总体规划（2021—2035年）》，2024年4月发布.

出，规划层次一般包括市（县）域和中心城区两个层次：①市（县）域要统筹全域全要素规划管理，侧重国土空间开发保护的战略部署和总体格局；②中心城区要细化土地使用和空间布局，侧重功能完善和结构优化。市（县）域与中心城区要落实重要管控要素的系统传导和衔接。

（3）基础工作

市县国土空间总体规划的编制必须建立在扎实的前期调查、分析和研究的基础上，包括统一底图底数，分析自然地理格局，重视规划实施和灾害风险评估，加强重大专题研究，开展城市总体设计研究，建设省、市、县各级国土空间基础信息平台等。

（4）主要编制内容

《市级国土空间总体规划编制指南（试行）》提出，规划主要内容包括：①落实主体功能定位，明确空间发展目标战略；②优化空间总体格局，促进区域协调、城乡融合发展；③强化资源环境底线约束，推进生态优先、绿色发展；④优化空间结构，提升连通性，促进节约集约、高质量发展；⑤完善公共空间和公共服务功能，营造健康、舒适、便利的人居环境；⑥保护自然与历史文化，塑造具有地域特色的城乡风貌；⑦完善基础设施体系，增强城市安全韧性；⑧推进国土整治修复与城市更新，提升空间综合价值；⑨建立规划实施保障机制，确保一张蓝图干到底。

市级国土空间总体规划中强制性内容应包括：①约束性指标落实及分解情况，如生态保护红线面积、用水总量、永久基本农田保护面积等；②生态屏障、生态廊道和生态系统保护格局，自然保护地体系；③生态保护红线、永久基本农田和城镇开发边界三条控制线；④涵盖各类历史文化遗存的历史文化保护体系，历史文化保护线及空间管控要求；⑤中心城区范围内结构性绿地、水体等开敞空间的控制范围和均衡分布要求；⑥城乡公共服务设施配置标准，城镇政策性住房和教育、卫生、养老、文化体育等城乡公共服务设施布局原则和标准；⑦重大交通枢纽、重要线性工程网络、城市安全与综合防灾体系、地下空间、邻避设施等设施布局。

（5）成果要求

《市级国土空间总体规划编制指南（试行）》提出规划成果包括规划文本、附表、图件、说明、专题研究报告、国土空间规划"一张图"相关成果等。

规划文本。文本应当以条款格式表述规划结论，包括文本条文、必要的表格。文本表达应准确规范、简明扼要。

规划图件。主要包括调查型、示意型和管控型

专栏 深圳市国土空间总体规划编制内容

《深圳市国土空间总体规划（2020—2035年）》（草案）主要从10个方面编制，体现深圳特色。

深圳市国土空间总体规划主要内容

规划内容	深圳规划特色
先行示范明确战略目标定位	确定2035年发展目标为建成具有全球影响力的创新创业创意之都和全面共享的和美宜居幸福家园
区域协同打造湾区核心引擎	主动担负起区域发展引领责任，携手周边城市共建粤港澳国际一流湾区和世界级城市群
空间统筹奠定美丽深圳格局	以山水林田湖草为基底、生态廊道为屏障、复合交通骨架网络为支撑，延续多中心、组团式的空间结构，形成"一核多心网络化"的城市开发新格局
生态优先创可持续发展先锋	立足区域生态安全，充分发挥生态绿地和水系对提升生态环境质量的支撑作用，构建"四带八片多廊"生态空间总体格局
以人为本树立民生幸福标杆	聚焦幼有善育、学有优教、劳有厚得、病有良医、老有颐养、住有宜居、弱有众扶的"民生七有"发展目标，推进全民友好型城市建设
创新驱动建高质量发展高地	深入实施创新驱动发展战略，大力推动国土空间提质增效
统筹陆海助推海洋中心城市	积极响应"一带一路"倡议，拓展蓝色战略空间，构建陆海发展空间格局
风貌塑造彰显现代城市魅力	塑造"山、海、城"交织共融的城市整体风貌，营造多彩的城市公共空间，打造"现代文化名城"
强化支撑构建通达韧性城市	2035年的深圳，交通网络互联互通，市政设施韧性安全，新型基础设施全面覆盖，市民生活便利舒心
注重实施提升空间治理能力	不断完善国土空间规划"四个体系"建设，制定十大近期行动计划，努力走出一条符合超大型城市特点和规律的治理新路子

资料来源：《深圳市国土空间总体规划（2020—2035年）》（草案）公示读本，2021年6月公示.

三类，各地可根据实际需要增加其他图件。图件应完整、准确、协调、清晰、美观。

规划说明。阐述规划决策的编制基础、技术分析和编制内容，作为规划实施中配合规划文本和图件使用的重要参考。

市级国土空间总体规划的图件类型表

调查型图件	示意型图件
市域国土空间用地用海现状图	市域主体功能分区图
中心城区国土空间用地用海现状图	市域国土空间总体格局规划图
市域自然保护地分布图	市域城镇体系规划图
市域历史文化遗存分布图	市域城乡生活圈和公共服务设施规划图
市域自然灾害风险分布图	中心城区城市更新规划图
管控型图件	
市域国土空间控制线规划图	中心城区土地使用规划图
市域生态系统保护规划图	中心城区国土空间规划分区图
市域农（牧）业空间规划图	中心城区开发强度分区图
市域历史文化保护规划图	中心城区控制线规划图
市域综合交通规划图	中心城区绿地系统和开敞空间规划图
市域基础设施规划图	中心城区公共服务设施体系规划图
市域生态修复和综合整治规划图	中心城区历史文化保护规划图
市域矿产资源规划图	中心城区市政基础设施规划图
中心城区综合防灾减灾规划图	中心城区地下空间规划图

专题研究报告。根据设置的重大专题，形成专题研究报告。

数据库和"一张图"实施监督信息系统。形成数据库，作为总体规划的成果组成部分同步上报。基于国土空间基础信息平台同步建设国土空间规划"一张图"实施监督信息系统。

其他资料。包括基础资料、人大常委会审议意见、市县人民政府会议纪要、市县直部门意见、专家意见和公众参与记录等。

（6）审查内容

按照《自然资源部关于全面开展国土空间规划工作的通知》中提出的"管什么就批什么"原则，对市县国土空间总体规划，侧重控制性审查，重点审查目标定位、底线约束、控制性指标、空间格局、重要设施布局等，并对规划程序和报批成果形式进行合规性审查。国务院审批的市级国土空间总体规划审查要点包括：①国土空间开发保护目标；②国土空间开发强度、建设用地规模，生态保护红线控制面积、自然岸线保有率，耕地保有量及永久基本农田保护面积，用水总量和强度控制等指标的分解下达；③主体功能区划分，城镇开发边界、生态保护红线、永久基本农田的协调落实情况；④城镇体系布局，城市群、都市圈等区域协调重点地区的空间结构；⑤生态屏障、生态廊道和生态系统保护格局，重大基础设施网络布局，城乡公共服务设施配置要求；⑥体现地方特色的自然保护地体系和历史文化保护体系；⑦乡村空间布局，促进乡村振兴的原则和要求；⑧保障规划实施的政策措施；⑨对县级规划的指导和约束要求；⑩市域国土空间规划分区和用途管制规则；⑪重大交通枢纽、重要线性工程网络、城市安全与综合防灾体系、地下空间、邻避设施等设施布局，城镇政策性住房和教育、卫生、养老、文化体育等城乡公共服务设施布局原则和标准；⑫城镇开发边界内，城市结构性绿地、水体等开敞空间的控制范围和均衡分布要求，各类历史文化遗存的保护范围和要求，通风廊道的格局和控制要求，城镇开发强度分区及容积率、密度等控制指标，高度、风貌等空间形态控制要求；⑬中心城区城市功能布局和用地结构等。其他市县级国土空间规划的审查要点，由各省（自治区、直辖市）根据本地实际，参照上述审查要点制定。

河北省石家庄市正定县正定古城
图片来源：正定县文化和旅游局 刘维娜 摄.

7. 乡镇国土空间总体规划编制审批

《中共中央 国务院关于建立国土空间规划体系并监督实施的若干意见》提出，乡镇国土空间规划由省级人民政府根据当地实际，明确规划编制审批内容和程序要求。各地可因地制宜，将市县与乡镇国土空间规划合并编制，也可以几个乡镇为单元编制乡镇级国土空间规划。

《河北省片区乡镇国土空间总体规划编制指南》提出，优先选择经济活跃、人口规模大、开发利用紧迫且各类发展要素联系密切的乡镇，开展片区乡镇规划编制。片区范围以 2~3 个乡镇为宜，原则上不突破县级行政管理范围。

（1）编制主体和审批程序

《河北省乡镇国土空间总体规划编制导则（试行）》提出，乡镇规划在县级人民政府统一领导下，由乡镇人民政府组织编制，县级自然资源规划主管部门指导乡镇政府开展规划编制工作。

审批程序包括公示审议、报送审批和公告汇交。①公示审议：乡镇规划报批前应将规划方案予以公示，时间不得少于 30 日；公示后应经乡镇人民代表大会审议通过。②报送审批：乡镇人民政府将规划成果报送县级人民政府批准；规划批准前由县级自然资源规划主管部门审查同意；设区市市辖区范围内的乡镇规划应报送市级人民政府或由市级人民政府授权的县级人民政府批准；在规划批准前由市级自然资源规划主管部门审查。③公告汇交：规划自批准之日起 30 日内，由乡镇人民政府向社会公告；同时，各级自然资源规划主管部门应将电子成果逐级汇交至省自然资源厅。

（2）规划层次

乡镇规划一般包括乡镇域和乡镇人民政府驻地两个层次：①乡镇域层面突出国土空间格局、空间用途管制、居民点体系及各类设施的统筹安排等内容；②乡镇人民政府驻地层面突出用地布局、住房建设、设施安排和特色风貌引导等内容。

（3）规划编制内容

乡镇国土空间总体规划由省级人民政府根据当地实际，明确规划编制内容。河北省提出乡镇国土空间总体规划编制主要内容包括：①现状分析与目标定位；②国土空间格局，包括明确农业空间、生态空间、建设空间和国土规划用途与结构调整等；③水、矿产、耕地、林草、海域等自然资源保护与利用；④居民点体系与产业布局；⑤乡镇人民政府驻地规划；⑥综合交通、公共服务设施、基础设施、安全防灾等基础保障体系；⑦历史文化保护和景观风貌塑造；⑧生态修复与国土综合整治；⑨规划环境影响评价；⑩规划传导与实施；⑪近期建设。

（4）成果要求

河北省提出乡镇国土空间总体规划成果包括规划文本和附件、规划图件，以及基于国土空间规划"一张图"的数据库。

规划文本和附件。 规划文本应当以章节条款格式表述规划内容，包括文本条文、表格。规划文本中应明确以下强制性内容：①耕地保有量、永久基本农田保护面积、生态保护红线面积、城乡建设用地规模和国土开发强度等约束性指标；②耕地和永久基本农田、生态保护红线、城镇开发边界三条控制线及管控要求；③自然保护地、生态廊道和生态系统保护格局；④历史文化遗存保护范围和控制要求；⑤教育、卫生、养老、文化体育、社会福利等主要公共设施布局和标准；⑥重大交通枢纽、重要线性工程网络、公共安全体系、邻避设施等布局；⑦乡镇人民政府驻地开发强度，绿线、蓝线、紫线、黄线、红线及管控要求。规划附件包括规划说明、基础资料汇编、人大审议意见、会议纪要、部门意见、专家意见和公众参与记录等。

专栏　河北省迁安市建昌营镇—上庄镇—杨各庄镇片区国土空间总体规划（2021—2035 年）

　　《迁安市建昌营镇—上庄镇—杨各庄镇片区国土空间总体规划（2021—2035 年）》进行全域全类型全要素管控。以一山三河为本底，重点抓好生态保护，推进山水资源保护与利用，以北部山区为生态屏障，以冷口沙河、白羊河、青龙河自然水系为生态廊道；以明长城为线索，串联沿线古遗址、古遗存、古镇古村古关等文化遗产保护，追溯长城精神和文化内核，带动沿线休闲旅游产业发展；片区内形成"建昌营城镇综合服务区＋迁安经济开发区化工集中区北片区"引领的两大发展核心；构建起北部长城生态旅游发展带、南北商贸物流产业发展带、东部田园滨河休闲农业发展带三带交融的产业发展格局。

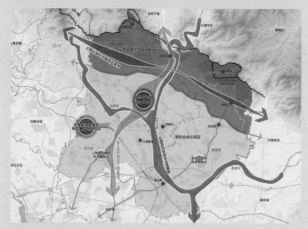

迁安市建昌营镇—上庄镇—杨各庄镇片区国土空间开发保护总体格局图

图片来源：《迁安市建昌营镇—上庄镇—杨各庄镇片区国土空间总体规划（2021—2035 年）》（阶段性成果），2023 年 1 月版.

乡镇国土空间总体规划图件列表

乡镇域	乡镇人民政府驻地
国土空间现状图	国土空间现状图
国土空间总体规划图	用地布局规划图
居民点体系布局规划图	道路交通规划图
生态修复和国土综合整治规划图	基础设施布局规划图
交通与基础设施规划图	空间形态与风貌控制规划图
历史文化与景观风貌规划图	……
近期建设规划图	
……	

　　规划图件。包括乡镇域成果图和乡镇人民政府驻地成果图。乡镇可结合实际，将下表中图件合并表达或增补其他规划图件。

　　数据库。依托市县国土空间基础信息平台和数据库，建立乡镇规划数据库。数据库成果包括各类文字报告、图件及各类栅格和矢量数据。主要涉及以下数据：①由自然要素和经济社会要素构成的基础空间数据和属性数据；②耕地和永久基本农田、生态保护红线、城镇开发边界矢量数据；③在规划编制中搜集的其他相关规划数据；④通过对基础数据和规划数据分析评价、加工计算形成的规划数据等。

　　（5）审查内容

　　《自然资源部关于全面开展国土空间规划工作的通知》提出，乡镇国土空间总体规划的审查要点，由各省（自治区、直辖市）根据本地实际，参照省级国土空间规划审查要点及国务院审批的市级国土空间总体规划审查要点制定。

8. 城镇开发边界内详细规划编制审批

《做好城市工作的基本思路》中指出，要加强控制性详细规划的公开性和强制性，着力解决城市规划不深不细，难以成为基础设施和建筑物建设依据的问题 [1]。

（1）编审主体

《中共中央 国务院关于建立国土空间规划体系并监督实施的若干意见》提出，详细规划是对具体地块用途和开发建设强度等作出的实施性安排，是开展国土空间开发保护、实施国土空间用途管制、核发城乡建设项目规划许可、进行各项建设等的法定依据。城镇开发边界内的详细规划，由市县自然资源主管部门组织编制，报同级政府审批。

（2）编制内容

在市县及以下编制详细规划，详细规划要依据批准的国土空间总体规划进行编制和修改。一般包括：①确定规划范围内不同性质用地的界线，确定各类用地内适建、不适建或者有条件地允许建设的建筑类型。②确定各地块建筑高度、建筑密度、容积率、绿地率等控制指标，确定公共设施配套要求、交通出入口方位、停车泊位、建筑后退红线距离等要求。③提出各地块的建筑体量、体型、色彩等城市设计指导原则。④根据交通需求分析，确定地块出入口位置、停车泊位、公共交通场站用地范围和站点位置、步行交通以及其他交通设施；规定各级道路的红线、断面、交叉口形式及渠化措施、控制点坐标和标高。⑤根据规划建设容量，确定市政工程管线位置、管径和工程设施的用地界线，进行管线综合；确定地下空间开发利用具体要求。⑥制定相应的土地使用与建筑管理规定 [2]。

自然资源部印发的《关于加强国土空间详细规划工作的通知》要求分区分类推进详细规划编制，各地可根据新城建设、城市更新、乡村建设、自然和历史文化资源保护利用的需求和产城融合、城乡融合、区域一体、绿色发展等要求，因地制宜划分不同单元类型，探索不同单元类型、不同层级深度详细规划的编制和管控方法。城镇开发边界内存量空间要推动内涵式、集约型、绿色化发展，因地制宜优化功能布局，逐步形成多中心、组团式、网络化的空间结构，提高城市服务功能的均衡性、可达性和便利性。城镇开发边界内增量空间要强化单元统筹，防止粗放扩张，要以规划单元统筹增量空间功能布局、整体优化空间结构，促进产城融合、城乡融合和区域一体协调发展。总体规划确定的战略留白用地，一般不编制详细规划，但要加强开发保护的管控。

> **专栏　江苏省详细规划层次划分**
>
> 《江苏省城镇开发边界内详细规划编制指南（试行）》明确，城镇开发边界内的详细规划分为单元和街区两个层次。单元划分应与街道（镇）行政区划衔接，街区划分应与社区（行政村）行政区划衔接。
>
> **单元层次。** 要承接传导总体规划（分区规划）的管控要求，明确空间管控通则；上位规划批准后，单元层次详细规划原则上实现城镇开发边界内全覆盖。单元规模原则上 10 平方千米左右。
>
> **街区层次。** 遵循单元规划管控要求，明确地块容积率、建筑高度、建筑密度、绿地率等管控指标，作为出具出让地块规划条件的依据。街区规模原则上 1~3 平方千米。

---

[1] 中共中央党史和文献研究院 . 十八大以来重要文献选编（下）[M]. 北京：中央文献出版社，2018.

[2] 《城市规划编制办法》（2005 年 12 月）.

《河北省城镇开发边界内详细规划编制导则（试行）》提出详细规划要强化总体规划传导和总量管控，分解落实总体规划目标指标，严格管控单元人口规模、建设用地、建筑面积"三大总量"，实现人、地、房相匹配；合理配置公共服务设施、交通设施、公用和安全设施"三大设施"，保障公共利益；科学确定主导功能分区、开发强度分区、建筑高度分区"三大分区"，落实总体规划战略意图。

单元划定强化治理导向和弹性管控，按照全域覆盖、编管结合、边界闭合、上下贯穿的原则，全域划定详细规划编制单元，搭建详细规划"一张图"基础框架。统筹考虑总体规划分区、自然地理空间要素、历史文化保护、现行详细规划单元、用地权属边界等因素，强化治理导向，以乡镇（街道）行政管辖范围为基本单元划定边界。

（3）作用意义

城镇开发边界内详细规划是在总体规划的指导下，制定所涉及的城市局部地区、地块的具体指标，并提出各项规划管理控制指标，直接指导各项建设活动。其作用主要为：①承上启下，强调规划的延续性；②与管理结合、与开发衔接，作为城市规划管理的依据；③体现城市设计构想；④城市政策载体 [1] 。

专栏　北京城市副中心控制性详细规划

2018年12月，中共中央、国务院批复了《北京城市副中心控制性详细规划（街区层面）（2016年—2035年）》。规划提出建立"1+12+N"规划编制体系。

"1"为街区层面控制性详细规划总成果。规划核心指标、管控边界及管控分区落实北京城市总体规划要求，通过文本、图纸、图则实现对总体功能、规模、布局等内容的刚性管控和弹性引导。

"12"为12个组团控制性详细规划深化方案。分解落实系统管控要求，通过规划图则和相关说明实现对各组团的建设管控和引导，经相关程序进行备案管理。

以副中心道路网系统为例，建立城市干道、街区道路两级路网体系。城市干道重点保障交通功能，红线宽度40~60米，加强南北向交通联系，形成"十一横九纵"布局结构。街区道路比重达到70%以上，红线宽度15~35米。

北京城市副中心街区划分示意图
图片来源：《北京城市副中心控制性详细规划（街区层面）（2016年—2035年）》，2022年1月公布.

新建住宅推广街区制，老城区逐步打通封闭大院内部市政道路，到2035年城市副中心道路网密度达到8千米/平方千米以上，新建集中建设区达到10千米/平方千米。

"N"为城市色彩、街道空间、滨水空间等N个规划设计导则。对具体地块提出包括土地用途、容积率和建筑高度、密度、风貌以及基础设施和公共服务设施配套等在内的管控指标。

---

❶ 吴志强，李德华.城市规划原理（第四版）[M].北京：中国建筑工业出版社，2010.

9. 村庄规划编制审批

《自然资源部办公厅关于加强村庄规划促进乡村振兴的通知》提出，村庄规划是法定规划，是国土空间规划体系中乡村地区的详细规划，是开展国土空间开发保护活动、实施国土空间用途管制、核发乡村建设项目规划许可、进行各项建设等的法定依据。

（1）编制主体和审批程序

《中共中央 国务院关于建立国土空间规划体系并监督实施的若干意见》提出，在城镇开发边界外的乡村地区，以一个或几个行政村为单元，由乡镇人民政府组织编制"多规合一"的实用性村庄规划，作为详细规划，报上一级政府审批。

《河北省片区村庄规划编制指南》提出，优先选择经济活跃、人口规模大、开发利用紧迫且各类发展要素联系密切的村庄，开展片区村庄规划编制。片区范围以 3 个左右村庄为宜，也可根据实际确定片区内村庄数量，原则上不突破乡镇级行政管理范围。

《自然资源部办公厅关于加强村庄规划促进乡村振兴的通知》中对村庄规划审批程序进行了规定，《河北省村庄规划编制导则（试行）》对村庄规划审批程序进行了细化，主要包括以下三个方面。

规划公示。 乡镇人民政府将规划成果在村委会、村民小组、公共活动空间等村民易聚集地，采取多方式、多渠道进行公示，公示期不少于 30 日，公示内容主要包括规划图件、文字说明、纳入村规民约的条款及其他需要公示的内容。

规划审批。 乡镇人民政府指导村党组织、村委会组织召开村民会议或村民代表会议对公示后的规划成果进行审议，经三分之二以上成员同意后，报县级人民政府审批，在规划审批前须经县级自然资源和规划主管部门审查；设区市市辖区范围内的村庄规划由市级人民政府审批或由市级人民政府授权县级人民政府审批，在规划批准前须经市级自然资源和规划主管部门审查。

公告汇交。 规划批准之日起 20 个工作日内，规划成果应通过"上墙、上网"等多种方式公开，30个工作日内，规划成果逐级汇交至省级自然资源主管部门，叠加到国土空间规划"一张图"上。

（2）规划层次

河北省地方标准《村庄规划技术规范》（GB13/T 5557—2022）提出，村庄规划一般包括村域和村庄居民点两个层次。

> **专栏　河北省邯郸市峰峰矿区义井镇山底村"多规合一"村庄规划（2020—2035 年）**
>
> 山底村是中国传统村落，主导产业为红色旅游业、休闲观光农业和有机农业。规划完善红色旅游体系，丰富旅游业态，延伸旅游链条，融入文化创意产业，合理布置有机现代农业、观光体验农业与文化创意产业，实现休闲农业与红色旅游多轮驱动。村域产业布局分为乡村旅游服务片区、高效农业种植区、传统农业种植区、现代农业种植区和林木产业片区。
>
>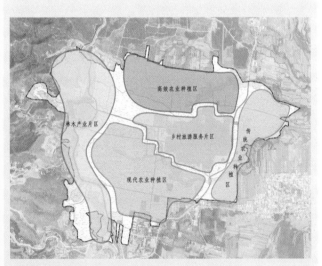
>
> 邯郸市峰峰矿区义井镇山底村村域产业布局规划图
> 图片来源：《邯郸市峰峰矿区义井镇山底村"多规合一"村庄规划（2020—2035 年）》（阶段性成果），2020 年 11 月.

村域层面应合理确定规划控制指标，落实并划定耕地和永久基本农田、生态保护红线、村庄建设边界，明确农业、生态、建设空间，统筹安排产业发展、公用工程设施等用地布局。

村庄居民点层面应统筹安排各类建设用地布局，明确公共服务设施配置和建设标准，确定不同地块的建筑高度、建筑密度、容积率等控制性指标，提出建筑色彩、形式等引导要求，确定建筑后退红线距离、道路断面、停车场及泊位、各类工程管线位置和埋深等。

（3）规划编制内容

村庄发展目标。落实上位规划要求，充分考虑人口资源环境条件和经济社会发展、人居环境整治等要求，研究制定村庄发展、国土空间开发保护、人居环境整治目标，明确各项约束性指标。

耕地和永久基本农田保护。落实永久基本农田和永久基本农田储备区划定成果，落实补充耕地任务，守好耕地红线。统筹安排农、林、牧、副、渔等农业发展空间，推动循环农业、生态农业发展。完善农田水利配套设施布局，保障设施农业和农业产业园发展合理空间，促进农业转型升级。

生态保护修复。落实生态保护红线划定成果，明确森林、河湖、草原等生态空间，尽可能多地保留乡村原有的地貌、自然形态等，系统保护好乡村自然风光和田园景观。加强生态环境系统修复和整治，慎砍树、禁挖山、不填湖，优化乡村水系、林网、绿道等生态空间格局。

历史文化传承与保护。深入挖掘乡村历史文化资源，划定乡村历史文化保护线，提出历史文化景观整体保护措施，保护好历史遗存的真实性。防止大拆大建，做到应保尽保。加强各类建设的风貌规划和引导，保护好村庄的特色风貌。历史文化名村、中国传统村落应按有关规定要求，编制保护利用相关规划内容。

基础设施和公共服务设施布局。在县域、乡镇域范围内统筹考虑村庄发展布局以及基础设施和公共服务设施用地布局，规划建立全域覆盖、普惠共享、城乡一体的基础设施和公共服务设施网络。以安全、经济、方便群众使用为原则，因地制宜提出村域基础设施和公共服务设施的选址、规模、标准等要求。

专栏 河北省石家庄市井陉县南障城镇吕家村"多规合一"村庄规划（2020—2035年）

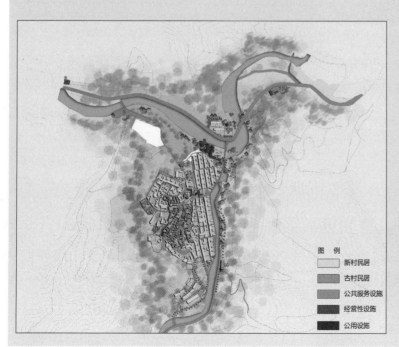

吕家村是中国首批传统村落，村庄中石窑合院式民居、石子路、石桥等展示着石头文化，是风貌保护完整的北方山地古村落。村庄规划中落实一户一宅政策，保持现状宅基地规模，不再新增宅基地。空闲宅基地主要以打造民宿为主，新村主要以农家乐为主。规划新建幼儿园、互助幸福院、卫生室和文化馆等公共服务设施，预留市场用地、电商代销点＋村民服务中心。村庄北侧规划了公共停车场。

石家庄市井陉县南障城镇吕家村村庄居民点总平面图
图片来源：《石家庄市井陉县南障城镇吕家村"多规合一"村庄规划（2020—2035年）》（阶段性成果），2020年12月.

图例
□ 新村民居
■ 古村民居
■ 公共服务设施
■ 经营性设施
■ 公用设施

产业发展空间。统筹城乡产业发展，优化城乡产业用地布局，引导工业向城镇产业空间集聚，合理保障农村新产业新业态发展用地，明确产业用地用途、强度等要求。除少量必需的农产品生产加工外，一般不在农村地区安排新增工业用地。

农村住房布局。按照上位规划确定的农村居民点布局和建设用地管控要求，合理确定宅基地规模，划定宅基地建设范围，严格落实"一户一宅"。充分考虑当地建筑文化特色和居民生活习惯，因地制宜提出住宅的规划设计要求。

村庄安全和防灾减灾。分析村域内地质灾害、洪涝等隐患，划定灾害影响范围和安全防护范围，提出综合防灾减灾的目标以及预防和应对各类灾害的措施。

规划近期实施项目。研究提出近期急需推进的生态修复整治、农田整理、补充耕地、产业发展、基础设施和公共服务设施建设、人居环境整治、历史文化保护等项目，明确资金规模及筹措方式、建设主体和方式等。

（4）成果要求

村庄规划成果一般包括文本、图件、附件和数据库。

规划文本。主要包括规划总则、现状基础、发展目标定位与规模预测、国土空间布局、产业发展布局、村庄居民点用地布局和住房建设、公共服务设施规划、道路交通规划、基础设施规划、安全防灾、生态保护修复与国土综合整治、景观风貌与绿化、历史文化保护与传承、近期建设安排、规划管制规则与实施保障等内容。

规划图件。至少应包括村域国土空间现状图、村域国土空间规划图、村庄居民点用地现状图、村庄居民点用地布局规划图、村庄居民点规划总平面图、村庄居民点公用工程设施规划图、景观风貌与绿化规划图、近期建设规划图、住宅户型选型图等。可根据村庄实际需要进行补充调整，增加村域道路交通规划图、村域防灾减灾规划图、村庄居民点规划鸟瞰图等图纸。

规划附件。应包括规划相关表格、说明书、基础资料汇编等。

数据库。应对接上级国土空间规划，按照上级国土空间规划有关技术规范，形成村庄规划数据，纳入市、县国土空间规划数据库。

（5）审查内容

《自然资源部关于全面开展国土空间规划工作的通知》提出，结合县和乡镇级国土空间规划编制，通盘考虑农村土地利用、产业发展、居民点布局、人居环境整治、生态保护和历史文化传承等，落实乡村振兴战略，优化村庄布局，编制"多规合一"的实用性村庄规划。村庄规划审查要点由各省（自治区、直辖市）根据本地实际，结合国家对村庄规划相关政策要求，参照省、市级国土空间规划审查要点制定。

专栏　河北省村庄规划审查要点

河北省审查要点。河北省明确"多规合一"村庄规划审查内容包括以下几点：①现状底数、特色优势、规划实施评估和问题分析；②村庄定位目标、规划指标、人口和建设用地规模；③村域国土空间布局，耕地和永久基本农田、生态保护红线、村庄建设边界和村域内其他重要控制线划定；④村庄居民点用地布局，宅基地和集体经营性建设用地安排；⑤公共服务和基础设施布局、规模，防灾减灾措施和设防标准；⑥生态保护修复和土地整治安排；⑦历史文化保护和村庄整体风貌、街巷和景观绿化；⑧近期建设和规划实施意见；⑨规划成果内容，对接上位国土空间规划数据库。

10. 国土空间分区规划编制审批

《市级国土空间总体规划编制指南（试行）》提出，各地可根据实际情况，在市级总体规划基础上，大城市可以行政区或规划片区为单元编制分区规划（相当于县级总体规划）。

（1）概念

分区规划属区县级层面的国土空间规划，是五级三类规划体系的重要补充，是对总体规划确定的目标、指标、任务在区级层面的细化分解和深化落实，也是下一层次详细规划、乡镇规划、村庄规划等规划编制的依据，发挥承上启下的作用。

（2）编制主体

各省、市对分区规划编制主体有不同的规定。北京市各分区规划由所在区人民政府会同北京市规划和自然资源委员会组织编制，北京市人民政府审批 ❶；《浙江省县级国土空间总体规划编制技术要点

（试行）》中明确，分区国土空间总体规划由设区的市人民政府组织编制，区人民政府和市级自然资源主管部门共同负责，可与市级国土空间总体规划同步上报，由省级人民政府审批；《西安市国土空间分区规划编制导则（试行）》明确，分区规划由各区委、区政府组织编制，并由各区自然资源行政主管部门具体负责。

（3）编制内容

参照《西安市国土空间分区规划编制导则（试行）》，主要规划内容包括：基础研究、目标与战略、区域协同发展、全域国土空间格局、国土空间功能分区与布局优化、国土空间利用结构优化、自然资源要素的保护和利用、支撑体系、国土综合整治与生态修复、历史文化保护、中心城区布局优化、规划传导落实和规划实施保障等。

专栏　北京市房山分区规划（国土空间规划）（2017年—2035年）

房山分区规划落实北京城市总体规划要求，在功能定位、城市规模与空间结构等方面作出统筹安排，推进各项任务实施。

①落实功能定位。房山区全面落实北京城市总体规划赋予的功能定位，即首都西南部重点生态保育及区域生态治理协作区、京津冀区域京保石发展轴上的重要节点、科技金融创新转型发展示范区、历史文化和地质遗迹相融合的国际旅游休闲区。

②明确城市规模。到2035年，房山区常住人口规模约143万人，占北京市总人口（1085万人）的13.2%，房山区城乡建设用地规模控制在282平方千米以内，约占北京市城乡建设用地总规模（2760平方千米）的10.2%。

③优化空间结构。房山区传承山水人文空间格局，提出构建"两山、四水、三区、三轴、三团、多点"的空间结构。

北京市房山区空间结构规划图

图片来源：《房山分区规划（国土空间规划）（2017年—2035年）》，2019年11月批复.

---

❶《北京市城乡规划条例》（2019年3月）.

11. 国土空间相关专项规划编制审批

《中共中央 国务院关于建立国土空间规划体系并监督实施的若干意见》提出，相关专项规划是指在特定区域（流域）、特定领域，为体现特定功能，对空间开发保护利用作出的专门安排。

（1）编制审批主体

海岸带、自然保护地等专项规划及跨行政区域或流域的国土空间规划，由所在区域或上一级自然资源主管部门牵头组织编制，报同级政府审批。涉及空间利用的某一领域专项规划，如交通、能源、水利、农业、信息、市政等基础设施，公共服务设施，军事设施，以及生态环境保护、文物保护、林业草原等专项规划，由相关主管部门组织编制。相关专项规划可在国家、省和市县层级编制，不同层级、不同地区的专项规划可结合实际选择编制的类型和精度[1]。

（2）相关专项规划案例

①长江经济带国土空间规划[2]

《长江经济带—长江流域国土空间规划（2020—2035年）》是国家级国土空间专项规划，是涉及长江经济带国土空间保护、开发、整治、修复等各类空间活动的总纲，是长江经济带11省、市编制国土空间规划的重要依据，对相关专项规划具有指导约束作用。

规划是解决当前长江经济带过度开发、粗放利用、环境质量下降、生态系统退化等问题，推动长江经济带走一条以生态优先、绿色发展为导向的高质量发展新路子的重要举措。规划从资源利用、都市圈发展、交通协调等方面，对上、中、下游提出区域指引，协调解决跨区域重大问题，推动要素跨区域自由流动和优化配置。同时，根据主体功能区定位，明确

空间管控单元，建立健全国土空间管控机制，探索绿水青山转化成金山银山的路径方法，建立健全资源环境承载能力监测预警长效机制，做到"治未病"。

②长三角生态绿色一体化发展示范区国土空间总体规划

《长三角生态绿色一体化发展示范区国土空间总体规划（2021—2035年）》是我国首个由省级行政主体共同编制的跨省域国土空间规划，对长三角乃至全国都具有示范引领作用。示范区范围为沪苏浙"两区一县"（上海青浦区、江苏吴江区和浙江省嘉兴市嘉善县），面积约2413平方千米；将紧邻示范区的部分区域作为规划协调区（约486平方千米）；先行启动区范围为金泽镇、朱家角镇、黎里镇、西塘镇、姚庄镇，面积约660平方千米。

规划是长三角生态绿色一体化发展示范区规划、建设、治理的基本依据，提出构建"一心（生态绿心）、两廊（太浦河清水绿廊、京杭运河清水绿廊）、三链（三条蓝色珠链）、四区（太湖区、淀港区、湖荡区、河网区）"的国土空间保护开发格局。

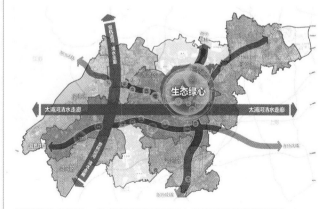

长三角生态绿色一体化发展示范区国土空间保护开发格局图

图片来源：《长三角生态绿色一体化发展示范区国土空间总体规划（2021—2035年）》，2023年2月批复.

---

❶《中共中央 国务院关于建立国土空间规划体系并监督实施的若干意见》（2019年5月）.
❷ 科学谋划国土空间开发保护格局 推动长江经济带高质量发展. https://www.sohu.com/a/442540118_100011043.

③安徽省市县国土空间专项规划

专项规划建议目录清单

专项类别	专项名称
资源保护与利用类	耕地保护国土空间专项规划
	山体水体保护国土空间专项规划
	林草地和湿地保护利用规划
	自然保护地国土空间专项规划
	风景名胜区国土空间专项规划
	历史文化名城名镇名村与街区国土空间专项规划
	文物保护专项规划
	传统村落保护国土空间专项规划
	生态环境保护国土空间专项规划
	天然林和公益林保护修复国土空间专项规划
	城镇绿地系统国土空间专项规划
	水资源保护与利用国土空间专项规划
	国土空间生态修复规划
	矿产资源国土空间专项规划
	地下空间开发利用国土空间专项规划
	……
市政设施类	排水防涝设施布局国土空间专项规划
	给水设施布局国土空间专项规划
	电力设施布局国土空间专项规划
	通信基础设施布局国土空间专项规划
	燃气设施布局国土空间专项规划
	生活垃圾设施布局国土空间专项规划
	……
公共设施类	公共设施综合布局国土空间专项规划
	社区服务中心布局国土空间专项规划
	体育设施布局国土空间专项规划
	殡葬设施布局国土空间专项规划
	医疗卫生设施布局国土空间专项规划
	……
产业与城乡发展类	城镇体系布局国土空间专项规划
	城乡融合基础设施布局国土空间专项规划
	总体城市设计国土空间专项规划
	总体乡村风貌设计国土空间专项规划
	村庄分类布局国土空间专项规划
	旅游发展布局国土空间专项规划
	城镇更新国土空间专项规划
	……
交通类	综合交通体系国土空间专项规划
	公共交通国土空间专项规划
	绿道与慢行系统国土空间专项规划
	……
公共安全类	国家安全安控区国土空间专项规划
	公安基础设施国土空间专项规划
	内涝防治设施布局国土空间专项规划
	公共卫生安全国土空间专项规划
	消防设施国土空间专项规划
	……

参照安徽省国土空间规划委员会办公室关于开展国土空间专项规划编制工作的文件要求，专项规划一般涵盖资源保护与利用类、市政设施类、公共设施类等方面。

④广州市白云区城市更新专项规划大纲（2020—2035年）

规划以白云区行政辖区（不含空港经济区）为规划范围，总用地面积608平方千米，包括属地20个街道和4个镇。规划提出鼓励改造区、敏感改造区、一般改造区三类更新策略分区指引，共划示城市更新片区93个，总面积328平方千米，其中划示近期重点城市更新片区50个，总面积约179平方千米，是指导和部署白云区城市更新工作的纲领性文件。

更新策略分区指引表

更新分区	包含区域	更新策略
鼓励改造区	城镇开发边界以内的历史文化保护区、产业发展区、重点平台发展区、轨道站点综合开发区、公共服务完善区等区域	分区内鼓励城市更新行动，主要由政府统筹与引导，重点通过增存联动、土地置换、同地同价等方式，促进成片连片改造实施，引导更新资本向本区域聚集，支撑重点发展平台建设
敏感改造区	城镇开发边界以外的生态空间和农业空间，生态、农业资源丰富，对建设开发活动较为敏感的区域	分区内存量用地改造要审慎而行，要与其所在地区的空间管制规则相适应，严格管控大规模开发建设行为
一般改造区	除上述鼓励改造区和敏感改造区以外的其他区域	分区内存量用地符合政策及规划的，根据城市更新实施计划管控要求，常态化推进改造工作

12. 国土空间规划专题研究

《自然资源部关于全面开展国土空间规划工作的通知》提出，要在对国土空间开发保护现状评估和未来风险评估的基础上，专题分析对本地区未来可持续发展具有重大影响的问题，积极开展国土空间规划前期研究。

（1）国土空间规划要求

省级层面。《省级国土空间规划编制指南》（试行）提出，各地可结合实际，开展国土空间开发保护重大问题研究，如国土空间目标战略、城镇化趋势、开发保护格局优化、人口产业与城乡融合发展、空间利用效率和品质提升、基础设施与资源要素配置、历史文化传承和景观风貌塑造、耕地保护、生态保护修复和国土综合整治、规划实施机制和政策保障等。要加强水平衡研究，综合考虑水资源利用现状和需求。沿海省份应开展海洋相关专题研究。

市级层面。《市级国土空间总体规划编制指南（试行）》提出，加强重大专题研究，可包括但不限于：①研究人口规模、结构、分布以及人口流动等对空间供需的影响和对策；②研究气候变化及水土资源、洪涝等自然灾害等因素对空间开发保护的影响和对策；③研究重大区域战略、新型城镇化、乡村振兴、科技进步、产业发展等对区域空间发展的影响和对策；④研究交通运输体系和信息技术对区域空间发展的影响和对策；⑤研究公共服务、基础设施、公共安全、风险防控等支撑保障系统的问题和对策；⑥研究耕地保护、建设用地节约集约利用和城市更新、土地整治、生态修复的空间策略；⑦研究自然山水和人工环境空间特色、历史文化保护传承等空间形态和品质改善的空间对策；⑧研究资源枯竭、人口收缩城市振兴发展的空间策略；⑨综合研究规划实施保障机制和相关政策措施。

（2）相关专题研究案例

高质量发展目标下河北省国土空间利用专题研究。从梳理国土空间利用现状着手，结合全省农业空间高质量发展要求，从绿色发展、生产效益、产业融合、服务保障4个方面构建了农业空间评价指标体系。经评价，农业空间利用质量呈现出东南高、西北低的空间格局；在地区分布上，沿海片区各维度的整体利用质量较高，冀西北片区总体发展质量落后于全省平均水平。研究为河北省国土空间规划编制提供了技术支撑。

专栏　湖南省湘潭市国土空间规划专题研究

湖南省湘潭市在开展《国土空间规划实施评估》《资源环境承载能力和国土空间开发适宜性评价》的基础上，设置了"耕地和永久基本农田的保护与调整""'三线'协调与管控""美丽乡村建设和市区乡村布局""主导功能划定与国土空间布局优化""存量用地更新研究""产业发展与空间布局""历史文化保护与传承及公共服务设施配套""生态保护红线评估调整与生态修复"8个国土空间总体规划的专题研究。

资料来源：湘潭市人民政府，《我市国土空间总体规划10个专题研究成果完成部门和专家评审工作》。

专栏　浙江省平湖市国土空间规划专题研究

浙江省平湖市在开展《国土空间规划实施评估》《资源环境承载能力和国土空间开发适宜性评价研究》基础上，设置了"三区三线划定与管控研究""海洋功能区划与陆海统筹发展研究""人口、城镇化与城乡统筹研究""全域国土空间整治研究""区域协同及战略定位""综合交通规划研究""乡村振兴背景下的乡村土地利用研究"7个国土空间总体规划的专题研究。

资料来源：平湖市人民政府，《市国土空间规划九大专题开展专题内部讨论》。

2

第二篇

战略定位和国土空间格局

13. 自然地理格局分析

2023 年全国自然资源工作会议指出，基于自然地理格局、人口经济分布和城镇化阶段等特征，统筹落实区域协调发展战略、区域重大战略、主体功能区战略、新型城镇化战略实施，优化农产品主产区、重点生态功能区、城市化地区空间格局。依托城市群、都市圈和中心城市，整体考虑区域要素配置，形成承载多种功能、优势互补、区域协同的主体功能综合布局。

（1）自然地理格局内涵与特征

自然地理格局是地理国情的重要组成部分，是地形、气候、水文、生物等自然要素在相互影响、相互制约作用下形成的空间上的布局，是国土空间规划的基础。

我国陆地国土空间面积广大，居世界第三位，但山地多，平地少，适宜开发的面积小。

全国陆上丘陵起伏、山脉纵横。西部高山广布，以山地、高原和盆地为主；东部平坦低缓，以丘陵和平原为主。按地貌类型划分，山地约占 33.33%，丘陵约占 9.90%，高原约占 26.04%，盆地约占 18.75%，平原约占 11.98%[1]。

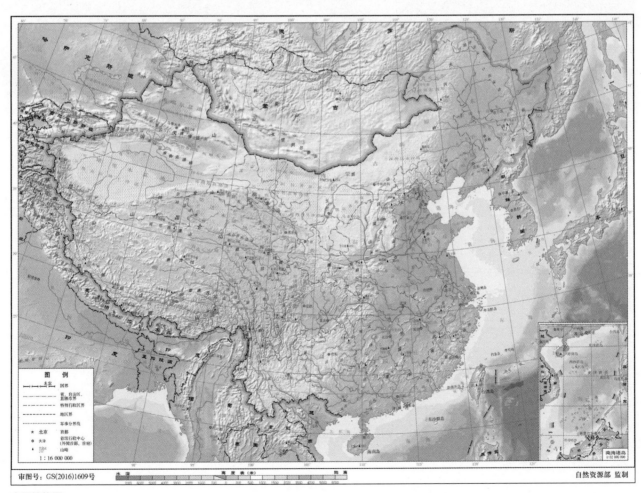

中国地势图

---

[1] 赵济，陈传康 . 中国地理 [M]. 北京：高等教育出版社，1999.

我国自然地理格局的总特点。 地势西高东低，自西向东呈现海拔差异明显的三大阶梯：第一级阶梯位于我国西部，主要含青藏高原与柴达木盆地两部分，平均海拔 4000 米以上；第二级阶梯位于我国中部及北部，包含内蒙古高原、黄土高原、云贵高原、准噶尔盆地、四川盆地、塔里木盆地，平均海拔 1000~2000 米；第三级阶梯位于我国东部，包含东北平原、华北平原、长江中下游平原、辽东丘陵、山东丘陵、东南丘陵六部分，大部分海拔在 500 米以下。

（2）国土空间规划要求

《市级国土空间总体规划编制指南（试行）》提出，研究当地气候和地形地貌条件、水土等自然资源禀赋、生态环境容量等空间本底特征，分析自然地理格局、人口分布与区域经济布局的空间匹配关系，开展资源环境承载能力和国土空间开发适宜性评价，明确农业生产、城镇建设的最大合理规模和适宜空间，提出国土空间优化导向。

（3）自然地理格局对人口分布的影响

我国人口分布的总特点。 东部多，西部少；平原、盆地多，山地、高原少；农业地区多，林牧业地区少；温湿地区多，干寒地区少；沿江、海、交通线的地区多，交通不便的地区少。

中国地理学家胡焕庸在 1935 年提出我国人口密度的对比线，即"胡焕庸线"。该线从黑龙江黑河至云南腾冲，首次揭示了中国人口分布规律。"胡焕庸线"东南方面积 43% 的国土居住着全国 94% 左右的人口，以平原、水网、低山丘陵和喀斯特地貌为主，生态环境压力巨大；该线西北方面积 57% 的国土居住着全国大约 6% 的人口，以

草原、戈壁沙漠、绿洲和雪域高原为主，生态系统非常脆弱。

（4）自然地理格局对区域经济布局的影响

区域发展不平衡是我国的基本国情。我国区域经济的差距，主要体现在"东西差距"，这是由我国西高东低、东部沿海的地理特点决定的。

我国最高一级的经济景观的地域分异是自西向东递变的三大经济带 ❶。

东部经济景观地带。 在地域上包括直接滨海的辽、冀、京、津、鲁、沪、桂、苏、浙、闽、粤、琼等省级行政区。该地带海洋资源得天独厚，地理区位优越，交通方便，特别是海运独具优势。

中部经济景观地带。 在地域上包括晋、豫、鄂、湘、皖、赣、吉、黑、蒙等省级行政区。该地带地处全国腹地，无论从经济技术发展水平、人口密度，还是从自然资源丰度来讲，都处于三级梯度的中间一级，淡水资源、森林资源、矿产资源优于东部，农林牧的开发利用条件优于西部，水陆交通比西部方便。

西部经济景观地带。 在地域上包括川、渝、黔、滇、藏、陕、甘、青、宁、新等省级行政区。该地带地域辽阔，土地面积占全国的 56% 以上，虽山地、沙漠面积广，但发展大农业的潜力较大，地质构造复杂多样，能源资源丰富。

经济发展水平常用国内生产总值来表示。在三大经济景观地带中，就经济发展水平而言，东部最发达，中部其次，西部较落后。

近年来，产业和人口向城市群等优势区域集中，我国的南北区域经济发展分化态势明显，一些北方省份增长放缓，全国经济重心进一步南移。

---

❶ 赵济，陈传康.中国地理 [M].北京：高等教育出版社，1999.

专栏 "七普"人口专报

根据《第七次全国人口普查公报》中的全国人口普查结果,31个省级行政区(不含港、澳、台)中,人口超过1亿人的省级行政区有2个(广东、山东),人口在5000万人至1亿人之间的省级行政区有9个,人口在1000万人至5000万人之间的省级行政区有17个,人口少于1000万人的省级行政区有3个(西藏、宁夏、青海)。其中,人口居前五位的省级行政区合计人口占全国人口比重为35%。

与2010年第六次全国人口普查结果相比,该31个省级行政区中,有25个省级行政区人口增加。人口增长最多的5个省级行政区依次为:广东、浙江、江苏、山东、河南,分别增加了2171万人、1014万人、609万人、573万人、534万人,主要分布于"胡焕庸线"东南方,体现了自然地理格局对人口分布的影响。

分区域看,"七普"中东部地区人口为5.64亿,约占40%;中部地区人口为3.65亿,约占26%;西部地区人口为3.83亿,约占27%;东北地区人口为0.99亿,约占7%。

与2010年第六次全国人口普查相比,东部、西部地区人口所占比重分别上升2.15、0.22个百分点;中部、东北地区人口所占比重分别下降0.79、1.20个百分点。

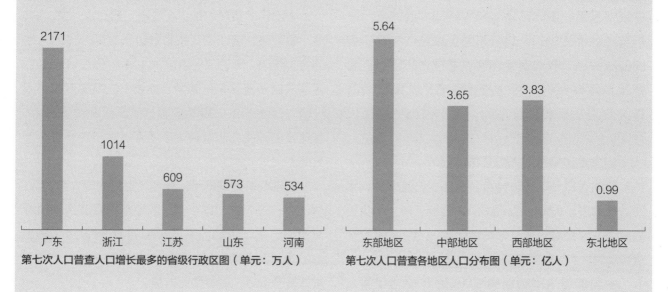

第七次人口普查人口增长最多的省级行政区图(单元:万人)　　　　第七次人口普查各地区人口分布图(单元:亿人)

14. 国土空间规划中的"双评价"

《中共中央 国务院关于建立国土空间规划体系并监督实施的若干意见》提出，在资源环境承载能力评价和国土空间开发适宜性评价的基础上，科学有序统筹布局生态、农业、城镇等功能空间，划定生态保护红线、永久基本农田、城镇开发边界等空间管控边界以及各类海域保护线。

（1）概念

《资源环境承载能力和国土空间开发适宜性评价指南（试行）》提出，资源环境承载能力评价和国土空间开发适宜性评价（简称"双评价"）是编制国土空间规划、完善空间治理的基础性工作，是优化国土空间开发保护格局，完善区域主体功能定位，划定生态保护红线、永久基本农田、城镇开发边界，确定用地用海等规划指标的参考依据。

（2）国土空间规划对"双评价"的要求

省级层面。《省级国土空间规划编制指南》（试行）提出，通过"双评价"分析区域资源环境禀赋特点，识别省域重要生态系统，明确生态功能极重要和极脆弱区域，提出农业生产、城镇发展的承载规模和适应空间。

市级层面。《市级国土空间总体规划编制指南（试行）》提出，研究当地气候和地形地貌条件、水土等自然资源禀赋、生态环境容量等空间本底特征，分析自然地理格局、人口分布与区域经济布局的空间匹配关系，明确农业生产、城镇建设的最大合理规模和适宜空间，提出国土空间优化导向。

（3）国土空间开发适宜性评价

生态保护重要性评价。开展生态系统服务功能重要性和生态脆弱性评价，集成得到生态保护重要性，识别生态保护极重要区和重要区。

水源涵养、水土保持、生态多样性维护、防风固沙、海岸防护等生态系统服务功能越重要，水土流失、石漠化、土地沙化、海岸侵蚀及沙源流失等生态脆弱性越高，且生态系统完整性越好，生态廊道的连通性越好，生态保护重要性等级越高。

农业生产适宜性评价。在生态保护极重要区以外的区域，开展种植业、畜牧业、渔业等农业生产适宜性评价，识别农业生产适宜区和不适宜区。

①种植业生产适宜性。一般地，水资源丰度越高，地势越平坦，土壤肥力越好，光热越充足，土壤环境质量越好，气象灾害风险越低，盐渍化程度越低，且地块规模和连片程度越高，越适宜种植业生产。将干旱（多年平均降水量低于200毫米），地形坡度大于25°，土壤肥力很差，光热条件不能满足作物一年一熟需要，土壤污染物含量大于风险管控值的区域，确定为种植业生产不适宜区。

②畜牧业生产适宜性。年降水量400毫米等值线或10℃以上积温3200℃等值线是牧区和农区的分界线。牧区畜牧业主要分布在干旱、半干旱地区。草原饲草生产能力越高，雪灾、风灾等气象灾害风险越低，地势越平

"双评价"体系图

坦和相对集中连片,越适宜牧区畜牧业生产。农区畜牧业主要分布在湿润、半湿润地区,受自然条件约束相对较小。一般可将农区内种植业生产适宜区全部确定为畜牧业适宜区。

③渔业生产适宜性。一般捕捞对象的资源量越丰富,鱼卵和幼稚鱼越多,天然饲料基础越好,渔业捕捞适宜程度越高。水质优良、自然灾害风险低的水域可确定为渔业养殖适宜区。

城镇建设适宜性评价。 在生态保护极重要区以外的区域,开展城镇建设适宜性评价。一般将水资源短缺,地形坡度大于25°,海拔过高,地质灾害、海洋灾害危险性极高的区域确定为城镇建设不适宜区。

(4)资源环境承载能力评价

基于现有经济技术水平和生产生活方式,以水资源、空间约束等为主要约束,缺水地区重点考虑水平衡,分别评价各评价单元可承载农业生产、城镇建设的最大合理规模。按照短板原理,取各约束条件下的最小值作为可承载的最大合理规模,主要内容包括农业生产承载规模评价和城镇建设承载规模评价。

农业生产承载规模评价。 主要包括以下内容:

①耕地承载规模。从水资源的角度,可承载的耕地规模包括可承载的灌溉耕地面积和单纯以天然降水为水源的耕地面积(雨养耕地面积)。从空间约束的角度,将生态保护极重要区和种植业生产不适宜区以外区域的规模作为空间约束下耕地的最大承载规模。按照短板原理,取上述约束条件下的最小值,作为耕地承载的最大合理规模。

②牲畜承载规模。针对牧区畜牧业,通过测算草地资源的可持续饲草生产能力,确定草原合理载畜量。针对农区畜牧业,通过测算农区养殖粪肥养分需求量和供给量,确定农区合理载畜量。

③渔业承载规模。针对渔业捕捞,以可供捕捞种群的数量或已开发程度为依据,以维护渔业资源的再生产能力和持续渔获量为目标,确定渔业捕捞的合理规模。

城镇建设承载规模评价。 从水资源的角度,通过区域城镇可用水量除以城镇人均需水量确定可承载的城镇人口规模,通过可承载的城镇人口规模乘以人均城镇建设用地面积确定可承载的建设用地规模。从空间约束的角度,将生态保护极重要区和城镇建设不适宜区以外区域的规模作为空间约束下城

专栏　资源环境现状图示

河北省是中国唯一兼有高原、山地、丘陵、平原、湖泊和海滨的省份,是中国重要的粮棉产区。

河北省平原种植

近年来,大连海洋渔业品牌影响力不断扩大,促进了大连渔业的健康发展。大连建设有国家级渔业标准化示范区3个、市级渔业标准化示范区2个。

辽宁省大连市渔业
图片来源:图虫网.

镇建设的最大规模。按照短板原理，取上述约束条件下的最小值作为可承载的最大合理规模。

（5）综合分析与成果应用

综合分析。 从资源环境禀赋、现状问题和风险、潜力、情景开展综合分析，提出适应和应对的措施建议。

评价成果应具体从以下几个方面支撑国土空间规划编制。

支撑国土空间格局优化。 生态格局应与生态保护重要性评价结果相匹配，农业格局应与农业生产适宜性评价结果相衔接。

支撑完善主体功能分区。 生态保护、农业生产、城镇建设单一功能特征明显的区域，可作为重点生态功能区、农产品主产区、城市化发展区备选区域。两种或多种功能特征明显的区域经综合权衡后，确定其主体功能定位。

支撑划定三条控制线。 生态保护极重要区，作为划定生态保护红线的空间基础。种植业生产适宜区作为永久基本农田的优选区域，退耕还草等应优

先在种植业生产不适宜区内开展。城镇开发边界优先在城镇建设适宜区范围内划定，并避让城镇建设不适宜区，无法避让的需要进行专门论证并采取相应措施。

支撑规划指标确定和分解。 耕地保有量、建设用地规模等指标的确定和分解，应与农业生产、城镇建设现状及未来潜力相匹配，不能突破区域农业生产、城镇建设的承载规模。

支撑重大工程安排。 国土空间生态修复和国土综合整治重大工程的确定与时序安排，应优先在生态极脆弱、灾害危险性高、环境污染严重等区域开展。

支撑高质量发展的国土空间策略。 在坚守资源环境底线约束、有效解决开发保护突出问题的基础上，提出产业结构和布局优化、资源利用效率提高、重大基础设施和公共服务配置等国土空间策略的建议。

支撑编制空间类专项规划。 海岸带、自然保护地、生态保护修复、矿产资源开发利用等专项规划的主要目标任务，应与评价成果相衔接。

专栏　广东省普宁市农业生产适宜性评价

普宁市位于广东省东部偏南，陆域面积1620平方千米，西南部分布峨嵋嶂、南阳山、大南山，东北部分布洪山、铁山。通过开展资源环境承载力与国土空间开发适宜性评价，识别全市空间发展潜力，普宁市农业生产适宜区面积600平方千米，约占全市陆域总面积的37%。

普宁市农业生产适宜性评价图
图片来源:《普宁市国土空间总体规划（2020—2035年）》（公示版），2022年11月.

15. 现状评估、风险评估和规划实施评估

《自然资源部办公厅关于开展国土空间规划"一张图"建设和现状评估工作的通知》提出，做好国土空间开发保护现状评估是科学编制国土空间规划和有效实施监督的重要前提。市、县应以指标体系为核心，结合基础调查、专题研究、实地踏勘、社会调查等方法，切实摸清现状，在底线管控、空间结构和效率、品质宜居等方面，找准问题，提出对策，形成评估报告。

（1）概念

现状评估。《省级国土空间规划编制指南》（试行）提出，从数量、质量、布局、结构、效率等方面，评估国土空间开发保护现状问题，重点关注现状资源状况及规划指标实施情况。

风险评估。《市级国土空间总体规划编制指南（试行）》提出，结合自然地理本底特征和"双评价"结果，针对不确定性和不稳定性，分析区域发展和城镇化趋势、人口与社会需求变化、科技进步和产业发展、气候变化等因素，系统梳理国土空间开发保护中存在的问题，开展灾害和风险评估。

规划实施评估。《市级国土空间总体规划编制指南（试行）》提出，开展现行城市总体规划、土地利用总体规划、市级海洋功能区划等空间类规划及相关政策实施的评估，评估自然生态和历史文化保护、基础设施和公共服务设施、节约集约用地等规划实施情况。

（2）国土空间开发保护现状评估 ❶

评估意义。是贯彻落实《中共中央 国务院关于建立国土空间规划体系并监督实施的若干意见》的重大部署，提升国土空间治理体系和治理能力现代化的重要抓手；有助于及时发现国土空间治理问题，有效传导国土空间规划重要战略目标，更

专栏　南宁市现状评估中发现的主要问题

南宁市从空间安全、空间效率、空间品质 3 个方面进行分析，评估出现阶段存在的主要问题，确保更好地开展国土空间规划。

空间安全　国土安全和韧性能力待提高

- 生态安全｜生态环境总体优良，局部地区保护与发展不协调
- 粮食安全｜耕地保护任务重，种植结构调整导致非粮化严重
- 供水安全｜水资源丰富，面临水源单一与供水设施不足风险
- 城市安全｜区域性系统性不足，防洪排涝存在一定安全隐患

空间效率　城市高质量发展水平待提升

- 引领作用｜区域引领辐射作用弱，城市核心功能有待强化
- 枢纽效率｜综合交通枢纽未建成，运输效率低物流成本高
- 用地效率｜建设用地利用效率不高，土地集约利用待提升

空间品质　人民高品质生活需求待匹配

- 公服品质｜民生设施短板突出，土地用途结构需优化
- 环境品质｜公共空间品质偏低，与活力空间存在错位
- 风貌特色｜城市风貌特色不足，重点空间魅力未彰显
- 交通品质｜城市尺度持续拓展，交通出行方式不匹配

南宁市现状问题

图片来源：《南宁市国土空间总体规划（2021—2035 年）》（草案公示），2021 年 11 月公示.

好地开展国土空间规划编制和动态维护，做好规划实施工作。

评估原则。主要包括以下几个方面：

①坚持目标导向。体现坚守生态安全、水安全、粮食安全等底线要求，反映市、县在应对气候变化、保护生物多样性等方面对全球生态文明的贡

---

❶《市县国土空间开发保护现状评估技术指南（试行）》（2019 年 7 月）.

献；科学评估规划实施现状与规划约束性目标的关系，做到全面监测、重点评估和特殊预警，防范化解重大风险挑战；客观反映国土空间开发保护结构、效率和宜居水平，为领导干部综合考评、实施自然资源管理和用途管制政策以及规划动态调整完善提供参考。

②坚持问题导向。要着力发现规划实施中存在的突出矛盾和问题，以人为本，从规模、结构、质量、效率、时序等多角度充分挖掘存量空间和流量空间价值，提出针对性解决措施，促进完善规划编制实施。

③坚持操作导向。构建科学有效、便于操作、符合当地实际的评估指标体系；采用客观真实的数据及可靠的分析方法，确保评估过程科学严谨，评估结论真实可信；落实国家大数据战略要求，在充分利用现状基础数据、规划成果数据等基础上，鼓励采用社会大数据，提高空间治理问题的动态精准识别能力，着力构建可感知、能学习、善治理、自适应的智慧规划监测评估预警体系。

指标体系构建。国土空间开发保护现状评估指标包括基本指标、推荐指标两类。

基本指标是核心指标，包括：①底线管控，如永久基本农田保护面积、耕地保有量、城乡建设用地面积等；②结构效率，如人均应急避难场所面积、人均城镇建设用地面积、每万元 GDP 地耗等；③生活品质，如森林步行 15 分钟覆盖率、生活垃圾回收利用率等，共 28 项。

推荐指标是根据新时代国土空间规划重构性要求，按安全、创新、协调、绿色、开放和共享 6 个维度，增设与时空紧密关联，体现质量、效率和结构的指标体系，突出地方特色，供各地选用，共 60 项。

评估成果应用。①评估成果首先服务于本轮国土空间规划编制工作；②加强行业内外成果的共享，建立信息反馈和业务协同机制，为相关政策制定提供支撑；③鼓励各地探索应用于绩效考核和领导干部离任审计。

市县国土空间开发保护现状评估基本指标

编号	指标项
底线管控	
01	生态保护红线范围内建设用地面积（平方千米）
02	永久基本农田保护面积（平方千米）
03	耕地保有量（平方千米）
04	城乡建设用地面积（平方千米）
05	森林覆盖率（%）
06	湿地面积（平方千米）
07	河湖水面率（%）
08	水资源开发利用率（%）
09	自然岸线保有率（%）
10	重要江河湖泊水功能区水质达标率（%）
11	近岸海域水质优良（一、二类）比例（%）
结构效率	
12	人均应急避难场所面积（平方米）
13	道路网密度（千米／平方千米）
14	人均城镇建设用地（平方米）
15	人均农村居民点用地（平方米）
16	存量土地供应比例（%）
17	每万元 GDP 地耗（平方米）
生活品质	
18	森林步行 15 分钟覆盖率（%）
19	公园绿地、广场步行 5 分钟覆盖率（%）
20	社区卫生医疗设施步行 15 分钟覆盖率（%）
21	社区中小学步行 15 分钟覆盖率（%）
22	社区体育设施步行 15 分钟覆盖率（%）
23	城镇人均住房建筑面积（平方米）
24	历史文化风貌保护面积（平方千米）
25	消防救援 5 分钟可达覆盖率（%）
26	每千名老年人拥有养老床位数（张）
27	生活垃圾回收利用率（%）
28	农村生活垃圾处理率（%）

资料来源：《自然资源部办公厅关于开展国土空间规划"一张图"建设和现状评估工作的通知》.

专栏 深圳市风险评估 ❶

深圳市风险评估工作结合城市特征，综合考虑了各类风险事件发生的频率，包括灾害风险的影响、大小以及和国土空间规划的相关性，明确本次国土空间规划需要重点考虑的风险。

①基于现状和历史资料考虑城市面临的现实风险。例如，在地震的风险评估方面主要是依据2018年深圳震害预测资料，科学划定了地震灾害的风险等级，评估地震可能造成的人员伤亡和财产损失。

②综合考虑包括气候变化以及未来城市发展可能带来的城市风险。深圳未来面临着更高的气候风险，到21世纪末，深圳的海平面可能上升几十厘米，极端状况下可能上升1米以上。同时，发生台风、高温等极端气象事件的频率会增加，这也将导致气象洪涝灾害增多。

（3）风险评估

《省级国土空间规划编制指南》（试行）提出，结合城镇化发展、人口分布、经济发展、科技进步、气候变化等趋势，研判国土空间开发利用需求；在生态保护、资源利用、自然灾害、国土安全等方面识别可能面临的风险，并开展情景模拟分析。

（4）规划实施评估

国土空间规划的实施评估，是对既有空间类规划的评估，如之前的城乡总体规划、土地利用总体规划、林地规划、环境保护规划等。实施评估主要包含两部分内容：一是梳理规划实施情况，分析城市资源利用和空间布局结构的现状及存在的问题；二是对比规划之间的矛盾 ❷。

《城市总体规划实施评估办法（试行）》提出，城市总体规划实施评估主要包括以下内容：①城市发展方向和空间布局是否与规划一致；②规划阶段性目标的落实情况；③各项强制性内容（包括区域协调发展、资源利用、环境保护、自然与文化遗产保护、公众利益和公共安全等方面）的执行情况等。

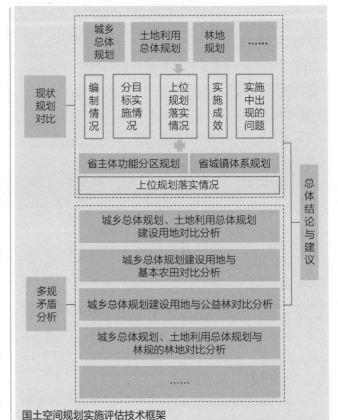

国土空间规划实施评估技术框架
图片来源：中国国土空间规划公众号.市级国土空间规划评估评价的实践检视与框架完善. https://mp.weixin.qq.com/s/rh40Avz U9aHLgzyVZwQ72w.

---

❶ 中国国土空间规划公众号.魏杰：深圳市国土空间风险评估及韧性规划对策研究. https://mp.weixin.qq.com/s/F6lH7PlsD41qu8 KPGLSKlg.

❷ 中国国土空间规划公众号.市级国土空间规划评估评价的实践检视与框架完善. https://mp.weixin.qq.com/s/rh40AvzU9aHLgzy VZwQ72w.

16. 主体功能区类型与要求

2023 年 12 月，中央经济工作会议指出，充分发挥各地区比较优势，按照主体功能定位，积极融入和服务构建新发展格局。

（1）主体功能区概念类型

《省级国土空间规划编制指南》（试行）提出，主体功能区是以资源环境承载能力、经济社会发展水平、生态系统特征以及人类活动形式的空间分异为依据，划分出具有某种特定主体功能、实施差别化管控的地域空间单元。

全国主体功能区由国家级主体功能区和省级主体功能区组成，省级主体功能区包括省级城市化发展区、农产品主产区和重点生态功能区，以及省级自然保护地、战略性矿产保障区、特别振兴区等重点区域名录。

（2）国土空间规划要求❶

省级国土空间规划要落实全国国土空间规划纲要确定的国家级主体功能区。各地可结合实际，完善和细化省级主体功能区，按照主体功能定位划分

专栏 山东省主体功能分区

山东省将全省国土空间划分为农产品主产区、重点生态功能区、城市化发展区。农产品主产区县（市、区）共 52 个，全部为国家级，主要位于鲁北、鲁西南、鲁西北、胶莱、沂沭、淄潍等平原地区。重点生态功能区县（市、区）共 17 个，其中国家级 14 个、省级 3 个，主要位于泰山、沂蒙山、昆嵛山、黄河三角洲、南四湖等地区。城市化地区县（市、区）共 67 个，其中国家级 49 个、省级 18 个，主要集中在济南、青岛都市圈的核心区域，设区市市辖区，以及胶济、京沪等重要交通廊道和枢纽地区。

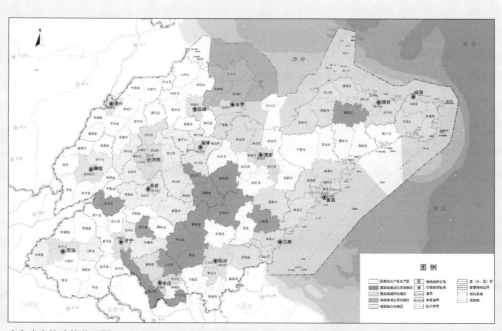

山东省主体功能分区图

图片来源：《山东省国土空间规划（2021—2035 年）》，2023 年 12 月公布.

---

❶《省级国土空间规划编制指南》（试行）.

政策单元，确定协调引导要求，明确管控导向。

市级国土空间总体规划要在确定国土空间总体格局时，统筹落实好国家和省主体功能区战略。

（3）不同主体功能区主要特征[1]

城市化发展区指经济社会发展基础较好，集聚人口和产业能力较强的区域。该类区域的功能定位是：推动高质量发展的主要动力源、带动区域经济社会发展的龙头、促进区域协调发展的重要支撑点，重点增强创新发展动力，提升区域综合竞争力，保障经济和人口承载能力。

农产品主产区指农用地面积较多、农业发展条件较好、保障国家粮食和重要农产品供给的区域。该类区域的功能定位是：国家农业生产重点建设区和农产品供给安全保障的重要区域，现代化农业建设重点区，农产品加工、生态产业和县域特色经济示范区，农村居民安居乐业的美好家园，社会主义新农村建设的示范区。

重点生态功能区指生态系统服务功能重要、生态脆弱区域为主的区域。该类区域的功能定位是：保障国家生态安全、维护生态系统服务功能、推进

专栏　自然保护地

　　三江源地处青藏高原腹地，是长江、黄河、澜沧江的发源地，素有"中华水塔""亚洲水塔"之称。作为我国重要的生态安全屏障和高原生物种质资源库，其保护价值对全国乃至全球都意义重大。2016年3月，中共中央办公厅、国务院办公厅印发《三江源国家公园体制试点方案》，拉开了中国建立国家公园体制实践探索的序幕[2]。

三江源国家公园
图片来源：图虫网.

---

[1] 《省级国土空间规划编制指南》（试行）.

[2] 国家林业和草原局. 国家公园 | 三江源，世界屋脊上的生命乐土. http://www.forestry.gov.cn/main/5973/20210917/1456536755 63630.html.

山水林田湖草系统治理、保持并提高生态产品供给能力的重要区域，推动生态文明示范区建设、践行"绿水青山就是金山银山"理念的主要区域。

（4）有关重点区域名录 [1]

自然保护地名录指对重要的自然生态系统、自然遗迹、自然景观及其所承载的自然资源、生态功能和文化价值实施长期保护的陆域和海域，包括纳入自然保护地体系的国家公园、自然保护区和自然公园三类区域。该区域的功能定位是：守护自然生态，保育自然资源，保护生物多样性与地质地貌景观多样性，维护自然生态系统健康稳定，提高生态系统服务功能；服务社会，为人民提供优质生态产品，为全社会提供科研、教育、体验、游憩等公共服务；维持人与自然和谐共生并永续发展。

战略性矿产保障区名录指为经济社会可持续发展提供战略性矿产资源保障的重要区域，主要包括全国和省级战略性矿产资源分布的国家规划矿区、能源资源基地、重要价值矿区和重点勘查开采区。该类区域功能定位是：关系国家和区域经济社会发展的战略性矿产资源科学保护、合理开发利用和供给安全的重要区域，落实矿产资源节约与综合利用、实现矿产开发与环境保护协调发展的示范区域。

特别振兴区名录指因资源枯竭、人口收缩等原因致使发展活力不足，关系国家边疆安全，以及需要国家特别扶持的区域，主要包括边疆重要城市、资源枯竭型城市、传统工矿城市等。该类区域功能定位是：边疆重要城市是落实国家对外开放战略的重要区域，资源枯竭型城市和传统工矿城市是培育接续替代产业、实现城市精明发展的主要区域。

（5）全国主体功能区规划简介 [2]

2011年国家印发《全国主体功能区规划》，从建设富强民主文明和谐的社会主义现代化国家、确保中华民族永续发展出发，推进形成主体功能区要着力构建我国国土空间的"三大战略格局"。规划将我国国土空间分为以下主体功能区。按开发方式，分为优化开发区域、重点开发区域、限制开发区域和禁止开发区域。其中，优化开发、重点开发和限制开发区域原则上以县级行政区为基本单元；禁止

辽宁省阜新海州露天矿国家矿山公园
图片来源：图虫网.

专栏　特别振兴区—资源枯竭城市

国家发展改革委于2008年3月发布了国家首批资源枯竭城市，共有12个城市被列入，包括阜新、伊春、辽源、白山、盘锦、石嘴山、白银、个旧（县级市）、焦作、萍乡、大冶（县级市）、大兴安岭 [3]。

---

[1] 《省级国土空间规划编制指南》（试行）.
[2] 《全国主体功能区规划》（2010年12月）.
[3] 《关于印发首批资源枯竭城市名单的通知》（2008年3月）.

开发区域以自然或法定边界为基本单元，分布在其他类型主体功能区域之中。按开发内容，分为城市化地区、农产品主产区和重点生态功能区；按层级，分为国家和省级两个层面。

"七区二十三带"为主体的农业战略格局。构建以东北平原、黄淮海平原、长江流域、汾渭平原、河套灌区、华南和甘肃新疆等农产品主产区为主体，以基本农田为基础，以其他农业地区为重要组成的农业战略格局。

"两屏三带"为主体的生态安全战略格局。构建以青藏高原生态屏障、黄土高原—川滇生态屏障、东北森林带、北方防沙带和南方丘陵山地带以及大江大河重要水系为骨架，以其他国家重点生态功能区为重要支撑，以点状分布的国家禁止开发区域为重要组成的生态安全战略格局。

"两横三纵"为主体的城市化战略格局。构建以陆桥通道、沿长江通道为两条横轴，以沿海、京哈京广、包昆通道为三条纵轴，以国家优化开发和重点开发的城市化地区为主要支撑，以轴线上其他城市化地区为重要组成的城市化战略格局。

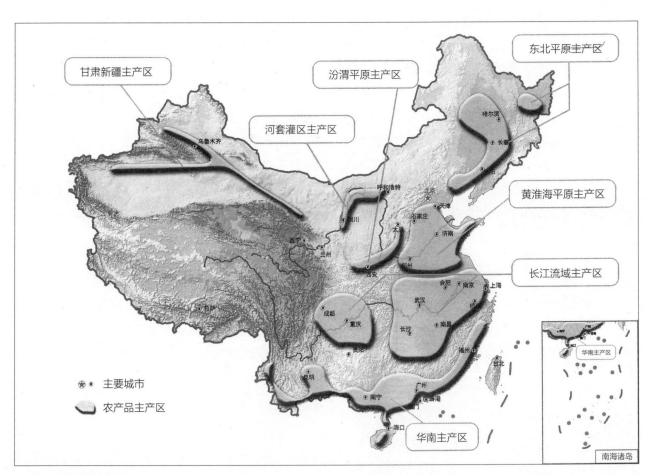

全国农业战略格局示意图
图片来源：《全国主体功能区规划》，2010 年 12 月印发.

17. 发展阶段、存在问题与特色优势判定

《中华人民共和国国民经济和社会发展第十四个五年规划和2035年远景目标纲要》提出，我国发展不平衡、不充分问题仍然突出，必须深刻认识我国社会主要矛盾变化带来的新特征、新要求，立足社会主义初级阶段基本国情，保持战略定力，认识和把握发展规律，树立底线思维。立足资源环境承载能力，发挥各地区比较优势，促进各类要素合理流动和高效集聚，推动形成主体功能明显、优势互补、高质量发展的国土空间开发保护新格局。

（1）国土空间规划要求

《省级国土空间规划编制指南》（试行）提出，立足省域资源禀赋、发展阶段、重点问题和治理需求，尊重客观规律，体现地方特色，发挥比较优势，确定规划目标、策略、任务和行动，走合理分工、优化发展的路子。

《市级国土空间总体规划编制指南（试行）》提出，坚持一切从实际出发，立足本地自然和人文禀赋以及发展特征，发挥比较优势，因地制宜开展规划编制工作，突出地域特点、文化特色、时代特征。

（2）发展阶段的判定

国土空间规划中，要根据城市和区域的发展，判定发展阶段。城市的发展阶段通常用城镇化率来判定。2015年中央城市工作会议中指出，城镇化是农业人口和农用土地向非农业人口和城市用地转化的现象及过程。其主要表现为：①农村人口比重下降和城镇人口比重上升；②产业结构从农村经济转向工业经济；③社会结构从农村社会构成转向城镇社会构成；④人类聚集场所从农村空间转向城镇空间形态。

城镇化的轨迹可概括为拉长的S形曲线，将城镇化划分为以下三个阶段。

①初期阶段。城镇化率低于30%，工农业生产水平较低，工业提供的就业机会和农业释放的剩余

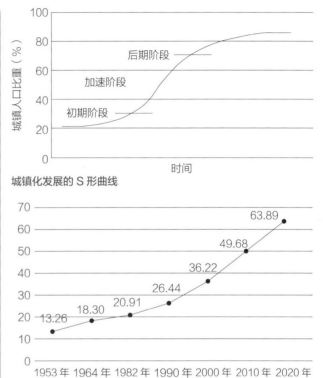

城镇化发展的S形曲线

我国历次人口普查城镇化率变化情况（%）

劳动力都很有限，城镇化发展较为缓慢。

②中期阶段。城镇化率超过30%，工业基础比较雄厚，农业劳动生产率大幅提高，工业快速发展能够为大批农业剩余劳动力提供就业机会，城镇化发展进入加速发展阶段。

③后期阶段。城镇化率达到70%以上，农业人口比重已经不大，服务业已相当发达，城镇化发展趋于平缓。根据第七次全国人口普查结果，2020年我国城镇化率已经达到63.89%，仍处于城镇化中后期加速阶段，城镇化速度从高速转向中高速，城市发展由规模扩张转向质量提升阶段。

（3）存在问题的判定

我国开始进入城镇化较快发展的中后期，各种"城市病"有可能集中凸显，社会结构面临优化调整，城市发展方式亟待深刻改变。《市级国土空间总体规划编制指南（试行）》提出，存在问题主要围

绕底线管控、结构效率、生活品质，从安全、创新、协调、绿色、开放、共享 6 个方面来分析。

安全方面。包括底线管控、粮食安全、水安全、防灾减灾。如一些地方城镇建设规模扩张过快、占地过多，盲目"摊大饼"问题突出，对保护耕地和保障粮食安全构成威胁。

创新方面。包括创新投入产出、创新环境。如城市创新投入与产出领域存在错位，产业创新转化能力有待提升。城市创新投入与产出领域存在错位，产业创新转化能力有待提升。

协调方面。包括城乡融合、陆海统筹、地上地下统筹。如普遍存在常住人口城镇化率大于户籍人口城镇化率，进城农民工和其他常住人口还没有完全融入城市，没有享受同城市居民完全平等的公共服务和市民权利。

绿色方面。包括生态保护、绿色生产、绿色生活。如许多城市资源环境承载能力已经减弱，水土资源和能源不足、环境污染等问题凸显。

开放方面。包括网络连通、对外交往、对外贸易。如部分城市区域连通存在短板，国际贸易发展滞后，国际交流平台数量少、影响力弱。

共享方面。包括宜居、宜养、宜业。城市社会治理体制和水平滞后于人口流动、社会结构变化、利益诉求多样化的趋势，社会稳定面临许多挑战。

（4）特色优势提炼

要善于根据不同地区的自然资源、区位交通、历史文化、产业发展等特点总结、提炼优势。

自然资源优势。自然资源是指天然存在、有使用价值、可提高人类当前和未来福利的自然环境因素的总称，包括土地、矿产、森林、草原、湿地、水、海洋等。自然资源具有有限性、空间性、有用性、稀缺性、用途多样性等特点，是人类生存和发展的物质基础和社会物质财富的源泉❶。

区位交通优势。区位交通是实现经济发展、优化产业和人口分布的重要支撑。国土空间规划编制

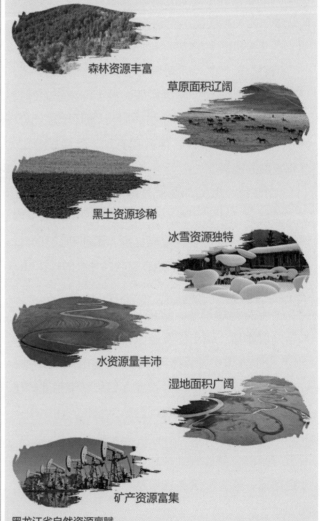

专栏 黑龙江省自然资源禀赋

黑龙江省森林资源丰富，森林覆盖率达 47.23%；草原面积辽阔，是我国东北三大草原和全国重点牧区；黑土资源珍稀，典型黑土耕地面积占东北典型黑土区耕地面积的 56.1%；冰雪资源独特，雪、冰、雾凇三大资源密集于全省各地；水资源量丰沛，全省江河纵横、湖泊众多、沼泽广布；湿地面积广阔，湿地面积居全国第四位，占全国天然湿地的七分之一；矿产资源富集，各类矿产 135 种，位居全国前十位的矿产有 41 种。

森林资源丰富

草原面积辽阔

黑土资源珍稀

冰雪资源独特

水资源量丰沛

湿地面积广阔

矿产资源富集

黑龙江省自然资源禀赋
图片来源：《黑龙江省国土空间规划（2021—2035 年）》（公众版），2021 年 6 月公示.

---

❶ 陈从喜，陈绍志，刘燕萍，等.自然资源管理知识手册 [M].北京：中国大地出版社，2020.

专栏　河南省郑州市区位交通优势

郑州市是全国公、铁、航、信兼具的交通枢纽，已形成由铁路、公路、航空 3 种运输方式构成的交通运输网络。截至 2022 年 4 月，郑州市有 2 座航站楼、2 条跑道、162 条航线、6 个火车站、2 条铁路干线、6 条高铁线、22 条轨道交通、11 条高速公路、37 条 BRT 线路 ❶。

郑州市现代化路桥系统
图片来源：图虫网.

中需要综合当地资源环境，发挥自身的区位交通优势，进一步促进城市发展，优化城市空间布局形态。

历史文化优势。 历史文化是城市的灵魂，传承保护好历史文化遗产是城市发展的重要职责。因此，城市在规划和建设中要高度重视历史文化保护，充分挖掘本地历史文化资源，提炼和培育地方特色文化，发展有历史记忆、地域特色、民族特点的美丽城镇。

专栏　陕西省西安市历史文化

西安古称长安，联合国教科文组织于 1981 年将其列入"世界历史名城"，1982 年被国务院命名为第一批国家历史文化名城，也是中华文明和中华民族重要发祥地之一、丝绸之路的起点 ❷。

大雁塔是佛教建筑艺术的杰作和古代楼阁式砖塔的精品，是第一批全国重点文物保护单位。

大雁塔
图片来源：图虫网.

---

❶ 河南省发展和改革委员会.重磅！国务院指定、北方城市唯一，郑州成国家级交通枢纽！http：//fgw.henan.gov.cn/2016/12-11/705609.html.

❷ 西安市人民政府.历史沿革.http://www.xa.gov.cn/sq/csgk/lsyg/5d4907abf99d6572b764a5e3.html.

产业发展优势。产业发展在现代城市发展中，影响城市生态环境、空间结构及经济建设，国土空间规划应结合区域产业特色，集聚产业要素资源，以具有地方主导产业为核心，提炼产业特色优势，培育特色鲜明、市场竞争力强的产业，带动区域经济总体发展，优化完善城市功能❶。

专栏 广东省深圳市产业

深圳是中国内地最"市场化"的城市，是中国的第一个经济特区，市场经济发展充分而完善，市场环境公平，充分尊重企业。2022年，深圳市生产总值3.24万亿元，是世界上发展最快的城市之一，也是中国经济最发达的城市之一。来深投资世界500强企业约300家❷。

深圳市腾讯大厦
图片来源：图虫网．

❶ 中经汇成产业规划网．产业发展战略与规划．http://www.chanyeguihua.com/index20.html.
❷ 深圳政府在线．市场活力．http://www.sz.gov.cn/cn/zjsz/fwts_1_3/tzfw/tzys/content/post_10827820.html.

18. 城市性质和功能定位

《"十四五"新型城镇化实施方案》提出，根据各地资源禀赋、要素条件和经济社会发展基础，考虑城镇化发展阶段的差异性，找准城市群和大中小城市各自发展定位，实施有针对性的任务举措，形成符合实际、各具特色的城镇化发展模式。

（1）概念及类型 ❶

概念。城市性质是指各城市在国家经济和社会发展中所处的地位和所起的作用，是各城市在城市网络以至更大范围内分工的主要职能。城市性质的确立包括两个方面：①城市在国民经济的职能，即一个城市在国家或地区的政治、经济、社会、文化生活中的地位和作用；②城市形成与发展的基本因素，认识城市形成与发展的主导因素也是确定城市性质的重要方面。

类型。我国城市按性质主要分为以下几类。①工业城市，以工业生产为主，工业用地及对外交通运输用地占有较大比重；②交通港口城市，由对外交通运输发展起来，交通运输用地在城市中占有很大的比例；③商贸城市，以商贸物流为主，商业服务业用地和物流仓储用地占较大比重；④综合中心城市，既有政治、文教、科研等非经济机构的主要职能，也有经济、信息、交通等方面的中心职能；⑤县城，一般是县域的中心城市，多以地方资源优势产业为主干产业，同时是联系广大农村的纽带、工农业物资的集散地；⑥特殊职能城市，其特殊职能在城市建设和布局上占据主导地位，又可划分为革命纪念性城市，风景旅游、休疗养为主的城市，边贸城市等。

（2）国土空间规划要求

发展定位和城市性质决定城市和区域的发展方向，国土空间规划中要精准确定。《省级国土空间规划编制指南》（试行）中提出，落实国家重大战略，按照全国国土空间规划纲要的主要目标、管控方向、重大任务等，结合省域实际，明确省级国土空间发展的总体定位，确定国土空间开发保护目标。

《市级国土空间总体规划编制指南（试行）》提出，围绕"两个一百年"奋斗目标和上位规划部署，结合本地发展阶段和特点，并针对存在问题、风险挑战和未来趋势，确定城市性质和国土空间发展目标。

（3）落实国家和地方战略找定位

对于城市发展，必须落实国家区域重大战略、区域协调发展战略、主体功能区战略，在主动服务和融入国家战略的大格局中把握地方特色、提升城市能级。国土空间规划在确定定位时，要立足实际，找准发展目标，落实国家和地方重大战略，推动高质量发展。

广东省围绕落实国家战略要求，顺应自然地理格局特征和城镇化发展趋势，在国土空间规划中提出"改革开放的排头兵、先行地、实验区，是向世界展示我国改革开放成就的重要窗口"的总体定位。

（4）立足区域发展找定位

城市不能脱离所在区域独立存在，城市在区域的定位就是要以其地理区位、交通条件、资源禀赋为依据，研究明确一定时期内城市在区域中的职能分工，寻求新的发展机遇。融入区域发展，构建以城市群为主体的城镇化形态。

厦门市自古就是中华通商裕国的重要口岸，也是新中国开放合作的门户。如今的厦门既是改革开放先行先试的经济特区，也是新时代蓬勃发展的投资热土。厦门市在国土空间总体规划中，将城市定位为"国家经济特区、国家中心城市、国际性综合交通枢纽、国际性风景旅游城市"❷。

---

❶ 吴志强，李德华 . 城市规划原理（第四版）[M]. 北京：中国建筑工业出版社，2010.
❷ 《厦门市国土空间总体规划（2020—2035 年）》（草案），2021 年 11 月公示 .

广东省广州市海珠湖风光
图片来源：图虫网．

福建省厦门城市鸟瞰图
图片来源：图虫网．

（5）立足产业经济找定位

　　城市的定位要突出主导产业在一定区域中的地位和特色，要依托城市现有的自然社会资源和地理条件，充分考虑资源、技术、资金、市场等因素，明确城市的发展阶段及发展方向、所处竞争环境等问题，确定主导性产业和前瞻性产业，统筹谋划发展定位。

　　产业经济职能可从以下三个方面进行定量分析：①分析主要产业部门在全国或地区的地位作用，如市场前景及产品市场的占有率；②分析主要部门经

济结构，如职工人数、产值、产量等经济技术标准；③分析用地结构的主次，如用地所占比重的大小。

　　徐州市是我国工程机械产业发展的领军城市，"三资"（国资、外资、民资）企业共同发展，有全国第一、全球第三的龙头工程机械企业，也是淮海经济区中心城市❶。作为老工业基地和资源型城市，徐州紧紧围绕老工业基地全面振兴和淮海经济区中心城市建设，在国土空间总体规划中将城市定位为"国家历史文化名城、全国重要综合交通枢纽、国家可

---

❶　徐州市人民政府．徐州概况．http：//www.xz.gov.cn/005/005001/20200903/5f4e2c0e-c35d-41a9-8723-a42e26accabf.html．

持续发展议程创新示范区、淮海经济中心城市和江苏省域副中心城市"。

（6）立足历史文化找定位

保护和延续城市的历史文化和人文传统，着力塑造特色风貌，精准地概括出文化特质，通过培育形成其他城市不能模仿、替代的文化风格。

山西省是中华文明发祥地之一，被誉为"华夏文明摇篮"，素有"中国古代文化博物馆"之称，是我国旅游资源最为富集的省份之一。山西省立足丰富的历史文化，在国土空间规划中将全省定位为"支撑黄河流域生态保护和高质量发展的战略支点，华夏文明最早的发祥地和中心区域之一，我国重要的能源基地和矿产资源大省、华北地区重要绿色生态屏障"。

江苏省徐州市城市风光
图片来源：图虫网.

山西省晋中市平遥县平遥古城
图片来源：图虫网.

（7）立足城市品质找定位

城市作为实现人民"美好生活向往"的载体，提升人居环境品质、塑造高质量生活成为"以人民为中心"的题中之义。城市品质方面的定位就是要统筹考虑生态环境保护和民生需求，提高居民幸福感和获得感，提升城市宜居品质和竞争力。

成都市作为著名的"休闲之都"，在确定城市定位时，更加注重提升城市人居环境，突出公园城市

四川省成都市天府绿道体系规划图
图片来源：《成都市国土空间总体规划（2020—2035 年）》（草案公示），2021 年 7 月公示.

特点，强调城市生态价值，在国土空间总体规划中将城市定位为"美丽宜居公园城市、国家中心城市、国际门户枢纽城市、世界文化名城"❶。

成都构建了总长度为 16930 千米的天府绿道系统，形成交融山水、链接城乡、覆盖全域的生态"绿脉"。构建"三江润城、百河为脉、千渠入院、万里织网"的水系蓝网体系，全面修复都江堰灌区水系，打造品质场景集聚、引领城市高质量发展的精品蓝网。

（8）立足资源环境找定位

贯彻生态优先的理念，立足区域资源环境禀赋，注重发挥比较优势，结合发展战略和目标，合理确定城市发展定位。

青海省地处青藏高原东北部，"中华水塔"生态地位重要且特殊，联疆通藏战略功能突出，清洁能源和战略性矿产资源富集，多民族融合聚居。根据"生态省、高原省、资源省、民族省"的省情特征，青海省国土空间规划中将全省定位为"国家生态安全屏障和重要生态源保护区、维护国土安全和支撑'一带一路'的战略要地、国家清洁能源产业高地和战略性矿产资源保障基地、国际生态旅游目的地和绿色有机农畜产品输出地、高原民族融合美丽家园"❷。

青海省祁连县卓尔山
图片来源：赵晶雪.

---

❶《成都市国土空间总体规划（2020—2035 年）》（草案公示），2021 年 7 月公示.
❷《青海省国土空间总体规划（2021—2035 年）》（公众征求意见稿），2021 年 5 月公示.

19. 规划目标指标和发展规模

《中共中央 国务院关于建立国土空间规划体系并监督实施的若干意见》中提出，到 2025 年，健全国土空间规划法规政策和技术标准体系；全面实施国土空间监测预警和绩效考核机制；形成以国土空间规划为基础，以统一用途管制为手段的国土空间开发保护制度。到 2035 年，全面提升国土空间治理体系和治理能力现代化水平，基本形成生产空间集约高效、生活空间宜居适度、生态空间山清水秀，安全和谐、富有竞争力和可持续发展的国土空间格局。到 2050 年，建成富强民主文明和谐美丽的社会主义现代化强国。

（1）规划目标年

《市级国土空间总体规划编制指南（试行）》提出，国土空间规划应围绕"两个一百年"奋斗目标和上位规划部署，结合本地发展阶段和特点，并针对存在问题、风险挑战和未来趋势，确定城市性质和国土空间发展目标，提出国土空间开发保护战略。落实上位规划的约束性指标要求，结合经济社会发展要求，确定国土空间开发保护的量化指标。国土空间规划目标年为 2035 年，近期至 2025 年，远景展望至 2050 年。

（2）规划指标性质

按指标性质分为约束性指标、预期性指标和建议性指标。约束性指标是为实现规划目标，在规划期内不得突破或必须实现的指标；预期性指标是指按照经济社会发展预期，规划期内努力实现或不突破的指标；建议性指标是指可根据地方实际选取的规划指标，体现地方特色。

（3）规划指标体系

市级层面的规划指标体系有空间底线、空间结构与效率、空间品质三方面。

①空间底线类指标主要涵盖国土空间规划"三区三线"等核心约束性指标。

专栏　浙江省杭州市国土空间总体规划目标、指标

《杭州市国土空间总体规划（2021—2035 年）（草案）》中明确，2025 年，目标为"数智杭州 宜居天堂"，2035 年，目标为"社会主义现代化国际大都市"，2050 年，目标为"独具韵味别样精彩的世界名城"。

杭州西湖
图片来源：图虫网．

空间底线类指标

编号	指标项	指标属性	指标层级
1	生态保护红线面积	约束性	市域
2	用水总量	约束性	市域
3	永久基本农田保护面积	约束性	市域
4	耕地保有量	约束性	市域
5	建设用地总面积	约束性	市域
6	城乡建设用地面积	约束性	市域
7	林地保有量	约束性	市域
8	基本草原面积	约束性	市域
9	湿地面积	约束性	市域
10	大陆自然海岸线保有率	约束性	市域
11	自然和文化遗产	预期性	市域
12	地下水水位	建议性	市域
13	新能源和可再生能源比例	建议性	市域
14	本地指示性物种种类	建议性	市域

②空间结构与效率类指标主要涵盖土地使用效率等相关指标。

空间结构与效率类指标

编号	指标项	指标属性	指标层级
1	常住人口规模	预期性	市域、中心城区
2	常住人口城镇化率	预期性	市域
3	人均城镇建设用地面积	约束性	市域、中心城区
4	人均应急避难场所面积	预期性	中心城区
5	道路网密度	约束性	中心城区
6	轨道交通站点 800 米半径服务覆盖率	建议性	中心城区
7	都市圈 1 小时人口覆盖率	建议性	市域
8	每万元 GDP 水耗	预期性	市域
9	每万元 GDP 地耗	预期性	市域

③空间品质类指标主要体现以人民为中心思想，涵盖公共服务等领域指标。

空间品质类指标

编号	指标项	指标属性	指标层级
1	公园绿地、广场步行 5 分钟覆盖率	约束性	中心城区
2	卫生、养老、教育、文化、体育等社区公共服务设施步行 15 分钟覆盖率	预期性	中心城区

续表

编号	指标项	指标属性	指标层级
3	城镇人均住房面积	预期性	市域
4	每千名老年人养老床位数	预期性	市域
5	每千人口医疗卫生机构床位数	预期性	市域
6	人均体育用地面积	预期性	中心城区
7	人均公园绿地面积	预期性	中心城区
8	绿色交通出行比例	预期性	中心城区
9	工作日平均通勤时间	建议性	中心城区
10	降雨就地消纳率	预期性	中心城区
11	城镇生活垃圾回收利用率	预期性	中心城区
12	农村生活垃圾处理率	预期性	市域

（4）发展规模

城市性质决定了城市建设的发展方向和用地构成，而城市规模决定了城市的用地规模及布局形态。

人口和建设用地规模。城市规模通常以人口规模和用地规模来界定。两者是相关的，根据人口规模以及人均用地的指标就能确定城市的用地规模。因此，在城市发展用地无明显约束的条件下，一般先从预测人口规模着手研究，再根据城市的性质与用地条件综合协调，然后确立合理的人均用地指标，就可推算城市的用地规模。

人口的自然增长率和机械增长率。一个城市的人口无时不在增减变化，它主要来自两个方面：自然增长和机械增长。两者之和便是城市人口的增长值。

①自然增长（率）是指人口再生产的变化量，即出生人数与死亡人数的净差值，通常以一年内城市人口的自然增减数与该城市总人口数（或期中人数）之比的千分率表示其增长速度，称为自然增长率。

②机械增长（率）是指由于人口迁移所形成的变化量，即一定时期内迁入城市的人口与迁出城市的人口的净差值。机械增长的多少与社会经济发展的速度、城市的建设和发展条件以及国家的城市发展方针政策密切相关[1]。

---

❶ 吴志强，李德华. 城市规划原理（第四版）[M]. 北京：中国建筑工业出版社，2010.

③综合增长（率）是指自然增长率和机械增长率之和，能综合反映一个地区和城市人口发展的综合状况。

④人口规模的确定，除按自然和机械增长率计算外，还应根据发展战略，考虑城市规划期内可能的突变因素。

市县域和中心城区人口规模。市县人口规模一般分为市县域和中心城区两个层次：市县域人口指城市行政管辖的全部地域内人口；中心城区人口为城市建成区及规划扩展区域、邻近各功能组团、本级及以上政府的派出机构管理的开发区、工矿区等范围内人口。

人口统计可分为常住人口、户籍人口、城市实际服务管理人口等。常住人口和户籍人口都是反映人口情况的统计指标，两者确实存在不同。①常住人口是指经常在某行政区域内居住达半年及以上人口，既包括有户籍且实际居住的，也包括无户籍但实际居住的人口，反映的是实际居住人口的情况。②户籍人口是指我国公民依照《中华人民共和国户口登记条例》在公安户籍管理机关登记常住户口的人，主要用于户籍行政管理。③城市实际服务管理人口是指需要本市提供交通、市政、商业等城市基本服务以及行政管理的城市实有人口，除城市常住人口外，还包括出差、旅游、就医等短期停留人口。

专栏　深圳市国土空间总体规划目标、指标

《深圳市国土空间总体规划（2020—2035年）》（草案）中公示了部分指标。例如，到2035年，按照1900万人常住人口规模配置较高品质住房以及基础教育设施，按照2300万人实际服务管理人口规模配置行政管理、医疗等公共服务和交通、市政等基础设施，建设用地规模1105平方千米；统筹划定三条控制线，陆域生态保护红线面积482平方千米，海域生态保护红线面积395平方千米，永久基本农田20平方千米，城镇开发边界1190平方千米。

2025
到2025年，建成现代化国际化创新型城市，基本实现社会主义现代化

2035
到2035年，建成具有全球影响力的创新创业创意之都和全民共享的和美宜居幸福家园，成为我国建设社会主义现代化强国的城市范例

2050
到2050年，将以更加昂扬的姿态屹立于世界先进城市之林，成为竞争力、创新力、影响力卓著的全球标杆城市

深圳市国土空间总体规划目标
资料来源：《深圳市国土空间总体规划（2020—2035年）》（草案），2021年6月公示.

专栏　雄安新区建设目标和指标

雄安新区建设目标为到2035年，基本建成绿色低碳、信息智能、宜居宜业、具有较强竞争力和影响力、人与自然和谐共生的高水平社会主义现代化城市。

到21世纪中叶，全面建成高质量高水平的社会主义现代化城市，成为京津冀世界级城市群的重要一极。集中承接北京非首都功能成效显著，为解决"大城市病"问题提供中国方案。

雄安新区规划主要指标

分项		指标	2035年
创新智能	1	全社会研究与试验发展经费支出占地区生产总值比重（%）	6
	2	基础研究经费占研究与试验发展经费比重（%）	18

续表

分项		指标	2035 年
创新智能	3	万人发明专利拥有量（件）	100
	4	科技进步贡献率（%）	80
	5	公共教育投入占地区生产总值比重（%）	≥5
	6	数字经济占城市地区生产总值比重（%）	≥80
	7	大数据在城市精细化治理和应急管理中的贡献率（%）	≥90
	8	基础设施智慧化水平（%）	≥90
	9	高速宽带标准	高速宽带无线通信全覆盖、千兆入户、万兆入企
绿色生态	10	蓝绿空间占比（%）	≥70
	11	森林覆盖率（%）	40
	12	耕地保护面积占新区总面积比例（%）	18
	13	永久基本农田保护面积占新区总面积比例（%）	≥10
	14	起步区城市绿化覆盖率（%）	≥50
	15	起步区人均城市公园面积（平方米）	≥20
	16	起步区公园 300 米服务半径覆盖率（%）	100
	17	起步区骨干绿道总长度（千米）	300
	18	重要水功能区水质达标率（%）	≥95
	19	雨水年径流总量控制率（%）	≥85
	20	供水保障率（%）	≥97
	21	污水收集处理率（%）	≥99
	22	污水资源化再生利用率（%）	≥99
	23	新建民用建筑的绿色建筑达标率（%）	100
	24	细颗粒物（$PM_{2.5}$）年均浓度（微克/立方米）	大气环境质量得到根本改善
	25	生活垃圾无害化处理率（%）	100
	26	城市生活垃圾回收资源利用率（%）	>45
幸福宜居	27	15 分钟社区生活圈覆盖率（%）	100
	28	人均公共文化服务设施建筑面积（平方米）	0.8
	29	人均公共体育用地面积（平方米）	0.8
	30	平均受教育年限（年）	13.5
	31	千人医疗卫生机构床位数（张）	7.0
	32	规划建设区人口密度（人/平方千米）	≤10000
	33	起步区路网密度（千米/平方千米）	10~15
	34	起步区绿色交通出行比例（%）	≥90
	35	起步区公共交通占机动化出行比例（%）	≥80
	36	起步区公共交通站点服务半径（米）	≤300
	37	起步区市政道路公交服务覆盖率（%）	100
	38	人均应急避难场所面积（平方米）	2~3

资料来源：《河北雄安新区规划纲要》，2018 年 4 月批复.

20. 国土空间开发保护战略

《中共中央 国务院关于建立国土空间规划体系并监督实施的若干意见》提出，落实国家安全战略、区域协调发展战略和主体功能区战略，明确空间发展目标，确定空间发展策略，转变国土空间开发保护方式，提升国土空间开发保护质量和效率。

（1）国土空间规划要求

《省级国土空间规划编制指南》（试行）提出，按照空间发展的总体定位和开发保护目标，立足省域资源环境禀赋和经济社会发展需求，针对国土空间开发保护突出问题，制定省级国土空间开发保护战略，推动形成主体功能约束有效、科学适度有序的国土空间布局体系。

（2）确定路径

国土空间规划主要从资源禀赋、发展需求、解决突出问题以及目标定位等方面来确定国土空间开发保护战略。

立足资源禀赋确定战略。安徽省落实长江大保护战略，推进皖南、皖西及重要河流保护；稳定耕地空间，改善农业生态，优化村庄布局，建设美丽乡村和特色小镇；高能级建设合肥都市圈，高质量提升沿江城市带，高标准建设皖北城镇集中聚集区；塑造徽风皖韵的城乡风貌，提升全省空间品质；提升国土空间开发轴带及其周边地区联通水平，确定"绿色江淮、田园乡村、高效集聚、品质提升、畅联互通"的空间战略。

立足发展需求确定战略。山东省青岛市正处于城市产业结构和布局调整的关键时期，并且作为全球海洋中心城市，需要寻求新的发展空间，以形成沿海产业和大都市架构。为此，青岛市构筑了"联动协同、海陆协同、空间重构"的空间开发保护战略。

立足解决突出问题确定战略。第七次全国人口普查显示，黑龙江省全省人口为3185万人，与第六次全国人口普查的3831.4万人相比，减少646.4万人，下降16.87%。为解决人口流失这一突出问题，黑龙江省确定了"重构集聚"的空间开发保护战略，推进与生态文明建设相适应的国土空间格局重构，引导人口、产业和空间要素向都市圈、中心城市、产业园区集聚。

安徽省宣城市月亮湾

战略一 联动协同，构建区域一体化格局

➤ 实现与京津冀、长三角核心城市直连直通

➤ 完善连通内陆腹地的客货运铁路网络建设

➤ 引领胶东经济圈，强化沿海内陆发展走廊

战略二 海陆协同，优化全域开发保护格局

➤ 保护海陆一体生态格局，以海定陆，制定陆域管控分区

➤ 聚焦环湾重点发展区，突出点轴，塑造高质量都市区

➤ 构建陆海产业共同体，廊道聚合，打造多条产业走廊

战略三 空间重构，以城促产整合功能区

➤ 多核互动，推动形成多中心网络化结构

➤ 生态塑边，促进城市组团抱紧发展

➤ 借势枢纽，优化调整重大功能布局

➤ 以城促产，整合分散低效功能区

山东省青岛市国土空间开发保护战略
资料来源:《青岛市国土空间总体规划（2021—2035 年）》（草案），2021 年 7 月公示.
图片来源: 图虫网.

立足目标定位确定战略。 贵州省依据"在新时代西部大开发上闯新路，在乡村振兴上开新局，在实施数字经济战略上抢新机，在生态文明建设上出新绩"的发展目标，以及"全国生态文明实验区、国家级大数据综合试验区、内陆开放型经济试验区、西部乡村振兴先行区"的总体定位，确定了"黔中引领、特县美乡、四化融合、绿色安全"的空间开发保护战略。

实施生态空间重建

· 构建高固碳能力的网络化生态保护格局
· 统筹优化自然保护地和生态保护红线
· 推进"山水林田湖草沙"生态系统修复

农业空间重组

· 侧重黑土耕地集中保护和综合整治，打造玉米、蔬菜、乳、肉等千亿级产业集群，推进产业融合发展和转型升级
· 以松嫩、三江两大平原永久基本农田和稳定耕地为基础，划定以农业生产、农村生活为主要功能的国土空间
· 优化现代农业空间配置，打造生态绿色产业示范区

城乡生活空间重塑

· 构建城镇发展格局，重点推进哈尔滨现代化都市圈建设
· 培育经济中心，壮大区域性中心城市
· 打造东北振兴高质量发展引领区，国家高端制造业集聚区

黑龙江省国土空间开发保护战略
图片来源:《黑龙江省国土空间规划（2021—2035 年）》（公众版），2021 年 6 月公示.

黔中引领
培育发展黔中城市群，做大做强两大都市圈，实施"强省会""双城记"行动

特县美乡
强化以县城为重要载体的新型城镇化建设，促进县域特色化发展，分类推进乡村振兴，营造美丽乡村

四化融合
围绕"四新"抓"四化"，形成产城景一体、城镇村联动、全域旅游支撑的空间融合格局

绿色安全
筑牢生态安全屏障，巩固提升固碳能力，保障生态、能源、粮食、人居等多方面安全

贵州省国土空间开发保护战略
图片来源:《贵州省国土空间总体规划（2021—2035 年）》（征求意见稿），2021 年 7 月公示.

21. 区域协调发展

2022 年 10 月，党的二十大报告提出，促进区域协调发展，推进京津冀协同发展、长江经济带发展、长三角一体化发展，推动黄河流域生态保护和高质量发展。

（1）国土空间规划要求

《市级国土空间总体规划编制指南（试行）》提出，注重推动城市群、都市圈交通一体化，发挥综合交通对区域网络化布局的引领和支撑作用，重点解决资源和能源、生态环境、公共服务设施和基础设施、产业空间和邻避设施布局等区域协同问题。

（2）省、市、县不同层次的协同发展

加强省际协同。 确保省际之间生态格局完整连续、环境协同共治、产业优势互补，基础设施互联互通，公共服务共建共享。

加强市际协同。 强化市际在生态、产业、交通等方面的协调联动、错位发展，协调空间矛盾冲突，提升区域综合实力。

（3）产业、交通、生态等专业领域的协同发展

广佛肇充分发挥与产业结构的异质性和比较优势，积极承接文化产业结构调整和扩张延伸项目。未来广州以 IAB（新一代信息技术、人工智能、生物医药）+NEM（新能源、新材料）为主导产业发展知识型经济，佛山、肇庆和清远则定位于"先

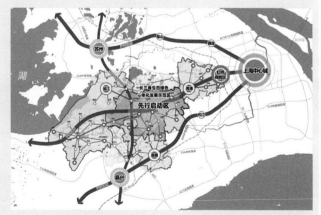

区域空间结构示意图

图片来源：《长三角生态绿色一体化发展示范区先行启动区国土空间总体规划（2021—2035 年）》（公示稿），2023 年 3 月公示.

专栏 市际协同——苏锡常三市联动（长三角一体化发展）

科技创新及产业方面，苏州将协力打造基础研究、技术开发、成果转化和产业创新全流程创新产业链。无锡将推动实施区域间"强链、补链、延链"工程，共建世界级先进制造业产业集群和太湖湾科创带。常州将推进与苏、锡产业对接协作，共同创建国家新型工业化产业示范基地。交通方面，三市将实现地铁、城际铁路、都市快线等交通设施互通互联，形成30分钟城市通勤圈。生态方面，共同开展太湖生态经济圈政策合作，合力筑牢高质量发展的生态屏障。三市还将在科技创新资源、文化旅游、城市规划、公共服务等领域开展合作❶。

江苏省常州市常州港
图片来源：《常州市国土空间总体规划（2020—2035年）》（征求意见稿），2021年5月公示.

进制造业＋生产性服务业"，形成"广州研发＋佛山高端制造＋肇清成果转化"的产业分工，整个都市圈的产业将互相协作、协同发展，实现规模经济效应❷。

加强区县联动。加强区和县之间的协调发展，强化基础设施、公共服务设施、生态环境、历史文化、产业发展、交通体系等方面合同协作。

交通领域（长三角一体化发展）

《长江三角洲地区交通运输更高质量一体化发展规划》中提出，长三角地区构建现代化综合交通运输体系。到2025年，一体化交通基础设施网络总体形成，基本建成"轨道上的长三角"，一体化运输服务能力大幅提升。三省一市协同共建机制更加健全，城际轨道交通一体化运营管理机制取得突破，

专栏 区县联动——北京市通州区与河北省三河、大厂、香河三县市一体化高质量发展示范区

2020年3月，国家发展改革委、北京市人民政府、河北省人民政府联合印发《北京市通州区与河北省三河、大厂、香河三县市协同发展规划》，提出充分发挥北京城市副中心示范引领作用，辐射带动北三县协同发展，着力打造国际一流和谐宜居之都示范区、新型城镇化示范区、京津冀区域协同发展示范区。深入推进通州区与北三县协同发展，有利于疏解北京非首都功能，治理"大城市病"，优化首都发展格局，探索人口经济密集地区优化开发新模式。

河北省廊坊市香河县潮白河
图片来源：图虫网.

---

❶ 苏州市人民政府. 首届苏锡常一体化发展合作峰会在苏州召开 签署《苏锡常一体化发展合作备忘录》蓝绍敏黄钦齐家滨讲话 李亚平主持 杜小刚陈金虎发言. https://www.suzhou.gov.cn/szsrmzf/szyw/202004/f93b453477c6486aabfe2171847478cd.shtml.

❷ 搜狐网. 解析 | 广佛肇清都市圈如何打造一体化产业发展通道. https://www.sohu.com/a/245982796_100193856.

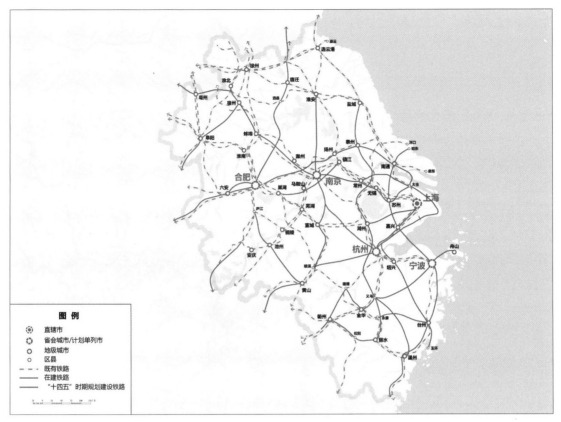

长三角地区轨道交通规划图

图片来源:《中华人民共和国国民经济和社会发展第十四个五年规划和 2035 年远景目标纲要》.

民航、港口一体化协同发展取得更大进展。围绕上海大都市圈和南京、杭州、合肥、苏锡常、宁波都市圈,以城际铁路、市域(郊)铁路、城市轨道交通、城市快速路等为骨干,打造 1 小时通勤圈。

生态领域(黄河流域生态保护和高质量发展)

《中华人民共和国国民经济和社会发展第十四个五年规划和 2035 年远景目标纲要》中提出,加大黄河上游重点生态系统保护和修复力度,筑牢三江源"中华水塔",提升甘南、若尔盖等区域水源涵养能力。创新中游黄土高原水土流失治理模式,积极开展小流域综合治理、旱作梯田和淤地坝建设。推动下游二级悬河治理和滩区综合治理,加强黄河三角洲湿地保护和修复。开展汾渭平原、河套灌区等农业面源污染治理,清理整顿黄河岸线内工业企业,加强沿黄河城镇污水处理设施及配套管网建设。实施深度节水控水行动,降低水资源开发利用强度。合理控制煤炭开发强度,推进能源资源一体化开发利用,加强矿山生态修复。优化中心城市和城市群发展格局,统筹沿黄河县城和乡村建设。实施黄河文化遗产系统保护工程,打造具有国际影响力的黄河文化旅游带。建设黄河流域生态保护和高质量发展先行区。

山东省东营市黄河三角洲

图片来源:图虫网.

22. 总体格局和"三大空间"

《中共中央 国务院关于建立国土空间规划体系并监督实施的若干意见》提出，建立全国统一、责权清晰、科学高效的国土空间规划体系，整体谋划新时代国土空间开发保护格局，综合考虑人口分布、经济布局、国土利用、生态环境保护等因素，科学布局生产空间、生活空间、生态空间，是加快形成绿色生产方式和生活方式、推进生态文明建设、建设美丽中国的关键举措。

（1）国土空间开发保护总体格局 ❶

落实国家安全战略、区域协调发展战略和主体功能区战略，明确空间发展目标，优化城镇化格局、农业生产格局、生态保护格局，确定空间发展策略，转变国土空间开发保护方式，提升国土空间开发保护质量和效率。

（2）农业、生态、城镇空间 ❷

农业空间。 优先保护平原地区水土光热条件好、

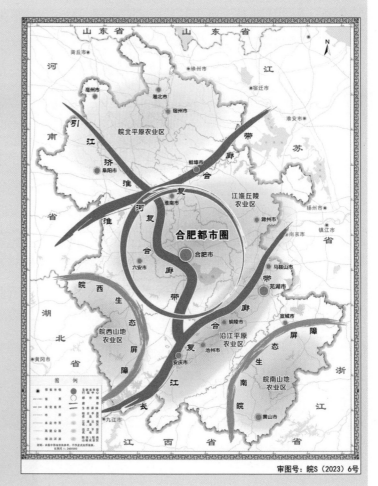

专栏　安徽省国土空间总体格局

安徽省规划形成"一圈"（合肥都市圈）、"两屏"（皖西生态安全屏障、皖南生态安全屏障）、"三带"（长江、淮河和引江济淮复合廊带）、"五区"（江淮丘陵、皖北平原、沿江平原、皖西山地、皖南山地农业区）的国土空间开发保护总体格局。

安徽省国土空间开发保护利用格局图
图片来源：《安徽省国土空间规划（2021—2035年）》，
2024年4月印发.

审图号：皖S（2023）6号

---

❶《省级国土空间规划编制指南》（试行）.

❷ 同❶.

质量等级高、集中连片的优质耕地，实施"小块并大块"，推进现代农业规模化发展；在山地丘陵地区因地制宜发展特色农业。综合考虑不同种植结构水资源需求和现代农业发展方向，明确种植业、畜牧业、养殖业等农产品主产区，优化农业生产结构和空间布局。

生态空间。 依据重要生态系统识别结果，维持自然地貌特征，改善陆海生态系统、流域水系网络的系统性、整体性和连通性，明确生态屏障、生态廊道和生态系统保护格局；确定生态保护与修复重点区域；构建生物多样性保护网络，为珍稀动植物保留栖息地和迁徙廊道；合理预留基础设施廊道。

优先保护以自然保护地体系为主的生态空间，明确省域国家公园、自然保护区、自然公园等各类自然保护地布局、规模和名录。

城镇空间。 依据全国国土空间规划纲要确定的建设用地规模，结合主体功能定位，综合考虑

专栏 河南省城镇空间格局

河南省规划建设国家中心城市、省域副中心城市、区域中心城市、县级城市与小城镇协同发展的城镇体系。提升郑州国家中心城市能级，支持洛阳、南阳副中心城市建设，推动地级市中心城区发展，促进县级城市和小城镇提质升级，促进人口减少城市空间紧凑布局。

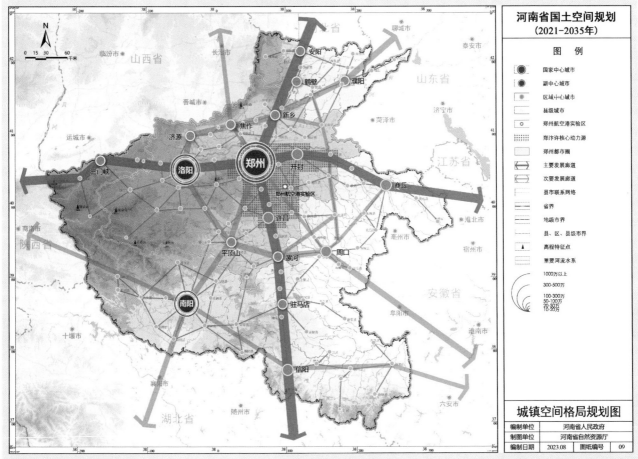

河南省城镇空间格局规划图

图片来源：《河南省国土空间规划（2021—2035年）》，2024年6月印发.

经济社会、产业发展、人口分布等因素，确定城镇体系的等级和规模结构、职能分工，提出城市群、都市圈、城镇圈等区域协调重点地区多中心、网络化、集约型、开放式的空间格局，引导大中小城市和小城镇协调发展。

（3）地方特色、地上地下、陆海空间 ❶

地方特色空间。 发掘本地自然和人文资源，系统保护自然景观资源和历史文化遗存，划定自然和人文资源的整体保护区域。

地上地下空间。 提出地下空间和重要矿产资源保护开发的重点区域，处理好地上与地下、矿产资源勘查开采与生态保护红线及永久基本农田等控制线的关系。提出城市地下空间的开发目标、规模、重点区域、分层分区和协调连通的管控要求。

陆海空间。 沿海城市应按照陆海统筹原则确定生态保护红线，并提出海岸带两侧陆海功能衔接要求，制定陆域和海域功能相互协调的规划对策。

专栏　河北省邯郸市地方特色空间

邯郸市国土空间总体规划构建了"太行为屏、滏水绕城、环城绿廊、十字轴带、满城园景"的风貌格局，传承了"滏流东渐、紫气西来"传统山水风貌，延续"中轴线、棋盘路、穿城河、行道树、游园绿化＋雕塑"的城市特色。

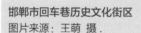
邯郸市回车巷历史文化街区
图片来源：王萌　摄.

专栏　广东省广州市地下空间

广州市加强地下空间综合开发利用。基于地质环境质量评价确定地下空间开发利用规模；划定地下空间开发利用的慎建区、限建区和适建区；细化竖向利用分层，有序安排各类设施；划定地下空间重点开发区域，开展地下空间详细规划 ❷。

广州市花城广场地下空间
图片来源：图虫网.

---

❶《市级国土空间规划编制指南（试行）》.
❷《广州市国土空间总体规划（2018—2035 年）》（草案），2019 年 6 月公示.

专栏　江苏省陆海空间

　　江苏省国土空间规划构建"三纵三横三门户"陆海统筹空间格局。其中,"三纵"为沿海城镇带、临海特色魅力带、近海蓝色生态带;"三横"为沿江发展轴、沿淮河发展轴、陆桥东部联动带;"三门户"为南通通州湾长江经济带新出海口、盐城港淮河生态经济带出海门户、连云港"一带一路"枢纽港。

　　战略性预留空间。应对未来发展的不确定性,合理安排重大战略性预留空间[1]。

　　北京市在编制各区分区规划(国土空间规划)时,在全市 2760 平方千米城乡建设用地范围内统筹划定了约 132 平方千米战略留白用地,已在分区规划数据库落图落位,并在各级各类规划编制及规划实施管理规则中细化落实,实施城乡建设用地与建筑规模双控,原则上 2035 年前不予启用[2]。

河北省秦皇岛市金梦海湾海滩(生活岸线)
图片来源:国宝文 摄.

---

[1] 《市级国土空间总体规划编制指南(试行)》.
[2] 北京市人民政府. 北京划定约 132 平方公里战略留白用地 2035 年前不启用. http://www.beijing.gov.cn/zhengce/zcjd/202004/t20200414_1803605.html.

23. 大中小城市和小城镇协调发展的城镇体系

2015 年 12 月，中央城市工作会议指出，各城市要结合资源禀赋和资源优势，明确主导产业和特色产业，强化大中小城市和小城镇产业协作协同，逐步形成横向错位发展、纵向分工协作的发展格局。党的二十大报告指出，以城市群、都市圈为依托构建大中小城市协调发展格局，推进以县城为重要载体的城镇化建设。

（1）概念

城镇体系指在一定地域范围内，以中心城市为核心，由一系列不同等级规模、不同职能分工、相互密切联系的城镇组成的有机整体[1]。其组成为等级规模结构、职能组合结构、城镇空间结构、网络系统结构，简称"三结构一网络"。

等级规模结构。按照中心城镇、副中心城镇和一般城镇等，确定城镇等级结构。以城区常住人口为统计口径，将城市划分为五类七档：超大城市、特大城市、大城市（Ⅰ型大城市、Ⅱ型大城市）、中等城市、小城市（Ⅰ型小城市、Ⅱ型小城市）。

职能组合结构。城镇功能是指城镇在国家和地区发展中承担的任务和作用，社会政治、经济和文化职能是城镇的三大基本功能。

城镇空间结构。城镇空间结构反映了一系列规模不等、职能各异的城镇的空间上的组合形式。城镇空间结构布局包括"点、线、圈、区（带）"等

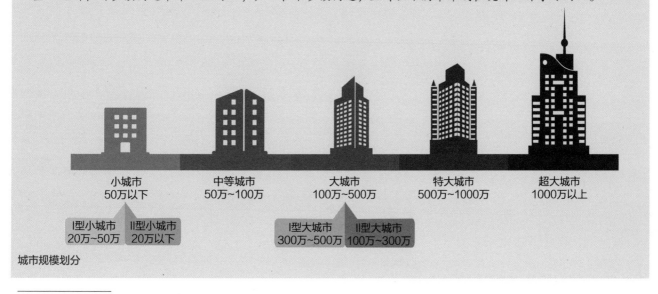

专栏　城市规模

国务院印发的《关于调整城市规模划分标准的通知》将城市规模划分为：以城区常住人口为统计口径，将城市划分为五类七档。

城区是指在市辖区和不设区的市，区、市政府驻地的实际建设连接到的居民委员会所辖区域和其他区域。

常住人口包括：居住在本乡镇街道，且户口在本乡镇街道或户口待定的人；居住在本乡镇街道，且离开户口登记地所在的乡镇街道半年以上的人；户口在本乡镇街道，且外出不满半年或在境外工作学习的人。

小城市
50万以下

Ⅰ型小城市
20万~50万

Ⅱ型小城市
20万以下

中等城市
50万~100万

大城市
100万~500万

Ⅰ型大城市
300万~500万

Ⅱ型大城市
100万~300万

特大城市
500万~1000万

超大城市
1000万以上

城市规模划分

[1] 崔功豪，魏清泉，刘科伟 . 区域分析与区域规划（第二版）[M]. 北京：高等教育出版社，2006.

多种形式。"点"即大大小小的各城市（镇），"线"即沿着交通干线形成的区域产业与城镇发展轴线，"圈"即有一定规模的中心城市和部分次中心城市圈，"区（带）"即城镇密集区（带）。

网络系统结构。城镇网络规划指按照国家和地方国民经济、社会发展的总要求，从地域的具体条件出发，按照城镇总体规划要求，确定各城镇的发展方向、性质、规模和布局等，并综合成为一个以中心城市为依托，以各级城镇为节点，组成经济上相互联系、职能上互有分工、规模上具有等级系列特征的综合城镇体系网络❶。

（2）国土空间规划要求

省级层面。依据全国国土空间规划纲要确定的建设用地规模，结合主体功能定位，综合考虑经济社会、产业发展、人口分布等因素，确定城镇体系的等级和规模结构、职能分工。按照城镇人口规模 300 万以下、300 万~500 万、500 万~1000 万、1000 万~2000 万、2000 万以上等层级，分别确定城镇空间发展策略，促进集中集聚集约发展。按照大中小城市和小城镇等，确定等级结构❷。

市级层面。围绕新型城镇化、乡村振兴、产城融合，明确城镇体系的规模等级和空间结构。按照市域中心城市、副中心城市、县城（含县级市市区）和中心镇等，确定城镇等级结构❸。

县级层面。按照县城（含县级市市区）、中心镇、一般镇、中心村、基层村等，确定镇村等级结构。

专栏　新型城镇化建设示范区——河北省迁安市

迁安市位于唐山市东北部，三面环山、植被丰茂。城区滦河、三里河穿城而过，龙山、佛山、黄台山三山拱卫，先后获评全国文明城市、国家卫生城市、国家园林城市、中国宜居城市、国家海绵城市、国家节水型城市，跻身全国县城新型城镇化建设示范县、全国营商环境百佳示范县市❹。

迁安市风貌
图片来源：迁安市人民政府.

❶ 宋家泰，顾朝林. 城镇体系规划的理论与方法初探 [J]. 地理学报，1988，43（2）：97-107.
❷《省级国土空间规划编制指南》（试行）.
❸《市级国土空间总体规划编制指南（试行）》.
❹ 迁安市人民政府. 迁安概况. http://www.qianan.gov.cn/content/74923.html.

（3）政策要求 ●

优化提升超大特大城市中心城区功能。①统筹兼顾经济、生活、生态、安全等多元需要，转变超大特大城市开发建设方式，加强超大特大城市治理中的风险防控，促进高质量、可持续发展；②有序疏解中心城区一般性制造业、区域性物流基地、专业市场等功能和设施，以及过度集中的医疗和高等教育等公共服务资源，合理降低开发强度和人口密度；③增强全球资源配置、科技创新策源、高端产业引领功能，率先形成以现代服务业为主体、先进制造业为支撑的产业结构，提升综合能级与国际竞争力；④坚持产城融合，完善郊区新城功能，实现多中心、组团式发展。

完善大中城市宜居宜业功能。①充分利用综合成本相对较低的优势，主动承接超大特大城市产业转移和功能疏解，夯实实体经济发展基础；②立足特色资源和产业基础，确立制造业差异化定位，推动制造业规模化集群化发展，因地制宜建设先进制造业基地、商贸物流中心和区域专业服务中心；③优化市政公用设施布局和功能，支持三级医院和高等院校在大中城市布局，增加文化体育资源供给，营造现代时尚的消费场景，提升城市生活品质。

推进以县城为重要载体的城镇化建设。①加快县城补短板强弱项，推进公共服务、环境卫生、市政公用、产业配套等设施提级扩能，增强综合承载能力和治理能力；②支持东部地区基础较好的县城建设，重点支持中西部和东北城镇化地区县城建设，合理支持农产品主产区、重点生态功能区县城建设；③健全县城建设投融资机制，更好发挥财政性资金作用，引导金融资本和社会资本加大投入力度；④稳步有序推动符合条件的县和镇区常住人口20万以上的特大镇设市；⑤按照区位条件、资源禀赋和发展基础，因地制宜发展小城镇，促进特色小镇规范健康发展。

加强对县城建设的分类指导。中共中央办公厅、国务院办公厅印发的《关于推进以县城为重要载体的城镇化建设的意见》提出：①加快发展大城市周边县城；支持位于城市群和都市圈范围内的县城融入邻近大城市建设发展；②积极培育专业功能县城；支持具有资源、交通等优势的县城发挥专业特长，培育发展特色经济和支柱产业；支持边境县城完善基础设施，强化公共服务和边境贸易等功能，提升人口集聚能力和守边固边能力；③合理发展农产品主产区县城；推动位于农产品主产区内的县城集聚发展农村二三产业，延长农业产业链条，做优做强农产品加工业和农业生产性服务业；④有序发展重点生态功能区县城；推动位于重点生态功能区内的县城逐步有序承接生态地区超载人口转移；⑤引导人口流失县城转型发展；结合城镇发展变化态势，推动人口流失县城严控城镇建设用地增量、盘活存量，促进人口和公共服务资源适度集中。

专栏　重庆市城镇空间布局

重庆市规划中心城区为千万城市人口的超大城市；万州、江津、涪陵、永川、合川、綦江—万盛建成百万城市人口的大城市；规划璧山、长寿、开州、云阳、黔江等24个中小城市和500个左右富有特色的小城镇。

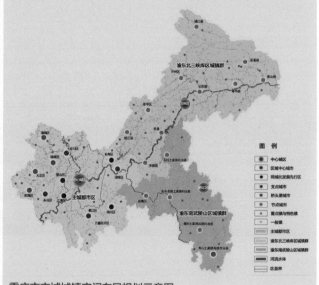

重庆市市域城镇空间布局规划示意图
图片来源：《重庆市国土空间总体规划（2021—2035年）》（公示版），2021年5月公示.

● 《中华人民共和国国民经济和社会发展第十四个五年规划和2035年远景目标纲要》（2021年3月）.

24. 城市群在区域发展中的地位作用

2015 年 12 月，中央城市工作会议指出，城市群既是城市发展到成熟阶段的高级空间组织形式，是国家经济发展的重要增长极、参与全球竞争的战略区域，也是统筹空间、规模、产业三大结构的重要平台。要以城市群为主体形态，科学规划城市空间布局，实现紧凑集约、高效绿色发展。要建立城市群发展协调机制，以城市群为平台，推动跨区域城市间产业分工、基础设施、生态保护、环境治理等协调联动，破除行政壁垒和市场分割，促进生产要素自由流动和优化配置。

（1）概况

《中共中央 国务院关于建立更加有效的区域协调发展新机制的意见》提出，以京津冀城市群、长三角城市群、粤港澳大湾区、成渝城市群、长江中游城市群、中原城市群、关中平原城市群等城市

推动国家重大区域战略融合发展，建立以中心城市引领城市群发展、城市群带动区域发展新模式，推动区域板块之间融合互动发展。

（2）政策要求

《中华人民共和国国民经济和社会发展第十四个五年规划和 2035 年远景目标纲要》提出，优化提升京津冀、长三角、珠三角、成渝、长江中游等城市群，发展壮大山东半岛、粤闽浙沿海、中原、关中平原、北部湾等城市群，培育发展哈长、辽中南、山西中部、黔中、滇中、呼包鄂榆、兰州－西宁、宁夏沿黄、天山北坡等城市群。建立健全城市群一体化协调发展机制和成本共担、利益共享机制，统筹推进基础设施协调布局、产业分工协作、公共服务共享、生态共建环境共治。优化城市群内部空间

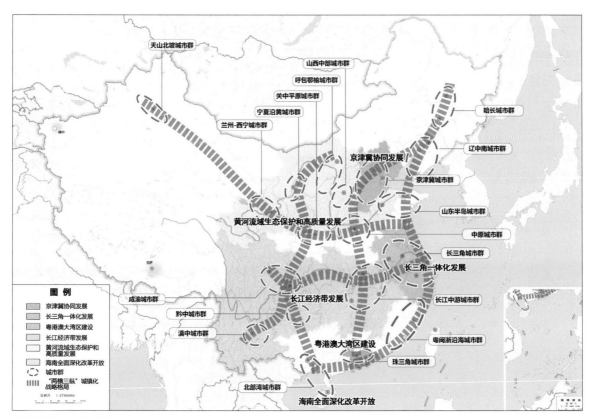

全国城镇化空间格局图

图片来源：《中华人民共和国国民经济和社会发展第十四个五年规划和 2035 年远景目标纲要》.

结构，构筑生态和安全屏障，形成多中心、多层级、多节点的网络型城市群。

（3）国外城市群简介

目前，国外发展规模较大的城市群有：美国东北部大西洋沿岸城市群、北美五大湖沿岸城市群、日本太平洋沿岸城市群、英国伦敦城市群、欧洲西北部城市群。

国外规模较大的城市群概述

所在国家	城市群概述
美国	以纽约为中心的美国东北部大西洋沿岸城市群，包含波士顿、纽约、费城、巴尔的摩、华盛顿等城市
美国、加拿大	以芝加哥为中心的北美五大湖沿岸城市群，包含芝加哥、底特律、克利夫兰、多伦多、渥太华、蒙特利尔、魁北克等城市
日本	以东京、名古屋和大阪为中心的日本太平洋沿岸城市群，包含东京、横滨、静冈、名古屋、京都、大阪、神户等城市
英国	以伦敦为中心的英国伦敦城市群，包含伦敦、利物浦、曼彻斯特、利兹、伯明翰、谢菲尔德等城市
法国、比利时、荷兰、德国	以巴黎为中心的欧洲西北部城市群，包含巴黎、布鲁塞尔、安特卫普、阿姆斯特丹、鹿特丹、海牙、埃森、科隆、多特蒙德、波恩、法兰克福、斯图加特等城市

（4）国内城市群简介

珠江三角洲城市群。包括"广佛肇"（广州、佛山、肇庆）、"深莞惠"（深圳、东莞、惠州）、"珠中江"（珠海、中山、江门）三个新型都市区，国土面积约为4.2万平方千米。大珠江三角洲地区还包括香港、澳门，即粤港澳大湾区，国土面积约为5.6万平方千米。珠江三角洲城市群是亚太地区最具活力的经济区之一，人口总量近6500万，2020年GDP总量超过8.9万亿元，占全国GDP总量的9%[1]。

京津冀城市群。地域面积约为21.6万平方千米，约占全国的2.35%，包括北京、天津、河北省内11个地级市和定州、辛集2个省直管市。2020年，京津冀地区生产总值为8.6万亿元，占全国

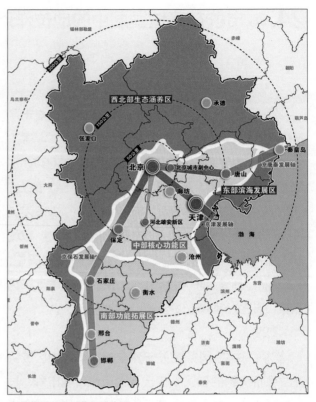

京津冀区域空间格局示意图
图片来源：《北京城市总体规划（2016年—2035年）》，2017年9月发布.

GDP总量的8.5%[2]。

长江三角洲城市群。位于长江入海之前的冲积平原，国土面积21.17万平方千米。根据国务院批准的《长江三角洲城市群发展规划》，长三角城市群包括上海和江苏省的南京、无锡等26市。目前，长江三角洲城市群是中国城市化程度最高、城镇分布最密集、经济发展水平最高的地区。2020年，长三角城市群的GDP总量超过20万亿元，占全国GDP总量的20%[3]。

中原城市群。以郑州市、开封市、洛阳市、平顶山市、新乡市等为核心发展区，联动辐射安阳市、濮阳市、三门峡市、运城市、菏泽市等中原经济区其他城市。坚持核心带动、轴带发展、节点提升、对接周边，推动大中小城市和小城镇合理分工、功

---

❶ 澎湃. 观察 | 占全国GDP总量六成的七大城市群，发展水平如何. https://www.thepaper.cn/newsDetail_forward_14754131.

❷ 北京市人民政府. 数读：2020年京津冀地区实现地区生产总值8.6万亿元. http://www.beijing.gov.cn/gongkai/shuju/shudu/202103/t20210310_2303842.html.

❸ 同❶.

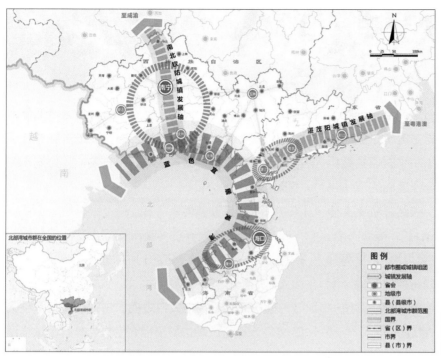

北部湾城市群空间格局图
图片来源:《北部湾城市群建设"十四五"实施方案》,2022 年 3 月发布.

能互补、协同发展,促进城乡统筹发展,构建布局合理、集约高效的城市群一体化发展格局。2020 年以河南为主体的中原城市群,人口规模超过 1.6 亿,是人口规模最大的城市群,其 GDP 总量达 8.1 万亿元,仅次于京津冀城市群❶。

北部湾城市群。《北部湾城市群建设"十四五"实施方案》明确,构建"一湾"(蓝色宜居宜业海湾)、"一核"(南宁)、"一圈"(南宁都市圈)、"两轴"(南北钦防城镇发展轴、湛茂阳城镇发展轴)的空间格局。要以西部陆海新通道为依托,深度对接长江经济带发展、粤港澳大湾区建设等区域重大战略,协同推进海南自由贸易港建设,融入共建"一带一路",积极拓展全方位开放合作,大力发展向海经济,加快建设蓝色海湾城市群。

长江中游城市群。《长江中游城市群发展"十四五"实施方案》明确,彰显三省优势和特色,构建"三核"(武汉市、南昌市、长沙市)、"三圈"(武汉都市圈、南昌都市圈、长株潭都市圈)、"三带"(京广城镇带、沿江—京九城镇带、沪昆城镇带)、"多节点"(荆门、荆州、常德、益阳、景德

镇、抚州等)的空间格局,以培育发展现代化都市圈为引领,优化多中心网络化城市群结构,增强经济和人口承载能力,在全国统一大市场中发挥空间枢纽作用,打造长江经济带发展和中部地区崛起的重要支撑、全国高质量发展的重要增长极、具有国际影响力的重要城市群。

长江中游城市群空间空间格局图
图片来源:《长江中游城市群发展"十四五"实施方案》,2022 年 2 月发布.

❶ 澎湃.观察｜占全国 GDP 总量六成的七大城市群,发展水平如何. https://www.thepaper.cn/newsDetail_forward_14754131.

25. 都市圈范围、规模和职能分工

《中华人民共和国国民经济和社会发展第十四个五年规划和 2035 年远景目标纲要》提出，依托辐射带动能力较强的中心城市，提高 1 小时通勤圈协同发展水平，培育发展一批同城化程度高的现代化都市圈；以城际铁路和市域（郊）铁路等轨道交通为骨干，打通各类"断头路""瓶颈路"，推动市内、市外交通有效衔接和轨道交通"四网融合"，提高都市圈基础设施连接性贯通性；鼓励有条件的都市圈建立统一的规划委员会，实现规划统一编制、统一实施，探索推进土地、人口等统一管理。

（1）概念概况

都市圈是以中心城市为核心，与周边城镇在日常通勤和功能组织上存在密切联系的一体化地区，一般为 1 小时通勤圈，是区域产业、生态和设施等空间布局一体化发展的重要空间单元❶。国家发展改革委正式批复的都市圈有南京都市圈、成都都市圈、西安都市圈、长株潭都市圈、福州都市圈、重庆都市圈等。

（2）国土空间规划要求

《市级国土空间总体规划编制指南（试行）》提出，城镇密集地区的城市要提出跨行政区域的都市圈、城镇圈协调发展的规划内容，促进多中心、多层次、多节点、组团式、网络化发展，防止城市无序蔓延。

（3）都市圈建设条件

自然资源部发布的《都市圈国土空间规划编制规程》（TD/T 1091—2023）明确了都市圈核心城市人口规模和都市圈范围。

都市圈核心城市人口规模。将现状城区常住人口 200 万以上，周边城镇相对密集，具有区域枢纽与门户交通职能、区域性公共服务职能的城市作为都市圈核心城市。对于具有重大国家战略安全意义的城市和西部地区、东北地区的城市可适当降低城区人口规模标准。

都市圈范围。以核心城市的城区边缘为起点，以铁路、公路、轨道交通方式为支撑，1 小时交通圈可达的县市区均可作为都市圈空间范围。超大、特大城市为核心的都市圈按照主要核心城市城区周边 100~150 千米，其他都市圈按照 60~100 千米范围作为基本参考值。

专栏　南京都市圈

《南京都市圈发展规划》中明确，南京都市圈是以南京为中心的经济区域带，地域覆盖南京、镇江、扬州、淮安、芜湖、马鞍山、滁州、宣城 8 市全域及常州市金坛区和溧阳市，总面积 6.6 万平方千米。①强化交通网络和枢纽建设。加强铁路、公路、航道统筹规划建设，形成以南京为中心，以沿江、沪宁—宁合、宁蚌—宁杭、宁淮—宁宣等通道为射线的综合交通网络。②共建轨道上的都市圈。统筹干线铁路、城际铁路、市域（郊）铁路、城市轨道建设。加快南沿江、宁句等项目建设，推进沿江高铁合肥至南京至上海段、合肥至新沂段、南京至淮安、南京至宣城、南京经仪征至扬州、镇江市域句容至茅山线、扬镇宁马城际镇江至马鞍山段等项目建设。③统筹建设电力、燃气、热力等能源市政设施。统筹推进南京、镇江、扬州、芜湖等沿江港口煤炭储运基地建设。优化区域油气设施布局，推进浙苏、苏皖、青（青岛）宁（南京）天然气管道联通。

---

❶ 《省级国土空间规划编制指南》（试行）.

（4）培育都市圈发展的重要路径

《国家发展改革委关于培育发展现代化都市圈的指导意见》提出，都市圈以促进中心城市与周边城市（镇）同城化发展为方向，以创新体制机制为抓手，以推动统一市场建设、基础设施一体高效、公共服务共建共享、产业专业化分工协作、生态环境共保共治、城乡融合发展为重点，培育发展一批现代化都市圈，形成区域竞争新优势，为城市群高质量发展、经济转型升级提供重要支撑。

推进基础设施一体化。以增强都市圈基础设施连接性、贯通性为重点。①畅通都市圈公路网。增加城市间公路通道，密切城际公路联系，加快构建高速公路、国省干线、县乡公路等都市圈多层次公路网。②打造轨道上的都市圈。统筹考虑都市圈轨道交通网络布局，构建以轨道交通为骨干的通勤圈。在有条件地区编制都市圈轨道交通规划，推动干线铁路、城际铁路、市域（郊）铁路、城市轨道交通"四网融合"。③统筹市政和信息网络建设。强化都市圈内市政基础设施协调布局，统筹垃圾处理厂、污水及污泥处理处置设施、变电站、危险品仓库等市政基础设施规划建设。推动供水、供电、供气、供热、排水等各类市政管网合理衔接。

推进产业分工协作。以推动都市圈内各城市间专业化分工协作为导向。①促进城市功能互补。增强中心城市核心竞争力和辐射带动能力。②推动中心城市产业高端化发展。加快推动中心城市集聚创新要素、提升经济密度、增强高端服务功能。③夯实中小城市制造业基础。充分利用中小城市土地、人力等综合成本低的优势，优化营商环境，积极承接中心城市产业转移，推动制造业规模化、特色化、集群化发展，形成以先进制造为主的产业结构。

推进公共服务共建共享。以都市圈公共服务均衡普惠、整体提升为导向，促进优质公共服务资源共享。鼓励都市圈内开展多层次、多模式合作办学办医。

推进生态环境共保共治。以推动都市圈生态环境协同共治、源头防治为重点，构建绿色生态网络。严格保护跨行政区重要生态空间，加强中心城市生态用地维护与建设。加强区域生态廊道、绿道衔接，促进林地绿地湿地建设、河湖水系疏浚和都市圈生态环境修复。

专栏 西安都市圈

《西安都市圈发展规划》中明确，西安都市圈范围涵盖 4 市 1 区 25 个县（区、市），包括西安市全域（含西咸新区），咸阳市、铜川市、渭南市的部分县（区、市），面积 2.06 万平方千米。①统筹推进都市圈重大基础设施建设。共建综合性现代交通网络，协同打造数字智慧都市圈。②统筹产业布局。共建多层次产业创新平台，加快形成以先进制造业为基础、高端服务业为重点、现代都市农业为特色的都市圈现代产业体系。③推动生态环境共保共治。突出秦岭北麓生态环境保护和黄河流域综合治理，加强生态空间保护和修复，健全污染联防联控机制。④强化公共服务共建共享。推进公共服务标准化便利化，加大优质公共服务资源供给。

西安都市圈规划范围图
图片来源：《西安都市圈发展规划》，2022 年 5 月发布.

26. 陆海统筹

《中共中央 国务院关于建立更加有效的区域协调发展新机制的意见》提出，以规划为引领，促进陆海在空间布局、产业发展、基础设施建设、资源开发、环境保护等方面全方位协同发展。

（1）概况

《中华人民共和国国民经济和社会发展第十四个五年规划和 2035 年远景目标纲要》提出，我国海洋经济布局分为北部、东部和南部三大海洋经济圈。

北部海洋经济圈是由辽东半岛、渤海湾和山东半岛沿岸地区所组成的经济区域，主要包括辽宁省、河北省、天津市和山东省的海域与陆域。

东部海洋经济圈是由长江三角洲沿岸地区所组成的经济区域，主要包括江苏省、上海市和浙江省的海域与陆域。

南部海洋经济圈是由福建、珠江口及其两翼、北部湾、海南岛沿岸地区所组成的经济区域，主要包括福建省、广东省、广西壮族自治区和海南省的海域与陆域。

（2）国土空间规划要求

《省级国土空间规划编制指南》（试行）提出，省级国土空间规划在确定各个沿海县（市、区）的

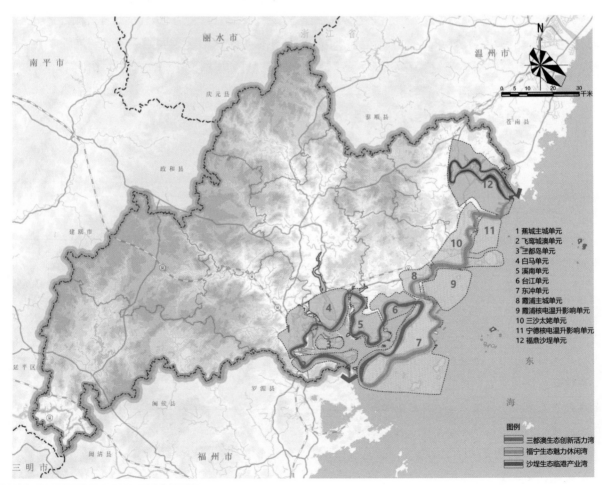

福建省宁德市陆海空间开发利用与保护格局图
图片来源：《宁德市国土空间总体规划（2020—2035 年）》（公示版），2021 年 8 月公示．

主体功能区定位时，要统筹考虑当地陆地和海洋空间开发保护要求，根据陆海统筹、保护优先、实事求是的原则，统筹确定一个主体功能定位。

《市级国土空间总体规划编制指南（试行）》提出，沿海城市应按照陆海统筹原则确定生态保护红线，并提出海岸带两侧陆海功能衔接要求，制定陆域和海域功能相互协调的规划对策。

（3）政策要求

《中华人民共和国国民经济和社会发展第十四个五年规划和 2035 年远景目标纲要》提出，鼓励各地立足比较优势扩大开放，强化区域间开放联动，构建陆海内外联动、东西双向互济的开放格局。

（4）统筹海岸带空间格局

海岸带是海洋系统与陆地系统的连接地带，是空间开发利用最密集、资源环境压力最突出、各类矛盾问题最集中的区域 ❶。

福建省宁德市构建"一带三湾多单元"的陆海空间开发利用与保护格局，"一带"为陆海生态保护和资源利用的海岸带，"三湾"为三都澳生态创新活力湾、福宁生态魅力休闲湾、沙埕生态临港产业湾，"多单元"为三都岛、白马、溪南、台江、东冲、霞浦主城等单元 ❷。

专栏 长江岸线保护与利用

《长江岸线保护和开发利用总体规划》中长江岸线划分了岸线保护区、保留区、控制利用区、开发利用区四类功能区，并对各功能区提出了相应的管理要求，实现岸线资源的合理利用和有效保护，助推长江经济带绿色发展。

湖北省武汉市汉江晴川桥风光
图片来源：图虫网．

---

❶ 中国海洋发展研究中心．构建海洋和海岸带空间规划新格局．http://aoc.ouc.edu.cn/2019/0828/c9824a257412/page.htm.
❷《宁德市国土空间总体规划（2020—2035 年）》（公示版），2021 年 8 月公示．

河北省沧州市黄骅港
图片来源：沧州市自然资源和规划局.

（5）统筹岸线保护与利用

《海岸线保护与利用管理办法》中提出以自然岸线保有率目标为核心，严格保护自然岸线，拓展公众亲海空间，构建绿色生态、洁净美丽、人海和谐的海岸线保护与利用格局。

（6）统筹推动港产城融合发展

坚持"以港促产、以产兴城、港产城一体化发展"，把城市作为港口建设和产业聚集的载体，以港口为依托，以产业为支撑，优化空间布局，完善城市功能，把沿海优势真正挖掘出来、发挥出来❶。

（7）统筹沿海基础设施互联互通

《沧州市加快沿海地区开放开发实施方案》中提出，优化沿海港口布局，打造陆海联动的综合交通系统；形成优势互补的港口、运输、物流和服务体系，推动港口、铁路、公路、航空等联动发展，壮大海铁无缝对接集疏运体系，加快内陆港建设，推动陆海双向互动。

（8）统筹陆海生态系统保护与修复治理

2012年，党的十八大首次提出建设海洋强国战略。2022年10月，党的二十大报告指出，发展海洋经济，保护海洋生态环境，加快建设海洋强国。

专栏 广西壮族自治区陆海一体生态保护

《广西向海经济发展战略规划（2021—2035年）》中提出构建陆海一体生态保护新格局。①构建陆海一体生态保护新格局。科学划定并严格落实陆域生态保护红线和海洋两空间一红线，筑牢蓝绿生态屏障。②推进陆海统筹整治修复。加强流域水系与河湖湿地保护，构建以左江、右江、邕江等独流入海水系为主体的河流绿色生态廊道；加快海洋生态保护修复与补偿，加快修复受损岸线、海湾、河口、海岛和红树林、海草床、珊瑚礁等典型海洋生态系统。③提升海洋防灾减灾能力。加强海洋灾害应急体系建设，提升台风、近海强对流、海雾、大风等灾害的预报及临近预警能力。

❶ 人民网. 发挥沿海优势 打造新增长极. http://theory.people.com.cn/n/2013/0625/c49169-21958898.html.

27. 产业空间布局

2023 年 5 月，二十届中央财经委员会第一次会议强调，加快建设以实体经济为支撑的现代化产业体系，关系我们在未来发展和国际竞争中赢得战略主动。要把握人工智能等新科技革命浪潮，适应人与自然和谐共生的要求，保持并增强产业体系完备和配套能力强的优势，高效集聚全球创新要素，推进产业智能化、绿色化、融合化，建设具有完整性、先进性、安全性的现代化产业体系。

（1）国土空间规划要求

《省级国土空间规划编制指南》（试行）提出，综合考虑不同种植结构的水资源需求和现代农业发展方向，明确种植业、畜牧业、养殖业等农产品主产区，优化农业生产结构和空间布局。完善产业集群布局，为战略性新兴产业预留发展空间。

（2）政策要求

《中华人民共和国国民经济和社会发展第十四个五年规划和 2035 年远景目标纲要》提出，深入推进西部大开发、东北全面振兴、中部地区崛起、东部率先发展，支持特殊类型地区加快发展，在发展中促进相对平衡。

推进西部大开发形成新格局。积极融入"一带一路"建设，强化开放大通道建设，构建内陆多层次开放平台。支持发展特色优势产业，集中力量巩固脱贫攻坚成果。推进成渝地区双城经济圈建设，打造具有全国影响力的重要经济中心、科技创新中心、改革开放新高地、高品质生活宜居地，提升关中平原城市群建设水平，促进西北地区与西南地区合作互动。支持新疆建设国家"三基地一通道"，支持西藏打造面向南亚开放的重要通道。

推动东北振兴取得新突破。打造辽宁沿海经济带，建设长吉图开发开放先导区，提升哈尔滨对俄合作开放能级。加快发展现代农业，打造保障国家粮食安全的"压舱石"。改造提升装备制造等传统优

新疆风光

势产业，培育发展新兴产业，大力发展寒地冰雪、生态旅游等特色产业，打造具有国际影响力的冰雪旅游带，形成新的均衡发展产业结构和竞争优势。深化与东部地区对口合作。

开创中部地区崛起新局面。着力打造重要先进制造业基地，提高关键领域自主创新能力，建设内陆地区开放高地，巩固生态绿色发展格局，推动中部地区加快崛起。做大做强先进制造业，在长江、京广、陇海、京九等沿线建设一批中高端产业集群，积极承接新兴产业布局和转移。推动长江中游城市群协同发展，加快武汉、长株潭都市圈建设，打造全国重要增长极。夯实粮食生产基础，不断提高农业综合效益和竞争力，加快发展现代农业。支持淮河、汉江生态经济带上下游合作联动发展。加快对外开放通道建设，高标准高水平建设内陆地区开放平台。

鼓励东部地区加快推进现代化。加快培育世界级先进制造业集群，引领新兴产业和现代服务业发展，提升要素产出效率，率先实现产业升级。更高层次参与国际经济合作和竞争，打造对外开放新优势，率先建立全方位开放型经济体系。支持深圳建设中国特色社会主义先行示范区、浦东打造社会主

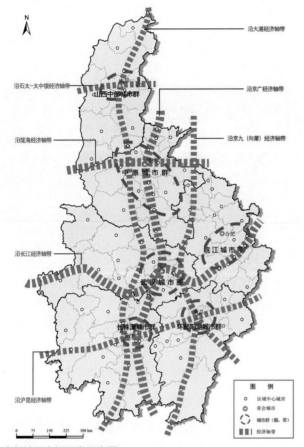

中部地区空间开发示意图
图片来源:《促进中部地区崛起"十三五"规划》,2016 年 12 月发布.

义现代化建设引领区、浙江高质量发展建设共同富裕示范区。深入推进山东新旧动能转换综合试验区建设。

支持特殊类型地区发展。支持毕节试验区建设;推动资源型地区可持续发展示范区和转型创新试验区建设;推进老工业基地制造业竞争优势重构,建设产业转型升级示范区;支持边境口岸建设,加快抵边村镇和抵边通道建设;推动边境贸易创新发展。

(3)农业重点区域布局

国务院印发的《"十四五"推进农业农村现代化规划》提出以下具体要求:

加强粮食生产功能区建设。①以东北平原、长江流域、东南沿海地区为重点,建设水稻生产功能

区;②以黄淮海地区、长江中下游、西北及西南地区为重点,建设小麦生产功能区;③以东北平原、黄淮海地区以及汾河和渭河流域为重点,建设玉米生产功能区。

加强重要农产品生产保护区建设。①以东北地区为重点、黄淮海地区为补充,提升大豆生产保护区综合生产能力;②以新疆为重点、长江和黄河流域的沿海沿江环湖地区为补充,建设棉花生产保护区;③以长江流域为重点,扩大油菜生产保护区种植面积。积极发展黄淮海地区花生生产,稳定提升长江中下游地区油茶生产,推进西北地区油葵、芝麻、胡麻等油料作物发展;④巩固提升广西、云南糖料蔗生产保护区产能;⑤加强海南、云南、广东天然橡胶生产保护区胶园建设。

(4)工业重点区域布局

从 20 世纪 80 年代的中后期起,国家工业布局的战略重点就是海岸地带和长江沿岸,即 T 字形的战略布局结构。我国各地区分工特点大致包括❶:

以上海为中心的长江三角洲地区。《长江三角洲区域一体化发展规划纲要》提出,以上海,江苏省南京、无锡、常州等,浙江省杭州、宁波等,安徽省合肥、芜湖等共 27 个城市为中心区。中心区重点布局总部经济、研发设计、高端制造、销售等产业链环节。建设皖北承接产业转移集聚区,积极承接产业转移。推动中心区重化工业和工程机械、轻工食品、纺织服装等传统产业向具备承接能力的中心区以外城市和部分沿海地区升级转移。

京津冀和山东半岛地区。本区域具有广阔的腹地和很好的资源、能源供应条件,是我国未来石油化工、钢材、汽车、海洋化工及其他海洋产业、电子和通信设备制造、食品工业的重要基地。北京市应突出科技创新中心;天津市应突出全国先进制造研发基地、北方国际航运核心区;河北省应突出全国现代商贸物流重要基地、产业转型升级试验区❷。

---

❶ 吴传钧 . 中国经济地理 [M]. 北京:科学出版社,1998.

❷ 新华网 . 京津冀现代商贸物流发展高端会议共谋高质量发展 . https://hebei.hebnews.cn/2021-05/19/content_8514502.htm.

《山东半岛城市群发展规划（2021—2035年）》提出，①强化制造业基础支撑地位和引领带动作用，实施产业基础再造工程；②推动钢铁、化工、建材、有色等基础材料向新材料延伸；③大力发展生物医药、化学药新品种、高性能医疗器械等产业。

东北地区老工业基地。《东北全面振兴"十四五"实施方案》提出，推动产业结构调整升级，改造升级传统优势产业，培育壮大新兴产业，大力发展现代服务业，着力提升创新支撑能力。构建高质量发展的区域动力系统，打造引领经济发展区域动力源，推动资源型地区转型发展和老工业城市调整改造，巩固国家粮食安全"压舱石"地位，筑牢祖国北疆生态安全屏障❶。

珠江三角洲和港澳地区。《珠江三角洲产业布局一体化规划（2009—2020年）》提出，做强做大以装备制造业和大石化、精品钢铁为主体的先进制造业，重点发展交通及海洋装备、通信设备、电力设备、通用和专用设备、石油化工、钢铁等产业，将珠三角打造成为世界级重大成套和技术装备制造产业基地。重点发展电子信息、新能源、新材料、生物医药、海洋、航空等战略性新兴产业与高技术产业。

中部地区。《中共中央 国务院关于新时代推动中部地区高质量发展的意见》提出，构建以先进制造业为支撑的现代产业体系。做大做强先进制造业，积极承接制造业转移，提高关键领域自主创新能力，推动先进制造业和现代服务业深度融合。

西部地区。《中共中央 国务院关于新时代推进西部大开发形成新格局的指导意见》提出，充分发挥西部地区比较优势，推动具备条件的产业集群化发展，在培育新动能和传统动能改造升级上迈出更大步伐，促进信息技术在传统产业广泛应用并与之深度融合，构建富有竞争力的现代化产业体系。依托风景名胜区、边境旅游试验区等，大力发展旅游休闲、健康养生等服务业，打造区域重要支柱产业。加快发展现代服务业特别是专业服务业，加强现代物流服务体系建设。建设一批石油天然气生产基地。

（5）服务业重点区域布局

《中华人民共和国国民经济和社会发展第十四个五年规划和2035年远景目标纲要》提出以下具体要求：聚焦产业转型升级和居民消费升级需要，扩大服务业有效供给，提高服务效率和服务品质，构建优质高效、结构优化、竞争力强的服务产业新体系。以服务制造业高质量发展为导向，推动生产性服务业向专业化和价值链高端延伸。加快发展健康、

专栏 广东省制造业高质量发展"十四五"规划

打造珠三角高端制造业核心区。大力推动珠三角地区制造业高端化发展，强化"双区驱动"和"双城联动"效应，推动形成全省全域参与"双区"建设、"双区"引领带动全省全域发展的区域协同发展格局。

打造东西两翼沿海制造业拓展带。充分发挥"湾＋区＋带"联动优势，省市合力、跨市联动，依托省级以上工业园区等重大发展平台发展沿海大工业，统筹谋划建设东西两翼沿海制造业拓展带，打造全省制造业高质量发展新增长极。

打造北部绿色制造发展区。践行"绿水青山就是金山银山"的理念，按照生态产业化、产业生态化的发展部署，开展空间规划调整和产业空间清理整治，统筹谋划建设北部绿色制造发展区。

❶ 央广网. 一图读懂《东北全面振兴"十四五"实施方案》. http://hlj.cnr.cn/hljyw/20211027/t20211027_525643573.shtml.

养老、托育、文化、旅游、体育、物业等服务业，加强公益性、基础性服务业供给，扩大覆盖全生命期的各类服务供给。

《"十四五"文化和旅游发展规划》中提出：

重点区域。①加快京津冀三地文化和旅游协同机制和平台建设，支持雄安新区文化和旅游领域改革创新，加快建设京张体育文化旅游带；②深化粤港澳大湾区文化和旅游合作，共建人文湾区、休闲湾区；③提升长三角地区在文化和旅游领域的一体化发展水平，加快公共服务便利共享，建设杭黄自然生态和文化旅游廊道，打造一批高品质的休闲度假旅游区；④建设成渝地区双城经济圈，共建巴蜀文化旅游走廊；⑤加强东北地区全域统筹，培育冰雪旅游、康养旅游和休闲农业业态。

重点流域。①保护好长江文物和文化遗产，持续打造长江国际黄金旅游带；②保护传承弘扬黄河文化，实施黄河文化遗产系统保护工程，打造具有国际影响力的黄河文化旅游带；③推进大运河文化带、生态带、旅游带建设，将大运河沿线打造成为文化和旅游融合发展示范区域。

重点地区。①以更大的改革力度推动海南自由贸易港建设，推进文化领域有序开放，建设国际旅游消费中心；②支持革命老区、民族地区加快发展，加大对赣、闽、粤等原中央苏区支持力度，传承弘扬红色文化；③持续推进甘肃华夏文明传承创新区、曲阜优秀传统文化传承发展示范、景德镇国家陶瓷文化传承创新区等建设；④开展文化和

旅游援疆、援藏工作，推进定点帮扶，加快边境地区文化建设，建设一批边境旅游试验区、跨境旅游合作区。

专栏 河北省张家口市崇礼区举办多项体育赛事

2022年，北京冬季奥林匹克运动会、冬季残疾人奥林匹克运动会成功举办，为京张体育文化旅游带建设带来了前所未有的机遇，掀起了张家口市冰雪运动与冰雪旅游的热潮。

张家口市崇礼区举办各项体育赛事
图片来源：崇礼融媒体中心.

28. 国土空间规划分区

《中共中央 国务院关于建立国土空间规划体系并监督实施的若干意见》提出，以国土空间规划为依据，对所有国土空间分区分类实施用途管制。

（1）分区原则

《市级国土空间总体规划编制指南（试行）》提出，按照主体功能定位和空间治理要求，优化国土空间开发保护格局，划分国土空间规划分区。应充分考虑生态环境保护、经济布局、人口分布、国土利用等因素，坚持陆海统筹、城乡统筹、地上地下空间统筹的原则，以国土空间的保护与保留、开发与利用两大功能属性为基本取向，将市县全域国土空间进行分区，并明确各分区的核心管控目标和政策导向。

（2）分区类型及含义

规划分区分为一级规划分区和二级规划分区。一级规划分区包括 7 类：生态保护区、生态控制区、农田保护区，以及城镇发展区、乡村发展区、海洋发展区、矿产能源发展区。

在城镇发展区、乡村发展区、海洋发展区分别细分为二级规划分区，各地可结合实际补充二级规划分区类型。其中，中心城区和沿海城市的海洋发展区应细化至二级规划分区。

生态保护区。具有特殊重要生态功能或生态敏感脆弱、必须强制性严格保护的陆地和海洋自然区域，包括陆域生态保护红线、海洋生态保护红线集中划定的区域。

生态控制区。生态保护红线外，需要予以保留原貌、强化生态保育和生态建设、限制开发建设的陆地和海洋自然区域。

农田保护区。永久基本农田相对集中需严格保护的区域。

矿产能源发展区。为适应国家能源安全与矿业发展的重要陆域采矿区、战略性矿产储量区等区域。

城镇发展区。城镇开发边界围合的范围，是城镇集中开发建设并可满足城镇生产、生活需要的区域。

乡村发展区。农田保护区外，为满足农林牧渔等农业发展以及农民集中生活和生产配套为主的区域。

海洋发展区。允许集中开展开发利用活动的海域，以及允许适度开展开发利用活动的无居民海岛。

城镇发展区二级规划分区建议

一级	二级		含义
城镇发展区	城镇集中建设区	居住生活区	以住宅建筑和居住配套设施为主要功能导向的区域
		综合服务区	以提供行政办公、文化、教育、医疗以及综合商业等服务为主要功能导向的区域
		商业商务区	以提供商业、商务办公等就业岗位为主要功能导向的区域
		工业发展区	以工业及其配套产业为主要功能导向的区域
		物流仓储区	以物流仓储及其配套产业为主要功能导向的区域
		绿地休闲区	以公园绿地、广场用地、滨水开敞空间、防护绿地等为主要功能导向的区域
		交通枢纽区	以机场、港口、铁路客货运站等大型交通设施为主要功能导向的区域
		战略预留区	在城镇集中建设区中，为城镇重大战略性功能控制的留白区域
	城镇弹性发展区		为应对城镇发展的不确定性，在满足特定条件下方可进行城镇开发和集中建设的区域
	特别用途区		为完善城镇功能、提升人居环境品质、保持城镇开发边界的完整性，根据规划管理需划入开发边界内的重点地区，主要包括与城镇关联密切的生态涵养、休闲游憩、防护隔离、自然和历史文化保护等区域

乡村发展区、海洋发展区二级规划分区建议

一级	二级	含义
乡村发展区	村庄建设区	城镇开发边界外，规划重点发展的村庄用地区域
	一般农业区	以农业生产发展为主要利用功能导向划定的区域
	林业发展区	以规模化林业生产为主要利用功能导向划定的区域
	牧业发展区	以草原畜牧业发展为主要利用功能导向划定的区域
海洋发展区	渔业用海区	以渔业基础设施建设、养殖和捕捞生产等渔业利用为主要功能导向的海域和无居民海岛
	交通运输用海区	以港口建设、路桥建设、航运等为主要功能导向的海域和无居民海岛
	工矿通信用海区	以临海工业利用、矿产能源开发和海底工程建设为主要功能导向的海域和无居民海岛
	游憩用海区	以开发利用旅游资源为主要功能导向的海域和无居民海岛
	特殊用海区	以污水达标排放、倾倒、军事等特殊利用为主要功能导向的海域和无居民海岛
	海洋预留区	规划期内为重大项目用海用岛预留的控制性后备发展区域

（3）分区基本要求

《市级国土空间总体规划编制指南（试行）》提出，规划分区划定应科学、简明、可操作，遵循全域全覆盖、不交叉、不重叠，并应符合下列基本规定：①以主体功能定位为基础，体现规划意图，配套管控要求；②当出现多重使用功能时，应突出主导功能，选择更有利于实现规划意图的规划分区类型；③如市域内存在未列出的特殊政策管控要求，可在规划分区建议的基础上，叠加历史文化保护、灾害风险防控等管控区域，形成复合控制区。

专栏　河北省保定市国土空间总体规划分区

保定位于河北省中西部，地处北京、石家庄、天津三角腹地，是京津冀城市群的区域性中心城市，具有独特区位优势、交通便利优势、资源禀赋优势、产业发展优势、广阔市场优势。

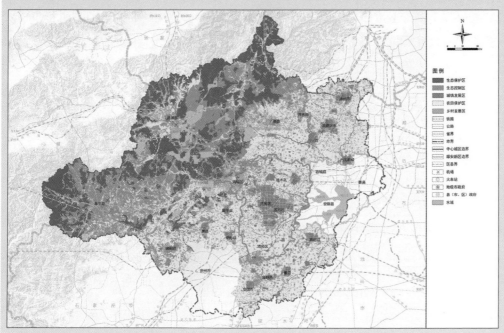

国土空间总体规划编制工作中，将全域分为"生态保护区、生态控制区、乡村发展区、农田保护区、城镇发展区"五类规划分区，对全域国土空间保护开发作出综合部署和总体安排。

保定市域国土空间总体规划分区图

图片来源：《保定市国土空间总体规划（2021—2035年）》，2024年7月印发.

3

第三篇

三条控制线

29. 划定"三区三线"的重要意义

中共中央办公厅、国务院办公厅印发的《关于在国土空间规划中统筹划定落实三条控制线的指导意见》提出，落实最严格的生态环境保护制度、耕地保护制度和节约用地制度，将三条控制线作为调整经济结构、规划产业发展、推进城镇化不可逾越的红线，夯实中华民族永续发展基础。

（1）"三区三线"

概念内涵。"三区"指农业、生态、城镇三类空间。"三线"指的是耕地和永久基本农田、生态保护红线和城镇开发边界。三条控制线是底线也是高压线，一经审批，不得随意调整。

"三条控制线"划定应遵循以下基本原则：

①底线思维，保护优先。以资源环境承载能力和国土空间开发适宜性评价为基础，科学有序统筹布局生态、农业、城镇等功能空间，强化底线约束，优先保障粮食安全、生态安全、国土安全。

②"多规合一"，协调落实。按照统一底图、统一标准、统一规划、统一平台要求，科学划定落实三条控制线，做到不交叉、不重叠、不冲突。

③统筹推进，分类管控。坚持陆海统筹、上下联动、区域协调，根据各地不同的自然资源禀赋和经济社会发展实际，针对三条控制线不同功能，建立健全分类管控机制。

责任考核。统筹划定三条控制线是国土空间规划的核心任务，是国土空间用途管制的基本依据。将三条控制线划定和管控情况作为地方党政领导班子和领导干部政绩考核内容。

（2）耕地和永久基本农田

永久基本农田是为保障国家粮食安全，按照一定时期人口和经济社会发展对农产品的需求，依法确定不得擅自占用或改变用途、实施特殊保护的耕地。

保障国家粮食安全的战略需要。坚持把确保国家粮食安全作为"三农"工作的首要任务[1]。2021年中央农村工作会议要求，中国人的饭碗任何时候都要牢牢端在自己手中，饭碗主要装中国粮。耕地保护要求要非常明确，18亿亩耕地必须实至名归，农田就是农田，而且必须是良田。

遏制耕地减少的需要。我国人多地少的基本国情决定了必须举全国之力解决14亿人口的吃饭大事[2]。第三次全国国土调查（简称"三调"）成果显示，第二次全国土地调查（简称"二调"）以来的10年间，全国耕地地类减少了1.13亿亩，耕地净流向林地1.12亿亩，净流向园地0.63亿亩[3]。2019年年末，全国耕地面积19.18亿亩，人均耕地约1.36亩，较1996年第一次全国土地调查时的人均耕地1.59亩有所下降，不到世界人均水平的一半。

（3）生态保护红线

生态保护红线是指在生态空间范围内具有特殊重要生态功能、必须强制性严格保护的区域，是保障和维护国家生态安全的底线和生命线，通常包括具有重要水源涵养、生物多样性维护、水土保持、防风固沙、海岸防护等功能的区域，以及水土流失、沙漠

---

[1] 中国政府网. 国土资源部解读《关于全面实行永久基本农田特殊保护的通知》. http://www.gov.cn/xinwen/2018-02/27/content_5269128.htm.

[2] 同[1].

[3] 中华人民共和国国务院新闻办公室. 自然资源部举行第三次全国国土调查主要数据成果发布会. http://www.scio.gov.cn/xwfb/bwxwfb/gbwfbh/zrzyb/202207/t20220716_238001.html.

化、石漠化、海岸侵蚀等生态环境敏感脆弱区域。

生态环境保护的需要。 保护环境是我国的基本国策。我国生态环境总体比较脆弱，部分地区森林破坏、湿地萎缩、河湖干涸、水土流失、土地沙化、草原退化问题突出，生态灾害频发。《全国国土规划纲要（2016—2030年）》提出，全国水土流失、沙化和石漠化面积分别为295万平方千米、173万平方千米和12万平方千米，全国中度和重度退化草原面积仍占草原总面积的三分之一以上。初步划定的生态保护红线保护了全国近40%的水源涵养、洪水调蓄功能，约32%的防风固沙功能，生态保护红线固碳量约占全国的近45%。要通过严守生态保护红线，维持和改善生态系统的完整性、稳定性和恢复力❶。

生物多样性保护的需要。 据统计，我国野生高等植物濒危比例达15%~20%，有233种脊椎动物面临灭绝，约44%的野生动物数量呈下降趋势。目前，全国初步划定的生态保护红线面积不低于陆域国土面积的25%，覆盖了重点生态功能区、生态环境敏感区和脆弱区，也覆盖了全国生物多样性分布的关键区域。90%的陆地生态系统类型和85%的重点野生动植物种群得到了有效、妥善保护，部分珍稀濒危物种野外种群在逐步恢复❷。

（4）城镇开发边界

城镇开发边界是一定时期内因城镇发展需要，可以集中进行城镇开发建设，完善城镇功能、提升空间品质的区域边界，涉及城市、建制镇以及各类开发区等。

通过在国土空间规划中划定城镇开发边界，框定总量，限定容量，防止城市无序蔓延，促进城市节约集约发展，完善城镇功能布局，提升空间品质。

节约集约用地的需要。 2011年发布的《全国主体功能区规划》提出，我国陆地国土空间面积广大，居世界第三位，但山地多、平地少，约60%

专栏　广东省深圳市统筹划定三条控制线

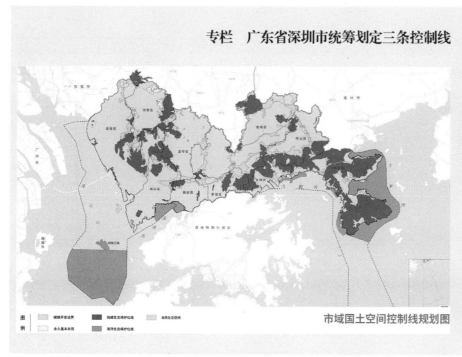

深圳市初步划定：永久基本农田面积20平方千米；生态保护红线陆域面积482平方千米，海域面积395平方千米；城镇开发边界面积1190平方千米。

市域国土空间控制线规划图

深圳市市域国土空间控制线规划图
图片来源：《深圳市国土空间总体规划（2020—2035年）》（草案），2021年6月公示.

---

❶ 中国网. 我国已划定生态保护红线占比不低于陆域国土面积的25%. http://news.china.com.cn/txt/2021-07/07/content_77611376.htm.

❷ 人民网. 这条划在版图上的红线，守护着美丽中国. http://pic.people.com.cn/n1/2021/0920/c1016-32231915.html.

的陆地国土空间为山地和高原。适宜工业化城镇化开发的面积有 180 余万平方千米，但扣除必须保护的耕地和已有建设用地，今后可用于工业化城镇化开发及其他方面建设的面积只有 28 万平方千米左右，约占全国陆地国土总面积的 3%。适宜开发的国土面积较少，决定了我国必须走空间节约集约的发展道路。

遏制城镇粗放发展的需要。《国家新型城镇化规划（2014—2020 年）》提出：我国土地城镇化快于人口城镇化，建设用地粗放低效。2000~2011 年，城镇建成区面积增长 76.4%，远高于城镇人口 50.5% 的增长速度。一些城市开发强度过高，水资源不足，可供开发土地紧张的重要原因是没有控制好开发强度，没有划定城市开发边界。如果任其发展下去，资源环境问题会越来越突出，甚至酿成生态环境灾难 ❶。因此，要坚持集约发展，树立"精明增长""紧凑城市"理念，科学划定城市开发边界，推动城市发展由外延扩张式向内涵提升式转变 ❷。

---

❶ 人民网.中央城镇化工作会议在北京举行 习近平李克强作重要讲话. http://cpc.people.com.cn/n/2013/1215/c64094-23842466.html.

❷ 人民网.中央城市工作会议在北京举行 习近平李克强作重要讲话. http://cpc.people.com.cn/n1/2015/1222/c64094-27962574.html.

30. 耕地和永久基本农田保护制度

2020 年 12 月，中央农村工作会议指出，要严防死守 18 亿亩耕地红线，采取"长牙齿"的硬措施，落实最严格的耕地保护制度。要建设高标准农田，真正实现旱涝保收、高产稳产。

（1）耕地保护制度

《土地管理法实施条例》规定，十分珍惜、合理利用土地和切实保护耕地是我国的基本国策。国家对耕地实行特殊保护，严守耕地保护红线，严格控制耕地转为林地、草地、园地等其他农用地。

占用耕地补偿制度。《土地管理法》规定，非农业建设经批准占用耕地的，按照"占多少，垦多少"的原则，由占用耕地的单位负责开垦与所占耕地的数量和质量相当的耕地；没有条件开垦或者开垦的耕地不符合要求的，应当按照省、自治区、直辖市的规定缴纳耕地开垦费，专款用于开垦新的耕地。

耕地总量动态平衡。《土地管理法》规定，①省、自治区、直辖市人民政府应当严格执行土地利用总体规划和土地利用年度计划，采取措施，确保本行政区域内耕地总量不减少、质量不降低。②耕地总量减少的，由国务院责令在规定期限内组织开垦与所减少耕地的数量与质量相当的耕地；耕地质量降低的，由国务院责令在规定期限内组织整治。③新开垦和整治的耕地由国务院自然资源主管部门会同农业农村主管部门验收。

耕地保护目标考核。国务院办公厅《省级政府耕地保护责任目标考核办法》提出，将省级政府耕地保护责任目标考核结果作为领导干部综合考核评价、生态文明建设目标评价考核、粮食安全省长责任制考核、领导干部问责和领导干部自然资源资产离任审计的重要依据。

（2）永久基本农田保护制度

比例要求。《土地管理法》明确，国家实行永久基本农田保护制度。各省、自治区、直辖市划定的

专栏　共建东北粮食生产安全带

东北地区坚持最严格的耕地保护制度，加强耕地数量、质量、生态"三位一体"保护。以东北平原水稻、玉米、大豆优势产区农业规模化、现代化建设为重点，以粮食产量和播种面积提升为根本，以松嫩平原、辽河平原、三江平原典型黑土区耕地整体保护为省际协作导向，积极推广保护性耕作"梨树经验"（在东北地区秸秆全量覆盖，免耕播种，形成集保持土壤水分、防治土壤风蚀水蚀、培肥土壤肥力、减少土壤耕作、节约成本等多种功效于一体的、环境友好的农业种植技术模式），建立连续稳定的跨区域农田生态系统，提高粮食安全保障水平。

东北黑土地

永久基本农田一般应当占本行政区域内耕地的 80% 以上，具体比例由国务院根据各省、自治区、直辖市耕地实际情况规定。

划定单元。永久基本农田划定以乡（镇）为单位进行，由县级人民政府自然资源主管部门会同同级农业农村主管部门组织实施。永久基本农田应当

落实到地块，纳入国家永久基本农田数据库严格管理。乡（镇）人民政府应当将永久基本农田的位置、范围向社会公告，并设立保护标志。

严格管控。永久基本农田经依法划定后，任何单位和个人不得擅自占用或者改变其用途。①国家能源、交通、水利、军事设施等重点建设项目选址确实难以避让永久基本农田，涉及农用地转用或者土地征收的，必须经国务院批准。②禁止通过擅自调整县级土地利用总体规划、乡（镇）土地利用总体规划等方式规避永久基本农田农用地转用或者土地征收的审批。③禁止占用永久基本农田发展林果业和挖塘养鱼。

（3）耕地和永久基本农田保护的责任

政府负总责。《土地管理法实施条例》第十三条明确规定：省、自治区、直辖市人民政府对本行政区域耕地保护负总责，其主要负责人是本行政区域耕地保护的第一责任人。国务院对省、自治区、直辖市人民政府耕地保护责任目标落实情况进行考核。

带位置下达。《中共中央 国务院关于做好2022年全面推进乡村振兴重点工作的意见》提出，按照耕地和永久基本农田、生态保护红线、城镇开发边界的顺序，统筹划定落实三条控制线，把耕地保有量和永久基本农田保护目标任务足额带位置逐级分解下达，由中央和地方签订耕地保护目标责任书，作为刚性指标实行严格考核、一票否决、终身追责。

《土地管理法实施条例》提出，省、自治区、直辖市人民政府应当将国务院确定的耕地保有量和永久基本农田保护任务分解下达，落实到具体地块。

严控耕地用途转用。《自然资源部 农业农村部 国家林业和草原局关于严格耕地用途管制有关问题的通知》提出，省级自然资源主管部门要会同有关部门加强指导，严格耕地用途转用监督。县级人民政府要强化县域范围内一般耕地转为其他农用地和农业设施建设用地的统筹安排和日常监管，确保完成本行政区域内规划确定的耕地保有量和永久基本农田保护目标。

黑龙江省五常市稻田
图片来源：图虫网．

31. 耕地和永久基本农田划定

中共中央办公厅、国务院办公厅印发的《关于在国土空间规划中统筹划定落实三条控制线的指导意见》提出，依据耕地现状分布，根据耕地质量、粮食作物种植情况、土壤污染状况，在严守耕地红线基础上，按照一定比例，将达到质量要求的耕地依法划入。

（1）概念

不稳定耕地。"三调"耕地中，25度以上坡耕地、河道耕地、湖区耕地、林区耕地、牧区耕地、沙荒耕地、石漠化耕地。

稳定耕地。不稳定耕地以外的其余耕地。

即可恢复地类。"二调"时是耕地，以及"二调"后的新增耕地，但在"三调"时，实地为种植园用地、林地、草地和坑塘水面的土地，清理后可以直接恢复耕种的土地。

工程恢复地类。清理后仍需要采取一定的工程措施，重新修整后才能恢复耕种的土地。

根据"三调"数据成果，全国共有8700多万亩即可恢复为耕地的农用地和1.66亿亩可通过工程措施恢复为耕地的农用地。

（2）耕地保有量的确定

《土地管理法》中明确，省、自治区、直辖市人民政府应当严格执行土地利用总体规划和土地利用年度计划，采取措施，确保本行政区域内耕地总量不减少、质量不降低。《〈全国土地利用总体规划纲要（2006~2020年）〉调整方案》确定了2020年全国耕地保有量目标为18.65亿亩。

（3）永久基本农田划定责任和原则

划定责任。《土地管理法》中明确，永久基本农田划定以乡（镇）为单位进行，由县级人民政府自然资源主管部门会同同级农业农村主管部门组织实施。永久基本农田应当落实到地块，纳入国家永久基本农田数据库严格管理。乡（镇）人民政府应当

2020年耕地和永久基本农田指标表

地区	耕地保有量		永久基本农田保护面积	
	万公顷	万亩	万公顷	万亩
全国	12433.33	186500	10306.67	154600
北京	11.07	166	10.00	150
天津	33.40	501	28.47	427
河北	605.33	9080	515.00	7725
山西	383.80	5757	325.93	4889
内蒙古	766.60	11499	620.00	9300
辽宁	460.13	6902	368.13	5522
吉林	606.67	9100	492.00	7380
黑龙江	1387.13	20807	1109.73	16646
上海	18.80	282	16.60	249
江苏	456.87	6853	389.60	5844
浙江	187.87	2818	159.87	2398
安徽	582.40	8736	491.87	7378
福建	126.33	1895	107.27	1609
江西	292.73	4391	246.20	3693
山东	752.53	11288	638.93	9584
河南	802.33	12035	680.40	10206
湖北	482.87	7243	390.80	5862
湖南	397.07	5956	329.67	4945
广东	247.93	3719	210.93	3164
广西	436.40	6546	365.40	5481
海南	71.47	1072	60.60	909
重庆	190.60	2859	161.60	2424
四川	629.87	9448	519.53	7793
贵州	419.07	6286	350.47	5257
云南	584.53	8768	489.40	7341
西藏	39.47	592	31.60	474
陕西	360.93	5414	306.00	4590
甘肃	498.47	7477	399.00	5985
青海	55.40	831	44.40	666
宁夏	116.53	1748	93.27	1399
新疆	428.73	6431	354.00	5310

资料来源：《〈全国土地利用总体规划纲要（2006~2020年）〉调整方案》，2016年发布.

将永久基本农田的位置、范围向社会公告，并设立保护标志。

划定原则。《自然资源部 农业农村部关于加强和改进永久基本农田保护工作的通知》提出永久基本农田划定的基本原则：①坚持从严保护，②坚持底线思维，③坚持问题导向，④坚持权责一致。

（4）应划入永久基本农田的耕地类型

根据《土地管理法》，按照《自然资源部国土空间规划局 自然资源部耕地保护监督司关于加快推进永久基本农田核实整改补足和城镇开发边界划定工作的函》要求，永久基本农田原则上应在纳入耕地保护目标的可长期稳定利用耕地上划定。优先将以下可长期稳定利用耕地划入永久基本农田：①经国务院农业农村主管部门或者县级以上地方人民政府批准确定的粮、棉、油、糖等重要农产品生产基地内的耕地；②有良好的水利与水土保持设施的耕地，正在实施改造计划以及可以改造的中、低产田和已建成的高标准农田；③蔬菜生产基地；④农业科研、教学试验田；⑤土地综合整治新增加的耕地；⑥黑土区耕地；⑦国务院规定应当划为永久基本农田的其他耕地。

（5）应调出的永久基本农田

在现有永久基本农田保护范围内，下列情形可调出：①"三调"为非耕地和25度以上坡耕地、河道耕地、湖区耕地、林区耕地、牧区耕地、沙漠化耕地、石漠化耕地、盐碱耕地等不稳定利用的耕地；②位于生态保护红线内按要求需退出的耕地；③经国务院同意，已纳入生态退耕规划范围的耕地；④土壤污染详查为严格管控类、经论证无法恢复治理的耕地；⑤纳入市县国土空间总体规划的线性基础设施占用的耕地，但调整时同步补足；⑥"三调"时为耕地，"三调"后新增的建设占用、植树造林等，经论证确需保留的。

（6）允许占用永久基本农田的六类重大建设项目

《自然资源部关于做好占用永久基本农田重大建设项目用地预审的通知》提出，允许以下六大类重大建设项目占用永久基本农田。

①党中央、国务院支持的重大建设项目（包括

麦田
图片来源：吴紫琼 摄．

党中央、国务院发布文件或批准规划中明确具体名称的项目和国务院批准的项目）。

②军事国防类。中央军委及其有关部门批准的军事国防项目。

③交通类。国家级规划（指国务院及其有关部门颁布，下同）明确的民用运输机场项目；国家级规划明确的铁路项目，《推进运输结构调整三年行动计划（2018—2020年）》明确的铁路专用线项目，国务院投资主管部门批准的城际铁路建设规划明确的城际铁路项目，国务院投资主管部门批准的城市轨道交通建设规划明确的城市轨道交通项目；国家级规划明确的公路项目，包括《国家公路网规划（2013年—2030年）》明确的国家高速公路和国道项目，国家级规划明确的国防公路项目，以及省级高速公路和连接深度贫困地区直接为该地区服务的省级公路。

④能源类。国家级规划明确的能源项目；电网项目，包括500千伏及以上直流电网项目和500千伏、750千伏、1000千伏交流电网项目，以及国家级规划明确的其他电网项目；其他能源项目，包括国家级规划明确的且符合国家产业政策的能源开采、油气管线、水电、核电项目。

⑤水利类。国家级规划明确的水利项目。

⑥为贯彻落实党中央、国务院重大决策部署，国务院投资主管部门或国务院投资主管部门会同有关部门支持和认可的交通、能源、水利基础设施项目。

32. 制止耕地"非农化"，防止耕地"非粮化"

《中共中央 国务院关于全面推进乡村振兴加快农业农村现代化的意见》提出，采取"长牙齿"的措施，落实最严格的耕地保护制度。严禁违规占用耕地和违背自然规律绿化造林、挖湖造景，严格控制非农建设占用耕地，深入推进农村乱占耕地建房专项整治行动，坚决遏制耕地"非农化"、防止"非粮化"。

（1）坚决制止耕地"非农化"的行为

《国务院办公厅关于坚决制止耕地"非农化"行为的通知》明确提出六种严禁的耕地"非农化"行为：

严禁违规占用耕地绿化造林。 禁止占用永久基本农田种植苗木、草皮等用于绿化装饰以及其他破坏耕作层的植物。违规占用耕地及永久基本农田造林的，不予核实造林面积，不享受财政资金补助政策。退耕还林还草要严格控制在国家批准的规模和范围内，涉及地块全部实现上图入库管理。

严禁超标准建设绿色通道。 要严格控制铁路、公路两侧用地范围以外绿化带用地审批，道路沿线是耕地的，两侧用地范围以外绿化带宽度不得超过5米，其中县乡道路不得超过3米。不得违规在河渠两侧、水库周边占用耕地及永久基本农田超标准建设绿色通道。禁止以城乡绿化建设等名义违法违规占用耕地。

严禁违规占用耕地挖湖造景。 禁止以河流、湿地、湖泊治理为名，擅自占用耕地及永久基本农田挖田造湖、挖湖造景。不准在城市建设中违规占用耕地建设人造湿地公园、人造水利景观。占用永久基本农田的，要限期恢复，确实无法恢复的按照有关规定进行补划。

严禁占用永久基本农田扩大自然保护地。 新建的自然保护地应当边界清楚，不准占用永久基本农田。目前已划入自然保护地核心保护区内的永久基本农田要纳入生态退耕，有序退出。自然保护地一般控制区内的永久基本农田要根据对生态功能造成的影响确定是否退出，造成明显影响的纳入生态退耕，有序退出，不造成明显影响的可采取依法依规相应调整一般控制区范围等措施妥善处理。自然保护地以外的永久基本农田和连片耕地，不得划入生态保护红线。

严禁违规占用耕地从事非农建设。 加强农村地区建设用地审批和乡村建设规划许可管理，坚持农地农用。不得违反规划搞非农建设、乱占耕地建房等。

严禁违法违规批地用地。 批地用地必须符合国土空间规划。不得通过擅自调整县乡国土空间规划规避占用永久基本农田审批。严禁未批先用、批少占多、批甲占乙。严格临时用地管理，不得超过规定时限长期使用。对各类未经批准或不符合规定的建设项目、临时用地等占用耕地及永久基本农田的，依法依规严肃处理，责令限期恢复原种植条件。

（2）防止耕地"非粮化"

明确耕地利用优先序。 对耕地实行特殊保护和用途管制，严格控制耕地转为林地、园地等其他类型农用地。永久基本农田是依法划定的优质耕地，要重点用于发展粮食生产，特别是集中保障稻谷、小麦、玉米三大谷物的种植面积。

一般耕地应主要用于粮食和棉、油、糖、蔬菜等农产品及饲草饲料生产。耕地在优先满足粮食和食用农产品生产基础上，适度用于非食用农产品生产，对市场明显过剩的非食用农产品，要加以引导，防止无序发展。

加强粮食生产功能区监管。 各地区要把粮食生产功能区落实到地块，引导种植目标作物，保障粮食种植面积。组织开展粮食生产功能区划定情况"回头看"，对粮食种植面积大但划定面积小的进行补划，对耕地性质发生改变、不符合划定标准的予以剔除并及时补划。引导作物一年两熟以上的粮食生产功能区至少生产一季粮食，种植非粮作物的要在一季后能够恢复粮食生产。

不得擅自调整粮食生产功能区，不得违规在粮食生产功能区内建设种植和养殖设施，不得违规将粮食生产功能区纳入退耕还林还草范围，不得在粮食生产功能区内超标准建设农田林网。

稳定非主产区粮食种植面积。粮食产销平衡区和主销区要按照重要农产品区域布局及分品种生产供给方案要求，制定具体实施方案并抓好落实，扭转粮食种植面积下滑势头。产销平衡区要着力建成一批旱涝保收、高产稳产的口粮田，保证粮食基本自给。主销区要明确粮食种植面积底线，稳定和提高粮食自给率。

有序引导工商资本下乡。鼓励和引导工商资本到农村从事良种繁育、粮食加工流通和粮食生产专业化社会化服务等。督促各地区抓紧建立健全工商资本流转土地资格审查和项目审核制度，强化租赁农地监测监管，对工商资本违反相关产业发展规划大规模流转耕地不种粮的"非粮化"行为，一经发现要坚决予以纠正，并立即停止其享受相关扶持政策。

严禁违规占用永久基本农田种树挖塘。贯彻《土地管理法》《基本农田保护条例》有关规定，落实耕地保护目标和永久基本农田保护任务。严格规范永久基本农田上农业生产经营活动，禁止占用永久基本农田从事林果业以及挖塘养鱼、非法取土等破坏耕作层的行为，禁止闲置、荒芜永久基本农田。

山东省"三夏"时节收割小麦
图片来源：图虫网.

利用永久基本农田发展稻渔、稻虾、稻蟹等综合立体种养，应当以不破坏永久基本农田为前提，沟坑占比要符合稻渔综合种养技术规范通则标准。推动制订和完善相关法律法规，明确对占用永久基本农田从事林果业、挖塘养鱼等的处罚措施。

强化激励约束，落实粮食生产责任。坚持激励约束相结合，严格落实粮食安全省长责任制，完善粮食生产支持政策，加强耕地种粮情况监测，确保各项任务落实到位。

（3）农村乱占耕地建房"八不准"

2020年，自然资源部、农业农村部为坚决遏制农村乱占耕地建房，就农村建房行为进一步明确农村乱占耕地建房"八不准"❶：不准占用永久基本农田建房；不准强占多占耕地建房；不准买卖、流转耕地违法建房；不准在承包耕地上违法建房；不准巧立名目违法占用耕地建房；不准违反"一户一宅"规定占用耕地建房；不准非法出售占用耕地建的房屋；不准违法审批占用耕地建房。

❶《自然资源部 农业农村部关于农村乱占耕地建房"八不准"的通知》（2020年7月）.

33. 永久基本农田储备区

《自然资源部 农业农村部关于加强和改进永久基本农田保护工作的通知》提出，为提高重大建设项目用地审查报批效率，做到保质保量补划落地，在永久基本农田之外其他质量较好的耕地中，划定永久基本农田储备区。

（1）统筹落实补划永久基本农田

各地要在永久基本农田之外的优质耕地中，划定永久基本农田储备区并上图入库。建设项目经依法批准占用永久基本农田的，应当从永久基本农田储备区耕地中补划，储备区中难以补足的，在县域范围内其他优质耕地中补划；县域范围内无法补足的，可在市域范围内补划；个别市域范围内仍无法补足的，可在省域范围内补划。

（2）永久基本农田储备区的划定类型

优先划入。①已建成的高标准农田，经土地综合整治新增加的耕地，正在实施整治的中低产田。②与已划定的永久基本农田集中连片，质量高于本地区平均水平且坡度小于 15 度的耕地。城镇周边和交通沿线，依据《土壤污染防治法》列入优先保护类、安全利用类的耕地。③已经划入"粮食生产功能区和重要农产品生产保护区"的优质耕地。集中连片、规模较大，有良好的水利与水土保持设施的耕地等。

严禁划入。①位于生态保护红线范围内的耕地。②依据《土壤污染防治法》列入严格管控类耕地。③因自然灾害和生产建设活动严重损毁且无法复垦的耕地。④纳入生态退耕还林还草范围的耕地。⑤坡度为 25 度以上的坡耕地。⑥可调整地类等。

（3）永久基本农田储备区的划定流程

①调查摸底。永久基本农田储备区划定之前，要对永久基本农田储备区划定潜力开展分析研究，潜力分析主要通过内业完成，分析储备区划定的潜力图斑面积。

②实地核实。对准备划入永久基本农田储备区的图斑，进行调查摸底并实地核实。

③编制方案。根据上级下达的划定任务，县级自然资源主管部门会同农业农村主管部门编制本级永久基本农田储备区划定方案。

④建立数据库。以县级行政区划为单元，构建全国统一的永久基本农田储备区数据库。

⑤论证审核。按照县级自验、市级论证、省级验收自下而上的程序，逐级对储备区划定情况进行审核。

⑥成果汇交。永久基本农田储备区划定成果以县级行政区划为单元，及时汇交自然资源部和农业农村部。

专栏　广西壮族自治区划定永久基本农田储备区 78 万亩

广西 109 个县（市、区）永久基本农田储备区划定成果已通过自治区级验收，全区划定永久基本农田储备区面积 78 万亩，划定面积占现有永久基本农田面积的 1.4%。划入储备区的地块在第三次全国国土调查中全部调绘为耕地，其中水田面积占储备区总面积的 42%，比国家下发储备区潜力中的水田比例（36%）高 6%；储备区耕地平均质量等别为 8.52，比国家下发的储备区潜力中耕地的平均质量等别（8.73）高 0.21❶。

---

❶ 中国政府网 . 广西划定永久基本农田储备区 78 万亩 . http: //www.mnr.gov.cn/dt/dfdt/201908/t20190811_2458417.html.

34. 生态保护红线划定

中共中央办公厅、国务院办公厅印发的《关于在国土空间规划中统筹划定落实三条控制线的指导意见》提出，按照生态功能划定生态保护红线。生态保护红线是指在生态空间范围内具有特殊重要生态功能、必须强制性严格保护的区域。

（1）划定类型

生态保护红线大致包括 4 种类型：

生态功能极重要区域。 指具有重要水源涵养、生物多样性维护、水土保持、防风固沙、海岸防护等功能的区域。

生态极敏感脆弱区域。 指具有水土流失、沙漠化、石漠化、海岸侵蚀等现象的生态系统极敏感脆弱的区域。

自然保护地。 由各级人民政府依法划定或确认，对重要的自然生态系统、自然遗迹、自然景观及其所承载的自然资源、生态功能和文化价值实施长期保护的陆域或海域。

具有潜在重要价值区域。 其他经评估目前虽然不能确定但具有潜在重要生态价值的区域。

（2）划定原则

①科学性原则。以构建国家生态安全格局为目标，采取定量评估与定性判定相结合的方法划定生态保护红线。②整体性原则。统筹考虑自然生态整体性和系统性，结合山脉、河流、地貌单元、植被等自然边界，合理划定生态保护红线，做到应划尽划。③协调性原则。建立协调有序的生态保护红线划定工作机制，强化部门联动，上下结合，统筹划定生态保护红线。④动态性原则。构建国家和区域生态安全格局，提升生态保护能力和生态系统完整性的需要，生态保护红线布局应不断优化和完善。

（3）划定流程

《生态保护红线划定指南》提出，按照定量与定性相结合的原则，通过科学评估，识别生态保护红线的重点类型和重要区域，合理划定生态保护红线。

开展科学评价。 按照资源环境承载能力和国土空间开发适宜性评价技术方法，开展生态功能重要性评估和生态环境敏感性评估，优先将具有重要水源涵养、生物多样性维护、水土保持、防风固沙、海岸防护等功能的生态功能极重要区域，以及生态极敏感脆弱的水土流失、沙漠化、石漠化、海岸侵蚀等区域划入生态保护红线。

校验划定范围。 确保划定范围涵盖国家级和省

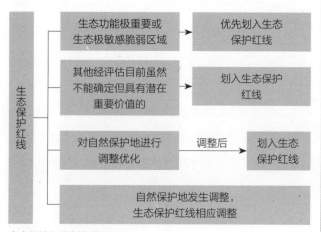

生态保护红线划定范围

水源涵养（湖南省岳阳市洞庭湖）
图片来源：图虫网.

级禁止开发区域，以及其他有必要严格保护的各类保护地。

确定红线边界。通过边界处理、现状与规划衔接、跨区域协调、上下对接等步骤，确定生态保护红线边界。按照保护需要和开发利用现状，结合以下几类界线勾绘调整生态保护红线边界：

①自然边界。主要是依据地形地貌或生态系统完整性确定的边界，如林线、雪线、流域分界线，以及生态系统分布界线等；②自然保护区、风景名胜区等各类保护地边界；③江河、湖库，以及海岸等向陆域（或向海）延伸一定距离的边界；④地理国情普查、全国土地调查、森林草原湿地荒漠等自然资源调查等明确的地块边界。

形成划定成果。编制生态保护红线划定文本、图件、登记表及技术报告，建立台账数据库，形成生态保护红线划定方案。

开展勘界定标。根据划定方案确定的生态保护红线分布图，搜集辅助相关资料，调查生态保护红线各类基础信息，明确红线区块边界走向和实地拐点坐标，详细勘定红线边界，选定界桩位置，完成界桩埋设，测定界桩精准空间坐标，建立界桩数据库，形成生态保护红线勘测定界图，最后设立统一规范的标识标牌。

（4）矛盾冲突出现的解决办法

生态保护红线内调出。妥善处理永久基本农田、耕地、人工商品林、镇村及工矿用地、特殊建设用地、其他现状用地（设施农用地、园地等）、合法矿业权、重点项目、相关规划用地、围填海、海域海岛使用权等矛盾冲突，提出调整方案。

生态保护红线内调入。将"双评价"成果中生态功能极重要区域、生态极敏感脆弱区域以及具有潜在重要生态价值的区域和整合优化后的自然保护区以及

海岸防护（海南省东寨港国家级自然保护区）
图片来源：图虫网.

生物多样性维护（安徽省安庆市雷埠水杉林）
图片来源：图虫网.

水土保持（燕山山脉）
图片来源：图虫网.

防风固沙（河北省承德市塞罕坝国家级自然保护区）
图片来源：图虫网.

地质公园、森林公园、海洋公园、湿地公园、草原公
园、沙漠公园等各类自然公园划入生态保护红线。

（5）生态保护红线内允许10类人为有限活动

《自然资源部　生态环境部　国家林业和草原局关
于加强生态保护红线管理的通知（试行）》提出，在
符合法律法规的前提下，仅允许以下对生态功能不
造成破坏的有限人为活动。生态保护红线内自然保
护区、风景名胜区、饮用水水源保护区等区域，依
照法律法规执行。具体说明如下：

①管护巡护、保护执法、科学研究、调查监测、
测绘导航、防灾减灾救灾、军事国防、疫情防控等
活动及相关的必要设施修筑。

②原住居民和其他合法权益主体，允许在不
扩大现有建设用地、用海用岛、耕地、水产养殖
规模和放牧强度（符合草畜平衡管理规定）的前
提下，开展种植、放牧、捕捞、养殖（不包括投
礁型海洋牧场、围海养殖）等活动，修筑生产生
活设施。

③经依法批准的考古调查发掘、古生物化石调
查发掘、标本采集和文物保护活动。

④按规定对人工商品林进行抚育采伐，或以提
升森林质量、优化栖息地、建设生物防火隔离带等
为目的的树种更新，依法开展的竹林采伐经营。

⑤不破坏生态功能的适度参观旅游、科普宣教
及符合相关规划的配套性服务设施和相关的必要公
共设施建设及维护。

⑥必须且无法避让、符合县级以上国土空间规
划的线性基础设施、通讯和防洪、供水设施建设和
船舶航行、航道疏浚清淤等活动；已有的合法水利、
交通运输等设施运行维护改造。

⑦地质调查与矿产资源勘查开采。

⑧依据县级以上国土空间规划和生态保护修复
专项规划开展的生态修复。

⑨根据我国相关法律法规和与邻国签署的国界
管理制度协定（条约）开展的边界边境通视道清理
以及界务工程的修建、维护和拆除工作。

⑩法律法规规定允许的其他人为活动。

石漠化（云南省红河弥勒太平湖森林小镇山地石漠化公园）
图片来源：图虫网．

海岸侵蚀（广西壮族自治区北海海岸）
图片来源：图虫网．

水土流失（宁夏回族自治区中部黄土高原地区）
图片来源：图虫网．

沙漠化（内蒙古自治区库布齐沙漠）
图片来源：图虫网．

35. 自然保护地体系

中共中央办公厅、国务院办公厅印发的《关于建立以国家公园为主体的自然保护地体系的指导意见》提出，自然保护地是生态建设的核心载体、中华民族的宝贵财富、美丽中国的重要象征，在维护国家生态安全中居于首要地位。

（1）概况

定位。自然保护地是由各级人民政府依法划定或确认，对重要的自然生态系统、自然遗迹、自然景观及其所承载的自然资源、生态功能和文化价值实施长期保护的陆域或海域。

类型。按照自然生态系统原真性、整体性、系统性及其内在规律，依据管理目标与效能并借鉴国际经验将自然保护地按生态价值和保护强度高低依次分为国家公园、自然保护区、自然公园三类。

现状。截至 2020 年，我国拥有自然保护区、风景名胜区、森林公园、湿地公园、地质公园、海洋公园、沙漠（石漠）公园等自然保护地 9190 处，总面积 185.35 万平方千米（扣除重叠面积），其中国家级自然保护地 2996 处，总面积 132.86 万平方千米。拥有世界自然遗产 14 项、世界自然与文化双遗产 4 项、世界地质公园 41 个，数量均居世界第一[1]。

目标。规划到 2025 年，健全国家公园体制，完成自然保护地整合归并优化，完善自然保护地体系的法律法规、管理和监督制度，提升自然生态空间承载力，初步建成以国家公园为主体的自然保护地体系；到 2035 年，显著提高自然保护地管理效能和生态产品供给能力，自然保护地规模和管理达到世界先进水平，全面建成中国特色自然保护地体系，自然保护地占陆域国土面积 18% 以上。

意义。建成中国特色的以国家公园为主体的自然保护地体系，推动各类自然保护地科学设置，建立自然生态系统保护的新体制、新机制、新模式，建设健康、稳定、高效的自然生态系统，为维护国家生态安全和实现经济社会可持续发展筑牢基石，为建设富强民主文明和谐美丽的社会主义现代化强国奠定生态根基。

（2）国土空间规划要求

《省级国土空间规划编制指南》（试行）提出，优先保护以自然保护地体系为主的生态空间，明确国家公园、自然保护区、自然公园等各类自然保护地布局、规模和名录。《市级国土空间总体规划编制指南（试行）》提出，国土空间规划要明确自然保护地等生态重要和生态敏感地区，构建重要生态屏障、廊道和网络，形成连续、完整、系统的生态保护格局和开敞空间网络体系。

（3）国家公园

国家公园是指以保护具有国家代表性的自然生态系统为主要目的，实现自然资源科学保护和合理

四川省雅安市天全县大熊猫国家公园
图片来源：四川省雅安市林业局 . 大熊猫国家公园天全片区内监测到多种野生动物活动影像 . https://lyj.yaan.gov.cn/xinwen/ show/ baf653074e4cb1706d047d57e7a95436.html.

---

[1]《国家公园等自然保护地建设及野生动植物保护重大工程建设规划（2021—2035 年）》（2022 年 3 月）.

专栏 河南省新乡市自然保护地体系

《新乡市国土空间总体规划（2021—2035 年）》提出，建立自然保护地体系，加强生物多样性保护，严格重要生态空间管控，强化河湖水域空间保护，促进林草资源空间优化。

新乡市生态保护格局图
图片来源：《新乡市国土空间总体规划（2021—2035 年）》（公示稿），2023 年 3 月公示.

利用的特定陆域或海域，是我国自然生态系统中最重要、自然景观最独特、自然遗产最精华、生物多样性最富集的部分，保护范围大，生态过程完整，具有全球价值、国家象征，国民认同度高。

国家公园是我国自然保护地体系的主体。2021 年 9 月 30 日，国务院正式批复同意设立三江源、大熊猫、东北虎豹、海南热带雨林、武夷山等第一批国家公园及其设立方案 ❶。2022 年 12 月，《国家公园空间布局方案》印发，遴选出 49 个国家公园候选区，总面积约 110 万平方千米，保护面积居世界首位。

国家公园实行分区管控，原则上核心保护区内禁止人为活动，一般控制区内限制人为活动。

（4）自然保护区

自然保护区是自然保护地体系的基础，指保护典型的自然生态系统、珍稀濒危野生动植物种的天然集中分布区、有特殊意义的自然遗迹的区域。具有较大面积，确保主要保护对象安全，维持和恢

复珍稀濒危野生动植物种群数量及赖以生存的栖息环境。

自然保护区实行分区管控，原则上核心保护区内禁止人为活动，一般控制区内限制人为活动。

（5）自然公园

自然公园是指保护重要的自然生态系统、自然遗迹和自然景观，具有生态、观赏、文化和科学价值，可持续利用的区域。确保森林、海洋、湿地、水域、冰川、草原、生物等珍贵自然资源，以及所承载的景观、地质地貌和文化多样性得到有效保护。

自然公园包括森林公园、地质公园、海洋公园、湿地公园、草原公园、沙漠公园等各类自然公园。原则上按一般控制区管理，限制人为活动。

森林公园。《森林公园管理办法》提出，森林公园是指森林景观优美，自然景观和人文景物集中，具有一定规模，可供人们游览、休息或进行科学、文化、教育活动的场所。

---

❶《国家公园等自然保护地建设及野生动植物保护重大工程建设规划（2021—2035 年）》（2022 年 3 月）.

专栏　云南省临沧市自然保护地

《临沧市国土空间总体规划（2021—2035年）》提出，严格保护南滚河、永德大雪山国家级自然保护区，澜沧江、镇康南捧河省级自然保护区，森林公园及湿地公园等重要生态空间，划定自然保护地面积占全市总面积的12%。

临沧市生态安全格局图
图片来源：《临沧市国土空间总体规划（2021—2035年）》（公示稿），2021年8月公示．

地质公园。《国土资源部办公厅关于加强国家地质公园申报审批工作的通知》提出，地质公园具有特殊的科学意义、稀有的自然属性、优雅的美学观赏价值，以具有一定的规模和分布范围的地质景观为主体；融合自然景观与人文景观并具有生态、历史和文化价值；以保护地质遗迹，支持当地经济、文化和环境可持续发展为宗旨，是地质遗迹景观和生态环境的重点保护区和地质科学研究与普及的基地。

海洋公园。《海洋特别保护区管理办法》提出，海洋公园是为保护海洋生态与历史文化价值，发挥其生态旅游功能，在特殊海洋生态景观、历史文化遗迹、独特地质地貌景观及其周边海域而建立。

湿地公园。《国家湿地公园管理办法》提出，湿地公园是指以保护湿地生态系统、合理利用湿地资源、开展湿地宣传教育和科学研究为目的，经国家林业和草原局批准设立，按照有关规定予以保护和管理的特定区域，是自然保护体系的重要组成部分。

草原公园。具有较为典型的草原生态系统特征、有较高的生态保护和合理利用示范价值，以生态保护和草原科学利用示范为主要目的，兼具生态旅游、科研监测、宣教展示功能的特定区域❶。

沙漠公园。《国家沙漠公园管理办法》提出，沙漠公园是指以荒漠景观为主体，以保护荒漠生态系统和生态功能为核心，合理利用自然与人文景观资源，开展生态保护及植被恢复、科研监测、宣传教育、生态旅游等活动的特定区域。

（6）对现有自然保护地梳理归类

完善自然保护地分类划定标准，对现有的自然保护区、风景名胜区、地质公园、森林公园、海洋公园、湿地公园、冰川公园、草原公园、沙漠公园、野生动物重要栖息地等各类自然保护地开展综合评价，按照保护区域的自然属性、生态价值和管理目标进行梳理调整和归类，逐步形成科学合理的自然保护地体系。

❶ 自然资源部．我国国家草原自然公园建设正式开启．http://news.mnr.gov.cn/dt/ywbb/202009/t20200902_2545435.html.

36. 城镇开发边界划定

中共中央办公厅、国务院办公厅印发的《关于在国土空间规划中统筹划定落实三条控制线的指导意见》提出，按照集约适度、绿色发展要求划定城镇开发边界。城镇开发边界划定以城镇开发建设现状为基础，综合考虑资源承载能力、人口分布、经济布局、城乡统筹、城镇发展阶段和发展潜力，框定总量，限定容量，防止城镇无序蔓延。

（1）概念

《市级国土空间总体规划编制指南（试行）》提出，城镇开发边界是在国土空间规划中划定的，一定时期内因城镇发展需要，可以集中进行城镇开发建设，完善城镇功能、提升空间品质的区域边界，涉及城市、建制镇以及各类开发区等。城镇开发边界内可分为城镇集中建设区、城镇弹性发展区和特别用途区。

城镇集中建设区。 根据规划城镇建设用地规模，为满足城镇居民生产生活需要，划定的一定时期内允许开展城镇开发和集中建设的地域空间。

城镇弹性发展区。 为应对城镇发展的不确定性，在城镇集中建设区外划定的，在满足特定条件下方可进行城镇开发和集中建设的地域空间。

特别用途区。 为完善城镇功能，提升人居环境品质，保持城镇开发边界的完整性，根据规划管理需划入开发边界内的重点地区，包括与城镇关联密切的生态涵养、休闲游憩、防护隔离、自然和历史文化保护等地域空间。

（2）划定要求

《自然资源部国土空间规划局 自然资源部耕地保护监督司关于加快推进永久基本农田核实整改补足和城镇开发边界划定工作的函》提出，通过在国土空间规划中科学划定城镇开发边界，防止城市无序蔓延，促进城市集约节约发展，完善城镇功能布局，提升空间品质。

①统筹发展与安全，坚持保护优先，在确保粮食安全、生态安全等资源环境底线约束的基础上，划定城镇开发边界，确保"三条控制线"不交叉冲突。

②坚持节约集约、紧凑发展，通过划定城镇开发边界，改变以用地规模扩张为主的发展模式，推动城市发展由外延扩张式向内涵提升式转变。

③因地制宜，基于自然地理格局和城市发展规律，结合当地实际划定城镇开发边界，引导促进城镇空间结构和功能布局优化，避免城镇开发边界碎片化，为城市未来留有合理的弹性空间。

（3）划定层次 [1]

市级总体规划。 依照上位国土空间规划确定的城镇定位、规模指标等控制性要求，结合地方发展实际，划定市辖区城镇开发边界；统筹提出县人民政府所在地镇（街道）、各类开发区的城镇开发边界指导方案。

县级总体规划。 依据市级总体规划的指导方案，划定县域范围内的城镇开发边界，包括县人民政府所在地镇（街道）、其他建制镇、各类开发区等。

按照"自上而下、上下联动"的组织方式，同步推进城镇开发边界划定工作，整合形成城镇开发边界"一张图"。

（4）划定规则 [2]

①守住自然生态安全边界。城镇开发边界不得侵占和破坏山水林田湖草沙的自然空间格局。

---

[1] 《市级国土空间总体规划编制指南（试行）》.

[2] 《自然资源部国土空间规划局 自然资源部耕地保护监督司关于加快推进永久基本农田核实整改补足和城镇开发边界划定工作的函》（2021年6月）.

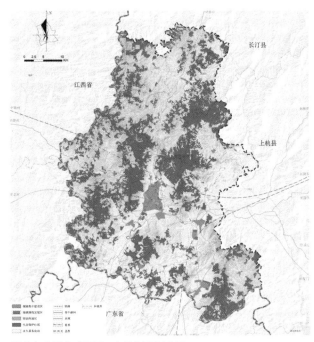

福建省龙岩市武平县三条控制线划定图
图片来源：《武平县国土空间总体规划（2020—2035年）》（草案公示），2021年11月公示.

②安全避让。将资源环境承载能力和国土空间开发适宜性评价结果作为划定城镇开发边界的重要基础。避让地质灾害风险区、蓄滞洪区等不适宜建设区域。

③以水四定。贯彻"以水定城、以水定地、以水定人、以水定产"的原则，根据水资源约束底线和利用上限，引导人口、产业和用地的合理规模和布局。

④划定范围。"三调"的现状城镇集中建成区应划入城镇开发边界，包括城市、建制镇、开发区等。

⑤保护耕地。落实生态保护红线划定方案和耕地保护任务，统筹推进永久基本农田核实整改补足和城镇开发边界划定工作。涉及长期稳定利用耕地的，以"开天窗"的形式予以标注，不计入城镇开发边界面积。

⑥布局形态。发挥好城市周边重要生态功能空间和永久基本农田对城市"摊大饼"式扩张的阻隔作用。重视区域协调发展，促进形成多中心、网络化、组团式的空间布局。

⑦人地因素。对于近五年来城镇常住人口规模减小的、存在大量批而未建或闲置土地的市、县

（区），预留的弹性空间应从严控制。

⑧边界围合。城镇开发边界由一条或多条连续闭合的包络线组成。边界划定应充分利用河流、山川、交通基础设施等自然地理和地物边界，做到边界形态尽可能完整，便于识别、便于管理。

（5）城镇开发边界分区划定

城镇集中建设区。①结合城镇发展定位和空间格局，依据国土空间规划中确定的规划城镇建设用地规模，将规划集中连片、规模较大、形态规整的地域确定为城镇集中建设区。②现状建成区，规划集中连片的城镇建设区和城中村、城边村，依法合规设立的各类开发区，国家、省、市级确定的重大建设项目用地等应划入城镇集中建设区。

城镇弹性发展区。在与城镇集中建设区充分衔接、关联的基础上，合理划定城镇弹性发展区，做到规模适度、设施支撑可行。

特别用途区。①禁止任何城镇集中建设行为，实施建设用地总量控制，原则上不得新增除市政基础设施、交通基础设施、生态修复工程、必要的配套及游憩设施外的其他城镇建设用地。②根据地方实际，特别用途区应包括对城镇功能和空间格局有重要影响、与城镇空间联系密切的山体、河湖水系、生态湿地、风景游憩、防护隔离、农业景观、古迹遗址等地域空间。③对于影响城市长远发展，在规划期内不进行规划建设也不改变现状的空间，可以林地、草地或湿地等形态，一并划入特别用途区予以严格管控。

（6）划定技术流程

《市级国土空间总体规划编制指南（试行）》提出，城镇开发边界划定一般包括基础数据收集、开展评价研究、边界初划、方案协调、边界划定入库等环节。其中，基础数据收集、开展评价研究与市级总体规划基础工作一并开展。

①边界初划。根据城镇开发边界划定规则合理划定城镇集中建设区、城镇弹性发展区以及特别用途区。

②方案协调。城镇开发边界应尽可能避让生态保护红线、永久基本农田。

③划定入库。尽量利用国家有关基础调查明确的边界、各类地理边界线、行政管辖边界等界线，将城镇开发边界落到实地，做到清晰可辨、便于管理；划定成果矢量数据采用2000国家大地坐标系和1985国家高程基准，在"三调"成果基础上，结合高分辨率卫星遥感影像图、地形图等基础地理信息数据，作为国土空间规划成果一同汇交入库。

（7）局部优化 ●

①国家和省级行政区重大战略实施、重大政策调整、重大项目建设，以及行政区划调整涉及城镇布局调整的；②因灾害预防、抢险避灾、灾后恢复重建等防灾减灾确需调整城镇布局的；③耕地和永久基本农田核实处置过程中确需统筹优化城镇开发边界的；④已依法依规批准且完成备案的建设用地，已办理划拨或出让手续，已核发建设用地使用权权属证书，确需纳入城镇开发边界的；⑤已批准实施全域土地综合整治确需优化调整城镇开发边界的；⑥规划深化实施中因用地勘界、比例尺衔接等需要局部优化城镇开发边界的。

专栏　北京市顺义分区国土空间总体规划城市开发边界划定

北京市顺义分区国土空间规划在划定城市开发边界中确定了集中建设区和战略留白用地。①确定集中建设区：北京市顺义分区合理确定城镇建设空间刚性管控边界和约束性指标，城市开发边界内集中建设区面积约占全区面积的21%；②预留战略留白用地：为承担重大活动、保障重大项目建设预留条件，划定约18平方千米战略留白用地。

北京市顺义分区国土空间规划分区图

图片来源：落实"三区三线"《顺义分区规划（国土空间规划）（2017年—2035年）》修改成果．

---

❶《自然资源部关于做好城镇开发边界管理的通知（试行）》（2023年10月）．

4

国土空间规划用地用海安排

37. 用地用海分类

《国土空间调查、规划、用途管制用地用海分类指南》（简称《分类指南》）提出，坚持陆海统筹、城乡统筹、地上地下空间统筹，体现耕地保护优先、绿色发展理念，坚持同级内分类并列不交叉，坚持科学、简明、可操作，科学划分国土空间用地用海类型、明确各类型含义，统一国土调查、统计和规划分类标准。

（1）概念

《土地管理法》明确将土地分为农用地、建设用地和未利用地。①农用地是指直接用于农业生产的土地，包括耕地、林地、草地、农田水利用地、养殖水面等；②建设用地是指建造建筑物、构筑物的土地，包括城乡住宅和公共设施用地、工矿用地、交通水利设施用地、旅游用地、军事设施用地等；③未利用地是指农用地和建设用地以外的土地。

用地用海分类采用三级分类体系，共设置24个一级类、113个二级类及140个三级类，适用于国土调查、监测、统计、评价，国土空间规划、用途管制、耕地保护、生态修复，土地审批、供应、整治、督察、执法、登记及信息化管理等工作。

国土空间总体规划原则上以一级类为主，可细分至二级类；国土空间详细规划和市县层级涉及空间利用的相关专项规划，原则上使用二级类和三级类。具体使用按照相关国土空间规划编制要求执行。

（2）主要内容

《分类指南》中24个一级地类如下：

耕地。指利用地表耕作层种植粮、棉、油、糖、蔬菜、饲草饲料等农作物为主的土地，包括水田、水浇地、旱地。

园地。指种植以采集果、叶、根、茎、汁等为主的集约经营的多年生作物的土地，包括果园、茶园、橡胶园地、油料园地、其他园地。

林地。指生长乔木、竹类、灌木的土地，包括乔木林地、竹林地、灌木林地、其他林地。

草地。指生长以草本植物为主的土地，包括天然牧草地、人工牧草地、其他草地。

湿地。指陆地和水域的交汇处，水位接近或处于地表面，或有浅层积水，且处于自然状态的土地，包括森林沼泽、灌丛沼泽、沼泽草地、其他沼泽地、沿海滩涂、内陆滩涂、红树林地。

农业设施建设用地。指对地表耕作层造成破坏的，为农业生产、农村生活服务的乡村道路用地以及种植设施、畜禽养殖设施、水产养殖设施建设用地。

用地用海分类表

代码	名称	代码	名称
01	耕地	13	公用设施用地
02	园地	14	绿地与开敞空间用地
03	林地	15	特殊用地
04	草地	16	留白用地
05	湿地	17	陆地水域
06	农业设施建设用地	18	渔业用海
07	居住用地	19	工矿通信用海
08	公共管理与公共服务用地	20	交通运输用海
09	商业服务业用地	21	游憩用海
10	工矿用地	22	特殊用海
11	仓储用地	23	其他土地
12	交通运输用地	24	其他海域

河北省张家口市塞北管理区现代农业（耕地）

图片来源：自然资源部官网 http://www.mnr.gov.cn/dt/tpxw/201808/t20180804_2315004.html.

居住用地。 指城乡住宅用地及其居住生活配套的社区服务设施用地，包括城镇住宅用地、城镇社区服务设施用地、农村宅基地、农村社区服务设施用地。

公共管理与公共服务用地。 指机关团体、科研、文化、教育、体育、卫生、社会福利等机构和设施的用地。

商业服务业用地。 指商业、商务金融以及娱乐康体等设施用地。

工矿用地。 指用于工矿业生产的土地，包括工业用地、采矿用地、盐田。

仓储用地。 指物资存放及物流仓储和战略性物资储备库用地。

交通运输用地。 指铁路、公路、机场、港口码头、管道运输、城市轨道交通、各种道路以及交通场站等交通运输设施及其附属设施用地。

公用设施用地。 指用于城乡和区域基础设施的供水、排水、供电、供燃气、供热、通信、邮政、广播电视、环卫、消防、水工等设施用地。

绿地与开敞空间用地。 指城镇、村庄建设用地范围内的公园绿地、防护绿地、广场等公共开敞空间用地，不包括其他建设用地中的附属绿地。

特殊用地。 指军事、外事、宗教、安保、殡葬，以及文物古迹等具有特殊性质的用地。

留白用地。 指国土空间规划确定的城镇、村庄范围内暂未明确规划用途、规划期内不开发或特定条件下开发的用地。

陆地水域。 指陆域内的河流、湖泊、冰川及常年积雪等天然陆地水域，以及水库、坑塘水面、沟渠等人工陆地水域。

贵州省铜仁市玉屏侗族自治县㵲阳河湿地
图片来源：国家林业和草原局，国家公园管理局. 全国湿地展播｜贵州：山地公园省的"湿意". https://www.forestry.gov.cn/c/www/sdzg/32231.jhtml.

渔业用海。 指为开发利用渔业资源、开展海洋渔业生产所使用的海域及无居民海岛。

工矿通信用海。 指开展临海工业生产、工业仓储、海底电缆管道建设和矿产能源开发所使用的海域及无居民海岛。

交通运输用海。 指用于港口、航运、路桥、机场等交通建设的海域及无居民海岛。

游憩用海。 指开发利用滨海和海上旅游资源，开展海上娱乐活动的海域及无居民海岛。

特殊用海。 指用于军事、科研教学、海洋保护修复及海岸防护工程、排污倾倒、海洋水下文化遗产等用途的海域及无居民海岛。

其他土地。 指上述地类以外的其他类型的土地，包括盐碱地、沙地、裸土地、裸岩石砾地等植被稀少的陆域自然荒野等土地以及空闲地、后备耕地、田坎。

其他海域。 指需要限制开发，以及从长远发展角度应当予以保留的海域及无居民海岛。

38. 国土调查和年度国土变更调查

《土地管理法》规定国家建立土地调查制度。土地调查是指对土地的地类、位置、面积、分布等自然属性和土地权属等社会属性及其变化情况，以及永久基本农田状况进行的调查、监测、统计、分析的活动。

《土地调查条例》提出，土地调查的目的是全面查清土地资源和利用状况，掌握真实准确的土地基础数据，为科学规划、合理利用、有效保护土地资源，实施最严格的耕地保护制度，加强和改善宏观调控提供依据，促进经济社会全面协调可持续发展。

（1）国土调查

《国务院办公厅关于调整成立国务院第三次全国国土调查领导小组的通知》提出，将第三次全国土地调查调整为第三次全国国土调查。

调查内容。《土地调查条例》规定：①土地利用现状及变化情况，包括地类、位置、面积、分布等状况；②土地权属及变化情况，包括土地的所有权和使用权状况；③土地条件，包括土地的自然条件、社会经济条件等状况。

责任主体和时限要求。由县级以上人民政府自然资源主管部门会同同级有关部门进行土地调查。国家根据国民经济和社会发展需要，每10年进行一次全国土地调查。

成果公布。土地调查成果包括数据成果、图件成果、文字成果、数据库成果。全国土地调查成果报国务院批准后公布。地方土地调查成果，经本级人民政府审核，报上一级人民政府批准后公布。全国土地调查成果公布后，县级以上地方人民政府方可逐级依次公布本行政区域的土地调查成果。

三次国土（土地）调查情况表

名称	标志文件
第一次全国土地调查	《国务院批转农牧渔业部、国家计委等部门关于进一步开展土地资源调查工作的报告的通知》（1984年）
第二次全国土地调查	《国务院关于开展第二次全国土地调查的通知》（2006年）
第三次全国国土调查	《国务院关于开展第三次全国土地调查的通知》（2017年）

成果应用。土地调查成果是编制国民经济和社会发展规划以及从事国土资源规划、管理、保护和利用的重要依据。建设用地报批、土地整治项目立项以及其他需要使用土地基础数据与图件资料的活动，应当以国家确认的土地调查成果为基础依据。

（2）年度国土变更调查

为保持国土调查数据现势性，自然资源部每年开展国土变更调查。在全国国土调查的基础上，根据城乡土地利用现状及权属变化情况，随时进行城镇和村庄地籍变更调查和土地利用变更调查，并定期进行汇总统计。

变更调查内容。包括：①行政和权属界线变化状况；②土地所有权和使用权变化情况；③地类变化情况；④永久基本农田位置、数量变化情况；⑤自然资源部规定的其他内容。

责任主体。土地变更调查由自然资源部统一部署，以县级行政区为单位组织实施。

成果公布。土地变更调查成果，由各级自然资源主管部门报本级人民政府批准后，按照国家、省、市、县的顺序依次公布。

本轮国土空间规划（2021—2035年）要求在2020年国土变更调查成果的基础上开展编制工作。

39. 第三次全国国土调查

《国务院关于开展第三次全国土地调查的通知》提出，土地调查是一项重大的国情国力调查，是查实查清土地资源的重要手段。开展第三次全国土地调查，目的是全面查清当前全国土地利用状况，掌握真实准确的土地基础数据，健全土地调查、监测和统计制度，强化土地资源信息社会化服务，满足经济社会发展和国土资源管理工作需要。

（1）第三次全国国土调查主要任务

《第三次全国土地调查实施方案》提出，第三次全国土地调查主要内容为：①实地调查土地的地类、面积和权属，全面掌握全国耕地、种植园用地、林地、草地、湿地、商业服务业、工矿、住宅、公共管理与公共服务、交通运输、水域及水利设施用地等地类分布及利用状况。②细化耕地调查，全面掌握耕地数量、质量、分布和构成。③开展低效闲置土地调查，全面摸清城镇及开发区范围内的土地利用状况。④同步推进相关自然资源专业调查，整合相关自然资源专业信息。⑤建立互联共享的，覆盖国家、省、地、县四级的，集影像、地类、范围、面积、权属和相关自然资源信息于一体的国土调查数据库，完善各级互联共享的网络化管理系统。⑥健全国土及森林、草原、水、湿地等自然资源变化信息的调查、统计和全天候、全覆盖遥感监测与快速更新机制。

《国务院办公厅关于调整成立国务院第三次全国国土调查领导小组的通知》提出，将第三次全国土地调查调整为第三次全国国土调查。

（2）"三调"与"二调"结果变化情况

2019 年 12 月"三调"结果与 2009 年 12 月"二调"相比，变化如下：

耕地地类减少的主要原因是农业结构调整和国土绿化。"三调"结果显示，耕地地类减少了 1.13 亿亩，主要原因是农业结构调整和国土绿化。过去 10 年的地类转换中，耕地净流向林地 1.12 亿亩，净流向园地 0.63 亿亩。全国共有 8700 多万亩即可恢复为耕地的农用地，还有 1.66 亿亩可以通过工程措施恢复为耕地的农用地，如果需要，这部分农用地可通过相应措施恢复为耕地。

增加湿地一级类，生态建设取成效。基于生

专栏　第三次全国国土调查主要数据公报

"三调"以 2019 年 12 月 31 日为标准时点汇总数据。全面采用优于 1 米分辨率的卫星遥感影像制作调查底图，历时 3 年，21.9 万调查人员参与，汇集 2.95 亿个调查图斑，全面查清了全国国土利用状况。

①耕地。64% 的耕地分布在秦岭—淮河以北地区，黑龙江、内蒙古、河南、吉林、新疆，占全国耕地面积的 40%。②园地。主要分布在秦岭—淮河以南地区，占全国园地面积的 66%。③林地。87% 的林地分布在降水量 400 毫米（含 400 毫米）以上的地区。四川、云南、内蒙古、黑龙江占全国林地面积的 34%。④草地。主要分布在西藏、内蒙古、新疆、青海、甘肃、四川，占全国草地面积的 94%。⑤湿地。主要分布在青海、西藏、内蒙古、新疆、四川、甘肃，占全国湿地面积的 88%。⑥城镇村及工矿用地。村庄用地占比 62.1%，城市和建制镇用地分别占比 14.8% 和 14.5%。⑦交通运输用地。农村道路和公路用地分别占比 49.9% 和 42.2%。⑧水域及水利设施用地。主要分布在西藏、新疆、青海、江苏，占全国水域面积的 45%。

态文明建设需要，"三调"将"湿地"调整为与耕地、园地、林地、草地、水域等并列的一级地类。"三调"结果显示：① 10 年间，生态功能较强的林地、草地、湿地、河流水面、湖泊水面等地类合计净增加了 2.6 亿亩，生态建设取得了积极成效；②全国有 2.29 亿亩耕地流向林地、草地、湿地、河流水面、湖泊水面等生态功能较强的地类，而又有 2.17 亿亩上述地类流向耕地，反映出生态建设格局在局部地区不够稳定，一些地方还暴露出生态建设的盲目性、生态布局不合理等问题，必须坚持最严格生态环境保护制度，统筹生态建设。

建设用地增长近三成，城市节约集约程度低，村庄用地盘活潜力大。"三调"结果显示：①全国建设用地总量 6.13 亿亩（40.87 万平方千米），较"二调"时增加 1.28 亿亩，增幅 26.5%，同期国内生产总值增长 109.4%，常住人口城镇化率从 48.34% 提高到 62.71%，建设用地的增加与经济社会发展的用地需求总体相适应；②城镇建设用地总规模达到 1.55 亿亩（10.33 万平方千米），节约集约程度不够的问题依然突出，一些地方存在大量低效和闲置土地；③全国村庄用地规模达 3.29 亿亩（21.93 万平方千米），总量较大，布局不尽合理。城乡建设用地盘活利用具有较大潜力。

（3）"三调"的主要应用

编制国土空间规划重要依据。在国土空间规划编制工作中，充分利用"三调"成果形成一张底图，并与有需要的部门共享"三调"数据库。

建设国土空间基础信息平台。以"三调"成果为底版，结合数字高程模型、高分辨率遥感影像，集成国土空间规划、用地用海审批和实施监管等相关数据，构建国土空间基础信息平台。

构建国土空间规划"一张图"。集成各级国土空间规划和各类专项规划，实现空间规划在"一张图"上协调衔接，解决各类规划底图不一，"多规"冲突，数、线、区分离等问题。

第三次全国国土调查主要数据比较

名称	面积（"二调"）（亿亩）	面积（"三调"）（亿亩）	名称	面积（万亩）
耕地	20.31	19.18	水田	47087.97
			水浇地	48172.21
			旱地	96532.61
园地	2.22	3.03	果园	19546.88
			茶园	2527.05
			橡胶园	2271.48
			其他园地	5911.93
林地	38.09	42.62	乔木林地	296027.43
			竹林地	10529.53
			灌木林地	87939.19
			其他林地	31692.67
草地	43.10	39.68	天然牧草地	319758.21
			人工牧草地	870.97
			其他草地	76166.03
湿地		3.52	红树林地	40.60
			森林沼泽	3311.75
			灌丛沼泽	1132.62
			沼泽草地	16716.22
			沿海滩涂	2268.50
			内陆滩涂	8829.16
			沼泽地	2905.15
城镇村及工矿用地	4.31	5.30	城市用地	7832.78
			建制镇用地	7693.96
			村庄用地	32903.45
			采矿用地	3663.66
			风景名胜及特殊用地	865.68
交通运输用地	1.19	1.43	铁路用地	850.16
			轨道交通用地	26.52
			公路用地	6044.47
			农村道路	7147.56
			机场用地	144.41
			港口码头用地	105.64
			管道运输用地	10.85
水域及水利设施用地	6.40	5.44	河流水面	13211.75
			湖泊水面	12697.16
			水库水面	5052.55
			坑塘水面	9627.86
			沟渠	5276.27
			水工建筑用地	1203.19
			冰川及常年积雪	7362.99

数据来源：第三次全国国土调查主要数据公报

40. 国土空间规划的底数、底图

《自然资源部关于全面开展国土空间规划工作的通知》提出，本次规划编制统一采用第三次全国国土调查数据作为规划现状底数和底图基础，统一采用 2000 国家大地坐标系和 1985 国家高程基准作为空间定位基础，形成现状底数和底图基础。

（1）国土空间规划底数

《市级国土空间总体规划编制指南（试行）》提出，在第三次国土调查的基础上，按照国土空间用地用海分类、城区范围确定等自然资源部有关标准规范，形成符合规定的国土空间利用现状和工作底数。根据需要开展补充调查，并充分应用基础测绘和地理国情监测成果，收集自然资源、生态环境、经济产业、人口社会、历史文化、基础设施、城乡发展、区域协调、灾害风险、水土污染、海洋空间保护和利用等相关资料，以及相关规划成果、土地利用审批、永久基本农田等数据，加强基础数据分析。

（2）国土空间规划底图

《国土空间规划"一张图"建设指南（试行）》提出，基于第三次全国国土调查成果，在坐标一致、边界吻合、上下贯通的前提下，整合集成遥感影像（高分辨率影像）、基础地理、基础地质、地理国情普查等现状类数据，共享发改、环保、住建、交通、水利、农业等部门国土空间相关信息，开展地类细化调查和补充调查，依托平台，形成一张底图，支撑国土空间规划编制。

基础资料收集分类表

基础资料 收集分类	主要内容
行政区划与 区位条件	1. 行政建制与区划、辖区面积、城镇村数量分布、毗邻地区等情况； 2. 区位优势、所处地域优势和产业优势情况
自然条件与 自然资源	1. 气候气象、地貌、土壤、植被、水文、地质、自然灾害（如洪涝、地震、地质灾害）等情况； 2. 水资源、森林资源、矿产资源、生物资源、海洋资源、景观资源等情况
人口情况	1. 历年总人口、总户数、人口密度、城镇人口、乡村人口、人口自然增长、人口机械增长等情况； 2. 户籍人口、常住人口、暂住人口、劳动力就业构成、剩余劳动力流向、外来劳动力从业等情况
经济社会 历史文化 生态环境	1. 经济社会综合发展状况、历年国内生产总值、财政收入、固定资产投资、人均产值、人均收入、农民纯收入、贫困人口脱贫等情况； 2. 产业结构、主导产业状况及发展趋势，城镇化水平、村镇建设状况； 3. 城乡建设及基础设施，能源、采矿业发展，对外交通、通讯、邮电、商业、医疗、卫生、文化教育、风景名胜、古迹文物保护、旅游发展、民族文化等情况； 4. 自然保护地、农田基本建设、水利建设、防护林建设等情况； 5. 生态环境状况（土地退化、土地污染、水土流失等）、生态环境保护、防治污染、环境卫生建设等情况
自然资源 利用状况	1. 国土调查成果； 2. 土地、水、海洋、森林、草原、湿地、矿产、地质环境等专项调查成果； 3. 土壤普查、后备耕地调查评价、农用地分等定级调查评价、土地执法检查、土地督察、土地动态遥感监测等成果
相关调查、 评价、规划 成果	1. 地形图、遥感影像图； 2. 上一轮市（县）级土地利用总体规划、城市总体规划，上级土地利用总体规划、城镇体系规划、海洋功能区划； 3. 已有的基本农田、自然保护地、交通、水利、环保、旅游、地质环境、能源矿产、防灾减灾、土地整治等专项规划成果资料、图件及其实施情况

资料来源：《河南省市级国土空间总体规划编制导则（试行）》，2020 年 7 月印发.

①基础地理数据。《国土空间规划"一张图"实施监督信息系统技术规范》（GB/T 39972—2021）提出，基础地理数据是描述地表形态及其所附属的自然以及人文特征和属性的总称。

②基础地质环境数据应包括地质调查、地质灾害以及矿山地质环境等数据。

③《地理国情普查基本统计技术规程》提出，地理国情普查指以我国陆地国土范围内的自然地理要素和人文地理要素为调查对象，全面获取其空间分布、特征及其相互关系，并经过统计计算和分析，形成包含类别、位置、范围、数量等基础信息的活动。

④《测绘基本术语》（GB/T 14911—94）中提出，矢量数据是指以坐标或有序坐标串表示的空间点、线、面等图形数据及与其相联系的有关属性数据的总称。

⑤栅格数据是指将地理空间划分成按行、列规则排列的单元，且各单元带有不同"值"的数据集。

专栏　国土空间规划常用底图

①"三调"图是指依据第三次全国国土调查成果编制的图件。

②地籍图是指描述土地及其附着物的性质、位置、权属、数量和质量的地图，是不动产确权登记的依据。

③地形图是指表示地表上的地物、地貌平面位置、基本的地理要素，以及标注有坐标、高程、等高线的一种普通地图。

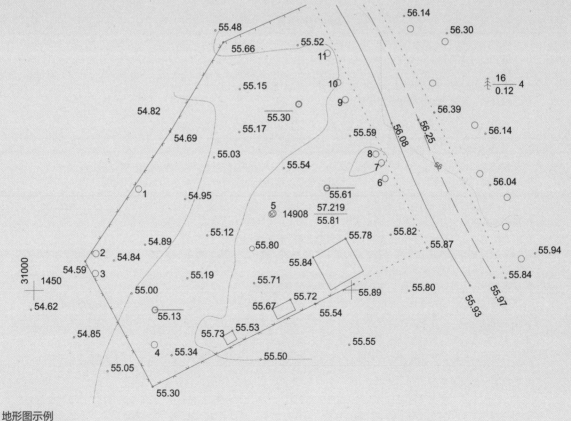

地形图示例

图片来源：图虫网.

④航片（航空像片）是指利用飞机、气球等运载工具和各种传感器从空中获得的地面影像。

⑤卫片（卫星相片）是指装载在卫星上的传感器获取的影像。

一般来讲，航片和卫片均称为影像地图。

航空影像示例

图片来源：图虫网.

41. 现状用地基数转换

《自然资源部办公厅关于规范和统一市县国土空间规划现状基数的通知》提出，为做好市县国土空间总体规划编制工作，实现"统一底图、统一标准、统一规划、统一平台"，在第三次全国国土调查成果的真实性基础上反映规划管理的合理性，应规范和统一规划现状基数。

（1）概念

意义。是准确把握用地现状情况、科学编制国土空间规划的重要基础；是实施国土空间用途管制、提升城市品质、处理好国土空间开发与保护的重要支撑；是优化各类用地布局、合理安排新增建设用地空间及具体用途的重要依据。

《自然资源部办公厅关于规范和统一市县国土空间规划现状基数的通知》对基数转换作了如下规定：

原则。规划现状基数矢量图斑和矢量成果专项用于国土空间规划编制，经审核后纳入国土空间规划"一张图"，不得更改"三调"成果数据。不得通过基数转换擅自将违法用地、用海合法化。

分类转换。尊重建设用地合法权益，在符合相关政策要求和规划管理规定的前提下，对已审批未建设的用地、用海等五种情形分类进行转换。

认定和举证。省级自然资源主管部门负责规划现状基数的成果认定，市县自然资源主管部门负责规划现状基数的归并、细化、转换及其举证工作。

（2）已审批未建设的用地

已完成农转用审批手续（含增减挂钩建新用地手续），但尚未供地的，按照农转用审批范围和用途认定为建设用地。

已办理供地手续，但尚未办理土地使用权登记的，按土地出让合同或划拨决定书的范围和用途认定为建设用地。

已办理土地使用权登记的，按登记的范围和用

规划现状基数转换情形表

类别	具体情形
已审批未建设的用地	①已完成农转用审批手续（含增减挂钩建新用地手续），但尚未供地的
	②已办理供地手续，但尚未办理土地使用权登记的
	③已办理土地使用权登记的
未审批已建设的用地	"二调"以来新增的未审批已建设的用地（"二调"为非建设用地）
已拆除建筑物、构筑物的原建设用地	因低效用地再开发、原拆原建、矿山关闭后再利用等原因已先行拆除的
已审批未建设的用海	已取得用海批文或办理海域使用权登记的，允许继续填海的
未确权用海	围填海历史遗留问题清单中未确权已填海已建设的

途认定为建设用地。

农用地转用。《土地管理法》第四十四条规定：建设占用土地，涉及农用地转为建设用地的，应当办理农用地转用审批手续。永久基本农田转为建设用地的，由国务院批准。

土地出让。政府以土地所有者的身份将国有土地使用权在一定年限内让与土地使用者，由土地使用者向国家支付土地出让金的制度。《土地管理法》第五十四条规定：建设单位使用国有土地，应当以出让等有偿使用方式取得。

土地划拨。政府以行政配置方式在土地使用者缴纳土地补偿、安置等费用后，或者无偿地将国有土地使用权交付土地使用者使用的制度。《土地管理法》第五十四条规定下列建设用地，经县级以上人民政府依法批准，可以划拨方式取得：①国家机关用地和军事用地；②城市基础设施用地和公益事业用地；③国家重点扶持的能源、交通、水利等基础设施用地；④法律、行政法规规定的其他用地。

土地使用权登记。《不动产登记暂行条例》第五

条规定，下列不动产权利，依照本条例的规定办理登记：①集体土地所有权；②房屋等建筑物、构筑物所有权；③森林、林木所有权；④耕地、林地、草地等土地承包经营权；⑤建设用地使用权；⑥宅基地使用权；⑦海域使用权；⑧地役权；⑨抵押权；⑩法律规定需要登记的其他不动产权利。其中⑤、⑥属于土地使用权。

（3）未审批已建设的用地

"二调"以来新增的未审批已建设的用地（"二调"为非建设用地），2020年1月1日以来已补办用地手续的，按照"三调"地类认定，其余按照"二调"地类认定。

（4）已拆除建筑物、构筑物的原建设用地

因低效用地再开发、原拆原建、矿山关闭后再利用等原因已先行拆除的，"二调"或年度变更调查结果为建设用地且合法的（取得合法审批手续或1999年以前调查为建设用地的），按照拆除前地类认定。

城镇低效用地。指城镇中布局散乱、利用粗放、用途不合理的存量建设用地。符合土地利用总体规划的下列城镇存量建设用地可列入试点范围：①国家产业政策规定的禁止类、淘汰类产业用地；②不符合安全生产和环保要求的用地；③"退二进三"产业用地；④布局散乱、设施落后，规划确定改造的城镇、厂矿和城中村等。

（5）已审批未建设的用海

已取得用海批文或办理海域使用权登记的，允许继续填海的，按照用海批文或登记的范围和用途认定（用途为建设用地的认定为建设用地，用途为农用地的认定为农用地）。

（6）未确权用海

围填海历史遗留问题清单中未确权已填海已建设的，按照围填海现状调查图斑范围和报自然资源部备案的省级人民政府围填海历史遗留问题处置方案认定（处置意见为拆除的，按照填海前分类认定；处置意见为保留的，按照"三调"地类认定）。

海域使用权。《海域使用管理法》中规定：①海域使用申请经依法批准后，国务院批准用海的，由国务院海洋行政主管部门登记造册，向海域使用申请人颁发海域使用权证书；②地方人民政府批准用海的，由地方人民政府登记造册，向海域使用申请人颁发海域使用权证书；③海域使用申请人自领取海域使用权证书之日起，取得海域使用权。

围填海。《围填海管控办法》中规定：筑堤围割海域并最终填成陆域的用海活动。

渔业用海

图片来源：图虫网.

42. 建设用地规模中的总量、增量、存量、流量

2015年12月，中央城市工作会议指出，要坚持集约发展，框定总量、限定容量、盘活存量、做优增量、提高质量，立足国情，尊重自然、顺应自然、保护自然，改善城市生态环境，在统筹上下功夫，在重点上求突破，着力提高城市发展持续性、宜居性。

（1）概念

总量。 即建设用地总规模，指城乡建设用地、区域基础设施用地和其他建设用地规模之和。

增量。 即新增建设用地量，包括建设占用农用地和未利用地。

存量。 即存量建设用地量。相对于新增建设用地的概念，主要包括批而未供和闲置土地、城镇低效用地、到期收回的国有建设用地等。

流量。 即建设用地流量，主要是指城乡建设用地增减挂钩、工矿废弃地复垦利用和城镇低效用地再开发等流量指标，主要用于促进存量建设用地的布局优化，推动建设用地在城镇和农村内部、城乡之间合理流动。

《土地管理法实施条例》规定，各级人民政府应当依据国民经济和社会发展规划及年度计划、国土空间规划、国家产业政策以及城乡建设、土地利用的实际状况等，加强土地利用计划管理，实行建设用地总量控制，推动城乡存量建设用地开发利用，引导城镇低效用地再开发，落实建设用地标准控制制度，开展节约集约用地评价，推广应用节地技术和节地模式。

（2）国土空间规划要求

《省级国土空间规划编制指南》（试行）提出，依据全国国土空间规划纲要确定的建设用地规模，将建设用地规模分解至各市（地、州、盟）。按照严控增量、更新存量的原则，合理分解下达主要指标。

（3）政策要求

"十四五"新增建设用地规模。 国家发展和改革委员会印发的《"十四五"新型城镇化实施方案》提出，按照"十四五""十五五"时期经济增速前高后低、建设用地需求梯次递减的发展趋势，并结合从紧控制新增建设用地规模、倒逼盘活存量建设用地的政策导向，将"十四五"时期新增建设用地规模目标值设定为2950万亩（1.97万平方千米）以内。

年度土地利用计划配置规则如下：

①配置基本导向。在依据规划严格控制新增建设用地总量和空间布局的前提下，继续坚持"土地要素

专栏 北京市建设用地总规模减量发展

《北京城市总体规划（2016年—2035年）》提出，到2020年全市建设用地总规模控制在3720平方千米以内，到2035年控制在3670平方千米左右。促进城乡建设用地减量提质和集约高效利用，到2020年城乡建设用地规模由现状2921平方千米减到2860平方千米左右，到2035年减到2760平方千米左右。

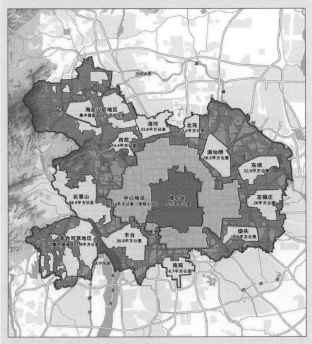

北京市中心城区空间结构规划图

图片来源：《北京城市总体规划（2016年—2035年）》，2017年9月发布.

跟着项目走"，以真实有效的项目落地作为配置计划指标的依据。

②实施增存挂钩。对未纳入重大项目清单的单独选址项目用地以及城镇村批次用地，继续实施计划指标配置与存量土地处置相挂钩，以当年存量土地处置规模为基础核定计划指标。各省（自治区、直辖市）配置计划指标不得突破核定量。

③助力乡村振兴。安排每个脱贫县计划指标 600 亩，专项用于巩固拓展脱贫攻坚成果和乡村振兴用地需求，不得挪用。

（4）总量、存量、增量、流量的安排

河北省人民政府办公厅印发《关于加强市县国土空间总体规划编制工作的指导意见》，从框定总量、盘活存量、做优增量、用好流量 4 个方面对严控建设用地规模作出安排。

框定总量。 统筹安排城镇和村庄建设用地规模，不得盲目增加城镇建设用地规模、压减村庄建设用地规模。深入研究建设用地规模分配机制，市本级适度合理预留指标，县级指标向发展优势地区倾斜，为城市、县城、开发区、特色小镇高质量发展留足空间。县级国土空间规划中应安排保障乡村产业发展的用地。

盘活存量。 各地要摸清中心城区城中村、棚户区、可改造的老旧工业区、闲置的各类土地、可利用土地资源，产业园区现有未利用建设用地规模和未来发展需要新增用地规模等底数。大力推进城镇低效用地、批而未供和闲置土地挖潜利用，提高利用效率。

做优增量。 各地要用足、用活、用好有限的建设用地增量，优先保障国家重大战略实施和重点地区、重点领域和重大项目。明确建设用地规模从哪里来、到哪里去，新增建设用地指标的具体落位，以有效解决产业园区、城市发展、农村宅基地等用地需求。

用好流量。 各地要做好市辖区、县域村庄布局规划和村庄规划，确定全域城郊融合、集聚提升、特色保护、保留改善、搬迁撤并等类型村庄数量和建设用地增减规模。基于农村房地一体宅基地地籍调查，进一步摸清农村宅基地底数和新增需求规模，明确宅基地用地来源，保障农民合理建房需求。推进盐田工矿用地整治、"空心村"治理、农村建设用地综合整治，运用城乡建设用地增减挂钩等政策，保障用地供给。

专栏　上海市优化建设用地利用结构

《上海市城市总体规划（2017—2035 年）》提出，至 2035 年，全市规划建设用地总规模控制在 3200 平方千米以内，并作为 2050 年远景控制目标。

通过推进城市开发边界内存量工业用地"二次开发"和开发边界外低效工业用地减量，工矿仓储用地缩减 359~519 平方千米；坚持农村低效建设用地优化与拆并并重的方针，农村居民点用地缩减至少 324 平方千米；增加城镇居住用地、公共服务设施用地、绿化广场用地、道路与交通设施用地、其他建设用地的规模。

上海市城市景观

43. 城乡建设用地增减挂钩、增存挂钩

《国务院关于深化改革严格土地管理的决定》提出，鼓励农村建设用地整理，城镇建设用地增加要与农村建设用地减少相挂钩。《自然资源部关于健全建设用地"增存挂钩"机制的通知》提出，大力推进土地利用计划"增存挂钩"，各级分解下达新增建设用地计划时，要把批而未供和闲置土地数量作为重要测算指标，逐年减少批而未供、闲置土地多和处置不力地区的新增建设用地计划安排。

（1）城乡建设用地增减挂钩

概念。增减挂钩就是城镇建设用地增加与农村建设用地减少相挂钩，即在符合土地利用总体规划条件下，将计划复垦为耕地的农村建设用地地块和计划用于农村和城镇建设的地块，共同组成建新拆旧项目区，通过土地复垦和调整利用，实现项目区内建设用地不增加、耕地面积不减少、质量不降低、用地布局更合理的土地整治措施。

要求。原国土资源部在《城乡建设用地增减挂钩试点管理办法》中提出以下要求：

①责任主体。挂钩工作应当由市、县人民政府组织协调，相关部门协同配合，共同推进。

②项目区选址。项目区应在市、县行政辖区内设置，优先考虑城乡接合部地区；项目区内建新和拆旧地块要相对接近，便于实施和管理，并避让基本农田。

③建新区规模控制。项目区内建新地块总面积必须小于拆旧地块总面积，拆旧地块整理复垦耕地的数量、质量，应比建新占用耕地的数量有增加、质量有提高。

④挂钩周转指标使用。专项用于控制项目区内建新地块的规模，同时作为拆旧地块整理复垦耕地面积的标准。不得作为年度新增建设用地计划指标使用。周转指标应在规定时间内用拆旧地块整理复垦的耕地面积归还，面积不得少于下达的挂钩周转指标。

⑤审批要求。项目区实施规划和建新拆旧整体审批，建新区不再单独办理农用地转用审批手续。周转指标从项目区整体审批实施至指标归还的期限一般不超过3年。

专栏 增减挂钩项目

2018年10月，在自然资源部承办的扶贫用地政策论坛上获悉，从2016年以来，脱贫攻坚用地增减挂钩政策进行了三次拓展，到2018年，全国增减挂钩节余指标在省域范围内流转覆盖了26个省级行政区、1250多个县，17个省级行政区累计流转了28万余亩，收益800亿元，支持"三州三区"以及深度贫困地区的脱贫攻坚工作。

河北省张家口市康保县康保镇刘板头村增减挂钩项目实施前
图片来源：张家口市自然资源和规划局.

河北省张家口市康保县康保镇刘板头村增减挂钩项目实施后
图片来源：张家口市自然资源和规划局.

成效。增减挂钩政策是脱贫攻坚的重要抓手，既为扶贫搬迁工作筹集了主要资金，又优化了城乡建设用地布局，保护了耕地资源；有的地方还与土地综合整治和地质灾害避险工程统筹推进，从根本上改善了贫困农村生产生活方式。

2016年以来，允许集中连片的特困地区、国家级贫困县以及省级贫困县增减挂钩节余指标在省域范围内流转使用。2018年以来，允许"三区三州"❶及其他深度贫困县增减挂钩节余指标由国家统筹跨省域调剂使用。通过实施跨区域的增减挂钩政策，统筹了发达地区和贫困地区的空间资源，为贫困地区提供了超过千亿人民币的"真金白银"。

（2）增存挂钩

概念。增存挂钩就是城镇建设用地增加与批而未供和闲置土地处置规模相挂钩。

措施要求。《自然资源部关于健全建设用地"增存挂钩"机制的通知》中提出以下要求：

①指标安排。2020年，国家改革计划指标管理方式，不再自上而下分解下达计划指标，开始实行重点保障+"增存挂钩"核算方式配置年度计划指标。核算指标由各省年度内统筹安排使用，不允许结转下年度使用。

②有效处置闲置土地。对于企业原因造成的闲置土地，市、县自然资源主管部门应及时调查认定，依法依规收缴土地闲置费或收回。对于非企业原因造成的闲置土地，应在本级人民政府领导下，分清责任，按规定处置。

③加强机制运行的监测监管。对于批而未供和闲置土地面积较大、处置工作推进不力或者弄虚作假的地区，依照有关规定发出督察意见，责令限期整改。

成效。2018年至2020年三年累计消化批而未供土地1041万亩，处置闲置土地290万亩，相当于2019年全国安排的新增建设用地计划总量500万亩的2.6倍。

河北省张家口市康保县康保镇高家营村增减挂钩项目

图片来源：张家口市自然资源和规划局．

---

❶ "三区"指西藏自治区和青海、四川、甘肃、云南四省藏区及新疆南疆的和田地区、阿克苏地区、喀什地区、克孜勒苏柯尔克孜自治州四地区；"三州"指四川凉山彝族自治州、云南怒江傈僳族自治州、甘肃临夏回族自治州。

44. 开发区布局优化

《国务院办公厅关于促进开发区改革和创新发展的若干意见》提出，完善开发区空间布局和数量规模，形成布局合理、错位发展、功能协调的全国开发区发展格局，切实提高经济发展质量和效益。

（1）类型

开发区包括经济技术开发区、高新技术产业开发区、海关特殊监管区域、边境/跨境经济合作区、其他类型开发区等。

（2）概念

工业用地率。指已建成城镇建设用地范围内工矿仓储用地面积与已建成城镇建设用地面积之比，数值以 % 表示。反映开发区已建成城镇建设用地中工矿仓储用地的比重。

工业用地固定资产投入强度。指已建成城镇建设用地范围内的工业（物流）企业累计固定资产投资总额与工矿仓储用地面积之比，单位为万元/公顷。反映开发区工矿仓储用地的投入强度。

工业用地地均税收。指已建成城镇建设用地范围内的工业（物流）企业税收总额与工矿仓储用地面积之比，单位为万元/公顷。反映开发区工矿仓储用地的产出效益。

综合地均税收。指已建成城镇建设用地范围内

国家级开发区土地集约利用监测统计基本情况表 [1]

类型		基本数据				用地结构	土地利用强度					投入产出效益	
		监测统计范围面积（万公顷）	可开发建设用地面积（万公顷）	已供国有建设用地面积（万公顷）	已建成城镇建设用地面积（万公顷）	工业用地率（%）	综合容积率	建筑密度（%）	工业用地综合容积率	工业用地建筑系数（%）	工业用地固定资产投入强度（万元/公顷）	工业用地地均税收（万元/公顷）	综合地均税收（万元/公顷）
全国		50.07	48.38	40.12	37.22	48.52	0.98	32.80	0.93	52.17	8984.30	678.99	539.96
分区域	东部	26.88	25.83	21.40	19.74	52.36	0.98	33.68	0.99	53.24	10385.93	864.23	734.30
	中部	9.23	8.99	7.52	7.03	49.75	1.04	35.52	0.94	51.11	7332.74	408.83	327.03
	西部	9.23	8.97	7.36	6.80	38.10	1.03	29.73	0.76	50.91	7944.47	387.99	297.76
	东北部	4.73	4.59	3.83	3.65	44.85	0.82	28.48	0.75	49.70	5307.24	547.51	350.37
分管理类型	经济类开发区	27.80	26.77	21.95	20.39	51.63	0.95	33.80	0.91	52.86	8307.79	576.60	471.97
	高新类开发区	18.12	17.54	15.21	14.38	40.92	1.09	31.75	0.98	49.91	10348.43	825.71	605.33
	海关特殊监管区域	4.15	4.08	2.95	2.44	67.33	0.69	30.61	0.89	55.86	8432.66	809.28	722.51
分评价类型	工业主导型	36.54	35.29	28.81	26.53	58.47	0.89	33.96	0.93	52.55	8750.10	690.53	539.96
	产城融合型	13.54	13.10	11.31	10.68	23.81	1.21	29.92	0.92	49.88	10412.70	608.61	539.95

注：根据《中共中央 国务院关于促进中部地区崛起的若干意见》《关于西部大开发若干政策措施的实施意见》等文件关于区域的划分，东部地区包括北京、天津、河北、上海、江苏、浙江、福建、山东、广东和海南 10 个省级行政区；中部地区包括山西、安徽、江西、河南、湖北和湖南 6 个省级行政区；西部地区包括内蒙古、广西、重庆、四川、贵州、云南、西藏、陕西、甘肃、青海、宁夏和新疆（含兵团）12 个省级行政区；东北地区包括辽宁、吉林和黑龙江 3 个省级行政区。

---

[1]《关于 2020 年度国家级开发区土地集约利用监测统计情况的通报》，2021 年 1 月.

的二、三产业税收总额与已建成城镇建设用地面积之比，单位为万元/公顷。反映开发区已建成城镇建设用地的产出效益。

（3）国土空间规划要求

《市级国土空间总体规划编制指南（试行）》提出，要将各类开发区划入城镇开发边界，优化建设用地结构和布局，推动人、城、产、交通一体化发展，促进产业园区与城市服务功能的融合，保障发展实体经济的产业空间，在确保环境安全的基础上引导发展功能复合的产业社区，促进产城融合、职住平衡。

（4）政策要求

2017 年国务院办公厅印发《关于促进开发区改革和创新发展的若干意见》，提出要求如下。

基本原则。 ①坚持改革创新。强化开发区精简高效的管理特色，创新开发区运营模式，以改革创新激发新时期开发区发展的动力和活力。②坚持规划引领。完善开发区空间布局和数量规模，形成布局合理、错位发展、功能协调的全国开发区发展格局，切实提高经济发展质量和效益。③坚持集聚集约。完善公共设施和服务体系，引导工业项目向开发区集中，促进产业集聚、资源集约、绿色发展，切实发挥开发区规模经济效应。④坚持发展导向。构建促进开发区发展的长效机制，以规范促发展，正确把握发展和规范的关系，不断探索开发区发展新路径、新经验。

科学把握开发区功能定位。 开发区要坚持以产业发展为主，成为本地区制造业、高新技术产业和生产性服务业集聚发展平台，成为实施制造强国战略和创新驱动发展战略的重要载体。开发区要科学规划功能布局，突出生产功能，统筹生活区、商务区、办公区等城市功能建设，促进新型城镇化发展。

严格开发区土地利用管理。 各类开发区用地均须纳入所在市、县用地统一供应管理，并依据开发区用地和建设规划，合理确定用地结构。严格执行土地出让制度和用地标准、国家工业项目建设用地控制指标。推动开发区集约利用土地，提高土地利用效率，从建设用地开发强度、土地投资强度、人均用地指标的管控和综合效益等方面加强开发区土地集约利用评价。积极推行在开发区建设多层标准厂房，并充分利用地下空间。

明确各类开发区发展方向。 经济技术开发区、高新技术产业开发区、海关特殊监管区域等国家级开发区要发挥示范引领作用，突出先进制造业、战略性新兴产业、加工贸易等产业特色。经济开发区、工业园区、高新技术产业园区等省级开发区要依托区域资源优势，推动产业要素集聚，提升营商环境国际化水平，向主导产业明确、延伸产业链条、综合配套完备的方向发展，成为区域经济增长极，带动区域经济结构优化升级。

加强开发区发展的规划指导。 提升开发区规划水平，增强规划的科学性和权威性，促进"多规合一"。为促进各类开发区合理有序良性发展，各省（自治区、直辖市）人民政府要组织编制开发区总体发展规划，综合考虑本地区经济发展现状、资源和环境条件、产业基础和特点，科学确定开发区的区域布局，明确开发区的数量、产业定位、管理体制和未来发展方向。

提升开发区基础设施水平。 开发区基础设施建设要整体规划，配套电力、燃气、供热、供水、通信、道路、消防、防汛、人防、治污等设施，推进海绵型开发区建设，增强防涝能力。开发区新建道路要按规划同步建设地下综合管廊，加快实施既有路面城市电网、通信网络架空线入地工程。

45. 围填海管控

《国务院关于加强滨海湿地保护严格管控围填海的通知》提出，进一步加强滨海湿地保护，严格管控围填海活动，有利于严守海洋生态保护红线，改善海洋生态环境，提升生物多样性水平，维护国家生态安全；有利于深化自然资源资产管理体制改革和机制创新，促进陆海统筹与综合管理，构建国土空间开发保护新格局，推动实施海洋强国战略；有利于树立保护优先理念，实现人与自然和谐共生，构建海洋生态环境治理体系，推进生态文明建设。

（1）概况

据统计，2013年我国全年填海面积达到154.13平方千米，随后逐年下降，年均下降22%。2017年填海面积57.79平方千米，比2013年降低63%。与2013年前5年相比，全年填海面积降幅近42%❶。

（2）国土空间规划要求

《省级国土空间规划编制指南》（试行）提出，沿海省份要明确海洋开发保护空间，提出海域、海岛与岸线资源保护利用目标。除国家重大项目外，全面禁止新增围填海，提出存量围填海利用方向。

（3）严格管控围填海

严控新增围填海造地。《海岛保护法》明确要求，严格限制填海、围海等改变有居民海岛海岸线的行为，严格限制填海连岛工程建设。《围填海管控办法》规定，围填海项目应当符合国家产业结构调整指导目录和国防安全、海洋产业发展政策要求。重点保障国家重大基础设施、国防安全、重大民生工程和国家重大战略规划用海；优先支持海洋战略性新兴产业、绿色环保产业、循环经济产业发展和海洋特色产业园区建设用海。

> ### 专栏 "十个一律"和"三个强化"
>
> 2018年1月17日，国家海洋局发布史上最严格的围填海管控措施，采取"十个一律"和"三个强化"。
>
> "十个一律"是指：①违法且严重破坏海洋生态环境的围海，分期分批，一律拆除；②非法设置且严重破坏海洋生态环境的排污口，分期分批，一律关闭；③围填海形成的、长期闲置的土地，一律依法收归国有；④审批监管不作为、乱作为，一律问责；⑤对批而未填且不符合现行用海政策的围填海项目，一律停止；⑥通过围填海进行商业地产开发的，一律禁止；⑦非涉及国计民生的建设项目填海，一律不批；⑧渤海海域的围填海，一律禁止；⑨围填海审批权，一律不得下放；⑩年度围填海计划指标，一律不再分省下达。
>
> "三个强化"是指坚持"谁破坏，谁修复"的原则，强化生态修复；以海岸带规划为引导，强化项目用海需求审查；加大审核督察力度，强化围填海日常监管。

妥善处置合法合规围填海项目。《自然资源部国家发展和改革委员会关于贯彻落实〈国务院关于加强滨海湿地保护严格管控围填海的通知〉的实施意见》提出，已完成围填海的，在符合国家产业政策的前提下集约节约利用，并进行必要的生态修复；已批准且尚未完成围填海的，最大限度控制围填海面积，并进行必要的生态修复，提升湿地生态功能。

依法处置违法违规围填海项目。依法依规查处违法违规围填海项目，组织开展生态评估，科学评价对海洋生态环境的影响。严重破坏海洋生态环境

---

❶ 中国政府网.海洋局采取"史上最严围填海管控措施"执行"十个一律""三个强化". http://www.gov.cn/xinwen/2018-01/18/content_5257889.htm.

的，责成用海主体限期拆除；未能限期拆除的，应依法予以强制拆除，并由用海主体承担费用。

加快处理围填海历史遗留问题。《自然资源部关于进一步明确围填海历史遗留问题处理有关要求的通知》提出，加快处理围填海历史遗留问题，促进海洋资源严格保护、有效修复和集约利用。加快开发利用闲置或低效利用围填海区域的同时，应确保建设项目符合国家产业政策，能够切实形成有效投资，防止产生新的"历史遗留问题"。对于围填海历史遗留问题的项目用海，要优化海域审批流程，简化海域使用论证内容，提出论证重点，提高审批效率。严禁各地化整为零、分散审批围填海项目。

加强围填海监管。《国务院关于加强滨海湿地保护严格管控围填海的通知》提出，建立动态监测系统，加强围填海情况监测，及时掌握滨海湿地及自然岸线的动态变化。坚持陆海统筹，将滨海湿地保护纳入国土空间规划进行统一安排，加强国土空间用途管制。强化围填海监视监测，及时发现违法违规围填海。切实加强围填海事中事后监管，各级自然资源主管部门要动态掌握围填海施工进展，确保项目用海符合批复要求，落实用海主体的生态保护修复责任。

专栏　海南省严格控制围填海

《海南省国土空间规划（2021—2035年）》提出构建陆海统筹、人海和谐的海洋空间保护开发格局，加强岸段与海岛保护利用，严格控制围填海。除国家重大战略项目外，全面停止新增围填海项目审批，分类处置历史遗留问题。

海南省海岸线保护利用规划图

图片来源：《海南省国土空间规划（2021—2035年）》（公开征求意见版），2021年3月公示.

5

第五篇

资源环境底线约束

46. 以水四定和水资源平衡

《国家发展改革委等部门关于进一步加强水资源节约集约利用的意见》提出，深入实施国家节水行动，坚持"四水四定"（以水定地、以水定产、以水定城定人、以水定绿），健全节水制度政策，推进水资源总量管理、科学配置、全面节约、循环利用，大力推动农业、工业、城镇等重点领域节水，加强非常规水源利用，发展节水产业，建设节水型社会，促进经济社会发展全面绿色转型，加快建设美丽中国。

（1）概况

水资源总量。 2022年《中国水资源公报》提出，2022年全国水资源总量为27088.1亿立方米。其中，地表水资源量为25984.4亿立方米，地下水资源量为7924.4亿立方米。

人均水资源。 我国人均水资源占有量仅为世界平均值的1/4。2022年全国人均综合用水量425立方米，人均生活用水量176升/天，人均城乡居民生活用水量125升/天[1]。

分布特点。 地区分布不平衡，南多北少，与人口、水土资源和生产力布局不相匹配；年内时间分布不均，年际变化大，多旱涝灾害，与经济社会需水不同步；生活、生产与生态用水矛盾突出、生态退化问题严重[2]。

主要问题。 《"十四五"节水型社会建设规划》中提出，我国水资源利用主要存在以下五方面问题：①区域用水方面，华北地区地下水严重超采，黄河流域水资源利用率高达80%，远超一般流域40%生态警戒线。②城镇用水方面，城镇供水管网漏损问题较为突出，东北地区部分城镇供水管网漏损率达20%以上。③工业用水方面，部分地区产

专栏 有关概念

《水资源术语》（GB/T 30943—2014）对水资源有关概念的表述如下：

地表水资源量： 指河流、湖泊、冰川等地表水体逐年更新的动态水量，即当地天然河川径流量。

地下水资源量： 指地下饱和含水层逐年更新的动态水量，即降水和地表水入渗对地下水的补给量。

地表与地下水资源重复量： 按地表水资源量和地下水资源量的定义及其相应的计算方法，分别计算的地表水资源数量与地下水资源数量之间的重复计算量[3]。

非常规水资源： 非传统水资源，经处理后可加以利用或在一定条件下可直接利用的海水、废污水、微咸水或咸水、矿井水等，有时也包括原本难以利用的雨洪水等。

再生水： 是指污水经过适当处理后，达到一定的水质指标，满足某种使用要求，可以再次利用的水。

业空间布局与水资源承载能力不匹配，部分行业用水重复利用水平偏低。④农业用水方面，用水量大、用水效率总体较低，种植结构仍不合理，适水种植未全面普及。⑤非常规水源利用方面，污水资源化利用设施建设滞后，还未形成按需供水、分质供水格局，海水淡化水规模化利用程度不够。

（2）国土空间规划要求

省级层面。 《省级国土空间规划编制指南》（试行）提出，加强水平衡研究，综合考虑水资源利用现状和需求，明确水资源开发利用上限，提出水平

---

[1] 2022年《中国水资源公报》（2023年6月）.

[2] 水利部.在全国水利科学技术大会上的讲话. http://gjkj.mwr.gov.cn/ldjh/202209/t20220903_1370394.html.

[3] 造成重复计算量的原因是地表水与地下水之间存在相互转化关系.

衡措施。量水而行，以水定城、以水定地、以水定人、以水定产，形成水资源、水环境、水生态、水安全相匹配的国土空间布局。按照山水林田湖草系统保护要求，统筹各类自然资源的保护利用，确定自然资源利用上线和环境质量安全底线，提出水资源供给总量、结构以及布局调整的重点和方向。

市级层面。《市级国土空间总体规划编制指南（试行）》提出，制定水资源供需平衡方案，明确水资源利用上限。按照以水定城、以水定地、以水定人、以水定产原则，优化生产、生活、生态用水结构和空间布局，重视雨水和再生水等资源利用，建设节水型城市。

（3）政策要求

《"十四五"节水型社会建设规划》提出，因水制宜、集约发展，强化水资源刚性约束，合理布局城镇空间，科学控制发展规模，优化城市功能结构、

专栏　外流域调水—引滦入津工程 ❶

引滦入津工程是中国大型供水工程，于 1982 年 5 月 11 日动工，于 1983 年 9 月 11 日建成。

引滦入津工程是将河北省境内的滦河水跨流域引入天津市的城市供水工程。水源地位于河北省潘家口水库，由潘家口水库放水，沿滦河入大黑汀水库调节。整个工程由取水、输水、蓄水、净水、配水等工程组成。工程自大黑汀水库开始，通过输水干渠，经迁西、遵化进入天津市蓟州区于桥水库，再经宝坻区至宜兴埠泵站，全长 234 千米。

河北省潘家口水库
图片来源：承德市自然资源和规划局.

---

❶ 科技工作者之家 . 引滦入津工程 . https：//www.scimall.org.cn/article/detail?id=4826947.

产业布局和基础设施布局。

坚持以水定城、以水定人。 优化水资源配置，在提高城市供水保证率的基础上，发挥城市节水的综合效益，提高水资源对城市发展的承载能力。水资源短缺和超载地区，要严格控制城市和人口规模，限制新建各类开发区和高耗水行业发展。坚决遏制"造湖大跃进"，黄河流域、西北缺水地区严控水面景观用水。

坚持以水定地。 统筹考虑流域（区域）水资源条件和粮食安全，充分考虑水资源承载能力，宜农则农、宜牧则牧、宜林则林、宜草则草，在科学确定水土开发规模基础上，调整农业种植和农产品结构，推动农业绿色转型。在 400 毫米降水线西侧区域等地区，降低耕地开发利用强度，压减高耗水作物种植面积，扩大优质耐旱高产农牧品种种植面积，优化农作物种植结构，实施深度节水控水，因水因地制宜推行轮作等绿色适水种植，严禁开采深层地下水用于农业灌溉。

坚持以水定产。 强化水资源承载力约束，合理规划工业发展布局和规模，优化调整产业结构。严禁水资源超载地区新建扩建高耗水项目，压减水资源短缺和超载地区高耗水产业规模，推动依法依规淘汰落后产能。列入淘汰类目录的建设项目，禁止新增取水许可。大力发展战略性新兴产业，鼓励高产出低耗水新型产业发展，培育壮大绿色发展动能。沿黄各省区发布禁止和限制发展的高耗水生产工艺和产品目录。黄河流域相关能源、化工基地，严格区域产业准入，新上能源、化工项目用水效率必须达到国际先进水平。

（4）水资源供需平衡分析

水资源供需分析，是在水资源分区内，对不同水平年、不同保证率条件下的水资源供求关系和余缺量进行分析研究。

供水量。《全国水资源综合规划技术大纲》提出，供水量指各种水源工程为用水户提供的包括输水损失在内的毛供水量，分地表水、地下水、其他水源。

地表水源供水量应以实测引水量或提水量作为统计依据，无实测水量资料时可根据灌溉面积、工业产值、实际毛用水定额等资料进行估算，成果按蓄、引、提、调四种形式统计，要避免重复统计；地下水源供水量指水井工程的开采量，按浅层淡水、深层承压水和微咸水分别统计；其他水源供水量包括污水处理回用、集雨工程、海水淡化等。

需水量。 分为生活、生产和生态三大类。生活需水指城镇居民生活用水和农村生活用水；生产需水指有经济产出的各类生产活动所需的水量，包括第一产业、第二产业和第三产业，要求按城乡地域分别统计；生态环境需水分为维护生态环境功能和生态环境建设两类，按河道内与河道外用水划分。

专栏　国家水网骨干工程

《中华人民共和国国民经济和社会发展第十四个五年规划和 2035 年远景目标纲要》提出国家水网骨干工程包括：

重大引调水。 推动南水北调东中线后续工程建设，深化南水北调西线工程方案比选论证。建设珠三角水资源配置、渝西水资源配置、引江济淮、滇中引水、引汉济渭、新疆奎屯河引水、河北雄安干渠供水、海南琼西北水资源配置等工程。加快引黄济宁、黑龙江三江连通、环北部湾水资源配置工程前期论证。

供水灌溉。 推进新疆库尔干、黑龙江关门嘴子、贵州观音、湖南犬木塘、浙江开化、广西长塘等大型水库建设。实施黄河河套、四川都江堰、安徽淠史杭等大型灌区续建配套和现代化改造，推进四川向家坝、云南耿马、安徽怀洪新河、海南牛路岭、江西大坳等大型灌区建设。

防洪减灾。 建设雄安新区防洪工程、长江中下游崩岸治理和重要蓄滞洪区、黄河干流河道和滩区综合治理、淮河入海水道二期、海河河道治理、西江干流堤防、太湖吴淞江、海南迈湾水利枢纽等工程。加强黄河古贤水利枢纽、福建上白石水库等工程前期论证。

47. 林草资源保护利用

《国务院办公厅关于科学绿化的指导意见》提出，践行"绿水青山就是金山银山"的理念，尊重自然、顺应自然、保护自然，统筹山水林田湖草沙系统治理，走科学、生态、节俭的绿化发展之路，增强生态系统功能和生态产品供给能力，提升生态系统碳汇增量，推动生态环境根本好转，为建设美丽中国提供良好生态保障。

（1）概况

林地。《森林法》明确，林地是指县级以上人民政府规划确定的用于发展林业的土地。《第三次全国国土调查主要数据公报》显示，我国现有林地284.13万平方千米，87%的林地分布在年降水量400毫米以上地区；四川、云南、内蒙古、黑龙江林地面积较大，占全国林地面积的34%。

草地。《国土空间调查、规划、用途管制用地用海分类指南》提出，草地指生长草本植物为主的土地，包括乔木郁闭度小于0.1的疏林草地、灌木覆盖度小于40%的灌丛草地，不包括生长草本植物的湿地。《第三次全国国土调查主要数据公报》显示，我国现有草地264.53万平方千米，主要分布在西藏、内蒙古、新疆、青海、甘肃、四川，占全国草地面积的94%。

发展目标。《"十四五"林业草原保护发展规划纲要》提出，到2025年，森林覆盖率达到24.1%，森林蓄积量达到180亿立方米，草原综合植被盖度达到57%。到2035年，全国森林、草原生态系统质量和稳定性全面提升，生态环境根本好转，"美丽中国"建设目标基本实现。

（2）国土空间规划要求

省级层面。《省级国土空间规划编制指南》（试行）提出，按照山水林田湖草系统保护要求，统筹耕地、森林、草原、湿地、河湖、海洋、冰川荒漠、矿产等各类自然资源的保护利用，确定自然资源利用上线和环境质量安全底线，提出水、土地、能源等重要自然资源供给总量、结构以及布局调整的重点和方向。结合自然保护地体系建设，落实天然林、防护林、储备林、基本草原保护要求。

市级层面。《市级国土空间总体规划编制指南（试行）》提出，明确天然林、生态公益林、基本草原等为主体的林地、草地保护区域。

（3）法律法规和政策标准要求

森林规划。《森林法》规定：①县级以上人民政府应当落实国土空间开发保护要求，合理规划森林资源保护利用结构和布局，制定森林资源保护发展

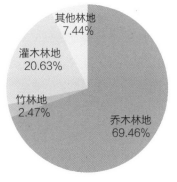

乔木林地 69.46%
竹林地 2.47%
灌木林地 20.63%
其他林地 7.44%

■ 乔木林地 ■ 竹林地 ■ 灌木林地 ■ 其他林地

"三调"各类林地占比图
图片来源：根据《第三次全国国土调查主要数据公报》绘制.

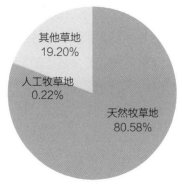

天然牧草地 80.58%
人工牧草地 0.22%
其他草地 19.20%

■ 天然牧草地 ■ 人工牧草地 ■ 其他草地

"三调"各类草地占比图
图片来源：根据《第三次全国国土调查主要数据公报》绘制.

专栏　名词解释

天然林。《天然林保护修复制度方案》提出，天然林是天然起源的森林，包括自然形成与人工促进天然更新或者萌生所形成的森林，如大兴安岭天然林区。

人工林。人工林指由人工播种、栽植或扦插而形成的森林，如塞罕坝机械林场。

生态公益林。《国家级公益林区划界定办法》规定，生态公益林指对国土生态安全、生物多样性保护和经济社会可持续发展具有重要作用，以发挥森林生态和社会服务功能为主要经营目的的防护林和特种用途林。

商品林。《森林法》规定，商品林指未划定为公益林的森林，包括：①以生产木材为主要目的的森林；②以生产果品、油料、饮料、调料、工业原料和药材等林产品为主要目的的森林；③以生产燃料和其他生物质能源为主要目的的森林；④其他以发挥经济效益为主要目的的森林。

防护林。防护林指以防护为主要目的的森林、林木和灌木丛，包括水源涵养林，水土保持林，防风固沙林，农田、牧场防护林，护岸林，护路林。

国家储备林。《国家储备林制度方案》提出，在自然条件适宜地区，通过人工林集约栽培、现有林改培、抚育及补植补造等措施，营造的工业原料林、珍稀树种和大径级用材林等优质高效多功能森林。

基本草原。《草原法》规定下列草原应当划为基本草原，实施严格管理：①重要放牧场；②割草地；③用于畜牧业生产的人工草地、退耕还草地以及改良草地、草种基地；④对调节气候、涵养水源、保持水土、防风固沙具有特殊作用的草原；⑤作为国家重点保护野生动植物生存环境的草原；⑥草原科研、教学试验基地；⑦国务院规定应当划为基本草原的其他草原。

目标，提高森林覆盖率、森林蓄积量，提升森林生态系统质量和稳定性；②国家保护林地，严格控制林地转为非林地，实行占用林地总量控制，确保林地保有量不减少；③各类建设项目占用林地不得超过本行政区域的占用林地总量控制指标。

绿化布局。《国务院办公厅关于科学绿化的指导意见》提出：①以宜林荒山荒地荒滩、荒废和受损山体、退化林地草地等为主开展绿化；②结合城市更新，采取拆违建绿、留白增绿等方式，增加城市绿地，鼓励农村"四旁"（水旁、路旁、村旁、宅旁）种植乡土珍贵树种，打造生态宜居的美丽乡村；③鼓励特大城市、超大城市通过建设用地腾挪、农用地转用等方式加大留白增绿力度，留足绿化空间；尊重自然规律，坚决反对"大树进城"等急功近利行为；④依法合规开展铁路、公路、河渠两侧，湖库周边等绿化建设。

《自然资源部 国家林业和草原局关于在国土空间规划中明确造林绿化空间的通知》提出，不适宜造林绿化的空间包括：①降水量 200 毫米以下的地区；②海拔 3500 米以上的地区（四川、云南、青海、西藏除外）；③坡度 35°以上，且不适宜飞播造林、封山育林的地区；④土层厚度 30 厘米以下，且不适宜飞播造林、封山育林的地区；⑤各地认为不适宜造林的其他限制因子。

绿化要求。《自然资源部 国家林业和草原局关于在国土空间规划中明确造林绿化空间的通知》提出：①地方人民政府要组织编制绿化相关规划，落实最严格的耕地保护制度，合理确定规划范围、绿化目标任务，并与国土空间规划相衔接；科学划定绿化用地，实行精准化管理；②各级自然资源主管部门按责任分工，统筹确定造林绿化空间和位置，落实到同级国土空间规划"一张图"上；③各级林草部门会同自然资源主管部门，依据本地规划，有序安排年度造林绿化任务，带位置上报、带图斑下达。

草原规划。《草原法》规定，国家对草原保护、建设、利用实行统一规划制度。草原保护、建设、

专栏　福建省厦门市林业资源保护

《厦门市国土空间总体规划（2020—2035年）》（草案）提出，至2035年，全市林地面积不低于525平方千米。严格保护省级以上生态公益林，落实森林生态效益补偿制度。实行林地分级管理制度，确定不同等级林地用途和使用条件。

厦门市金光湖原始森林
图片来源：图虫网.

利用规划应当包括：草原保护、建设、利用的目标和措施，草原功能分区和各项建设的总体部署，各项专业规划等。

草原保护。《国务院办公厅关于加强草原保护修复的若干意见》提出：①落实基本草原保护制度，把维护国家生态安全、保障草原畜牧业健康发展所需最基本、最重要的草原划定为基本草原，实施更加严格的保护和管理，确保基本草原面积不减少、质量不下降、用途不改变；②按照宜林则林、宜草则草、宜荒则荒的原则，干旱半干旱地区，坚持以水定绿，采取以草灌为主、林草结合的方式恢复植被，增强生态系统稳定性；在林草交错地带，营造林草复合植被，避免过分强调集中连片和高密度造林；③在森林区，适当保留林间和林缘草地，形成林地、草地镶嵌分布的复合生态系统；④在草原区，对生态系统脆弱、生态区位重要的退化草原，加强生态修复和保护管理，巩固生态治理成果。

内蒙古自治区赤峰市乌兰布统草原
图片来源：图虫网.

48. 湿地资源保护利用

《湿地保护法》规定，湿地保护应当坚持保护优先、严格管理、系统治理、科学修复、合理利用的原则，发挥湿地涵养水源、调节气候、改善环境、维护生物多样性等多种生态功能。

（1）概念概况

《湿地保护法》明确，湿地是指具有显著生态功能的自然或者人工的、常年或者季节性积水地带、水域，包括低潮时水深不超过6米的海域，但是水田以及用于养殖的人工的水域和滩涂除外。湿地包括森林沼泽、灌丛沼泽、沼泽草地、其他沼地、沿海滩涂、内陆滩涂、红树林地等。截至2022年，我国现有国际重要湿地64处，其中内地63处、香港1处[1]；现有国家重要湿地29处。

（2）规划要求

国土空间规划要求。《省级国土空间规划编制指南》（试行）提出，按照山水林田湖草沙系统保护要

专栏 天津市滨海北大港湿地

北大港湿地位于滨海新区东南部，是天津面积最大的湿地自然保护区，也是世界八大重要候鸟迁徙通道"东亚澳大利亚迁徙线"的重要驿站，是我国渤海湾地区生物多样性最丰富的地区之一，面积达348.87平方千米[2]。

天津市滨海北大港湿地
图片来源：三石.

---

❶ 中国政府网.我国国际重要湿地生态保护成效显著. http://www.gov.cn/xinwen/2022-01/20/content_5669418.htm.
❷ 天津市人民政府.天津北大港湿地列入《国际重要湿地名录》. https://www.tj.gov.cn/sy/zwdt/bmdt/202009/t20200917_3718092.html.

专栏 湖北省荆门漳河湿地

漳河水库是全国八大人工水库之一。2014 年，漳河水库被批准设立为国家湿地公园，是桃花水母、中华秋沙鸭、蓝喉蜂虎等珍稀保护生物的栖息家园，是湖北省重要的生态系统和生态屏障❶。

湖北省荆门漳河湿地
图片来源：图虫网．

求，统筹湿地与各类自然资源的保护利用。除落实国家战略外，原则上要求规划期末湿地面积不减少。结合自然保护地体系建设，进行湿地保护。《市级国土空间总体规划编制指南（试行）》提出，要基于地域自然环境条件，明确湿地的保护范围。

湿地保护规划要求。 湿地保护规划应当明确湿地保护的目标任务、总体布局、保护修复重点和保障措施等内容。编制湿地保护规划应当与流域综合规划、防洪规划等规划相衔接。

（3）保护管控要求

实施湿地面积总量管控。 以国土"三调"结果为基础，科学确定湿地管控目标，确保总量稳定。

健全湿地保护体系。 优化湿地保护体系空间布局，加强高生态价值湿地保护，逐步提高湿地保护率，形成覆盖面广、连通性强、分级管理的湿地保护体系。

2020 年国家重要湿地名录

序号	名录	序号	名录
1	天津滨海北大港	16	湖北远安沮河
2	天津宁河七里海	17	湖南衡阳江口鸟洲
3	河北沧州南大港	18	湖南宜章莽山浪畔湖
4	浙江玉环漩门湾	19	广东深圳福田红树林
5	福建长乐闽江口	20	广东中华白海豚
6	江西婺源饶河源	21	海南海口美舍河
7	江西兴国潋江	22	海南东方四必湾
8	山东青河弥河	23	海南儋州新盈红树林
9	湖北石首麋鹿	24	宁夏青铜峡库区
10	湖北谷城汉江	25	宁夏吴忠黄河
11	湖北荆门漳河	26	宁夏盐池哈巴湖
12	湖北麻城浮桥河	27	宁夏银川兴庆黄河外滩
13	湖北潜江返湾湖	28	宁夏固原原州清水河
14	湖北松滋洈水	29	宁夏中宁天湖
15	湖北武汉安山		

❶ 荆门市人民政府．大美漳河 我们在行动 | 久久为功共抓大保护 精雕细琢绘就绿水青山．http://www.zhanghe.gov.cn/art/2022/7/22/art_8158_909182.html．

我国各地类湿地面积占比

序号	湿地类型	面积（万平方千米）	占比
1	红树林地	0.03	0.12%
2	森林沼泽	2.20	9.41%
3	灌丛沼泽	0.76	3.22%
4	沼泽草地	11.14	47.48%
5	沿海滩涂	1.51	6.44%
6	内陆滩涂	5.89	25.08%
7	沼泽地	1.94	8.25%
	总计	23.47	100%

资料来源：《第三次全国国土调查主要数据公报》.

开展湿地修复。采取近自然措施，增强湿地生态系统自然修复能力。重点开展生态功能严重退化湿地生态修复和综合治理。组织实施湿地保护与恢复、退耕还湿、湿地生态效益补偿等项目。重点开展长江、黄河、京津冀等重大战略区域湿地保护和修复，实施湿地保护和恢复工程。

开展红树林保护修复专项行动。严格保护红树林，逐步清退红树林自然保护地内养殖塘等开发性、生产性活动。科学开展红树林营造和修复，扩大红树林面积，提升红树林生态功能。

完善湿地管理体系。建立健全湿地分级管理体系，发布重要湿地名录，制定分级管理措施，推动政府与社区、企业共管。

统筹湿地资源监管。探索建立湿地破坏预警系统，制定湿地保护约谈等管理办法，加强破坏湿地行为督查。开展国际重要湿地、国家重要湿地的生态状况、治理成效等专题监测[1]。

专栏　陕西省保护湿地生态功能

《陕西省人民政府办公厅关于印发全省湿地保护修复制度方案的通知》提出，建立湿地分级体系。根据全省湿地生态区位、系统功能和生物多样性，将全省湿地划分为国家重要湿地、省级重要湿地和一般湿地，列入不同级别湿地名录，定期更新。

西安市渭河城市运动湿地公园
图片来源：图虫网.

---

[1] 《"十四五"林业草原保护发展规划纲要》（2021年7月）.

49. 生物多样性保护

中共中央办公厅、国务院办公厅印发的《关于进一步加强生物多样性保护的意见》中提出，生物多样性是人类赖以生存和发展的基础，是地球生命共同体的血脉和根基，为人类提供了丰富多样的生产生活必需品、健康安全的生态环境和独特别致的景观文化。以有效应对生物多样性面临的挑战、全面提升生物多样性保护水平为目标，扎实推进生物多样性保护重大工程，持续加大监督和执法力度，进一步提高保护能力和管理水平，确保重要生态系统、生物物种和生物遗传资源得到全面保护，将生物多样性保护理念融入生态文明建设全过程，积极参与全球生物多样性治理，共建万物和谐的美丽家园。

（1）概况

《中国的生物多样性保护》白皮书提出，"生物多样性"是指生物（动物、植物、微生物）与环境形成的生态复合体以及与此相关的各种生态过程的总和，包括生态系统、物种和基因三个层次。我国不断强化就地与迁地保护，加强生物安全管理，持续改善生态环境质量，协同推进生物多样性保护与绿色发展。

就地保护体系。自 1956 年建立第一个自然保护区以来，中国已建立各级、各类自然保护地近万处，约占陆域国土面积的 18%。通过构建科学合理的自然保护地体系，90% 的陆地生态系统类型和 71% 的国家重点保护野生动植物物种得到有效保护。

迁地保护体系。截至 2021 年，建立植物园（树木园）近 200 个，保存植物 2.3 万余种；建立 250处野生动物救护繁育基地，60 多种珍稀濒危野生动物人工繁殖成功。

发展目标。中共中央办公厅、国务院办公厅印发的《关于进一步加强生物多样性保护的意见》提出，到 2035 年，形成统一有序的全国生物多样性保护空间格局，全国森林、草原等自然生态系统状况实现根本好转，森林覆盖率达到 26%，草原综合植被盖度达到 60%，湿地保护率提高到 60% 左右，以国家公园为主体的自然保护地占陆域国土面积的 18% 以上，典型生态系统、国家重点保护野生动植物物种、濒危野生动植物及其栖息地得到全面保护。

专栏 设立国家植物园

2022 年 4 月 18 日，国家植物园正式在北京揭牌成立。设立国家植物园是我国国家植物园体系的重要组成部分，今后将按照"成熟一个、设立一个"的原则，稳步推进国家植物园体系建设，逐步实现我国 85% 以上野生本土植物、全部重点保护野生植物种类得到迁地保护的目标。推进国家植物园体系建设，实现中国植物多样性保护与可持续利用，构建人与自然和谐共生的地球家园❶。

国家植物园入口
图片来源：图虫网.

---

❶ 央视网 . 首个国家植物园今天正式揭牌成立 . http://news.cctv.com/2022/04/18/ARTIopzkNL0EkVhlElESBGWq220418.shtml.

（2）国土空间规划要求

《市级国土空间总体规划编制指南（试行）》提出，构建生物多样性保护网络，为珍稀动植物保留栖息地和迁徙廊道。主动应对全球气候变化带来的风险挑战，采取绿色低碳安全的发展举措，优化国土空间供给，改善生物多样性，提升国土空间韧性。明确自然保护地等生态重要和生态敏感地区，构建重要生态屏障、廊道和网络，形成连续、完整、系统的生态保护格局和开敞空间网络体系，维护生态安全和生物多样性。

（3）政策要求

《关于进一步加强生物多样性保护的意见》提出：

落实就地保护体系。 在国土空间规划中统筹划定生态保护红线，优化调整自然保护地，加强对生物多样性保护优先区域的保护监管，因地制宜科学构建促进物种迁徙和基因交流的生态廊道，合理布局建设物种保护空间体系。

推进重要生态系统保护和修复。 加强重点生态功能区、重要自然生态系统、自然遗迹、自然景观及珍稀濒危物种种群、极小种群保护，提升生态系统的稳定性和复原力。

完善生物多样性迁地保护体系。 优化建设动植物园、濒危植物扩繁和迁地保护中心等各级各类抢救性迁地保护设施，完善生物资源迁地保存繁育体系。

建设国际候鸟和珍稀野生动物迁徙通道。 完善物种迁地保护和基因保存体系格局，建设面向全球的生物多样性保护网络。

加强城市生态保护和建设。 推动形成连续、完整、系统的生态保护格局，促进维护和恢复生物多样性[1]。

（4）中国候鸟迁徙路线

全球候鸟迁徙路线主要有9条，其中3条经过我国。每年从我国过境的候鸟种类和数量约占迁徙候鸟的20%~25%，全国大部分地区均处在重要的国际候鸟迁徙路线上。

西部迁徙路线： 内蒙古西部、甘肃、青海和宁夏的候鸟，秋季向南迁飞，至四川盆地西部和云贵高原越冬。新疆地区的湿地水鸟可向东南汇入该西部迁徙路线。

中部迁徙路线： 在内蒙古东部、中部草原，华北西部和陕西地区繁殖的候鸟，秋季进入四川盆地越冬，或继续向华中或更南的地区越冬。

东部迁徙路线： 在俄罗斯、日本、朝鲜半岛和我国东北与华北东部繁殖的湿地水鸟，春、秋季节通过我国东部沿海地区进行南北方向的迁徙[2]。

专栏 南大港湿地

沧州南大港湿地现已成为东亚—澳大利亚候鸟迁徙网络的重要中转站，每年在湿地栖息和过境的候鸟多达数十万只，国际濒危鸟类东方白鹳、黑脸琵鹭、青头潜鸭等多次成群现身湿地[3]。

河北省沧州市南大港湿地
图片来源：沧州市自然资源和规划局．

❶ 改革网．"多规合一"国土空间规划划定生态保护红线．http://www.cfgw.net.cn/xb/content/2021-10/11/content_24987142.html.

❷ 中国气象局．中国候鸟迁徙路线．https://baijiahao.baidu.com/s?id=1645809758148429882&wfr=spider&for=pc.

❸ 河北日报．沧州南大港湿地晋升"国家重要湿地"．https://hbxw.hebnews.cn/news/306744.html.

（5）"十四五"抢救性保护的极度濒危野生动物和极小种群野生植物

"十四五"抢救性保护的 48 种极度濒危野生动物

大熊猫	川金丝猴	藏羚	丹顶鹤	亚洲象	黑叶猴	雪豹	大鸨	海南长臂猿	白头叶猴	云豹	猎隼
西黑冠长臂猿	东黑冠长臂猿	麋鹿	黑脸琵鹭	豹	北白颊长臂猿	坡鹿	蓝冠噪鹛	中华穿山甲	白掌长臂猿	河狸	中华凤头燕鸥
滇金丝猴	东白眉长臂猿	普氏野马	双角犀鸟	黔金丝猴	蜂猴	高鼻羚羊	中华秋沙鸭	虎	倭蜂猴	野骆驼	海南孔雀雉
朱鹮	普氏原羚	四川山鹧鸪	鳄蜥	绿孔雀	梅花鹿	白冠长尾雉	莽山烙铁头蛇	四爪陆龟	林麝	波斑鸨	金斑喙凤蝶

资料来源：《国家公园等自然保护地建设及野生动植物保护重大工程建设规划（2021—2035 年）》，2022 年 3 月印发.

"十四五"抢救性保护的 50 种极小种群野生植物

滇桐	天星蕨	中华桫椤	对开蕨	仙湖苏铁	滇南苏铁	叉孢苏铁	绿春苏铁	巨柏	水松
密叶红豆杉	东北红豆杉	高山红豆杉	百山祖冷杉	资源冷杉	银杉	巧家五针松	云南肉豆蔻	广东含笑	长蕊木兰
美花卷瓣兰	暖地杓兰	白花兜兰	格力兜兰	彩云兜兰	百花山葡萄	四合木	花榈木	银粉蔷薇	玫瑰
东京龙脑香	望天树	云南娑罗双	广西青梅	坡垒	黄山梅	毛瓣金花茶	瑶山苣苔	秦岭冷杉	元宝山冷杉
带状瓶尔小草	峨眉拟单性木兰	崖柏	水杉	紫荆木	丹霞梧桐	茶果樟	云南沉香	梵净山冷杉	大别山五针松

资料来源：《国家公园等自然保护地建设及野生动植物保护重大工程建设规划（2021—2035 年）》，2022 年 3 月印发.

专栏　云南省生物多样性保护措施

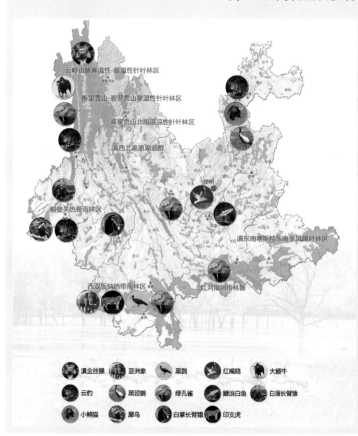

云南省提出"守护世界物种基因库"，加强西双版纳热带雨林区、滇西北高原湖泊群、梅里雪山—碧罗雪山寒温性针叶林区等 8 个生物多样性重点区域整体保护；"构建生物多样性保护网络"，推进生态廊道和节点建设，维护生态系统连通性。推进怒江生物多样性保护廊道、迪庆—丽江生物多样性保护廊道、元江生物多样性保护廊道、普洱—西双版纳生物多样性保护廊道、滇东南水土保持廊道、滇东北—滇中水土保持廊道的建设。

云南省生物多样性重点区域和重点保护珍稀动物分布图
图片来源：《云南省国土空间规划（2021—2035 年）（公众征求意见稿）》，2021 年 5 月公示.

50. 海域、海岛和岸线资源保护利用

2023 年 1 月，《新时代的中国绿色发展》白皮书提出，科学利用海洋资源，严格管控围填海，除国家重大项目外，全面禁止围填海，分类处置围填海历史遗留问题。建立自然岸线保有率控制制度，对海岸线实施分类保护、节约利用，严格保护无居民海岛，最大限度减少开发利用。

（1）概念概况 ❶

海域。《海域使用管理法》明确，海域是指中华人民共和国内水、领海的水面、水体、海床和底土。我国管辖海域面积约 300 万平方千米。

海岛。《海岛保护法》明确，海岛是指四面环海水并在高潮时高于水面的自然形成的陆地区域，包括有居民海岛和无居民海岛。无居民海岛是指不属于居民户籍管理的住址登记地的海岛。我国共有海岛 11000 多个，海岛陆域总面积近 8 万平方千米。其中，东海海岛数量约占我国海岛总数的 59%，南海海岛约占 30%，渤海和黄海海岛约占 11%；海岛中，无居民海岛约占 90%。

海岸线。《中国海图图式》（GB 12319—2022）明确，海岸线是指平均大潮高潮时水陆分界的痕迹线。一般可根据当地的海蚀阶地、海滩堆积物或海滨植物确定。我国海岸线长度约 3.2 万千米。其中，大陆海岸线长约 1.8 万千米，岛屿岸线长约 1.4 万千米。

（2）类型划分

海域类型。《国土空间调查、规划、用途管制用地用海分类指南》提出，在统一的国土空间规划体系下，为体现陆海统筹的原则，将与海洋资源利用相关的用途分为渔业用海、工矿通信用海、交通运输用海、游憩用海、特殊用海及其他海域 6 个

一级类，并进一步细分为 23 个二级类。

海岛类型。《财政部 海洋局印发〈关于调整海域、无居民海岛使用金征收标准〉的通知》提出，根据无居民海岛开发利用项目主导功能定位，将用岛类型划分为 9 类，包括旅游娱乐用岛、交通运输用岛、工业仓储用岛、渔业用岛、农林牧业用岛、可再生能源用岛、城乡建设用岛、公共服务用岛、国防用岛。

海岸线类型。《全国海岸线修测技术规程》明确，海岸线分为自然岸线和人工岸线两大类。

（3）国土空间规划要求

省级层面。《省级国土空间规划编制指南》（试行）提出，沿海省份要明确海洋开发保护空间，提出海域、海岛与岸线资源保护利用目标。除国家重大项目外，全面禁止新增围填海，提出存量围填海的利用方向。明确无居民海岛保护利用的底线要求，加强特殊用途海岛保护。

市级层面。《市级国土空间总体规划编制指南（试行）》明确，合理安排集约化海水养殖和现代化海洋牧场空间布局，明确海洋保护范围，确定海岸线保护措施。各地应根据需要开展调查，收集海洋空间保护和利用等相关资料，按照陆海统筹原则确定生态保护红线，提出海岸带两侧陆海功能衔接要求。

（4）法规政策要求

合理使用海域。《海域使用管理法》规定：①国家严格管理填海、围海等改变海域自然属性的用海活动；②实行海洋功能区划制度，海域使用必须符合海洋功能区划；按照海域的区位、自然资源和自然环境等自然属性，科学确定海域功能；根据

---

❶ 中国人大网 . 国务院关于 2020 年度国有自然资源资产管理情况的专项报告 . http://www.npc.gov.cn/npc/c2/c30834/202110/t20211021_314165.html.

专栏　广东省海洋空间格局

　　《广东省国土空间规划（2021—2035年）》提出，构建"六湾区—半岛五岛群"的海洋空间格局。"六湾区"是大汕头、大红海、环大亚湾、环珠江口、大广海、大海陵六大湾区，"一半岛"是雷州半岛，"五岛群"是珠江口、大亚湾、川岛、粤东、粤西五大岛群。充分发挥海洋作为高质量发展的战略要地作用，陆海统筹推进海洋空间保护与利用，加强海岸带综合管理，维护绿色安全海洋生态，打造现代化沿海经济带，全面建设海洋强省。

惠州市双月湾
图片来源：图虫网．

经济和社会发展的需要，统筹安排各有关行业用海；③保护和改善生态环境，保障海域可持续利用，促进海洋经济的发展；保障海上交通安全；保障国防安全，保证军事用海需要。

　　海岛保护规划。《海岛保护法》规定：①国家实行海岛保护规划制度，制定海岛保护规划应当遵循有利于保护和改善海岛及其周边海域生态系统、促进海岛经济社会可持续发展的原则；②全国海岛保护规划应当按照海岛的区位、自然资源、环境等自然属性及保护、利用状况，确定海岛分类保护的

原则和可利用的无居民海岛，以及需要重点修复的海岛等；③省域海岛保护规划和直辖市海岛保护专项规划，应当规定海岛分类保护的具体措施。

　　发展海洋经济。《"十四五"海洋经济发展规划》提出，坚持系统观念，更好地统筹发展和安全，优化海洋经济空间布局，加快构建现代海洋产业体系，着力提升海洋科技自主创新能力，协调推进海洋资源保护与开发，维护和拓展国家海洋权益，畅通陆海连接，增强海上实力，加快建设中国特色海洋强国。

专栏　浙江省优化岸线、海岛资源开发利用

《浙江省国土空间规划（2021—2035年）（征求意见稿）》提出，在确保自然岸线保有率不减少、保有长度不减少的前提下，统筹划定并优化利用岸线，提高海岸线利用效率。有居民海岛明确功能导向，进一步优化有居民海岛的高效协同、特色化建设；对无居民海岛实施"清单式"管理。

宁波市象山县渔山岛

图片来源：图虫网．

（5）管控措施

海域资源保护与管控

《海洋环境保护法》规定，开发海岛及周围海域的资源，应当采取严格的生态保护措施，不得造成海岛地形、岸滩、植被以及海岛周围海域生态环境的破坏。

《中华人民共和国国民经济和社会发展第十四个五年规划和2035年远景目标纲要》提出，加快推进重点海域综合治理，构建流域—河口—近岸海域污染防治联动机制。

《重点海域综合治理攻坚战行动方案》提出，推进美丽海湾建设和示范引领，以重点海域生态环境综合治理的攻坚成效，推动全国海洋生态环境持续改善和沿海地区经济高质量发展。

海岛资源保护与管控

《海岛保护法》规定，国家对海岛实行科学规划、保护优先、合理开发、永续利用的原则。国务院和沿海地方各级人民政府应当将海岛保护和合理开发利用纳入国民经济和社会发展规划，采取有效

措施，加强对海岛的保护和管理，防止海岛及其周边海域生态系统遭受破坏。

国务院和沿海地方各级人民政府应当采取措施，保护海岛的自然资源、自然景观以及历史、人文遗迹。禁止改变自然保护区内海岛的海岸线。禁止采挖、破坏珊瑚和珊瑚礁。

①有居民海岛。有居民海岛的开发、建设应坚持先规划后建设、生态保护设施优先建设或者与工程项目同步建设的原则，保护海岛及其周边海域生态系统；新建、改建、扩建建设项目，必须符合海岛主要污染物排放、建设用地和用水总量控制指标的要求。加强对海岛的保护和管理，防止海岛及其周边海域生态系统遭受破坏。

②无居民海岛。实施更为严格的无居民海岛保护管理，已开发利用的加强生态保护修复，未开发利用的进行战略留白，纳入生态保护红线严格保护。

③特殊用途海岛。国家对领海基点所在海岛、国防用途海岛、海洋自然保护区内的海岛等具有特殊用途或者特殊保护价值的海岛，实行特别保护。

海岸线资源保护与管控。《海洋环境保护法》规定，沿海地方人民政府应合理布局生产、生活和生态等岸线。海洋休闲娱乐区、滨海风景名胜区、沙滩浴场、海洋公园等公共利用区域内的岸线，应由沿海地方人民政府向社会公布，未经批准不得改变公益用途。

专栏 海岸线分类保护办法

严格保护岸线。自然形态保持完好、生态功能与资源价值显著的自然岸线应划为严格保护岸线，主要包括优质沙滩、典型地质地貌景观、重要滨海湿地、红树林、珊瑚礁等所在海岸线。严格保护岸线按生态保护红线有关要求划定，除国防安全需要外，禁止在严格保护岸线的保护范围内构建永久性建筑物、围填海、开采海砂、设置排污口等损害海岸地形地貌和生态环境的活动。

限制开发岸线。自然形态保持基本完整、生态功能与资源价值较好、开发利用程度较低的海岸线应划为限制开发岸线。严格控制改变海岸自然形态和影响海岸生态功能的开发利用活动，预留未来发展空间，严格海域使用审批。

优化利用岸线。人工化程度较高、海岸防护与开发利用条件较好的海岸线应划为优化利用岸线，主要包括工业与城镇、港口航运设施等所在岸线。集中布局确需占用海岸线的建设项目，严格控制占用岸线长度，提高投资强度和利用效率，优化海岸线开发利用格局。

河北省唐山市唐山湾国际旅游岛
图片来源：唐山市自然资源和规划局.

51. 矿产资源保护利用

2023 年 10 月，自然资源部发布的《中国矿产资源报告（2023）》提出，加强地质勘查活动监督管理，强化地质勘查安全生产，指导促进地勘单位高质量发展。加强矿产资源储量评审、统计和质量监督。加大油气勘查区块出让力度，规范砂石开采管理，强化铁矿等资源保障，进一步优化矿业权登记程序。

（1）概况

矿产资源是指由地质作用形成的，具有利用价值的，呈固态、液态、气态的自然资源❶。

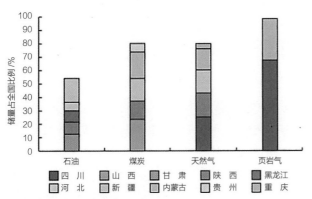

全国重要能源矿产储量地区分布
图片来源：《中国矿产资源报告（2023）》.

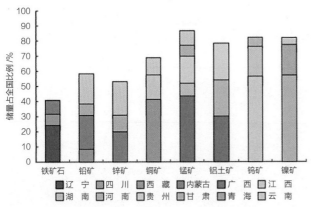

全国主要金属矿产储量地区分布
图片来源：《中国矿产资源报告（2023）》.

矿产资源是发展之基、生产之要，矿产资源保护与合理开发利用事关国家现代化建设全局。《中国矿产资源报告（2023）》显示，截至 2022 年年底，我国已发现矿产 173 种，其中能源矿产 13 种、金属矿产 59 种、非金属矿产 95 种、水气矿产 6 种。

我国矿产资源分布的主要特点是，地区分布不均匀。例如，铁矿主要分布于辽宁、冀东和川西，西北很少；煤矿主要分布在华北、西北、东北和西南区，其中山西、内蒙古、新疆等地区最集中，而东南沿海地区则很少❷。

（2）国土空间规划要求

省级层面。指导各地在落实国家确定的战略性矿产资源勘查、开发布局安排的基础上，明确省域内大中型能源矿产、金属矿产和非金属矿产的勘查开发区域，加强与三条控制线衔接，明确禁止、限制矿产资源勘查开采的空间❸。

市级层面。地下空间和重要矿产资源保护开发的重点区域，处理好地上与地下、矿产资源勘查开采与生态保护红线及永久基本农田等控制线的关系❹。

（3）矿产资源专项规划的主要内容

《矿产资源规划编制实施办法》提出，矿产资源规划是指根据矿产资源禀赋条件、勘查开发利用现状和一定时期内国民经济和社会发展对矿产资源的需求，对地质勘查、矿产资源开发利用和保护等作出的总量、结构、布局和时序安排。

矿产资源规划包括国家、省、市、县四级，一般包括下列内容：①背景与形势分析，矿产资源供需变化趋势预测；②地质勘查、矿产资源开发利用和保护

---

❶ 《中华人民共和国矿产资源法实施细则》（1994 年 3 月）.

❷ 中国政府网 . 矿产资源 . https://www.gov.cn/test/2005-06/24/content_9240.htm.

❸ 《省级国土空间规划编制指南》（试行）.

❹ 《市级国土空间总体规划编制指南（试行）》.

能源资源基地（103 个）

矿类	矿种	名称
能源矿产 （26 个）	油气（9 个）	松辽盆地、渤海湾、鄂尔多斯盆地、塔里木盆地、准噶尔盆地、四川盆地、鄂西、南海北部、东海
	煤炭（14 个）	神东、晋北、晋中、晋东、蒙东（东北）、云贵、河南、鲁西、两淮、黄陇、冀中、宁东、陕北、新疆
	铀矿（3 个）	新疆伊犁、内蒙古鄂尔多斯、内蒙古通辽
黑色金属 矿产 （15 个）	铁矿（10 个）	辽宁鞍本、四川攀西、河北冀东、内蒙古包白、宁芜庐枞、山西忻州－吕梁、山东鲁中－鲁西、安徽霍邱、新疆天山、新疆西昆仑
	锰矿（5 个）	黔东－湘西、桂西南、新疆阿克陶－乌恰、湖南永州、滇东南蒙自－砚山－丘北
有色金属矿产 （43 个）	铜矿（7 个）	安徽铜陵－芜湖、江西德兴－九江、内蒙古呼伦贝尔、山西侯马－垣曲、滇西北、西藏驱龙、西藏玉龙
	铝土矿（6 个）	晋中、晋南、晋西、豫西北、黔中北、桂西南
	镍矿（2 个）	甘肃金川、青海野马泉－夏日哈木
	铅锌矿（10 个）	内蒙古乌拉特后旗、内蒙古赤峰北、青海滩涧山－锡铁山、甘肃陇南、广东韶关、滇中－川南、滇西南、新疆乌恰、新疆和田火烧云、湘西花垣
	钨锡锑多金属 （7 个）	江西武宁－修水、赣南、滇东南个旧－马关都龙、广西河池、湖南郴州、湖南安化冷水江、甘肃张掖－酒泉
	钼矿（4 个）	黑龙江伊春、豫西、陕西渭南、安徽金寨
	金矿（7 个）	山东招远－莱州、河南小秦岭－熊耳山、福建龙岩紫金山、贵州贞丰－普安、青海东昆仑、甘肃甘南、湖南平江－醴陵
非金属矿产 （5 个）	磷矿（3 个）	滇中、贵州开阳－瓮福、湖北宜兴保
	钾盐（2 个）	青海察尔汗、新疆罗布泊
战略性新兴 产业矿产 （14 个）	稀土（6 个）	内蒙古包头、四川凉山、江西赣州、湖南江华、广西贺州、闽西南
	石墨（6 个）	黑龙江鸡西、黑龙江鹤岗、内蒙古兴和－包头、内蒙古阿拉善、四川巴中、攀枝花
	锂矿（2 个）	川西甲基卡、青海一里坪－东台

资料来源：《全国矿产资源规划（2016—2020 年）》，2016 年 11 月公布．

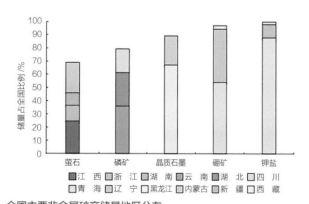

全国主要非金属矿产储量地区分布
图片来源：《中国矿产资源报告（2023）》．

的主要目标与指标；③地质勘查总体安排；④矿产资源开发利用方向和总量调控；⑤矿产资源勘查、开发、保护与储备的规划分区和结构调整；⑥矿产资源节约与综合利用的目标、安排和措施；⑦矿山地质环境保护与治理恢复、矿区土地复垦的总体安排；⑧重大工程；⑨政策措施❶。

2020 年 3 月，《自然资源部关于全面开展矿产资源规划（2021—2025 年）编制工作的通知》强调，把握规划编制重点。一是明确各级规划定位。

---

❶ 陈从喜，陈绍志，刘燕萍，等．自然资源管理知识手册 [M]．北京：中国大地出版社，2020．

全国规划突出国家战略意图和政策导向作用，着力解决资源安全保障的战略性、全局性问题，落实生态文明建设要求，加强战略性矿产规划管控，强化资源保护与合理利用，深化矿产资源管理改革，为各级规划落实国家战略提供遵循。省级规划突出承上启下和统筹协调作用，落实全国规划的目标任务，体现地区特色等；市县规划突出精细管理和监管依据作用，对本级审批发证的矿产勘查、开发与保护活动进行详细部署安排。二是强化资源安全保障。三是优化资源勘查开发保护布局与结构，科学划分各类规划区，明确时序安排和管理措施。建设能源资源基地，确保资源稳定供给。划定战略性矿产资源保护区、国家规划矿区、重点勘查区、重点开采区，明确管控要求，引导要素聚集，实现增储上产等。四是推进资源高效利用。五是加快矿业绿色发展。

专栏　内蒙古自治区矿产资源总体规划（2021—2025 年）

《内蒙古自治区矿产资源总体规划（2021—2025 年）》提出，内蒙古自治区已查明资源储量的矿产共124种。全区有 45 种矿产的保有资源储量居全国前三位，103 种矿产的保有资源储量居全国前十位。

到 2025 年，煤炭、稀土、铜、金等重要矿产的供应保障体系更趋完善，勘查开发区域布局更趋合理，矿产资源勘查开发与环境保护更加协调，基本形成绿色勘查开发新格局。

矿产资源开发利用与保护主要指标

指标名称	单位	2025 年	属性
煤炭年开采总量	亿吨	≤ 10	预期性
在期矿山总数	个	<2900	预期性
大中型矿山比例	%	35	预期性

内容来源：《内蒙古自治区矿产资源总体规划（2021—2025 年）》，2022 年 8 月公布．

52. 现代能源体系构建

《"十四五"现代能源体系规划》提出，能源是人类文明进步的重要物质基础和动力，攸关国计民生和国家安全。加快构建现代能源体系是保障国家能源安全，力争如期实现碳达峰、碳中和的内在要求，也是推动实现经济社会高质量发展的重要支撑。

（1）概况

取得成效。"十三五"以来，国内原油产量稳步回升，天然气产量较快增长，年均增量超过 100 亿立方米，油气管道总里程达到 17.5 万千米，发电装机容量达到 22 亿千瓦，西电东送能力达到 2.7 亿千瓦，有力保障了经济社会发展和民生用能需求。

同时，我国能源结构持续优化，低碳转型成效显著，非化石能源消费比重达到 15.9%，煤炭消费比重下降至 56.8%，常规水电、风电、太阳能发电、核电装机容量分别达到 3.4 亿千瓦、2.8 亿千瓦、2.5 亿千瓦、0.5 亿千瓦，非化石能源发电装机容量稳居世界第一❶。

发展目标。《"十四五"现代能源体系规划》提

"十三五"能源发展主要成就

指标	2015 年	2020 年	年均 / 累计
能源消费总量（亿吨标准煤）	43.4	49.8	2.8%
能源消费结构占比其中：煤炭（%）	63.8	56.8	（-7.0）
石油（%）	18.3	18.9	（0.6）
天然气（%）	5.9	8.4	（2.5）
非化石能源（%）	12.0	15.9	（3.9）
一次能源生产量（亿吨标准煤）	36.1	40.8	2.5%
发电装机容量（亿千瓦）	15.3	22.0	7.5%
其中：水电（亿千瓦）	3.2	3.7	2.9%
煤电（亿千瓦）	9.0	10.8	3.7%
气电（亿千瓦）	0.7	1.0	8.2%
核电（亿千瓦）	0.3	0.5	13.0%
风电（亿千瓦）	1.3	2.8	16.6%
太阳能发电（亿千瓦）	0.4	2.5	44.3%
生物质发电（亿千瓦）	0.1	0.3	23.4%
西电东送能力（亿千瓦）	1.4	2.7	13.2%
油气管网总里程（万千米）	11.2	17.5	9.3%

注：（ ）内为 5 年累计数；水电包含常规水电和抽水蓄能电站.
资料来源：《"十四五"现代能源体系规划》，2022 年 1 月公布.

---

❶《"十四五"现代能源体系规划》（2022 年 1 月）.

出，到 2025 年，原油年产量回升并稳定在 2 亿吨水平，天然气年产量达到 2300 亿立方米以上，发电装机总容量达到约 30 亿千瓦，非化石能源消费比重提高到 20% 左右，非化石能源发电量比重达到 39% 左右。到 2035 年，基本建成现代能源体系。非化石能源消费比重在 2030 年达到 25% 的基础上进一步大幅提高，可再生能源发电成为主体电源，新型电力系统建设取得实质性成效，碳排放总量达峰后稳中有降。

（2）国土空间规划要求

《市级国土空间规划编制指南（试行）》提出，各地要制定能源供需平衡方案，落实碳排放减量任务，控制能源消耗总量。优化能源结构，推动风、光、水、地热等本地清洁能源利用，提高可再生能源比例，鼓励分布式、网络化能源布局，建设低碳城市。

（3）政策要求

优化调整能源结构。《中国应对气候变化的政策与行动》白皮书提出，构建清洁低碳安全高效的能源体系，优先发展非化石能源，推进水电绿色发展，全面协调推进风电和太阳能发电开发，因地制宜发展生物质能、地热能和海洋能。加强煤炭安全智能绿色开发和清洁高效开发利用，推动煤电行业清洁高效高质量发展，大力推动煤炭消费减量替代和散煤综合治理，推进终端用能领域以电代煤、以电代油。

完善能源生产供应格局。《"十四五"现代能源体系规划》提出，积极发展分布式能源，鼓励风电和太阳能发电优先本地消纳。优化能源输送格局，减少能源流向交叉和迂回，提高输送通道利用率。加强重点区域能源供给保障和互济能力建设，着力解决东北和"两湖一江"（湖北、湖南、江西）等地区煤炭、电力时段性供需紧张问题。

加强电力和油气跨省跨区输送通道建设。稳步推进资源富集区电力外送，重点建设金沙江上下游、雅砻江流域、黄河上游和"几"字弯、新疆、河西走廊等清洁能源基地输电通道。加快天然气长输管道及区域天然气管网建设，推进管网互联互通，完善 LNG（液化天然气）储运体系❶。

推进多能互补的清洁能源基地建设。科学优化电源规模配比，优先利用存量常规电源实施"风光水（储）""风光火（储）"等多能互补工程，大力发展风电、太阳能发电等新能源，最大化利用可再生能源❷。

（4）地方实践

海南建设清洁高效电网。发展清洁能源，扩大电力清洁供应，适度提气、安全增核、积极补新、有序去煤，构建互联网智能电网。优化本地网架结构，形成环岛 500 千伏双环网目标网架结构和 220 千伏变电站"手拉手"互联格局。

内蒙古统筹安排传统能源和新能源。按照国家现代能源经济示范区建设要求，保障煤炭、石油、天然气等传统能源延链补链扩链和风电、光伏、氢能、储能等新能源产业基地建设空间。①传统能源。

风力发电（内蒙古自治区）
图片来源：图虫网．

---

❶《"十四五"现代能源体系规划》（2022 年 1 月）．
❷ 同❶．

保障以鄂尔多斯为中心的国家现代能源煤化工业示范区及产业延链补链空间用地需求。保障鄂尔多斯盆地、海拉尔盆地、二连盆地、松辽盆地西缘等重点区域油气开采及产业链延伸空间。②新能源。推进源网荷储一体化、风光火储一体化综合应用示范项目建设。保障包头、鄂尔多斯、乌兰察布、巴彦淖尔、阿拉善等千万千瓦级新能源基地建设空间。重点在沙漠荒漠、采煤沉陷区、露天矿排土场、西部沿边地区预留风光空间用地。支持发展储能和规模化风光制氢，建设绿氢生产基地。

专栏 现代能源体系建设工程

大型清洁能源基地。 建设雅鲁藏布江下游水电基地。建设金沙江上下游、雅砻江流域、黄河上游和几字湾、河西走廊、新疆、冀北、松辽等清洁能源基地，建设广东、福建、浙江、江苏、山东等海上风电基地。

沿海核电。 建成华龙一号、国和一号、高温气冷堆示范工程，积极有序推进沿海三代核电建设。推动模块式小型堆、60万千瓦级商用高温气冷堆、海上浮动式核动力平台等先进堆型示范。建设核电站中低放废物处置场，建设乏燃料后处理厂。开展山东海阳等核能综合利用示范。核电运行装机容量达到7000万千瓦。

电力外送通道。 建设白鹤滩至华东、金沙江上游外送等特高压输电通道，实施闽粤联网、川渝特高压交流工程。研究论证陇东至山东、哈密至重庆等特高压输电通道。

电力系统调节。 建设桐城、磐安、泰安二期、浑源、庄河、安化、贵阳、南宁等抽水蓄能电站，实施电化学、压缩空气、飞轮等储能示范项目。开展黄河梯级电站大型储能项目研究。

油气储运能力。 新建中俄东线境内段、川气东送二线等油气管道。建设石油储备重大工程。加快中原文23、辽河储气库群等地下储气库建设。

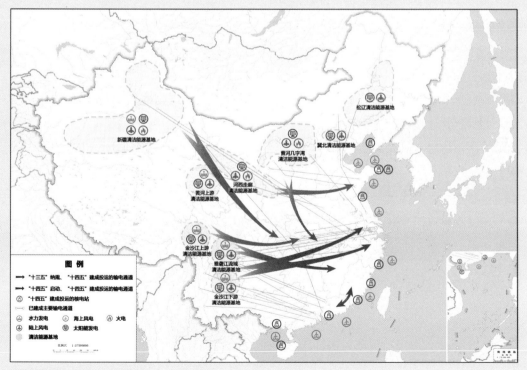

"十四五"大型清洁能源基地布局示意图

图片来源：《中华人民共和国国民经济和社会发展第十四个五年规划和2035年远景目标纲要》.

53. "碳达峰"与"碳中和"

2021 年 9 月,《中共中央 国务院关于完整准确全面贯彻新发展理念做好碳达峰碳中和工作的意见》提出,要处理好发展和减排、整体和局部、短期和中长期的关系,把碳达峰、碳中和纳入经济社会发展全局,以经济社会发展全面绿色转型为引领,以能源绿色低碳发展为关键,加快形成节约资源和保护环境的产业结构、生产方式、生活方式、空间格局,坚定不移走生态优先、绿色低碳的高质量发展道路,确保如期实现碳达峰、碳中和。

(1) 概念

气候变化通常是指气候平均值和气候离差值(单项数值与平均值之间的差)出现了统计意义上的显著变化,如平均气温、平均降水量、最高气温、最低气温,以及极端天气事件等的变化。《联合国气候变化框架公约》将"气候变化"定义为:"经过相当一段时间的观察,在自然气候变化之外由人类活动直接或间接地改变全球大气组成所导致的气候改变"[1]。世界气象组织的报告显示,2019 年全球平均温度比工业化前水平高出 1.1 摄氏度[2]。

碳排放是关于温室气体排放的一个总称或简称,温室气体中最主要的组成部分是二氧化碳,因此人们可以简单地将"碳排放"理解为"二氧化碳排放"[3]。

碳达峰指二氧化碳的排放量不再增长,达到峰值之后再慢慢减下去。

碳中和指净零排放,指人类经济社会活动所必需的碳排放,通过森林碳汇和其他人工技术或工程手段加以捕集利用或封存,而使排放到大气中的温室气体净增量为零[4]。

《中共中央 国务院关于完整准确全面贯彻新发展理念做好碳达峰碳中和工作的意见》提出,将碳达峰、碳中和目标要求全面融入经济社会发展中长期规划,强化国家发展规划、国土空间规划、专项规划、区域规划和地方各级规划的支撑保障。加强各级各类规划间衔接协调,确保各地区各领域落实碳达峰、碳中和的主要目标、发展方向、重大政策、重大工程等协调一致。

国务院印发的《2030 年前碳达峰行动方案》中提出,处理好发展和减排、整体和局部、短期和中长期的关系,把碳达峰、碳中和纳入经济社会发展全局,有力有序有效做好碳达峰工作,加快实现生产生活方式绿色变革,推动经济社会发展建立在资源高效利用和绿色低碳发展的基础之上,确保如期实现 2030 年前碳达峰目标。

(2) 国土空间规划要求

《省级国土空间规划指南》(试行)提出,主动应对全球气候变化带来的风险挑战,采取绿色低碳安全的发展举措,优化国土空间供给,改善生物多样性,提升国土空间韧性。

(3) 主要目标

《中共中央 国务院关于完整准确全面贯彻新发展理念做好碳达峰碳中和工作的意见》提出:

到 2025 年,绿色低碳循环发展的经济体系初步形成,重点行业能源利用效率大幅提升。单位国内生产总值能耗比 2020 年下降 13.5%;单位国内生产总值二氧化碳排放比 2020 年下降 18%;非化石能源消费比重达到 20% 左右;森林覆盖率达到

---

❶ 新华网 . 气候变化及其对人类的影响 . http://www.xinhuanet.com/world/2015-11/30/c_1117309117.htm.

❷ 碳排放交易网 . 说说碳中和的那些事儿 . http://www.tanpaifang.com/tanzhonghe/2020/1225/75993_2.html.

❸ 自然资源部 . 碳排放与温室效应 . http://www.mnr.gov.cn/zt/hd/dqr/41earthday/dtsh/gytpf/201003/t20100329_2055419.html.

❹ 新浪财经 . 建设美丽城市要突出碳中和取向 . https://baijiahao.baidu.com/s?id=1684481019771099701&wfr=spider&for=pc.

专栏 低碳城市

世界自然基金会（WWF）认为，低碳城市是指城市在经济高速发展的前提下，保持能源消耗和二氧化碳排放处于较低的水平[1]。

国家发展改革委先后于 2010 年、2012 年、2017 年公布了三批、共计 87 个低碳省、市试点。《国家发展改革委关于开展低碳省区和低碳城市试点工作的通知》明确了具体任务和工作要求，编制低碳发展规划，建立以低碳、绿色、环保、循环为特征的低碳产业体系，建立温室气体排放数据统计和管理体系，建立控制温室气体排放目标责任制，积极倡导低碳绿色生活方式和消费模式实施试点任务。

生态碳汇（梯田、稻田、水稻）
图片来源：图虫网.

24.1%，森林蓄积量达到 180 亿立方米，为实现碳达峰、碳中和奠定坚实基础。

到 2030 年，经济社会发展全面绿色转型取得显著成效，重点耗能行业能源利用效率达到国际先进水平。单位国内生产总值能耗大幅下降；单位国

专栏 能源生产和消费革命取得显著成效

2022 年 3 月，第十三届全国人民代表大会第五次会议上的《关于 2021 年国民经济和社会发展计划执行情况与 2022 年国民经济和社会发展计划草案的报告》提出，积极稳妥推进碳达峰碳中和的重点工作。

完善"1+N"政策体系。 研究制定能源、工业、城乡建设、交通运输、农业农村等领域和钢铁、石化化工、有色金属、建材、石油天然气等重点行业实施方案，以及科技支撑、财政、金融、碳汇能力、统计核算、人才培养和督查考核等保障方案。

构建清洁低碳安全高效能源体系。 因地制宜开发水电，在确保绝对安全的前提下有序发展核电。严格煤电机组能效准入门槛，统筹推进煤电机组节能改造、供热改造和灵活性改造；全面支持地热、生物质等适宜当地的可再生能源供暖方式。

推进产业结构低碳转型。 推动重点领域节能降碳，实施钢铁、电解铝、水泥、平板玻璃、炼油、乙烯、合成氨、电石等重点行业节能降碳行动；推动新兴技术与绿色低碳产业深度融合，切实推动产业结构由高碳向低碳、由中低端向高端转型升级。

全面加强能源资源节约。 倡导勤俭节约，推行简约适度、绿色低碳、文明健康的生活方式，从源头和入口形成有效的碳排放控制阀门。

加强制度和基础能力建设。 加快构建科学合理、简明适用、统一规范的碳排放统计核算体系；完善碳排放权交易市场相关法规制度，强化对企业、第三方机构的监管；深化低碳城市和气候投融资试点，提升地方应对气候变化基础能力。

内生产总值二氧化碳排放比 2005 年下降 65% 以上；非化石能源消费比重达到 25% 左右，风电、太阳能发电总装机容量达到 12 亿千瓦以上；森林覆盖率达

---

[1] 中国新闻网.中国打造"低碳城市"城市发展新概念被广为接受. https://www.chinanews.com/gn/news/2009/10-12/1904322.shtml.

专栏　能源生产和消费革命取得显著成效

中国坚定不移实施能源安全新战略，能源生产和利用方式发生重大变革，能源发展取得历史性成就。2011~2020 年，风电、光伏、水电、生物质发电、核电装机容量逐年上升。截至 2020 年，中国非化石能源发电装机总规模达到 9.8 亿千瓦，占总装机的比重达到 44.7%。其中，风电、光伏、水电、生物质发电、核电装机容量分别达到 2.8 亿千瓦、2.5 亿千瓦、3.7 亿千瓦、2952 万千瓦、4989 万千瓦。

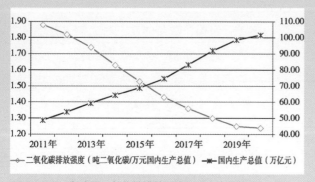

2011~2020 年中国二氧化碳排放强度和国内生产总值
图片来源：《中国应对气候变化的政策与行动》.

2011~2020 年中国非化石能源发电装机容量
图片来源：《中国应对气候变化的政策与行动》.

到 25% 左右，森林蓄积量达到 190 亿立方米，二氧化碳排放量达到峰值并实现稳中有降。

到 2060 年，绿色低碳循环发展的经济体系和清洁低碳安全高效的能源体系全面建立，能源利用效率达到国际先进水平，非化石能源消费比重达到 80% 以上，碳中和目标顺利实现，生态文明建设取得丰硕成果，开创人与自然和谐共生新境界。

（4）碳达峰的十大行动

2021 年，国务院印发《2030 年前碳达峰行动方案》提出碳达峰的十大行动：①能源绿色低碳转型行动；②节能降碳增效行动；③工业领域碳达峰行动；④城乡建设碳达峰行动；⑤交通运输绿色低碳行动；⑥循环经济助力降碳行动；⑦绿色低碳科技创新行动；⑧碳汇能力巩固提升行动；⑨绿色低碳全民行动；⑩各地区梯次有序碳达峰行动。

其中城乡建设碳达峰行动提出，加快推进城乡建设绿色低碳发展，城市更新和乡村振兴都要落实绿色低碳要求。推进城乡建设绿色低碳转型，加快提升建筑能效水平，加快优化建筑用能结构，推进农村建设和用能低碳转型。

碳汇能力巩固提升行动提出，坚持系统观念，推进山水林田湖草沙一体化保护和修复，提高生态系统质量和稳定性，提升生态系统碳汇增量。巩固生态系统固碳作用，提升生态系统碳汇能力，加强生态系统碳汇基础支撑，推进农业农村减排固碳。

6

第六篇

市县中心城区空间布局形态

54. 中心城区规划范围和空间布局

党的二十大报告提出，坚持人民城市人民建、人民城市为人民，提高城市规划、建设、治理水平，加快转变超大、特大城市发展方式，实施城市更新行动，加强城市基础设施建设，打造宜居、韧性、智慧城市。

（1）概念

市域。城市行政区划范围，包括市区及外围市（县）城市行政管辖的全部地域。

市辖区。设区市直接管辖的行政区，直辖市和地级市可以设立市辖区。《市辖区设置标准》提出，总人口在 300 万人以上的城市，平均每 60 万人可设立 1 个市辖区。市辖区人口不得少于 25 万人，其中非农业人口不得少于 10 万人。

中心城区。根据实际和本地规划管理需求等确定。一般包括城市建成区及规划扩展区域，如核心区、组团、市级重要产业园区等；一般不包括外围独立发展、零星散布的县城及镇的建成区。

主城区。人口聚集度高、建筑密度高的连绵成片建成区域。一般不包括中心城区范围内各独立发展的功能组团、外围重要功能片区。

（2）城市布局要求

根据城市自身的特点与要求，对城市各组团用地进行统一安排，合理布局，使其各得其所，有机联系，并为今后的发展留有余地❶。

山地城市。布局结合当地自然地形特点，依山而建，傍水而居，具有"多中心、组团式"的布局结构。因受自然地形条件的制约，常分为组团式布局、带状布局和有机疏散、分片布局。

风景旅游和纪念性城市。①正确处理保护历史遗存物、革命旧地和新建建筑物之间的关系，维护

专栏　河北省保定市规划范围

保定市中心城区规划范围和市辖区范围一致，包括竞秀区、莲池区、徐水区、满城区、清苑区五个区。主城区是由北二环、南二环、西三环、京港澳高速为主的围合区域构成。

保定市关汉卿大剧院
图片来源：杜永昌 摄.

---

❶ 吴志强，李德华. 城市规划原理（第四版）[M]. 北京：中国建筑工业出版社，2010.

山城重庆
图片来源：图虫网.

景观风貌的完整性。②正确处理风景与工业的关系，工业的发展应服从景观的需要；因地制宜发展都市型工业，促进城市发展，丰富城市面貌。③正确处理风景与居住的关系，当风景区远离城市时，可在城市或风景区附近布局一定规模的旅游建筑及职工生活区。④正确处理风景区与交通的关系，机场、客运车站等尽可能接近市区，运输繁忙的公路、铁路等，一般不应穿过风景旅游区和市区。

港口城市。岸线的自然条件是港口城市规划布局的基础，深水岸线是港口城市赖以发展的生命线。应注重：①统筹兼顾，全面安排，合理分配岸线。②合理组织港区各作业区，提高港口的综合运输能力，使港口建设和城市建设协调发展。③结合港口城市特点，创造良好的城市总体艺术面貌。

矿业城市。布局时应注重：①矿区生产需要有频繁的交通运输、大量的动力用电和生产用水。②工业生产特点决定矿区居民点布局形式。③矿区开发应与永久基本农田、大型工业与乡镇企业、矿区公路与农村规划道路、矿区供电和农村用电统一考虑。

（3）城市发展方向

城市发展方向是城市各项建设需求扩大引起的城市空间地域扩展的主要方向。城市用地选择要遵循：①选择有利的自然条件。②尽量少占耕地。③保护自然和历史资源。④满足重大建设项目的要求。⑤为城市合理布局和长远发展创造良好条件❶。

（4）空间形态模式和特征

空间布局可分为集中式和分散式两种形式，在

❶ 吴志强，李德华.城市规划原理（第四版）[M].北京：中国建筑工业出版社，2010.

中心城区布局规划时，应多方案比选，选择最优方案。

集中式布局。主要建设用地集中成片布置，包括网格状、环形放射状等。鼓励中小城市集中发展[1]。①网格状。由相互垂直的道路网构成，城市形态规整，适应各类建筑物的布置，容易在平原地区形成，不适于地形复杂地区。能够适应城市向各方向发展，方便汽车交通。②环形放射状。由放射形和环形的道路网组成，城市通达性较好，具有向心发展趋势。常见于大中城市，一般不适于小城市。

分散式布局。城市空间呈非聚集的分布方式，包括组团状、星状、带状、卫星状、环状、多中心与组群城市等[2]。①组团状。一个城市分成若干块不连续的城市用地，被农田、山地等分割。关键要处理好集中与分散的"度"，既要合理分工，加强联系，又要在各个组团内形成一定规模。一些县（市）改区后，与中心城市主城区形成组团式布局。②星状（指状）。从城市核心地区出发，沿多条交通走廊定向向外扩张形成的空间形态，发展走廊之间保留大量非建设用地。放射状、大运量公共交通系统的建立对星状（指状）城市的形成有重要影响。③带状（线状）。受地形限制和影响，城市被限定在狭长的地域空间内，沿一条主要交通轴线两侧呈带状发展。空间组织有一定优势，但规模有一定限制，不宜过长，否则交通物耗过大，必须发展平行于主交通轴的交通线。④卫星状。一般是以大城市或特大城市为中心，在其周围发展若干个小城市而形成的城市形态，对控制城市规模，疏散中心城市的人口和产业有积极效果。⑤环状。一般围绕湖泊、山体、农田等核心要素呈环状发展。中心多

福建省厦门市鼓浪屿风貌
图片来源：图虫网.

---

❶ 吴志强，李德华.城市规划原理（第四版）[M].北京：中国建筑工业出版社，2010.
❷ 同❶.

环状城市（山东省威海市）
图片来源：图虫网.

以自然空间为主，可为城市创造优美的景观和良好的生态环境条件。

（5）中心城区功能布局和空间结构

《市级国土空间总体规划编制指南（试行）》指出，依据国土空间开发保护总体格局，注重城乡融合、产城融合，优化城市功能布局和空间结构，改善空间连通性和可达性，促进形成高质量发展的新增长点。优化建设用地结构和布局，推动人、城、产、交通一体化发展，促进产业园区与城市服务功能的融合，保障发展实体经济的产业空间。

带状城市（甘肃省兰州市）
图片来源：图虫网.

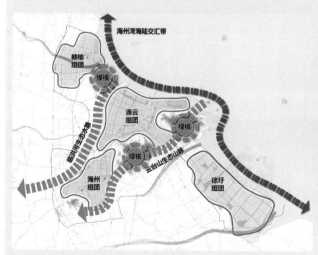

专栏　江苏省连云港市中心城区空间结构和职能分工

连云港市构建"一湾"（海州湾海陆交汇带）、"两脉"（临洪河生态水脉和云台山生态山脉）、"三核"（临洪河口湿地、前云台山、后云台山）、"四组团"的中心城区空间结构。其中，连云组团打造现代化新港城，集中全市力量打造连云新城，着力发展新兴产业，保障开发区新医药、新制造、新材料发展空间；海州组团打造辐射力强、宜居宜业的活力主城，优化城市生活空间和产业发展空间；赣榆组团建成苏北第一区，坚持特色发展，全面彰显滨海特色副城风貌；徐圩组团打造高水平的石化基地，全面聚焦港产融合，主动承接主港区海运功能分流。

图片来源：《连云港市国土空间总体规划（2020—2035年）》（公众征询意见稿），2021年12月公示.

55. 城市中心和轴线

《国土空间规划城市设计指南》(TD/T 1065—2021)提出，对城市中心、空间轴带和功能布局等内容分别进行梳理，确定城市特色空间结构并提出城市功能布局优化建议，对城市特色空间提出结构性导控要求。

(1) 概念

城市中心。 指城市居民社会生活集中的地方，从功能来分，有行政、经济、生活及文化中心。有的是一个中心兼有多方面的功能，有的是突出不同功能和性质的中心，包括各类建筑物、活动场地、道路、绿地等设施。

城市轴线。 联系各个城市中心，串联街道、广场，把城市空间组成有秩序的整体的轴线，是组织城市空间的重要手段，城市可以有一条轴线或几条主、次轴线。

中心商务区。 指城市中商务活动集中的地区，是城市经济、金融、商业、文化和娱乐活动的集中地，一般位于城市在历史上形成的城市中心地段，经过商业贸易与经济高速发展阶段后形成。众多的办公大楼、旅馆、酒楼、文化及娱乐场所都集中于此，为城市提供大量的就业岗位和就业场所[1]。

广州市城市中轴线
图片来源：图虫网.

---

[1] 吴志强，李德华.城市规划原理（第四版）[M].北京：中国建筑工业出版社，2010.

专栏　上海市陆家嘴金融中心

上海作为有近百年历史的商埠城市，市中心历来位于黄浦江西岸外滩与南京东路两侧地段。陆家嘴位于上海中部，浦东中西部，两面环水，与外滩隔江而望，是最核心区域，东方明珠、金茂大厦、环球金融中心、上海中心都在其中。陆家嘴空间布局体现为"一核、一线、一环"。其中，"一核"为陆家嘴金融城核心商务区；"一线"为世纪大道沿线，延伸至花木—龙阳枢纽地区；"一环"为陆家嘴水环，由黄浦江、张家浜、洋泾港围合而成的生态景观环。

上海市陆家嘴金融中心
图片来源：图虫网.

（2）布局与空间组织

城市中心的布局包括各级中心的分布、性质、内容、规模、用地组织与布置。需要根据城市总体规划的用地布局，考虑城市发展的现状、交通、自然条件以及市民不同层次与使用频率的要求❶。

利用原有建设基础。充分依托城市历史形成的中心地段及城市中轴线，如商业、服务业及文化娱乐设施集中的大街。例如，北京市天安门广场、长安街东单到西单一带是在历史条件下改建成的市中心地区，它能够满足人们的政治、经济、文化娱乐、瞻仰游览等活动的需求。

适应可持续发展的需要。城市各级中心位置与轴线的选择，应与用地发展相适应，远近结合。既要在近期比较适中，又要在远期趋向于合理，在布

---

❶ 吴志强，李德华 . 城市规划原理（第四版）[M]. 北京：中国建筑工业出版社，2010.

局上保持一定的灵活性，不同时期均应呈现比较完整的面貌。

考虑城市景观风貌的要求。根据城市设计原则考虑城市空间景观构成，使城市中心成为城市空间艺术面貌的集中点。

满足城市功能要求。城市中心空间规划首先应满足各种使用功能的要求。例如，购物、饮食、住宿、文化娱乐、社交、休息、观光等活动，必须配置相应的建筑物和足够的场地。

可以运用轴线法则，联系城市中心的不同部分，或串联多个城市中心。统一考虑建筑室内和室外空间，地面、高架和地下空间，专用和公用空间，车行和人行的空间，以及各空间之间的环境协调。重视建筑与建筑小品、雕塑、喷泉、街道、广场、庭院等其他各要素的和谐与对比，起到极好的点缀和组景的作用 ❶。

专栏　四川省成都市天府大道

天府大道以天府广场为中心，是成都市的城市中轴线，汇聚了这座城市不同年代的发展脉络，串联起居住、高端商务、科研、创新四大组团，兼具交通性、经济性，承载着成都对外展示国际形象的重要功能，自北向南分布着天府旌城公园、成都中心、金融城、天府中央公园、国际会议中心、兴隆湖、南天府公园等多个城市地标，通过连接多条交通干线，促进城市间的产业转移、资本与人才的流动。

成都市城市中轴线——天府大道
图片来源：图虫网．

❶ 吴志强，李德华．城市规划原理（第四版）[M]．北京：中国建筑工业出版社，2010．

56. 居住、工业用地布局和产城融合

2015 年 12 月，中央城市工作会议提出，要加强城市内部布局的合理性，使住宅、商业、办公、文化等不同功能区相互交织、有机组合，并结合环境整治、存量土地再开发，逐步实现职住平衡，尽量减少城市内部不必要的人口移动。

（1）国土空间规划要求

《市级国土空间总体规划编制指南（试行）》提出，优化建设用地结构和布局，推动人、城、产、交通一体化发展，促进产业园区与城市服务功能的融合，保障发展实体经济的产业空间，在确保环境安全的基础上引导发展功能复合的产业社区，促进产城融合、职住平衡。

优化居住用地结构和布局，改善职住关系，引导政策性住房优先布局在交通和就业便利的地区，避免形成单一功能的大型居住区。确定中心城区人均居住用地面积，严控高层高密度住宅。

规划城市建设用地结构

用地名称	占建设用地比例（％）
居住用地	25~40
公共管理与服务设施用地	5~8
工业用地	15~30
道路与交通设施用地	10~25
绿地与广场用地	10~15

资料来源：《城市用地分类与规划建设用地标准》（GB 50137—2011）.

（2）居住区用地布局

布局要求。一般要求为：①自然环境优良，如丘陵地区宜选择向阳、通风的坡面；②要注意用地及其周边的环境污染影响；③应有适宜的规模与用地形状、合理组织居住生活，经济有效地配置必要公共服务设施等；④在城市外围选择居住用地，要考虑与现有城区的功能结构关系，利用旧城区公共设施、就业设施，有利于密切新区与旧区的关系。

湖北省武汉市阳逻国际港
图片来源：图虫网.

布局形态。城市居住用地的选择应与城市总体布局结构及功能区域相结合，应统筹考虑城市现状用地构成、自然地理条件、功能结构等，主要有集中布置、分散布置、轴向布置等方式。

（3）工业区用地布局

布局要求。要统筹考虑地形地貌、交通运输、污染防治等因素。①地形地貌。工业用地的自然坡度要和工业生产工艺、运输方式和排水坡度相适应。②交通运输。城市工业区宜沿公路、铁路、通航河流进行布置。③环境保护。防止工业对城市环境的污染，必须注意有害气体、工业废水、噪声等问题。在城市规划布局中，为减轻工业排放的有害气体对居住区的危害，一般工业区应按当地盛行风向位于居住区下风向。

布局形态。注意工业用地布局与城市总体布局的关系。①避免工业区包围城市。②交叉布置。工业区布置结合地形，与其他用地呈间隔式交叉布置。③组团式布置。将城市分为几个规划分区，每一分区组团中既有工业企业，又有居住区，使生产与生活有机地结合起来。④群体组合式布置。在工业用地布置中，将工业用地分为市区工业用地、近郊工业区、远郊工业区等，形成群体组合的城市形态。

（4）产城融合

概念。 指产业与城市融合发展。产业以城市为依托，城市承载产业发展空间，以产兴城、以城促产，实现产业与城市协调发展、相互促进、良性互动[1]。

发展阶段。 一般包括以下几个阶段：①混杂相处阶段。工业革命初期，由于城市建设计划性不强，工厂、住宅、仓库等多种形态混合，人口高度密集，城市环境卫生恶化。②功能分区阶段。19世纪末，严格的功能分区提高了城市集聚功能和运行效率，同时也带来通勤量大、交通拥堵和环境污染等问题。③工业园区阶段。设置园区有利于促进工业企业聚集，发挥集聚效应，共享基础设施，但交通和环境问题并未得到缓解。④产城一体阶段。城市开始重视职住平衡，尽可能拉近生活区和就业区，控制城市增长边界。正确把握"产"与"城"的关系，对产业园区、城市建设进行科学布局，增强特色产业和人口集聚能力。

专栏　广东省广州市职住平衡

广州市通过分类分区管控产业占比，把全市划为老城区、中心城功能区及重点功能片区、产城融合发展区三个产业圈层。通过提升轨道交通覆盖率等措施，构建"5040"职住平衡新生活，确保50%以上就业人口实现30分钟通勤，城市更新项目提供的住房面积总量的40%为低成本住房。

广州市番禺区
图片来源：图虫网.

---

[1] 城乡规划学名词审定委员会.城乡规划学名词[M].北京：科学出版社，2021.

57. 社区生活圈

《社区生活圈规划技术指南》（TD/T 1062—2021）提出，社区生活圈是指在适宜的日常步行范围内，满足城乡居民全生命周期工作与生活等各类需求的基本单元，融合"宜业、宜居、宜游、宜养、宜学"多元功能，引领"面向未来、健康低碳"的美好生活方式。城镇社区生活圈可构建 15 分钟、5~10 分钟两个层级。

（1）社区生活圈层级

15 分钟生活圈。基于街道社区、镇行政管理边界，结合居民生活出行特点和实际需要确定，尽量避免城市主干路、河流、山体、铁路等对其造成分割。15 分钟步行距离约为 800~1000 米。

5~10 分钟生活圈。结合城镇居民委员会社区服务范围，满足城镇居民日常使用，特别是面向老人、儿童的基本服务要素。5 分钟步行距离约为 200~300 米，10 分钟步行距离约为 500 米。

（2）国土空间规划要求

《市级国土空间总体规划编制指南（试行）》提出，完善社区生活圈，针对人口老龄化、少子化趋势和社区功能复合化需求，重点提出医疗、康养、教育、文体、社区商业等服务设施和公共开敞空间的配置标准和布局要求，建设全年龄友好健康城市，以社区生活圈为单元补齐公共服务短板。

（3）社区生活圈空间布局

与"多中心、网络化、组团式"城市空间发展格局相衔接，加强与各级公共活动中心、交通枢纽节点的功能融合和便捷联系，倡导公交导向型发展（TOD）发展模式，形成功能多元、集约紧凑、有机链接、层次明晰的空间布局模式。

《社区生活圈规划技术指南》（TD/T 1062—2021）提出，社区服务等各类服务要素选址，宜遵循方便居民、利于慢行、相对集中、适度均衡的原则，优先布局在人口密集、公共交通方便的地区，增强可达性。

鼓励学校、单位附属设施等向社区开放共享、分时使用。适应未来人口结构、生活方式与行为特征、技术条件等变化趋势，预留弹性发展空间。

（4）上海市构建 15 分钟社区生活圈

《上海市 15 分钟社区生活圈规划导则》提出，聚焦居民日常"衣、食、住、行"，形成社区生活圈规划和建设标准，指导社区规划研究和编制工作，提高社区生活的幸福感。明确社区服务内容，包括基础保障类设施和品质提升类设施。①基础保障类设施是满足社区居民基本生活需求、必须设置的设

15 分钟生活圈设施示意图

图片来源：根据《威海市国土空间总体规划（2019—2035 年）》（公众版征求意见稿），2021 年 7 月公示改绘.

施。②品质提升类设施是以提升社区居民的生活品质为目的，可根据人口结构、行为特征、居民需求等条件选择设置的设施。

《上海市15分钟社区生活圈规划导则》提出，生活圈构建应满足以下要求：

满足居民家与设施之间的步行需求。根据居民的设施使用频率和步行到达的需求程度，以家为核心将设施按照5分钟—10分钟—15分钟圈层布局。重点关注老人、儿童等弱势群体的近距离步行要求，在5分钟圈层上尽量布局幼儿园、托养中心以及菜场等老人、儿童使用度较高的设施。

满足居民对于设施与设施之间的步行需求。基于居民日常活动特征，将高关联度的设施以步行尺度邻近布局，分别形成以儿童、老人以及上班族为核心使用人群的设施圈，如60~69岁老人日常设施圈以菜场为核心展开，同绿地、小型商业、学校及培训机构等邻近布局。

合理布局公园广场等休闲空间。社区公园、小广场、街角绿地等是社区公共空间的重要组成部分，上海市规划至2035年，社区公共空间人均4平方米，公园绿地、广场步行覆盖率达90%。构建城乡公园体系，每500米服务半径应布局一处面积不小于3000平方米的社区公园，每2000米服务半径布局一处4公顷以上的地区公园，结合中心城区楔形绿地、生态间隔带建设一批面积50公顷以上的城市公园。

上海15分钟生活圈配置项目及规模

分类		步行可达距离	项目	最小规模（平方米/处）	
				建筑面积	用地面积
体育	基础保障类	15分钟	综合健身馆	1800	—
			游泳池（馆）	800	—
			运动场	—	300
	品质提升类	5分钟	健身点	—	300

专栏 上海市新华路街道15分钟社区生活圈

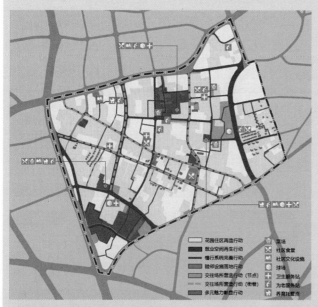

新华路街道地处上海市中心城区，位于长宁区的东部，辖区面积2.2平方千米，下设17个居委会，实有人口7.6万人，商务楼宇50幢、实有单位3700家、住宅小区197个。2019年被选定为上海市"15分钟社区生活圈"15个试点区域之一。

按照"15分钟社区生活圈"中出行、服务、休闲、特色、居住、就业六大板块，绘制一个愿景（花园社区、人文新华）、三大目标（宜居宜业的繁荣社区、多样便捷的幸福社区、活力开放的和谐社区）、六项行动（慢行系统完善行动、睦邻设施落地行动、交往场所营造行动、多元魅力彰显行动、花园社区再造行动、就业空间再生行动）的"新华蓝图"❶。

上海市新华路街道15分钟生活圈

图片来源：上海市规划和自然资源局.《新华街道15分钟社区生活圈行动规划》获得2022年度国际城市与区域规划师学会卓越设计奖"优秀奖". https://ghzyj.sh.gov.cn/cn/20221104/af28ca5b5a204fb78c41616a408db20e.html.

---

❶ 上海市民政局.长宁区新华路街道：以"十五分钟生活圈"规划行动为指引，打造有温度的花园社区、人文新华. https://mzj.sh.gov.cn/2020bsmz/20201111/a6ff0518027249aa88b5e6f22bea17dd.html.

续表

分类		步行可达距离	项目	最小规模（平方米/处）	
				建筑面积	用地面积
文化	基础保障类	15分钟	文化活动中心、青少年活动中心	4500	—
	品质提升类	5分钟	文化活动室	200	—
医疗	基础保障类	15分钟	社区卫生服务中心	4000	4000
		10分钟	卫生服务站	150~200	—
养老	基础保障类	—	社区养老院	3000	—
		10分钟	日间照料中心	300	—
		5分钟	老年活动室	200	—
		—	工疗、康体服务中心	800	—
社区商业设施	基础保障类	10分钟	室内菜场	1500	—
	品质提升类	10分钟	社区食堂	200	—
		5分钟	生活服务中心	100	—
社区教育设施	基础保障类	5分钟	幼儿园	5500	6490
		10分钟	小学	10800	21770
		15分钟	初中	10350	19670
			高中	13300	26800
	品质提升类	—	社区学校	1000	—
		10分钟	培育托管点	200	—

资料来源：《上海市15分钟社区生活圈规划导则》公众版（试行），2016年8月发布.

党群服务中心

社区文化中心

58. 贯穿国土空间规划全过程的城市设计

2015年12月，中央城市工作会议指出，要提升规划水平，增强城市规划的科学性和权威性，促进"多规合一"，全面开展城市设计，完善新时期建筑方针，科学谋划城市"成长坐标"。

（1）概念

《国土空间规划城市设计指南》（TD/T 1065—2021）提出，城市设计是营造美好人居环境和宜人空间场所的重要理念与方法，通过对人居环境多层级空间特征的系统辨识，多尺度要素内容的统筹协调，以及对自然、文化保护与发展的整体认识，运用设计思维，借助形态组织和环境营造方法，依托规划传导和政策推动，实现国土空间整体布局的结构优化、生态系统的健康持续、历史文脉的传承发展、功能组织的活力有序、风貌特色的引导控制、公共空间的系统建设，达成美好人居环境和宜人空间场所的积极塑造。

《城市设计管理办法》明确，城市设计旨在保护自然山水格局，促进城市与自然融合；保障城市公共空间，满足公共活动需要；反映地域环境特征，提升城市风貌特色；保护城市历史文脉，提升城市文化内涵；打造城市宜业优势，促进区域经济发展。

（2）国土空间规划要求

《市级国土空间总体规划编制指南（试行）》提出，将城市设计贯穿规划全过程。①基于人与自然和谐共生的原则，研究市域生产、生活、生态的总体功能关系，优化开发保护的约束性条件和管控边界，协调城镇乡村与山水林田湖草海等自然环境的布局关系，塑造具有特色和比较优势的市域国土空间总体格局和空间形态。②基于本地自然和人文禀赋，加强自然与历史文化遗产保护，研究城市开敞空间系统、重要廊道和节点、天际轮廓线等空间秩序控制引导方案，提高国土空间的舒适性、艺术性，提升国土空间品质和价值。

（3）城市设计层级

《国土空间规划城市设计指南》（TD/T 1065—

天津市小白楼CBD地区城市设计
图片来源：图虫网．

山东省威海市打造"千里海岸线，一幅山水画"
图片来源：图虫网.

2021）明确了总体规划、详细规划、专项规划和用途管制中城市设计方法的运用。

总体规划中的城市设计

①跨区域层面。优化重大设施选址及重要管控边界确定，提出自然山水环境保护开发的整体要求和历史文化要素的保护与发展要求，形成共识性的设计规则和协同行动方案。

②市、县域层面。统筹整体空间格局，提出大尺度开放空间的导控要求，明确全域全要素的空间特色。

安徽省黄山市黟县宏村镇宏村乡村风貌

③中心城区层面。确立城市空间特色，提出空间秩序的框架，明确开放空间与设施品质提升措施，划定城市设计重点控制区。

④乡村层面。尊重自然、传承文化、以人为本，营造富有地域特色的"田水路林村"景观格局，传承空间基因，延续当地空间特色，运用本土化材料展现独特的村庄风貌，忌简单套用城市空间的设计手法。

详细规划中的城市设计

①城市一般片区。落实总体规划中的各项设计要求，通过三维形态模拟等方式，进一步统筹优化片区的功能布局和空间结构。明确景观风貌、公共空间、建筑形态等方面的设计要求，营造健康、舒适、便利的人居环境；打造人性化的公共空间，营造清晰有序的空间秩序。

②重点控制区。影响城市风貌的重点区域，应在满足城市一般片区设计要求的基础上，通过精细化设计手段，打造具有更高品质的城市地区。重点控制区包括对城市结构框架有重要影响作用的区域、具有特殊重要属性的功能片区、城市重要开敞空间、城市重要历史文化区域。

专项规划中的城市设计

在选址、选线过程中不能仅考虑便利与造价等工程因素，还应考虑融合自然、保护人文及美学要求；在设施建设中应有相关设计指引，不仅满足设施的基本功能要求，还应考虑美观、隐蔽与结合自然；近人尺度的设施建设也应兼顾人的行为习惯。

用途管制中的城市设计

要依据总体规划、详细规划和专项规划，在用途管制中处理好生态、农业和城镇的空间关系，注重生态景观、地形地貌保护、农田景观塑造、绿色开放空间与活动场所以及人工建设协调等内容。

专栏　江西省赣州市城市设计

《赣州市中心城区总体城市设计及重点地段城市设计》（公示稿）提出，结合时代特征，尊重原有城市肌理及风貌特色，注重与周边环境的协调，加强对传统与地域元素及特征的提炼和利用，鼓励现代绿色建筑材料与新技术的应用，营造特色多元、融汇古今的城市风貌，依托城市外围山体、内部水系、生态节点及城市内部重要地标、景观节点，打造新时代城市景观。

赣州古城
图片来源：图虫网.

59. 广场绿地布局和通风廊道

2013 年 12 月，中央城镇化工作会议指出，在有限的空间内，建设空间大了，绿色空间就少了，自然系统自我循环和净化能力就会下降，区域生态环境和城市人居环境就会变差。

（1）广场布局

概念类型。 城市广场是居民社会生活的中心，具有集会、交通集散、居民游览休憩、商业服务及文化宣传等功能，分为市民广场、建筑广场、纪念广场、商业广场、生活广场和交通广场[1]。

布局要求。 规划中对广场的布局应作系统的安排。广场的数量、面积的大小、分布按城市性质、规模和广场功能确定。①应有利于展现城市的景观风貌和文化特色。②至少应与一条城市道路相邻，可结合公共交通站点布置。③宜结合公共管理与公共服务用地、商业服务业设施用地、交通枢纽用地布置。④宜结合公园绿地和绿道等布置。⑤广场用地的硬质铺装面积比例应根据广场类型和游人规模具体确定，绿地率宜大于 35%。⑥广场用地内不得布置与其管理、游憩和服务功能无关的建筑。建筑占地比例不应大于 2%[2]。

（2）绿地布局

概念类型。 城市绿地是以植被为主要形态，并对生态、游憩、景观、防护具有积极作用的各类绿地的总称，包括公园绿地、生产绿地、防护绿地、

辽宁省大连市人民广场
图片来源：图虫网.

❶ 吴志强，李德华. 城市规划原理（第四版）[M]. 北京：中国建筑工业出版社，2010.
❷ 同❶.

国家园林城市评选标准（部分）

园林城市分类	人均建设用地（平方米）	人均公园绿地面积（平方米/人）	建成区绿地率（%）	绿化覆盖率（%）
国家园林城市	< 105	≥ 8.00	≥ 25	≥ 36
	≥ 105	≥ 9.00		
国家园林县城		≥ 9.00	≥ 33	≥ 33
生态园林城市	< 105	≥ 10.0	≥ 35	≥ 35
	≥ 105	≥ 12.0		
国家园林城镇		≥ 9.00	≥ 31	≥ 36

注：人均公园绿地面积指公园绿地面积的人均占有量；绿化覆盖率指全部绿化覆盖面积与区域总面积之比。

资料来源：《国家园林城市申报与评选管理办法》.

附属绿地和其他绿地。

布局要求。构建公园体系应布局组团隔离绿带和通风廊道，布置防护绿地，优化城市空间结构。①尊重城区地理地貌特征，与市域绿色生态空间有机贯通。②因地制宜，保护和展现自然山水和历史人文资源。③与城区规模、布局结构和景观风貌特征相适应。④采用绿环、绿楔、绿带、绿廊、绿心等方式构建城绿协调的有机网络系统❶。

建设要求。《中共中央 国务院关于进一步加强城市规划建设管理工作的若干意见》提出，推行生态绿化方式，保护古树名木资源，广植当地树种，减少人工干预，让乔灌草合理搭配、自然生长。鼓励发展屋顶绿化、立体绿化。进一步提高城市人均公园绿地面积和城市建成区绿地率，改变城市建设中过分追求高强度开发、高密度开发、大面积硬化的状况，让城市更自然、更生态、更有特色。

绿地指标。①按照《城市用地分类与规划建设用地标准》（GB 50137—2011）的规定，设区城市的各区规划人均公园绿地面积不宜小于7.0平方米/人。②规划城区绿地率指标不应小于35%，设区城市各区的规划绿地率均不应小于28%。③小城

专栏 辽宁省沈阳市绿地布局

沈阳市以创建国家生态园林城市和建设环境优美的生态宜居之都为目标，围绕"大河文化＋自然风光＋慢生活"主题，全面提升水系绿化建设品质。加强城市微景观、微绿地、口袋公园建设，加强街道、社区绿化，推进拆墙透绿、拆违添绿、见缝插绿、见土补绿，着力实现以水润城、以绿荫城、以园美城。

沈阳市城市绿地
图片来源：图虫网.

市、中等城市人均专类公园面积不应小于1.0平方米/人；大城市及以上规模的城市人均专类公园面积不宜小于1.5平方米/人。

《住房城乡建设部关于促进城市园林绿化事业健康发展的指导意见》明确，各地按照城市居民出行"300米见绿，500米见园"的要求，加快各类公园绿地建设，不断提高公园服务半径覆盖率。

（3）城市绿道

概念及分级。《绿道规划设计导则》提出，城市绿道以游憩、健身为主，兼具市民绿色出行等功能。

---

❶ 吴志强，李德华.城市规划原理（第四版）[M].北京：中国建筑工业出版社，2010.

根据空间跨度与连接功能区域的不同，绿道分为区域级绿道、市县级绿道和社区级绿道三个等级，绿道规划应与各级国土空间规划相衔接。

选线要求。①应充分利用现状自然肌理的开放空间边缘和现有慢行交通道路等作为绿道选线的依托，避开易发生滑坡、塌方、泥石流等地质灾害的危险区域。②应就近联系各级城乡居民点及公共空间，方便市民使用；同时连接自然景观及历史文化节点，体现地域特色。③绿道线路宜网状环通或局部环通，可依托绿道连接线加强绿道的连通性。

城镇绿道选线建议表

依托资源	绿道选线
道路：现有非机动车道路、废弃铁路、古道等	依托路侧绿带，绿道游径宜从路侧绿带中穿过，完善休闲等功能
水系：城镇河流、湖泊、湿地、海岸、堤坝等	绿道串联滨水绿地，促进城镇滨水区环境改善与功能开发，充分利用现状堤坝、桥梁等，在保证排涝除险、防洪及安全的前提下营造亲水空间
绿地：公园绿地、广场，适宜人进入的防护绿地，以及城镇用地包围的其他绿地等	优先连接公园绿地、广场等城市开放空间，合理疏导人流，满足交通安全、集散及衔接需求

资料来源：《绿道规划设计导则》.

专栏 山东省青岛市建设"两级五类"绿道系统

青岛市打造"两级五类"的城乡绿道系统，"两级"为市域绿道和城市绿道，"五类"即打造"滨海休闲型、都市生活型、滨河生态型、山林游憩型、田园观光型"城乡绿道。

市域绿道。串联市域内重要自然、人文及休闲资源，重点建设山海风情旅游绿道、城郊休闲绿道、铁橛山景观绿道、大沽河生态绿道、乡村田园观光绿道、大泽山景观绿道。

城市绿道。连接城市内部主要景观节点、功能区的次等级绿道，为城市居民提供休闲、运动、游憩、娱乐等场所。加强绿色生态斑块建设，构建"郊野公园、城市公园、社区及口袋公园"城乡公园体系。

青岛市滨海休闲型绿道
图片来源：图虫网.

④应综合考虑环境现状，包括可依托区域的长度、可达性、建设条件等因素，对绿道选线进行多方案比选，最终确定绿道的适宜线路❶。

（4）通风廊道

概念。城市通风廊道是指利用江河、湖泊、山谷，以及城市绿地、水体、主干道等空间载体形成的引导城市空气流动，促进大气良性循环，改善城市空气质量的通道，可以分为城市与城区两个层面。

设计要求。《绿色生态城区评价标准》（GB/T

51255—2017）提出，①城市层面，侧重宏观尺度的风道规划设计，通过在主导风向上设置宽几千米以上的绿色走廊，为主导风提供通风廊道。②城区层面，通过在主导风向上设置宽50米或更宽的通风走廊以满足城区通风要求，同时注重宏观尺度与中观尺度相结合的风道规划设计。

在城市通风廊道设计时，应使山体、林地、河流、湿地、绿地、街道等形成连续的开敞空间网络，贯穿整个建成区域。

专栏　广东省广州市通风廊道

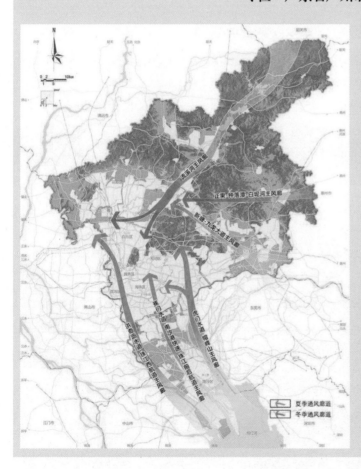

广州市建设市域6条通风廊道，避免屏风式建筑布置，包括南部依托水系引入海风的3条夏季南风主风廊、东部地区依托山脉走向的夏季东南风主风廊，以及依托北部流溪河水域和山脉的冬季北风、东北风主风廊，控制主要入风口建设增量，形成利于通风与清洁空气流通的空间环境。

广州市通风廊道图
图片来源:《广州市国土空间总体规划（2018—2035年）》（草案），2019年6月公示.

---

❶《绿道规划设计导则》（2016年9月）.

60. 城市商业街区和特色风貌

2015 年 12 月，中央城市工作会议指出，城市街区和道路要有人情味，要为居民骑车散步、逛街购物、餐饮会友、休闲娱乐提供方便，形成综合功能街区。

（1）概念

城市特色风貌区指能够集中体现城市文化、风貌特色，具有特殊价值的地区，还包括城市核心区和中心地区，重要街道、商业街，历史文化街区等地区 ❶。

（2）国土空间规划要求

《市级国土空间总体规划编制指南（试行）》提出，加强自然和历史文化资源的保护，运用城市设计方法，优化空间形态，突出本地特色优势。

（3）商业街区

城市商业街区是指具备商业购物、观光旅游、休闲娱乐和展示城市风貌功能的街区。

发展模式。 商业建筑发展模式一般有两种，一种是沿街发展，另一种是占用整个街坊开发。现代城市商业街区的规划设计多采用两种形式组合、成街成坊发展 ❷。

设计要点。 商业街区的设计关键在于城市环境的整体连续性、人性化、类型选择和细部设计，有良好的交通连接，使居民方便到达。

优势效益。 ①社会效益。提供步行、休憩、社交聚会的场所，增进人际交流和地域认同感。②经济效益。促进城市社区经济繁荣。③环境效益。减少空气和视觉污染，减少交通噪声。④交通效益。步行道可减轻汽车对人活动环境所产生的压力 ❸。

（4）特色风貌塑造

影响因素

城市特色风貌从所处的自然生态环境、历史人文环境、重要建设环境三个主要方面进行综合考虑。

专栏　四川省成都市宽窄巷子

宽窄巷子按照"彰显天府文化魅力，体验宽窄原真生活"的总体定位，打造品质、品牌、品位，历史有根、文化有脉、商业有魂、经营有道、品牌有名的"三品""五有"特色商业街。

①延续空间尺度。特色风貌街道的街廓格局维持现状，不对街道走向等进行较大的调整，临街建筑应维持现有高度，新增建筑应严格控制其高度。

②丰富业态活力。鼓励在特色风貌街区、街坊、建筑进行功能业态复合利用，集文化、艺术、休闲、商业于一体，形成功能业态混合布局。

③强化风貌特征。保留和传承特色风貌街道的建筑风格特征要素。店招牌匾、楼标、广告等建筑附属设施宜纳入建筑整体设计。

④提升步行环境。步行道保障连续、无障碍通行，使用花坛、栏杆、路桩等设施，在空间上对步行区进行隔离。

⑤优化景观品质。街道环境设施注重艺术品质与细节设计，提升街道品质，合理布局街道绿化。

⑥美化配套设施。室外休憩设施宜结合花坛、矮墙、绿篱等设施组合设计，路灯形式与建筑风貌应协调统一 ❹。

---

❶ 《河北省城市风貌特色控制导则（试行）》（2011 年）.

❷ 吴志强，李德华. 城市规划原理（第四版）[M]. 北京：中国建筑工业出版社，2010.

❸ 同❷.

❹ 《成都市中心城区特色风貌街道规划建设技术导则》（2018 年 1 月）.

成都市宽窄巷子街巷风貌
图片来源：图虫网.

专栏　北京市南锣鼓巷特色风貌街区❶

　　南锣鼓巷是我国完整保存着元代胡同院落肌理，规模最大、品级最高、资源最丰富的棋盘式传统民居区，其两侧完整保留了对称分布的16条胡同，是最富有老北京风情的街巷之一。北京市采取多项措施保护和利用好这份宝贵的历史文化遗产，加强风貌整体性、文脉延续性。

北京市南锣鼓巷街巷风貌
图片来源：图虫网.

　　①融合文商。发挥街区内人文故居、四合院等文物保护单位和文化场所设施的作用，展示传统民居，利用传统空间打造特色业态。

　　②调整业态。南锣鼓巷通过转变商户经营方式，引导商户由临街经营向院内经营转变，将商户数量控制在100家以内，文创类商户占比达60%以上，实现减少商户数量、降低商业氛围、杜绝低端业态、恢复历史风貌的四大目标。

　　③提升品质。塑造宜游宜赏的精品空间和鲜明的建筑形象，建筑特色和所经营的商品相吻合，挖掘私有空间，激活建筑前区。提升步行街品质和景观风貌，与城市风貌、特色风貌街区经营理念相吻合。

　　④优化交通。实施地区静态交通管理，探索实行机动车"准入、准行、准停"的措施。早9点至晚10点，机动车、电动三轮车、快递车和外卖送餐车禁行；选取11处点位作为非机动车统一停放地点，并施划停车线。

---

❶《东城区人民政府关于实施历史文化街区——南锣鼓巷地区保护复兴计划情况的报告》（2017年8月）.

专栏　江苏省苏州市城市特色风貌塑造

　　苏州市保护古城"水陆并行、河街相邻"的双棋盘城市空间格局和"小桥流水、粉墙黛瓦"的传统风貌，通过分区引导，塑造彰显古今辉映的城市风貌。

　　特色风貌区。引导形成历史文化、江南水乡、现代都市、生态创新、现代产业五大特色风貌区。

　　风貌管控引导区。划定近山、滨水、历史文化遗产周边风貌管控引导区，保护山水、文化景观风貌。构建"看历史、看山水、看城市"的景观眺望系统，明确景观视廊的控制范围、周边背景协调区域及相应的管控要求。

苏州古城阊门码头
图片来源：图虫网.

　　①自然生态环境特色。包括地理位置、地质水文、山体水系、地形地貌、气象植被、土壤生物等。

　　②历史人文环境特色。指城市在发展过程中积累下来的历史遗存所形成的特色。

　　③重要建设环境特色。指城市发展过程中已形成或已规划确定的建设环境特色，包括城市的整体空间形态、城市色彩、主要功能片区、主要街道、重大公共设施、标志性建筑或建筑群等❶。

实施路径

　　①提高城市设计水平。提出全域山水人文格局的空间形态引导和管控原则，通过城市设计明确空间形态重点管控地区，从整体平面和立体空间上统筹城市建筑布局，协调城市景观风貌，体现城市地域特征、民族特色和时代风貌。

　　②加强建筑设计管理。中共中央、国务院印发的《关于进一步加强城市规划建设管理工作的若干意见》提出，单体建筑设计方案必须在形体、色彩、体量、高度等方面符合城市设计要求。按照"适用、经济、绿色、美观"的建筑方针，突出建筑的使用功能以及节能、节水、节地、节材和环保，防止片面追求建筑外观形象。

　　③保护历史文化风貌。《河北省城市风貌特色控制导则（试行）》中提出，保护历史性城市景观和文化景观，有序实施城市修补和有机更新，解决老城区环境品质下降、空间秩序混乱、历史文化遗产损毁等问题，促进建筑物、街道立面、天际线、色彩和环境更加协调、优美，展现城市风貌。

---

❶ 吴志强，李德华. 城市规划原理（第四版）[M]. 北京：中国建筑工业出版社，2010.

61. 城市空间形态管控

2015年12月，中央城市工作会议指出，要加强对城市的空间立体性、平面协调性、风貌整体性、文脉延续性等方面的规划和管控。城市规划要因地制宜，"因风吹火，照纹劈柴"，留住城市特有的地域环境、文化特色、建筑风格等"基因"。

（1）概念

容积率：一定地块内，总建筑面积与建筑用地面积的比值。

建筑密度：一定地块内所有建筑物的基底总面积占用地面积的比例。

开发强度：①在地块开发控制中，将容积率和建筑密度统称为开发强度；②一定区域内建筑物和构筑物的总面积占该区域总面积的比例；③在主体功能区规划、国土空间规划中，指建设用地面积与区域总面积的比例。

（2）国土空间规划要求

《市级国土空间总体规划编制指南（试行）》提出，对于城市空间形态管控，要明确空间形态重点管控地区，提出开发强度分区和容积率、密度等控制指标，以及高度、风貌、天际线等空间形态控制要求。明确有景观价值的制高点、山水轴线、视线通廊等，严格控制新建超高层建筑。

（3）空间形态控制指标和要求

建筑高度

①严控超高层建筑。《住房和城乡建设部 应急管理部关于加强超高层建筑规划建设管理的通知》提出，城区常住人口300万以下城市，严格限制新建150米以上超高层建筑，不得新建250米以上超高层建筑；城区常住人口300万以上城市，严格限制新建250米以上超高层建筑，不得新建500米以上超高层建筑。各地相关部门审批80米以上住宅建筑、100米以上公共建筑建设项目时，应征求同级消防救援机构意见，以确保与当地消防救援能力相匹配。

②管控县城民用建筑。《住房和城乡建设部等15部门关于加强县城绿色低碳建设的意见》提出，县城新建住宅最高不超过18层，新建住宅以6层为主，6层及以下住宅建筑面积占比应不低于70%。

开发强度。合理的开发强度对城市宜居性至关重要，在总体强度管控前提下，使建设强度与建筑

专栏　上海市主城区开发强度分区

《上海市控制性详细规划技术准则》明确，开发强度是用于控制地区建筑总量，即地区内可开发地块的平均容积率。主城区开发强度分为五个等级：中心城开发强度区以Ⅳ、Ⅴ级为主，推进城市有机更新，着力优化用地结构，着重增加公共空间和公共绿地；主城片区开发强度以Ⅲ、Ⅳ级为主，加快产业转型和空间调整，适当增加就业岗位，促进产城融合，打造新的副中心。

上海市主城区开发强度指标表

用地性质	住宅组团用地		商业服务业用地和商务办公用地	
	基本强度	特定强度	基本强度	特定强度
Ⅰ级	≤ 1.2	—	1.0~2.0	—
Ⅱ级	1.2~1.6	—	2.0~2.5	—
Ⅲ级	1.6~2.0	≤ 2.5	2.5~3.0	≤ 4.0
Ⅳ级	2.0~2.5	≤ 3.0	3.0~3.5	≤ 5.0
Ⅴ级	2.5	>3.0	3.5~4.0	<5.0

城市主中心、副中心和轨道交通站点600米半径服务范围内可采用所在强度区的特定开发强度。

重点地区核心地块应根据功能需要，依据城市设计，形成层次丰富、特色鲜明的空间形态。商业办公地块容积率可以达到4.0以上，住宅地块容积率原则上不大于2.5。

高度相匹配，形成开发强度分区 ❶。一般情况下，①将轨道交通枢纽周边、组团中心或有特殊要求地区划定为中高或高强度分区，提高土地集约利用水平；②将通风廊道、生态空间、历史文化保护区划定为低强度分区，严格控制建筑规模。

容积率。容积率对城市开发建设活动的经济效益具有重要影响，包括前期投资、开发利润以及资金周转效率三方面。容积率的确定要统筹考虑地块区位土地用途、使用效率、环境效益和建筑空间质量等因素，兼顾社会经济发展水平和环境承载力。

专栏 河北省石家庄市容积率管理规定

《石家庄市人大常委会关于加强新建居住项目容积率管控的决定》提出，新建居住项目容积率一律不得超过2.0，项目内居住地块之间可进行指标平衡；被动式超低能耗建筑、装配式建筑给予建筑面积奖励后，居住容积率一律不得超过2.0。

专栏 山东省青岛市城市天际线

都市区彰显"山海岛城，景中都会"形象：

①眺望系统。28处山体眺望点，9条山海视廊，19条山山对望视廊。②高度控制。历史文化街区、近山区域、重要滨海岸线严格控制建筑高度，原则上为低、多层建筑；重要视廊范围内，确保建筑不遮挡视线廊道；轨道站点周边、远山区域、城市中心、片区中心等，宜统筹布局高层建筑。③滨海天际线。以崂山、珠山、铁橛山等山体为背景，塑造山城相依、新老交映、层次分明、起伏有序的天际轮廓线。④城市色彩。突出"文化传统的红黄、砥砺奋进的灰、海洋战略的蓝"为城市主色调。

青岛市五四广场奥林匹克帆船中心天际线
图片来源：图虫网.

---

❶ 赵勇健，吕海虹，杜立群.提高空间品质，深化管控要求——北京城市副中心空间管控边界和分区研究 [J]. 北京规划建设.2019（2）：31-36.

62. 城市"四线"划定

2015 年 12 月，中央城市工作会议指出，要控制城市开发强度，划定水体保护线、绿地系统线、基础设施建设控制线、历史文化保护线、永久基本农田和生态保护红线，推动形成绿色低碳的生产生活方式和城市建设运营模式。

（1）概念

城市"四线"指的是"绿线、蓝线、紫线、黄线"，是对城市发展全局有影响的、规划中确定的、必须控制的城市绿地、城市地表水体、各级文物保护单位及历史文化街区和历史建筑、重要城市基础设施的控制界线。

（2）绿线

城市绿线主要包括公园绿地（城市公园、风景名胜区公园、主题公园、社区公园、广场绿地、动植物园林、森林公园、带状公园和街旁游园等）和防护绿地（城市卫生隔离带、道路防护绿地、城市高压走廊绿带、防风林、城市组团隔离带等）。

划定原则。《河北省城市绿线管理规定》明确：①与同阶段规划内容和深度保持一致；②体现城市绿地的生态性、系统性和功能性；③充分考虑城市应急避险和生态安全需要；④清晰界定控制范围；⑤符合国家有关技术标准、规范。

禁止行为。《城市绿线管理办法》明确：①绿线内的用地，不得改作他用，不得违反法律法规、强制性标准以及批准的规划进行开发建设；②任何单位和个人不得在城市绿地范围内进行拦河截溪、取土采石、设置垃圾堆场、排放污水以及其他对生态环境构成破坏的活动。

（3）蓝线

《城市蓝线管理办法》明确，城市蓝线指规划确定的江、河、湖、库、渠和湿地等城市地表水体保护和控制的地域界线。

专栏　北京市绿道系统规划

北京市强化西北部山区重要生态源地和生态屏障功能，以三类环型公园、九条放射状楔形绿地为主体，通过河流水系、道路廊道、城市绿道等绿廊、绿带相连接，共同构建"一屏、三环、五河、九楔"网络化的市域绿色空间结构。

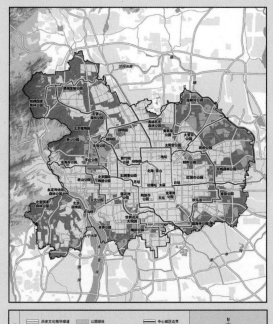

北京市绿道系统规划图

图片来源：《北京城市总体规划（2016 年—2035 年）》，2017 年 9 月发布.

城市绿地

图片来源：图虫网.

划定原则。①统筹考虑城市水系的整体性、协调性、安全性和功能性，改善城市生态和人居环境，保障城市水系安全；②与同阶段规划的深度保持一致；③控制范围界定清晰；④符合法律、法规的规定和国家有关技术标准、规范的要求。

禁止行为。①违反城市蓝线保护和控制要求的建设活动；②擅自填埋、占用城市蓝线内水域；③影响水系安全的爆破、采石、取土；④擅自建设各类排污设施；⑤其他对城市水系保护构成破坏的活动。

（4）紫线

《城市紫线管理办法》明确，城市紫线指国家历史文化名城内的历史文化街区和省、自治区、直辖市人民政府公布的历史文化街区的保护范围界线，以及历史文化街区外经县级以上人民政府公布保护的历史建筑、文物保护单位。

划定原则。历史文化街区的保护范围应当包括：①历史建筑物、构筑物和其风貌环境所组成的核心地段，以及为确保该地段的风貌、特色完整性而必须进行建设控制的地区；②历史建筑的保护范围应

专栏　河南省郑州市河道水网

《郑州市主城区河道及水库蓝线绿线规划》研究范围为16条河道、6座水库，河道以及库岸总长度约397.3千米。规划蓝线包括河道、水库（包括水库库岸、主坝、副坝、溢洪道）水域水面及河道、水库两侧控制保护范围。规划蓝线空间总面积为6298公顷。

郑州市金水河
图片来源：图虫网．

专栏　广西壮族自治区梧州市维新里历史文化街区

维新里历史文化街区规划形成"一轴两翼，一片两点"的保护空间结构，结合梧州市近现代民居群、传统街巷肌理空间和生活环境空间，打造成为梧州历史城区的近现代文化、红色文化、多元宗教文化综合展示区，成为连接其他梧州骑楼文化片区的重要纽带。

梧州市维新里历史文化街区图

图片来源：《梧州市维新里历史文化街区保护规划（2021—2035年）》，2021年6月公示．

当包括历史建筑本身和必要的风貌协调区；③控制范围清晰，附有明确的地理坐标及相应的界址地形图；④文物保护单位保护范围的划定，应依据国家有关文物保护的法律、法规。

禁止行为。①违反保护规划的大面积拆除、开发；②对历史文化街区传统格局和风貌构成影响的大面积改建；③损坏或者拆毁保护规划确定保护的建筑物、构筑物和其他设施；④修建破坏历史文化街区传统风貌的建筑物、构筑物和其他设施；⑤占用或者破坏保护规划确定保留的园林绿地、河湖水系、道路和古树名木等；⑥其他对历史文化街区和历史建筑的保护构成破坏性影响的活动。

（5）黄线

《城市黄线管理办法》明确，城市黄线指对城市发展全局有影响的、规划中确定的、必须控制的城市基础设施用地的控制界线。其中包括城市公共交通设施，供水、供电、供热设施，排水设施，环境卫生设施，燃气设施，通信设施，消防设施，防洪设施，抗震防灾设施，以及其他对城市发展全局有影响的城市基础设施。

划定原则。①与同阶段规划的内容及深度保持一致；②控制范围界定清晰；③符合国家有关技术标准、规范。

禁止行为。①违反规划要求，进行建筑物、构筑物及其他设施的建设；②违反国家有关技术标准和规范进行建设；③未经批准，改装、迁移或拆毁原有城市基础设施；④其他损坏城市基础设施或影响城市基础设施安全和正常运转的行为。

河北省石家庄市电视塔

图片来源：图虫网．

63. 城市地下空间开发利用

2013 年 12 月，中央城镇化工作会议指出，要统筹地上、地下空间，地下空间用好了，不仅可以节约地面用地，还可以减少地面交通。

（1）概念

城市地下空间是城市行政区域内地表以下，自然形成或人工开发的空间，是地面空间的延伸和补充，可分为浅层（0~-15 米）、次浅层（-15 米 ~-30 米）、次深层（-30 米 ~-50 米）和深层（-50 米以下）四层❶。《国土空间调查、规划、用途管制用地用海分类指南》明确，地下空间用途可分为地下交通运输设施、地下公用设施、地下人民防空设施以及其他地下设施等类。

（2）布局原则

①城市地下空间整体布局应简洁规整，设置完整、便捷、易疏散和无障碍的步行系统；②区域、节点和通道等应具备较强辨识性与较高可达性；③优先布局交通设施、市政公用设施、防火设施和人民防空工程等；④适度布局地下公共管理与公共服务设施、

地下商业服务业设施和地下物流仓储设施等；⑤不应布局居住、养老、学校（教学区）和劳动密集型工业设施等；⑥城市地下空间利用的竖向布局应便于人流疏散，人流密集的空间应在人流较少的空间上方。

（3）地下综合防灾

《城市地下空间规划标准》（GB/T 51358—2019）提出，根据城市地下空间资源条件和城市灾害特点，对设置在地下的指挥通信、人员掩蔽疏散、应急避难、消防抢险、医疗救护等设施进行统一组织和部署，提出利用城市地下空间提高城市防灾能力和城市地下空间自身灾害防御的策略。城市地下空间综合防灾应贯彻平战结合、平灾结合、以防为主和防、抗、避、救相结合的原则，在提升地下空间自防灾能力的基础上，完善现代化城市综合防灾减灾体系。

（4）地下商业空间

城市地下商业服务业设施应符合公共安全、无障碍设计、综合防灾和交通疏散等要求。地下商业街的主要地面出入口宽度应与最大人流强度相适应，

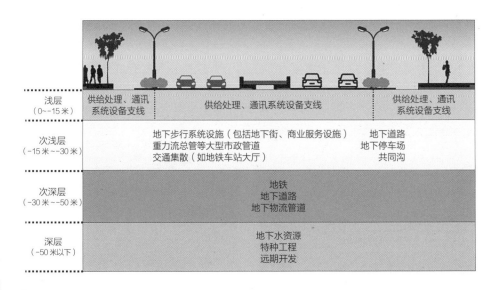

地下空间分层

图片来源：根据《城市地下空间规划控制与引导》改绘.

---

❶《城市地下空间规划标准》（GB/T 51358—2019）.

专栏　陕西省西安市城市地下空间规划建设管理

《关于进一步加强西安市城市地下空间规划建设管理工作的实施意见》提出，西安市城市重点地区地下空间，应对各项控制指标提出规划控制和引导要求，包括开发范围、深度、强度、使用性质、出入口位置、互连互通、人防建设、大型地下市政基础设施的安全保护区范围等。注重地下空间与地面建设之间的协调，加强地下交通设施之间、地下交通设施与相邻地下设施之间的互连互通，对重点地区开展地上、地下一体化城市设计。

应布置在主要人流方向上，宜结合公共建筑、下沉式庭院、广场、地下人行通道、其他地下商业空间地面出入口等设置。地下人行通道尽端出入口宽度总和应大于地下通道宽度。

专栏　北京城市副中心地下交通枢纽

地下一层是城际车站进站及公共换乘通道层，设有城际车站进站厅，安检售票厅，出租、网约车的落客接驳场站，物业配套车库及设备，城市公共服务空间等。

地下二层设有城际候车厅、出站厅、出租、网约车、社会车上客接驳场站，地下场站联络通道，地铁换乘厅、M101线站厅、平谷线站厅、6号线站台，物业配套车库及设备等。

地下三层设有地下阳光候车厅、京唐城际站台、城际铁路联络线站台、平谷线站台、M101线站台，物业配套车库及设备，地下场站联络通道。

北京城市副中心地下中心枢纽示意图
图片来源：北京市通州区人民政府．最新进展！副中心交通枢纽这个重要工程进入全面施工阶段．https://www.bjtzh.gov.cn/bjtz/fzx/202112/1504785.shtml.

（5）地下交通设施

地下交通设施主要包括地下轨道交通设施、地下交通场站设施、地下道路设施、地下停车设施、地下公共人行通道。地下交通设施布局应经技术、经济和环境等方面进行方案的比选与论证后确定。地下交通设施应考虑与其他交通接驳设施的综合利用，处理好与地面建筑、地下市政管线和地下建（构）筑物之间的空间关系，并应满足安全、防灾和环境保护等要求。

（6）地下市政公用设施

地下市政公用设施主要包括地下市政场站、地下市政管线及管廊等。地下市政管线和综合管廊宜布局在城市道路下，地下燃气、输油等危险品管线应单独规划专用通道。《国务院办公厅关于推进城市地下综合管廊建设的指导意见》提出，应按照"先规划、后建设"的原则，在地下管线普查的基础上，统筹各类管线实际发展需要，组织编制地下综合管廊建设规划。

专栏　河北省石家庄市正定新区综合管廊

正定新区以城市土地规划结构布局为核心，围绕城市市政公用管线布局，对正定新区城市地下综合管廊进行合理布局与优化配置，依托道路形成"八横十一纵"的方格网布局形式。规划综合管廊规模约为104.7千米，综合考虑将人员出入口、管廊监控室等与地下通道、地下商业街等合建，在满足安全的条件下，节省地下空间，充分发挥各自作用。

石家庄市正定县地下综合管廊
图片来源：正定县自然资源和规划局

64. 城市更新

《中华人民共和国国民经济和社会发展第十四个五年规划和 2035 年远景目标纲要》提出，加快转变城市发展方式，统筹城市规划建设管理，实施城市更新行动，推动城市空间结构优化和品质提升。

（1）概念

城市更新。指基于城市产业转型、功能提升、设施优化等原因，对城市建成区进行整治、改造与再开发的规划建设活动和制度。

城市更新单元。指在需要进行城市更新的地区，综合考虑基础设施和公共服务设施的相对完整，以及道路、河流等自然要素和产权边界等因素，所划定的相对成片、可以进行设施和利益统筹的区域[1]。

（2）国土空间规划要求

《市级国土空间总体规划编制指南（试行）》提出，城市更新应根据城市发展阶段与目标、用地潜力和空间布局特点，明确城市更新的重点区域，根据需要确定城市更新单元，结合城乡生活圈构建，注重补短板、强弱项，优化功能布局和开发强度，传承历史文化，提升城市品质和活力，避免大拆大建，保障公共利益。

（3）城市更新重点和更新对策[3]

促进产业转型升级。以产业转型和业态升级为目标，以功能复合、土地和建筑物利用效率提升为

> **专栏　城市更新主要类型**
>
> **城市更新主要类型**
>
> | 类型 | 拆除重建类 | 有机更新类 | 综合整治类 |
> |------|-----------|-----------|-----------|
> | 主要特征 | 推倒重建、点状保留、增量开发 | 基本保留、少量拆建、提质增效 | 基本不涉及建筑物改建 |
> | 土地用途 | 更新前后多数变化 | 更新前后变或不变 | 更新前后不变 |
> | 典型区域 | 棚户区改造、老工业区拆除 | 旧工业区、旧商业区、历史文化街区等 | 老旧小区改造、环境改善等 |
>
> 资料来源：《中国城市更新论坛白皮书（2020）》.

> **专栏　四川省成都市推进城市更新**
>
> 围绕建设公园城市示范区总目标，坚持以人为本和"留改建"相结合，构建"重点更新单元 + 一般更新单元"两级体系，划定 173 个更新单元。
>
> ①重点更新单元。对城市发展有结构性影响的功能区，如城市重要的中心区、产业集聚区、TOD 重点开发区域、城市重要的门户节点区域等，规模一般为 1~5 平方千米。
>
> ②一般更新单元。以老旧居住区（0.5~2 平方千米）、低效工业与仓储物流区（3~5 平方千米）、低效商业区（0.5~1.5 平方千米）等[2]。
>
> ③猛追湾更新单元。位于中心城区核心，包含天府锦城"八街九坊十景"中的一坊（猛追湾）和一景（天府熊猫塔）。以打造滨水街区一体化为重点，结合消费、游憩等功能，实现工业文明与现代时尚、美食文化与文创产业融合发展。

❶ 城乡规划学名词审定委员会. 城乡规划学名词 [M]. 北京：科学出版社，2021.

❷ 自然资源部. 城市更新 规划先行丨成都：以国土空间规划科学引领公园城市有机更新. https://mp.weixin.qq.com/s/aeEos4mOHdOEfbwSn_KHJA.

❸ 《支持城市更新的规划与土地政策指引（2023 版）》，2023 年 11 月印发.

成都市猛追湾更新单元
图片来源：图虫网.

专栏　广西壮族自治区南宁市城市更新行动

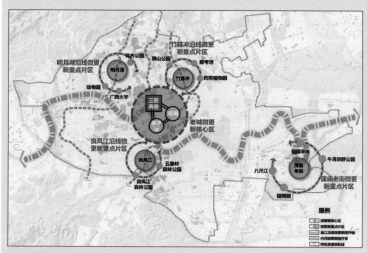

南宁市主城区城市更新重点区域图
图片来源：《南宁市国土空间总体规划（2021—2035年）》（草案公示），2021年11月公示.

南宁市坚持片区统筹和分类引导原则，推进"一带（邕江）、一核（老城）、四片区"微更新，重点开展"畅交通、补设施、塑特色、促产业、提活力、美家园、织绿网、延文脉"的"八大行动"。

片区统筹，推进主城区空间与用地结构优化。①功能强化类，引导中心服务职能疏解；②产业保障类，保证大型产业平台发展；③民生改善类，完善公共服务配套设施。

分类引导，以差异化标准引领城市精准更新。①旧村依据区位与战略价值，综合判断更新方式；②旧厂统筹运用拆除重建与综合整治，保障产业空间；③旧城以综合整治为主，引导人口与功能适度疏解。

重点，老旧厂区和产业园区更新应聚焦产业转型升级和发展新兴产业，合理增加产业及配套建筑容量，鼓励转型升级为新产业、新业态、新用途，鼓励开展新型产业用地类型探索，推进工业用地提质增效，促进新旧动能转换。合理配置一定比例的产业服务设施，促进产城融合；老旧商业街区和传统商圈更新应注重保留特色业态、提升原业态、植入新业态、复合新功能，促进商业服务业和消费层级的多样化发展，推进服务扩容、业态升级与功能复合，提升消费空间品质。

扩容升级基础设施。以保障安全和提升承载力、"平急两用"为目标，以消除具有重大灾害风险的空间隐患、增强城市生命线系统可靠性、合理提高市政基础设施标准为重点，健全基础设施体系，提高基础设施服务水平。

提升社区宜居水平。以建设"15分钟社区生活圈"为目标，重点改善居民住房条件，重点开展市政基础设施更新改造，重点完善公共空间和公共服务设施，重点保障生命安全通道畅通，合理解决停车难问题，同步开展风貌和环境整治，积极通过存量挖潜和扩容提质，盘活存量闲置和低效利用的房屋和用地，关注弱势群体，补齐短板，消除公共服务盲区，切实提升社区宜居水平。

保护传承历史文化。以保护历史文化资源和历

专栏 河北省石家庄市城市更新

石家庄市按照修缮利用、改建完善、拆除重建三种模式，有序推进城市更新，高质量推进"6+2+2"城市更新重点项目建设："6"即高铁片区、太平河片区、龙泉湖片区、留营片区、和平东路片区、东南三环片区六大城市更新片区；两个"2"分别为北三环和复兴大街市政化改造、9个城中村改造和1975年以前危旧住房改造两项试点。

城市更新重点项目按照"在二环内做'减法'、在二环外做'乘法'"和"缺什么、补什么"的要求，落实"还空间于城市、还绿地于人民、还公共配套服务于社会"理念。

石家庄市西二环城市更新改造风貌图
图片来源：石家庄市自然资源和规划局.

史风貌为目标，以体现城市发展历史的连续性为原则，全面梳理和保护利用更新范围内的历史文化资源。分级分类保护各类不可移动文物、历史建筑、历史文化保护区和古树名木，不拆真建假；加强历史城区和历史风貌的保护与传承，不大拆大建；在对各类定级文化遗产依法保护的基础上，在城市更新中全面开展对未定级历史文化资源的梳理和评估并提出保护管理要求，建立预保护制度；在保护文化遗产真实性和完整性前提下，着力加强文化遗产的活化利用，凸显城市风貌特征。

优化公共空间格局和品质。 因地制宜地增加公共空间的数量和规模，着力完善公共空间布局，优化公共空间功能，强化公共空间的慢行可达性，提升公共空间的服务辐射范围和服务品质；重视将城市蓝绿空间等生态系统要素有机纳入城市公共空间体系，在保护并修复生态系统功能的基础上着力提升城市公共空间的环境品质和生态服务功能。

倡导绿色和数字智能技术。 城市更新应面向城市未来发展趋势，积极融入城市发展新理念、城市建设新技术，可重点考虑如下方面：①以慢行友好和公交优先为导向，在城市更新中结合现有路网和功能布局建设慢行网络，整合多种公交模式优化公交网络，增强就业地、居住地与交通节点、公共服务设施、公共空间的连接性。②以绿色发展为导向，结合新要求与新技术，重点推进既有建筑绿色化、节能化改造和基础设施绿色化、集约化更新。③以智慧建设、智慧服务、智慧治理为导向，鼓励在城市更新中采用数字化技术手段，提高城市数字化、网络化、智能化水平，推进智慧城市建设。

7

自然历史文化资源保护利用
和国土整治修复

65.历史文化保护体系

2021年5月，中央全面深化改革委员会第十九次会议强调，要本着对历史负责、对人民负责的态度，建立分类科学、保护有力、管理有效的城乡历史文化保护传承体系。

（1）概念

中共中央办公厅、国务院办公厅印发的《关于在城乡建设中加强历史文化保护传承的意见》提出，城乡历史文化保护传承体系是以具有保护意义、承载不同历史时期文化价值的城市、村镇等复合型、活态遗产为主体和依托，保护对象主要包括历史文化名城、名镇、名村（传统村落）、街区和不可移动文物、历史建筑、历史地段，与工业遗产、农业文化遗产、灌溉工程遗产、非物质文化遗产、地名文化遗产等保护传承共同构成的有机整体。

世界遗产。分为文化遗产、自然遗产、文化和自然双重遗产、非物质文化遗产。截至2021年，中国拥有世界遗产56项，位列世界第一。其中，文化遗产38项，自然遗产14项，文化与自然双重遗产4项。截至2020年12月，中国列入联合国教科文组织非物质文化遗产名录项目共计42项，总数位居世界第一。

文化遗产。1972年联合国教科文组织《保护世界文化和自然遗产公约》明确文化遗产包括：①古迹，具有突出的普遍价值的建筑物、碑雕和碑画，具有考古性质成分或构造物、铭文、窟洞及联合体；②建筑群，在建筑式样、分布均匀或与环境景色结合方面，具有突出的普遍价值的单立或连接的建筑群；③遗址，具有突出的普遍价值的人类工程或自然与人联合工程以及有考古地址的区域。

自然遗产。《保护世界文化和自然遗产公约》明确自然遗产主要包括：①自然景观，具有突出的普遍价值的由物质和生物结构或这类结构群组成的自然景观；②动植物生境区，具有突出的普遍价值的地质和地文结构以及明确划为受威胁的动物和植物

生境区；③自然区域，具有突出的普遍价值的天然名胜或明确划分的自然区域。

非物质文化遗产。指世代相传并视为其文化遗产组成部分的各种传统文化的表现形式，包括：①传统口头文学及作为其载体的语言；②传统美术、书法、音乐、舞蹈、戏剧、曲艺和杂技；③传统技艺、医药和历法；④传统礼仪、节庆等民俗；⑤传统体育和游艺；⑥其他非物质文化遗产等。

（2）国土空间规划相关要求

省级层面。《省级国土空间规划编制指南》（试行）提出：①落实国家文化发展战略，深入挖掘本

河北省邯郸市涉县旱作梯田
图片来源：涉县自然资源和规划局.

甘肃省敦煌市敦煌莫高窟
图片来源：图虫网.

地历史文化资源，系统建立历史文化保护体系，梳理编撰历史文化遗产保护名录；②提出区域保护管控原则，梳理各种涉及保护和利用的空间管控要求，制定区域整体保护措施，延续历史文脉，突出地方特色，做好保护、传承、利用工作。

市级层面。《市级国土空间总体规划编制指南（试行）》提出，挖掘本地历史文化资源，梳理市域历史文化遗产保护名录，明确和整合各级文物保护单位、历史文化名城名镇名村、历史城区、历史文化街区、传统村落、历史建筑等历史文化遗存的保护范围。保护历史性城市景观和文化景观，针

对历史文化和自然景观资源富集、空间分布集中的地域和廊道，明确整体保护和促进活化利用的空间要求。

划定历史文化保护线。《自然资源部 国家文物局关于在国土空间规划编制和实施中加强历史文化遗产保护管理的指导意见》提出，在市、县、乡镇国土空间总体规划中统筹划定包括文物保护单位保护范围和建设控制地带、水下文物保护区、地下文物埋藏区、城市紫线等在内的历史文化保护线，并纳入国土空间规划"一张图"，实施严格保护，将历史文化保护线及空间管控要求作为强制性内容。

中国世界遗产名录

世界文化遗产（38处）						中国世界自然遗产（14处）	
名称	列入时间	名称	列入时间	名称	列入时间	名称	列入时间
长城	1987年12月	北京皇家祭坛—天坛	1998年11月	杭州西湖文化景观	2011年6月	黄龙风景名胜区	1992年12月
敦煌莫高窟	1987年12月	大足石刻	1999年12月	元上都遗址	2012年6月	九寨沟风景名胜区	1992年12月
北京和沈阳的明清皇宫	1987年12月	皖南古村落—西递、宏村	2000年11月	红河哈尼梯田文化景观	2013年6月	武陵源风景名胜区	1992年12月
秦始皇陵及兵马俑坑	1987年12月	龙门石窟	2000年11月	大运河	2014年6月	云南三江并流保护区	2003年7月
周口店北京人遗址	1987年12月	明清皇家陵寝	2000年11月	丝绸之路：长安—天山廊道的路网	2014年6月	四川大熊猫栖息地	2006年7月
武当山古建筑群	1994年12月	青城山—都江堰	2000年11月	土司遗址	2015年7月	中国南方喀斯特	2007年9月
拉萨布达拉宫历史建筑群	1994年12月	云冈石窟	2001年12月	左江花山岩画文化景观	2016年7月	三清山国家公园	2008年7月
承德避暑山庄及其周围寺庙	1994年12月	高句丽王城、王陵及贵族墓葬	2004年7月	鼓浪屿：历史国际社区	2017年7月	中国丹霞	2010年8月
曲阜孔庙、孔林和孔府	1994年12月	澳门历史城区	2005年7月	良渚古城遗址	2019年7月	澄江化石遗址	2012年7月
庐山国家公园	1996年12月	殷墟	2006年7月	泉州：宋元中国的世界海洋商贸中心	2021年7月	新疆天山	2013年6月
平遥古城	1997年12月	开平碉楼与村落	2007年6月	世界文化与自然双重遗产（4处）	泰山	1987年12月	湖北神农架	2016年7月
苏州古典园林	1997年12月	福建土楼	2008年7月	世界文化与自然双重遗产（4处）	黄山	1990年12月	青海可可西里	2017年7月
丽江古城	1997年12月	五台山	2009年6月	世界文化与自然双重遗产（4处）	峨眉山—乐山大佛	1996年12月	梵净山	2018年7月
北京皇家园林—颐和园	1998年11月	登封"天地之中"历史古迹	2010年8月	世界文化与自然双重遗产（4处）	武夷山	1999年12月	中国黄（渤）海候鸟栖息地（第一期）	2019年7月

（3）政策要求

中共中央办公厅、国务院办公厅印发的《关于在城乡建设中加强历史文化保护传承的意见》提出如下要求。

分级落实保护传承体系重点任务。 国家、省（自治区、直辖市）分别编制全国城乡历史文化保护传承体系规划纲要及省级规划，建立国家级、省级保护对象的保护名录和分布图，明确保护范围和管控要求，与相关规划作好衔接。市县按照国家和省（自治区、直辖市）要求，落实保护传承工作属地责任，加快认定并公布市县级保护对象，及时对各类保护对象设立标志牌、开展数字化信息采集和测绘建档、编制专项保护方案，制定保护传承管理办法，做好保护传承工作。

明确保护重点。 划定各类保护对象的保护范围和必要的建设控制地带，保护文物本体及其周边环境；保护不同时期、不同类型的历史建筑，重点保护体现其核心价值的外观、结构和构件等；保护能够真实反映一定历史时期传统风貌和民族、地方特色的历史地段；保护历史文化街区的历史肌理、历史街巷、空间尺度和景观环境，以及古井、古桥、古树等环境要素；保护历史文化名城、名镇、名村（传统村落）的传统格局、历史风貌、人文环境及其所依存的地形地貌、河湖水系等自然景观环境；保护非物质文化遗产及其依存的文化生态。

严格拆除管理。 在城市更新中禁止大拆大建、拆真建假、以假乱真，不破坏地形地貌、不砍老树，不破坏传统风貌，不随意改变或侵占河湖水系，不随意更改老地名。

推进活化利用。 坚持以用促保，加大文物开放力度，利用具备条件的文物建筑作为博物馆、陈列馆等公共文化设施。探索农业文化遗产、灌溉工程遗产保护与发展路径，促进生态农业、乡村旅游发展，推动乡村振兴。

专栏 河北省历史文化遗产保护体系

河北是中华民族的重要发祥地之一，历史悠久，文化灿烂，文物遗存丰富多彩、价值突出。

①精心保护4处6项世界文化遗产：承德避暑山庄及周围寺庙、明清皇家陵寝（清东陵、清西陵）、长城（山海关长城、金山岭长城）、中国大运河（河北段）。

②保护244个省级以上名城名镇名村（6个国家历史文化名城、6个省级历史文化名城、24个历史文化名镇、208个历史文化名村）。

③重点保护1254处省级以上文保单位（国家级291处、省级963处）。

④传承非物质文化遗产，完善国、省、市、县四级保护名录，加强传承展示场所保护与建设，恢复与提升非物质文化遗产存在的自然环境。

⑤打造千年古县、古镇，重点保护千年古县，强化千年古镇、古聚落的识别与保护。

⑥推进长城、大运河国家文化公园建设。

河北省保定市清西陵

图片来源：保定市自然资源和规划局．王东占 摄．

66. 历史文化名城名镇名村、街区和传统村落保护

2015 年 12 月，中央城市工作会议指出，要保护好前人留下的文化遗产，包括文物古迹，历史文化名城、名镇、名村，历史街区、历史建筑、工业遗产，以及非物质文化遗产，不能"拆真古迹、建假古董"。

（1）概念和公布主体

历史文化名城。《历史文化名城保护规划标准》（GB/T 50357—2018）提出，历史文化名城是经国务院、省级人民政府批准公布的保存文物特别丰富并且具有重大历史价值或革命纪念意义的城市。截至 2023 年 10 月，国务院已将 142 座城市列为国家历史文化名城。

历史文化名镇名村。《关于公布中国历史文化名镇（村）（第一批）的通知》提出，历史文化名镇名村是保存文物特别丰富并且具有重大历史价值或革命纪念意义，能较完整地反映一些历史时期的传统风貌和地方民族特色的镇（村）。中国历史文化名镇名村由住房和城乡建设部、国家文物局公布。截至 2022 年 3 月，已公布了七批中国历史文化名镇名村，其中中国历史文化名镇 312 个、中国历史文化名村 487 个。

历史文化街区。《历史文化名城名镇名村保护条例》提出，历史文化街区是经省、自治区、直辖市人民政府核定公布的保存文物特别丰富、历史建筑集中成片、能够完整和真实地体现传统格局和历史风貌，并具有一定规模的区域。

传统村落。是指拥有物质形态和非物质形态文化遗产，具有较高的历史、文化、科学、艺术、社会、经济价值的村落。中国传统村落由住房和城乡建设部、文化和旅游部、国家文物局、财政部、自然资源部、农业农村部联合发文公布。截至 2023 年 10 月，已公布了六批中国传统村落，已有 8155 个村被列入中国传统村落名录。

（2）申报条件

《历史文化名城名镇名村保护条例》提出，历史文化名城名镇名村申报条件包括：①保存文物特别丰富；②历史建筑集中成片；③保留着传统格局和历史风貌；④历史上曾经作为政治、经济、文化、交通中心或者军事要地，或者发生过重要历史事件，或者其传统产业、历史上建设的重大工程对本地区的发展产生过重要影响，或者能够集中反映本地区建筑的文化特色、民族特色。

申报历史文化名城的，在所申报的历史文化名城保护范围内还应当有 2 个以上的历史文化街区。

《历史文化名城保护规划标准》（GB/T 50357—2018）提出，历史文化街区申报条件包括：①应有比较完整的历史风貌；②构成历史风貌的历史建筑和历史环境要素应是历史存留的原物；③历史文化街区核心保护范围面积不应小于 1 公顷；④历史文化街区核心保护范围内的文物保护单位、历史建筑、传统风貌建筑的总用地面积不应小于核心保护范围内建筑总用地面积的 60%。

（3）国土空间规划要求

《自然资源部 国家文物局关于在国土空间规划编制和实施中加强历史文化遗产保护管理的指导意

国家历史文化名城河北省承德市（避暑山庄外八庙）
图片来源：承德市规划设计研究院．

见》明确了历史文化名城名镇名村街区保护规划编制和报批的相关要求。

规划编制。保护规划应与同级国土空间规划同步启动编制，落实和深化国土空间规划要求。有条件的地区可将历史文化名村保护规划与村庄规划、历史文化街区保护规划与详细规划合并编制。

规划报批。保护规划报批前，省级人民政府自然资源主管部门应对保护规划成果是否符合国土空间规划进行审查。保护规划批复前，省级人民政府自然资源主管部门应核实保护规划与相关国土空间规划衔接及"一张图"核对情况；经批复的保护规划主要内容要纳入详细规划，并叠加到国土空间规划"一张图"监督实施。

（4）历史文化名城、名镇、名村保护规划内容

《历史文化名城名镇名村保护条例》中明确，保护规划应当自历史文化名城、名镇、名村批准公布之日起1年内编制完成。保护规划应当包括：①保护原则、保护内容和保护范围；②保护措施、开发强度和建设控制要求；③传统格局和历史风貌保护要求；④历史文化街区、名镇、名村的核心保护范围和建设控制地带；⑤保护规划分期实施方案。

（5）划定保护范围

《历史文化名城名镇名村保护规划编制要求（试行）》提出，历史文化街区、名镇、名村保护范围包括核心保护范围和建设控制地带。其中，历史文化名城的保护范围应包括历史城区和其他需要保护、控制的地区；历史文化街区、名镇、名村内传统格局和历史风貌较为完整、历史建筑和传统风貌建筑集中成片的地区划为核心保护范围，在核心保护范围之外划定建设控制地带。

（6）保护措施 ❶

①历史文化名城、名镇、名村应当整体保护，保持传统格局、历史风貌和空间尺度，不得改变与其相互依存的自然景观和环境。

---

❶《历史文化名城名镇名村保护条例》（2022年1月）.

专栏　河北省沙河市柴关乡王硇村历史文化名村保护范围划定

王硇村村庄规划（阶段性成果）中，明确了历史文化名村保护范围与保护要求，分级、分类保护传统风貌建筑、历史院落，对部分闲置历史院落建筑进行活化利用。

沙河市柴关乡王硇村历史文化名村保护范围规划图

图片来源：《邢台市沙河市柴关乡王硇村"多规合一"村庄规划（2020—2035年）》（阶段性成果），2020年11月.

②历史文化名城、名镇、名村所在地县级以上地方人民政府应当根据当地经济社会发展水平，按照保护规划，控制历史文化名城、名镇、名村的人口数量，改善历史文化名城、名镇、名村的基础设施、公共服务设施和居住环境。

③历史文化街区、名镇、名村建设控制地带内的新建建筑物、构筑物，应当符合保护规划确定的建设控制要求。

④对历史文化街区、名镇、名村核心保护范围内的建筑物、构筑物，应当区分不同情况，采取相应措施，实行分类保护。历史文化街区、名镇、名村核心保护范围内的历史建筑，应当保持原有的高度、体量、外观形象及色彩等。

⑤在历史文化街区、名镇、名村核心保护范围内，不得进行新建、扩建活动。新建、扩建必要的基础设施和公共服务设施除外。

（7）监督实施

《自然资源部 国家文物局关于在国土空间规划编制和实施中加强历史文化遗产保护管理的指导意见》提出，自然资源主管部门严格依据详细规划，细化落实历史文化遗产保护利用的用途管制要求，依法核发建设用地规划许可证、建设工程规划许可证和乡村建设规划许可证。坚持先规划后建设的原则，实施城市更新和乡村振兴行动，防止大拆大建、破坏文物等各类历史文化遗存本体及其环境，严禁违反规划或擅自调整规划在历史文化名城名镇名村相关区域建设高层建筑、大型雕塑等高大构筑物。

专栏　国家历史文化名城——湖南省长沙市

《长沙市国土空间总体规划（2021—2035年）》在历史文化名城保护中，提出建立健全历史文化保护体系，加强对"一城十三村镇"以及文物保护单位、一般不可移动文物、历史建筑、古树名木、非物质文化遗产等历史文化资源的保护和活化利用。

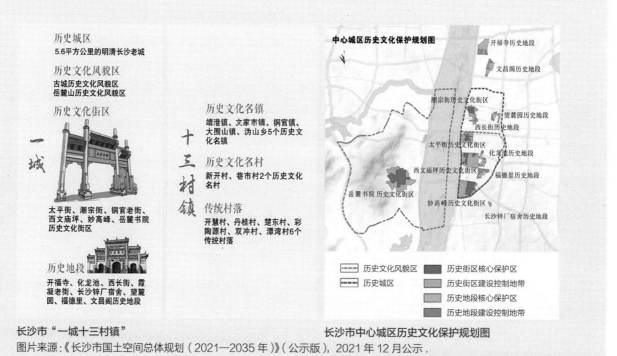

长沙市"一城十三村镇"　　　　　　　　　长沙市中心城区历史文化保护规划图

图片来源：《长沙市国土空间总体规划（2021—2035年）》（公示版），2021年12月公示.

67. 文物保护单位、历史建筑、历史环境要素保护

城市历史文化遗存是前人智慧的积淀，是城市内涵、品质、特色的重要标志。要妥善处理好保护和发展的关系，注重延续城市历史文脉，像对待"老人"一样尊重和善待城市中的老建筑，保留城市历史文化记忆，让人们记得住历史、记得住乡愁，坚定文化自信，增强家国情怀。

（1）国土空间规划要求

《自然资源部 国家文物局关于在国土空间规划编制和实施中加强历史文化遗产保护管理的指导意见》提出，全国重点文物保护单位应编制保护规划。历史文化保护类规划中涉及自然环境、传统格局、历史风貌等方面的空间管控要求要纳入同级国土空间规划。

（2）文物保护单位

文物保护单位是指古文化遗址、古墓葬、古建筑、石窟寺、石刻、壁画、近现代重要史迹和代表性建筑等不可移动文物，根据它们的历史、艺术、科学价值，可以分别确定为全国重点文物保护单位，省级文物保护单位，市、县级文物保护单位❶。

全国重点文物保护单位由国务院文物行政部门确定，报国务院核定公布；省级文物保护单位，由省、自治区、直辖市人民政府核定公布，并报国务院备案；市级和县级文物保护单位，分别由设区的市、自治州和县级人民政府核定公布，并报省、自治区、直辖市人民政府备案。

《全国重点文物保护单位文物保护规划编制要求》提出，根据确保文物保护单位安全性、完整性的要求划定或调整保护范围，根据保证相关环境的完整性、和谐性的要求划定或调整建设控制地带。

全国重点文物保护单位公布批次

批次	时间	增加数量（处）	合并数量（处）
第一批	1961 年 3 月	180	—
第二批	1982 年 2 月	62	—
第三批	1988 年 1 月	258	—
第四批	1996 年 11 月	250	—
第五批	2001 年 6 月	518	23
第六批	2006 年 5 月	1080	106
第七批	2013 年 3 月	1943+1	47
第八批	2019 年 10 月	762	50

建设控制地带之外仍有空间视觉景观控制要求的地带，可根据实际需要划定环境控制区。

保护范围可根据文物价值和分布状况进一步划分为重点保护区和一般保护区；建设控制地带和环境控制区可根据不同地块的控制力度要求和内容分类划定。

涉及城镇建设用地的建设控制地带和环境控制区应提出详细的建设控制要求，包括建筑物的体量、高度、色彩、造型等，必要时应提出建筑密度、适建项目等要求。

（3）历史建筑

历史建筑是指经城市、县人民政府确定公布的具有一定保护价值，能够反映历史风貌和地方特色，未公布为文物保护单位，也未登记为不可移动文物的建筑物、构筑物。

《历史文化名城名镇名村街区保护规划编制审批办法》提出，历史建筑的保护范围包括历史建筑本身和必要的建设控制区。根据历史建筑的历史、科

---

❶《文物保护法》.

专栏 北京故宫

北京故宫由明朝皇帝朱棣始建，至明永乐十八年（1420年）落成。故宫是世界上规模最大、保存最完整的木结构宫殿建筑群。1961年被国务院列为第一批全国重点文物保护单位，总占地面积106.09公顷。

北京故宫博物院
图片来源：图虫网.

专栏 河北省石家庄市铁路博物馆

2012年原石家庄站改建为铁路博物馆，2019年被列入石家庄市第一批历史建筑保护名录。

石家庄市铁路博物馆
图片来源：刘诗放 摄.

学和艺术价值以及完好程度，对历史建筑实行分类保护，分为特殊保护、重点保护、一般保护三类。

（4）历史环境要素

历史环境要素是指除历史建筑物和构筑物以外的全部能够反映历史环境、传统风貌的物质要素，例如反映历史风貌的古井、围墙、石阶、铺地、驳岸、古树名木等。

《历史文化名城保护规划标准》（GB/T 50357—2018）提出，历史环境要素要根据不同类型，采取不同的保护措施；应使用原材料、原工艺对构筑物、景观设施等进行有效的修缮和维护，最大限度地保护和展示街区真实丰富的历史信息。

《古树名木鉴定规范》（LY/T 2737—2016）将古树分为三级：树龄在 500 年以上的树木为一级古树，300~499 年的树木为二级古树，100~299 年的树木为三级古树。

专栏 河北省石家庄市正定县隆兴寺龙凤槐

隆兴寺戒坛前有两棵古槐树：东侧的古槐盘根错节，遒劲有力，犹如"龙"之气势；西侧的古槐树冠舒展，雍容华贵，嫣然"凤"之姿容，故取名龙凤槐。两树均有千年以上的树龄，属一级古树。

石家庄市正定县隆兴寺龙凤槐
图片来源：石家庄市林业局．

68. 国家文化公园规划建设

中共中央办公厅、国务院办公厅印发的《关于实施中华优秀传统文化传承发展工程的意见》提出，加强历史文化名城名镇名村、历史文化街区、名人故居保护和城市特色风貌管理，实施中国传统村落保护工程，做好传统民居、历史建筑、革命文化纪念地、农业遗产、工业遗产保护工作。规划建设一批国家文化公园，成为中华文化重要标识。

（1）国家文化公园规划建设要求

中共中央办公厅、国务院办公厅印发的《长城、大运河、长征国家文化公园建设方案》提出，国家文化公园建设是国家推进实施的重大文化工程，通过整合具有突出意义、重要影响、重大主题的文物和文化资源，实施公园化管理运营，实现保护传承利用、文化教育、公共服务、旅游观光、休闲娱乐、科学研究功能，形成具有特定开放空间的公共文化载体，集中打造中华文化重要标志。

总体要求。按照"多规合一"要求，以国土空间规划为依据，分别编制长城、大运河、长征国家文化公园建设保护规划；要协调推进文物和文化资源保护传承利用，系统推进保护传承、研究发掘、环境配套、文旅融合、数字再现等重点基础工程建设。

建设内容。根据文物和文化资源的整体布局、禀赋差异及周边人居环境、自然条件、配套设施等情况，重点建设管控保护区、主题展示区、文旅融合区和传统利用区四类主体功能区 ❶。

国家文化公园建设工作领导小组印发了《长城国家文化公园建设保护规划》《大运河国家文化公园建设保护规划》《长征国家文化公园建设保护规划》。

（2）长城国家文化公园

长城是世界上修建时间最长、工程量最大的古代防御工程，自西周时期开始，持续修筑 2000 多年，分布于中国北部和中部，总长度约 2.1 万千米。长城国家文化公园包括战国、秦、汉长城，北魏、北齐、隋、唐、五代、宋、西夏、辽具备长城特征的防御体系，金界壕、明长城。

规划范围。《长城国家文化公园建设保护规划》明确，规划范围涉及北京、天津、河北、山西、内蒙古、辽宁、吉林、黑龙江、山东、河南、陕西、

金山岭长城（河北省承德市滦平县境内）
图片来源：承德市自然资源和规划局.

---

❶《长城、大运河、长征国家文化公园建设方案》（2019 年 12 月）.

甘肃、青海、宁夏、新疆 15 个省级行政区。

空间格局。长城国家文化公园整合长城沿线 15 个省级行政区文物和文化资源，按照"核心点段支撑、线性廊道牵引、区域连片整合、形象整体展示"的原则，构建总体空间格局，重点建设管控保护、主题展示、文旅融合、传统利用四类主体功能区，着力将长城国家文化公园打造为弘扬民族精神、传承中华文明的重要标志。

（3）大运河国家文化公园

大运河全长约 3200 千米，是世界上开凿时间最早、流经距离最长、规模最大的古代运河，至今已有 2500 多年的历史。

规划范围。包括京杭大运河、隋唐大运河、浙东运河 3 个部分（含河北雄安新区白洋淀与大运河连通部分），涉及通惠河、北运河、南运河、会通河、中（运）河、淮扬运河、江南运河、浙东运河、永济渠（卫河）、通济渠（汴河）10 个河段，

涉及北京、天津、河北、江苏、浙江、安徽、山东、河南 8 个省级行政区。

空间格局。中共中央办公厅 国务院办公厅印发了《大运河文化保护传承利用规划纲要》，明确要按照"河为线，城为珠，线串珠，珠带面"的思路，构建一条主轴带动整体发展、五大片区❶重塑大运河实体、六大高地（京津、燕赵、齐鲁、中原、淮扬、吴越）凸显文化引领、多点联动形成发展合力的空间格局框架。

（4）长征国家文化公园

长征是人类历史上的伟大奇迹，经过 11 个省，翻越 18 座大山，跨过 24 条大河，走过荒草地，翻过雪山，行程二万五千里。

规划范围。涉及福建、江西、河南、湖北、湖南、广东、广西、重庆、四川、贵州、云南、陕西、甘肃、青海、宁夏 15 个省级行政区，共计 72 个市（州）、381 个县（市、区）。

专栏　大运河文化保护

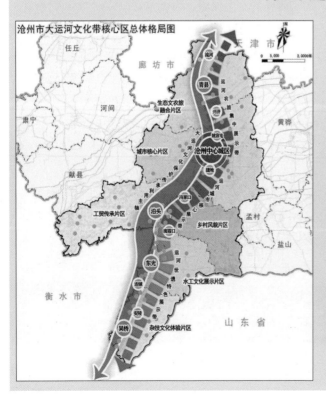

沧州市大运河文化带核心区总体格局图

《大运河文化保护传承利用规划纲要》提出了"将北运河、南运河、卫运河、卫河两岸各 2000 米的范围划定为核心监控区，核心监控区要纳入国土空间规划""核心监控区的非建成区严禁大规模新建扩建房地产、大型及特大型主题公园等开发项目""开展生态修复，兼顾文化和景观功能""在具备条件的河段建设绿色生态廊道"等景观风貌管控塑造要求。

河北省沧州市大运河文化带核心区总体格局图
图片来源：《沧州市国土空间总体规划（2021—2035 年）》（草案公示）. 2022 年 11 月公示.

---

❶ 京杭大运河北片区（含雄安新区）、京杭大运河南片区、浙东运河片区、隋唐大运河北片区、隋唐大运河南片区（南北以黄河为界划分）.

建设范围原则上包括 1934 年 10 月至 1936 年 10 月，红一方面军（中央红军）、红二方面军（红二、红六军团）、红四方面军和红二十五军长征途经的地区。

空间格局。《长征国家文化公园建设保护规划》提出，整合长征沿线 15 个省级行政区的文物和文化资源，根据红军长征历程和行军线路构建总体空间框架，加强管控保护、主题展示、文旅融合、传统利用四类主体功能区建设，实施保护传承、研究发掘、环境配套、文旅融合、数字再现、教育培训工程，推进标志性项目建设，着力将长征国家文化公园建设成为呈现长征文化、弘扬长征精神、赓续红色血脉的精神家园。

专栏 贵州省长征国家文化公园

贵州省于 2019 年 7 月 12 日发布《贵州省长征国家文化公园建设试点规划》，分阶段、有重点地建设核心展示区以及若干展示带和特色展示点。

贵州省拟定以中央红军转战贵州的路线为主线，辐射带动红二、红六军团长征在贵州的线路，兼顾红六军团西征途经贵州的重要节点，打造"一核、一线、两翼、多点"的格局。"一核"即遵义会议会址；"一线"即中央红军转战贵州期间以遵义会议为转折标志的系列会议和四渡赤水战役的经典线路；"两翼"即长征第一个会师地黔东革命根据地、黔西北根据地及乌蒙山回旋战经典线路；"多点"即与红军长征在贵州经典线路相关联的重要节点。

贵州省遵义会议旧址
图片来源：图虫网.

69. 自然景观资源和山水格局

2013 年 12 月，中央城镇化工作会议指出，要体现尊重自然、顺应自然、天人合一的理念，依托现有山水脉络等独特风光，让城市融入大自然，让居民望得见山、看得见水、记得住乡愁。

（1）国土空间规划要求

《市级国土空间总体规划编制指南（试行）》提出，结合市域生态网络，完善蓝绿开敞空间系统，为市民创造更多接触大自然的机会。彰显地方特色空间，发掘本地自然和人文资源，系统保护自然景观资源和历史文化遗存，划定自然和人文资源的整体保护区域。提出全域山水人文格局的空间形态引导和管控原则，对滨水地区（河口、海岸）、山麓地区等城市特色景观地区提出有针对性的管控要求。对乡村地区分类、分区提出特色保护、风貌塑造、高度控制等空间形态管控要求，发挥田野的生态、景观和空间间隔作用，体现地域特色的田园风光。

（2）沿山地区

充分利用复杂山地形势及其形胜资源，塑造山城一体式人居格局，构建紧密相连、和谐共生的山城关系。山地城市因受地形限制，与平原城市在形态、空间结构、标志性建筑选址等方面有很大不同，需要对城市内外形胜之地以及城市自然山水形态进行妥善维护，将特殊的山地形胜作为城市空间营造的积极因素[1]。

（3）滨水地区

滨水地区是城市重要的公共空间，构成了城市的特色和活力。一般包括水域、水际线、陆域三部

专栏　西藏自治区拉萨市构建水城相融生态格局

拉萨市恢复历史水系，提升现有水系，未来将形成"两河、三廊、水成网"的水系结构，逐步建成水城相融、人水相依的高原城市。拉萨南干渠治理完成，全长 7.2 千米的河渠横穿城区，一路水流潺潺，沿岸还有栈道、休憩椅等设施，成为市民亲水休闲的生态廊道[2]。

拉萨布达拉宫
图片来源：图虫网．

---

❶ 严少飞，王树声，李小龙，等．踞山：一种依凭山地形胜构建城市格局的方式 [J]．城市规划，2018，42（4）：2.

❷ 央视网．生态优先 拉萨构建水城相融生态格局．http://news.cctv.com/2022/03/26/ARTIybkNFwyg3ZxVPq9R6YM8220326.shtml.

分，滨水地区在城市发展战略中表现出独特价值、弹性和适应能力。

规划布局。《城市水系规划规范》（GB 50513—2009）（2016年版）明确：①应有利于城市生态环境的改善，以生态功能为主的滨水空间应预留与其他生态用地之间的生态连通廊道；②应有利于水体岸线共享，滨水绿化控制线范围内宜布置为公共绿地、设置游憩道路；鼓励布局文化娱乐、商业服务、体育活动、会展博览等公共服务设施和活动场地；③应有利于滨水空间景观的塑造，并保持一定的空间开敞度，④滨水绿化应有公共性和连续性，并宜结合滨水绿化控制线布置滨水道路；滨水绿化控制线应满足城市蓝线中陆域控制的要求。

（4）城乡山水景观

有山依山，有水傍水，将山水地势规律组织到景观布局中。结合对景、借景、风景视线的要求，合理确定道路选线城乡居民点空间布局，并加强绿化配置和公用设施，丰富城市景观。

专栏　山东省青岛市全域山水景观风貌

《青岛市国土空间总体规划（2021—2035年）》提出，构建"山海岛城湾、田园林水乡"全域山水景观风貌，即建立以环胶州湾地区为核心，以大泽山、珠山—铁橛山、崂山为本体，以大沽河、海岸线为纽带，多条生态廊道为支撑的景观骨架。其中，北部山区依托大泽山，突出"村镇掩映山中、精致秀美"的总体风貌；中部平原结合胶莱平原和大沽河等河流水系，突出"镇街组团布局、乡村星罗棋布"的平原城乡风貌；南部滨海区域保护历史城区整体格局和传统风貌，形成"山海岛城湾"一体、传统与现代共生的滨海都市风貌。

广西壮族自治区桂林市杉湖
图片来源：图虫网．

70. 山水林田湖草系统修复

2020 年 4 月，中央全面深化改革委员会第十三次会议指出，推进生态保护和修复工作，要坚持新发展理念，统筹山水林田湖草一体化保护和修复，科学布局全国重要生态系统保护和修复重大工程，从自然生态系统演替规律和内在机理出发，统筹兼顾、整体实施，着力提高生态系统自我修复能力，增强生态系统稳定性，促进自然生态系统质量的整体改善和生态产品供给能力的全面增强。

（1）概念

生态修复指遵循自然规律和生态系统内在机理，对空间格局失衡、资源利用低效、生态功能退化、生态系统受损的国土空间，进行适度人为引导、修复或综合整治，维护生态安全、促进生态系统良性循环的活动，包括山水林田湖草生态修复、国土综合整治、矿山生态修复、海洋生态修复、其他整治和修复等❶。

（2）国土空间规划要求

省级层面。 针对生态系统功能整体不强、生态破坏严重、生态屏障脆弱等问题，结合各区域的生态系统特征和国家重大战略要求，划定生态保护和修复重大行动重点区域，分析区域内的经济、产业、人口、发展方向和生态现状，统筹山水林田湖草各生态要素，整体谋划荒漠化防治、天然林资源保护、草原和湿地资源保护修复、防护林体系建设、矿山生态修复、水土保持、海洋生态修复等时序安排，筑牢国家生态安全屏障。

市级层面。 生态修复应坚持山水林田湖草生命共同体的理念，按照陆海统筹的原则，针对生态功能退化、生物多样性减少、水土污染、洪涝灾害、地质灾害等问题区域，明确生态系统修复的目标、重点区域和重大工程，维护生态系统，改善生态功能❷。

山　以太行山—燕山、坝上高原为重点，开展国家水土保持、坡耕地水土流失、绿色矿山和矿山修复、小流域治理等项目。

水　开展海滦河、辽河、内陆河三大流域综合治理。以沧州、衡水等深层地下水超采区和雄安新区及周边地区为重点，系统推进地下水超采综合治理，到 2035 年深层地下水位全面回升。

林　实施京津风沙源治理、三北防护林、再造三个塞罕坝、太行山绿化、沿海防护林等森林生态修复。

湿　开展昌黎黄金海岸湿地、滦河河口湿地、白洋淀湿地、北戴河沿海湿地、南大港湿地、张家口坝上湿地、衡水湖湿地等重点湿地保护。

草　以重点开展坝上"三化"（退化、沙化、盐碱化）草原综合修复，实施退耕还草。到 2035 年，80% 以上重度"三化"草原得到修复治理。

海　持续推进渤海"蓝色海湾"整治行动和海岸带保护，加强河口海湾整治修复，实施受损岸线修复和生态化建设。

河北省国土空间规划山水林田湖草系统修复
图片来源：《河北省国土空间规划（2021—2035 年）》（公众版），2021 年 5 月公示.

（3）规划目标

《全国重要生态系统保护和修复重大工程总体规划（2021—2035 年）》提出，到 2035 年，通过大力实施重要生态系统保护和修复重大工程，全面加强生态保护和修复工作。①森林覆盖率达到 26%，森林蓄积量达到 210 亿立方米，天然林面积保有量稳定在 2 亿公顷左右，草原综合植被盖度达到 60%；②确保湿地面积不减少，湿地保护率提高到 60%；③新增水土流失综合治理面积 5640 万公顷，75% 以上的可治理沙化土地得到治理；④海洋生态恶化的状况得到全面扭转，自然海岸线保有率不低于 35%；⑤以国家公园为主体的自然保护地占陆域国土面积 18% 以上，濒危野生动植物及其栖息地得到全面保护。

---

❶《省级国土空间规划编制指南》（试行）.
❷《市级国土空间总体规划编制指南（试行）》.

（4）全国重点区域和重大工程

在统筹考虑生态系统的完整性、地理单元的连续性和经济社会发展的可持续性，与相关生态保护与修复规划衔接的基础上，《全国重要生态系统保护和修复重大工程总体规划（2021—2035 年）》将全国重要生态系统保护和修复重大工程规划布局在 7 个重点区域。

青藏高原生态屏障区

①区域范围：位于我国西南部，涉及西藏、青海、四川、云南、甘肃、新疆 6 个省级行政区，含三江源草原草甸湿地、若尔盖草原湿地、甘南黄河重要水源补给、祁连山冰川与水源涵养、阿尔金草原荒漠化防治、藏西北羌塘高原荒漠、藏东南高原边缘森林 7 个国家重点生态功能区。

②主要问题：本区域受全球气候变化和人类活动共同影响，本区域面临冰川消融、草地退化、土地沙化、生物多样性受损等生态问题，高原生态系统不稳定。

③修复重点：三江源生态保护和修复、祁连山生态保护和修复、若尔盖草原湿地—甘南黄河重要水源补给生态保护和修复、藏西北羌塘高原—阿尔金草原荒漠生态保护和修复、藏东南高原生态保护和修复、西藏"两江四河"造林绿化与综合整治、青藏高原矿山生态修复。

黄河重点生态区

①区域范围：涉及青海、甘肃、宁夏、内蒙古、陕西、山西、河南、山东 8 个省级行政区，包括 1 个国家重点生态功能区，即黄土高原丘陵沟壑水土保持生态功能区（四川的若尔盖草原湿地、甘肃的甘南黄河重要水源补给、青海的三江源草原草甸湿地生态功能区纳入青藏高原生态屏障区）。

②主要问题：本区域生态敏感区和脆弱区面积大、类型多、程度深，是全国水土流失最严重的地区，生态系统不稳定。

③修复重点：黄土高原水土流失综合治理、秦岭生态保护和修复、贺兰山生态保护和修复、黄河下游生态保护和修复、黄河重点生态区矿山生态修复。

青海省山水林田湖草沙冰生态修复和综合治理工程

序号	主要工程
1	中华水塔保护工程
2	三江源生态保护和建设工程
3	祁连山生态保护与综合治理工程
4	良好湖泊生态功能巩固提升工程
5	谷盆地生态环境综合治理工程
6	黄河上游千里保护带工程
7	长江经济带源头保护和治理工程
8	湟水河流域生态环境综合治理工程
9	国土绿化扩面提质等

青藏高原生态屏障区——青海省海西蒙古族藏族自治州唐古拉山口
图片来源：图虫网．

长江重点生态区

①区域范围：涉及四川、云南、贵州、重庆、湖北、湖南、江西、安徽、江苏、浙江、上海 11 个省级行政区，含川滇森林及生物多样性、桂黔滇喀斯特石漠化防治、秦巴山区生物多样性、三峡库区水土保持、武陵山区生物多样性与水土保持、大别山水土保持 6 个国家重点生态功能区以及洞庭湖和鄱阳湖等重要湿地。

②主要问题：本区域林草植被质量整体不高，河湖、湿地生态面临退化风险，水土流失、石漠化问题突出，水生生物多样性受损严重。

③修复重点：横断山区水源涵养与生物多样性保护；长江上中游岩溶地区石漠化综合治理；大巴山区生物多样性保护与生态修复；三峡库区生态综合治理；洞庭湖、鄱阳湖等河湖、湿地保护和恢复；

大别山区水土保持与生态修复；武陵山区生物多样性保护；长江重点生态区矿山生态修复。

东北森林带

①区域范围：位于我国东北部，涉及黑龙江、吉林、辽宁和内蒙古4个省级行政区，含大小兴安岭森林、长白山森林和三江平原湿地3个国家重点生态功能区。

②主要问题：本区域长期高强度的森林资源采伐和农业开垦，导致森林、湿地等原生生态系统退化。

③修复重点：大小兴安岭森林生态保育、长白山森林生态保育、松嫩平原等重要湿地保护恢复、东北地区矿山生态修复。

北方防沙带

①区域范围：跨越我国北方地区，涉及黑龙江、吉林、辽宁、北京、天津、河北、内蒙古、甘肃、新疆（含新疆兵团）9个省级行政区，是"两屏三带"中的北方防沙带，含京津冀协同发展区和阿尔泰山地森林草原、塔里木河荒漠化防治、呼伦贝尔草原草甸、科尔沁草原、浑善达克沙漠化防治、阴山北麓草原6个国家重点生态功能区。

②主要问题：本区域受自然因素与人为因素综合影响，森林、草原功能退化，河湖、湿地面积减少，水土流失严重，水资源短缺，生物多样性受损。

③修复重点：京津冀协同发展生态保护和修复、内蒙古高原生态保护和修复、河西走廊生态保护和修复、塔里木河流域生态修复、天山和阿尔泰山森林草原保护、三北地区矿山生态修复。

南方丘陵山地带

①区域范围：主要涉及福建、湖南、江西、广东、广西5个省级行政区，含南岭山地森林及生物多样性

黄河重点生态区——陕西省延安市延川县黄河蛇曲乾坤湾
图片来源：图虫网．

东北森林带——长白山森林景观
图片来源：图虫网．

长江重点生态区——长江三峡第一峡瞿塘峡
图片来源：图虫网．

北方防沙带——塔里木河
图片来源：图虫网．

南方丘陵山地带——武夷山
图片来源：图虫网.

国家重点生态功能区和武夷山等重要山地丘陵区。

②主要问题：本区域森林质量不高，挤占生态空间潜在威胁较大，部分地区生态功能出现退化，水土流失和石漠化问题仍很突出。

③修复重点：南岭山地森林及生物多样性保护、武夷山森林和生物多样性保护、湘桂岩溶地区石漠化综合治理。

海岸带

①区域范围：涉及辽宁、河北、天津、山东、江苏、上海、浙江、福建、广东、广西、海南 11 个省级行政区的近岸近海区，涵盖黄渤海、东海和南海等重要海洋生态系统，含辽东湾、黄河口及邻近海域、北黄海、苏北沿海、长江口—杭州湾、浙中南、台湾海峡、珠江口及邻近海域、北部湾、环海南岛、西沙、南沙 12 个重点海洋生态区和海南岛中部山区热带雨林国家重点生态功能区。

②主要问题：本区域受全球气候变化、自然资源过度开发利用等影响，局部海域典型海洋生态系统显著退化，部分近岸海域生态功能受损、生物多样性降低、生态系统脆弱，风暴潮、赤潮、绿潮等海洋灾害多发频发。

③修复重点：粤港澳大湾区生物多样性保护、海南岛重要生态系统保护和修复、黄渤海生态保护和修复、长江三角洲重要河口区生态保护和修复、海峡西岸重点海湾河口生态保护和修复、北部湾滨海湿地生态系统保护和修复。

海岸带——河北省秦皇岛市金梦海湾海滩
图片来源：国宝文 摄.

71. 防沙治沙

2017 年 10 月，中国共产党第十九次全国代表大会指出，开展国土绿化行动，推进荒漠化、石漠化、水土流失综合治理，强化湿地保护和恢复，加强地质灾害防治。

（1）概况

荒漠化是由于干旱少雨、植被破坏、过度放牧、大风吹蚀、流水侵蚀、土壤盐渍化等因素，造成的大片土壤生产力下降或丧失的自然（非自然）现象。

石漠化是指因水土流失而导致地表土壤损失、基岩裸露、土地丧失农业利用价值和生态环境退化的现象。

我国土地荒漠化和沙化情况较为严重。根据第五次全国荒漠化和沙化土地监测结果，全国荒漠化土地面积 261.2 万平方千米，沙化土地面积 172.1 万平方千米，分别占国土总面积的 27.2% 和 17.9%[1]。荒漠化土地主要分布于北京、天津、河北、山西、内蒙古、辽宁、吉林、山东、河南、海南、四川、云南、西藏、陕西、甘肃、青海、宁夏、新疆 18 个省（自治区、直辖市）的 508 个县（旗、区）[2]。

（2）目标要求

《全国防沙治沙规划（2021—2030 年）》提出，坚持山水林田湖草沙一体化保护和系统治理，按照保护优先、重点修复、适度利用的总体思路，到 2025 年，完成沙化土地治理任务 679.52 万公顷（1.02 亿亩）。到 2030 年，完成沙化土地治理任务 1239.82 万公顷（1.86 亿亩），全国 67% 的可治理沙化土地得到治理，防沙治沙取得决定性进展。

《省级国土空间规划编制指南》（试行）提出，针对生态破坏严重、生态屏障脆弱等问题，结合生态系统特征，提出生态保护和修复重大行动重点区域，整体谋划荒漠化防治。

（3）防治措施

《"十四五"林业草原保护发展规划纲要》提出，要加强荒漠生态保护，推进荒漠化综合治理，推进岩溶地区石漠化综合治理。

加强荒漠生态保护。将规划期内暂不具备治理条件以及因保护生态需要不宜开发利用的连片沙化土地，划为沙化土地封禁保护区，实行封禁保护。

推进荒漠化综合治理。科学规划边疆地区、沙尘源区、江河流域等重要区域防沙治沙，坚持以水定绿，工程、生物、封禁措施相结合，乔灌草相结合，综合治理。加大沙漠周边及绿洲内部、沙区工矿企业、交通道路、居民点等重点地区防沙治沙力度。

推进岩溶地区石漠化综合治理。加大植被保护与修复，严格保护石山植被，科学封山育林育草、造林种草、退耕还林还草，治理水土流失，提升植被质量。开展石漠化治理，推广优良树种草种、困难立地造林种草技术、生态经济型综合治理模式。适度开展以坡改梯为重点的土地整治，合理配置小型水利水保设施。

（4）荒漠化石漠化综合治理重点项目

《"十四五"林业草原保护发展规划纲要》提出了荒漠化石漠化综合治理重点项目的主要内容。

沙化土地封禁保护。合理优化沙化土地封禁保护区空间布局，扩大沙化土地封禁规模，提升封禁保护质量，新建续建一批封禁保护区。

---

[1] 国家统计局．环境保护效果持续显现 生态文明建设日益加强—新中国成立 70 周年经济社会发展成就系列报告之五．https://www.stats.gov.cn/sj/zxfb/202302/t20230203_1900388.html.

[2] 中国林业科学研究院．荒漠化全球状况与国际防治实践．http://www.caf.ac.cn/info/1041/19833.htm.

系统治理沙化土地。在全面保护荒漠植被的基础上，因地制宜、因害设防，对分布集中、区位重要、生态脆弱沙化土地进行规模化治理。

岩溶地区石漠化综合治理。完善石漠化治理体系，加大植被保护恢复。

（5）北方防沙带保护修复

北方防沙带横跨我国北方地区，该区域风沙危害严重，水土流失面积约 134 万平方千米，其中工程区沙化土地面积 5977.74 万公顷，占全国沙化土地总面积的 34.39%。受风沙、盐渍、冻融三个因素叠加影响，区域沙化和荒漠化程度严重，是我国防沙治沙的关键性地带❶。

《北方防沙带生态保护和修复重大工程建设规划（2021—2035 年）》中确定了 6 项重点工程、29 个重点项目，全面构建北方防沙带空间保护格局。

专栏　甘肃省金昌市防沙治沙

甘肃省金昌市沙化土地面积大，林草植被覆盖率低，优质林分和优良草原占比小，气候干旱少雨，生态环境严酷。金昌市按照"北治沙漠、中兴绿洲、南护山水"的总体布局，以"生命共同体"理念引领生态保护与修复。

北治沙漠。推进重点沙地治理及沙漠锁边防护林建设工程，重点实施绿洲边缘区防风固沙带建设、金川区沙化土地封禁保护等工程。

中兴绿洲。加快矿山修复、通道绿化、荒漠草原绿化工程，重点实施金川河水土流失治理、永昌北海子湿地保护和恢复、金川金水湖湿地生态系统保护和恢复等工程。

南护山水。增强水源涵养及生物多样性保护能力，加大森林、河湖等生态保护修复力度，重点实施祁连山东大河林区天然林资源保护工程。

金昌市防沙治沙总体布局
图片来源：金昌市国土空间总体规划（2020—2035 年）》（公众版），2021年 6 月公示.

---

❶《全国重要生态系统保护和修复重大工程总体规划（2021—2035 年）》（2020 年 6 月）.

北方防沙带生态保护和修复工程重点项目布局

序号	重点工程	重点项目
1	京津冀协同发展生态保护和修复工程	张承坝上地区生态综合治理、燕山山地生态综合治理、太行山（河北）生态综合治理、雄安新区森林城市建设及白洋淀生态综合治理
2	内蒙古高原生态保护和修复工程	内蒙古"一湖两海"及察汗淖尔等重点湖泊与湿地生态综合治理、内蒙古东部草原沙地综合治理、阴山北麓生态综合治理、内蒙古西部荒漠综合治理、科尔沁沙地南缘综合治理、吉林西部生态综合治理、黑龙江西部生态综合治理
3	河西走廊生态保护和修复工程	石羊河中下游防沙治沙林草综合治理、黑河中游防沙治沙林草综合治理、疏勒河中下游防沙治沙林草综合治理
4	塔里木河流域生态修复工程	塔里木河干流生态综合治理、叶尔羌河—喀什噶尔河流域生态综合治理、阿克苏河流域生态综合治理、和田河流域生态综合治理、博斯腾湖生态综合治理
5	天山和阿尔泰山森林草原保护工程	天山森林草原保护综合治理、阿尔泰山生态保护综合治理、伊犁河谷生态综合治理、准噶尔盆地绿洲保护综合治理
6	北方防沙带矿山生态修复工程	河北太行山地区矿山生态修复、冀东北矿山生态修复、内蒙古大兴安岭南麓矿山生态修复、阴山—大青山矿山生态修复、天山矿山生态修复、河西走廊矿山生态修复

资料来源：《北方防沙带生态保护和修复重大工程建设规划（2021—2035年）》，2022年1月印发.

专栏　贵州省铜仁市印江土家族苗族自治县石漠化综合治理❶

　　印江土家族苗族自治县具有独特的喀斯特地形地貌，石漠化程度非常高，一度成为阻碍经济和社会发展的重大因素。印江县委、县政府坚持以生态修复、结构调整、速效增收为主线，采取"县—镇—村"三级联动机制、"改坡培土"等措施，逐步探索形成了"在石旮旯创造绿色家园"的石漠化治理"印江模式"。截至目前，森林覆盖率提高到70%以上，推动精品水果等产业发展，带动2.8万群众增收，实现了生态效益、经济效益和社会效益的有机统一。

修复前　　　　　　　　　　　　　　　　　　　　　　　　　　　修复后

铜仁市印江土家族苗族自治县朗溪镇石漠化区域修复前后对比图
图片来源：贵州省自然资源厅.贵州生态修复前沿成果与典型案例解析⑫｜印江县石漠化治理. https://zrzy.guizhou.gov.cn/wzgb/xwzx/xtyw1/202206/t20220616_74996867.html.

---

❶ 贵州省自然资源厅.贵州生态修复前沿成果与典型案例解析 ⑫｜印江县石漠化治理. https://zrzy.guizhou.gov.cn/wzgb/xwzx/xtyw1/202206/t20220616_74996867.html.

72. 全域土地综合整治

2024年2月,《中共中央 国务院关于学习运用"千村示范、万村整治"工程经验有力有效推进乡村全面振兴的意见》提出,在耕地总量不减少、永久基本农田布局基本稳定的前提下,综合运用增减挂钩和占补平衡政策,稳妥有序开展以乡镇为基本单元的全域土地综合整治,整合盘活农村零散闲置土地,保障乡村基础设施和产业发展用地。

(1)概念

国土综合整治包括农村和城镇土地综合整治、重大自然灾害灾后生态修复。①农村土地综合整治,主要针对农业生产效率不高、农村建设用地粗放、人居环境不优等问题,大力推进乡村全域土地综合整治,推进乡村土地集约高效利用,改善乡村生产生活条件,提升农产品生产能力,优化乡村人居环境;②城镇土地综合整治,针对城市化地区国土空间利用效率不高、城市病日益突显等问题,在主要城市化地区开展低效用地再开发和人居环境综合整治,提高建设用地效率和品质,改善提升人居环境❶。

(2)国土空间规划要求

《市级国土空间总体规划编制指南(试行)》提出,土地整治应以乡村振兴为目标,结合村庄布局优化要求,推进乡村地区田水路林村全要素综合整治,针对土壤退化等问题,提出农用地综合整治、低效建设用地整治等综合整治目标、重点区域和重大工程,建设美丽乡村。

全域土地综合整治是以科学规划为前提,以乡镇为基本实施单元,整体开展农用地、建设用地整理和乡村生态保护修复等,对闲置、利用低效、生态退化及环境破坏的区域实施国土空间综合治理的活动。

专栏 浙江省杭州市余杭全域土地综合整治

浙江省杭州市余杭区有着我国"百年百大考古发现"之一的良渚遗址。近年来,在独特的区域定位下,余杭区将文化底蕴融入全域土地综合整治与生态修复,走出了一条内涵式治理之路。

2017年起,余杭区以践行"两山"理念为契机,对瓶窑镇南山村、西安寺村等9个行政村开展全域土地综合整治与生态修复工程。

小古城村地处杭州西郊,地理位置优越,交通便捷。全村面积约12平方千米,现有农户997户,村民3700余人。借势土地整治,小古城村还开启了"自治、法治、德治"融合的乡村治理路子,坚持党建引领,深化完善民主协商机制,带动村民参与全村各项工作。该村先后获得了全国乡村治理示范村、全国民主法治村、全国文明村、全国乡村重点旅游村等90余项荣誉。

杭州市余杭区小古城村

(3)背景由来

随着工业化、城镇化和农业现代化的快速推进,自然资源和生态环境约束日益凸显。在同一空间上,乡村耕地碎片化、空间布局无序化、土地资源利用低效化、生态质量退化等多维度问题并存,单一要素、单一手段的土地整治模式已经难以完全解决综合问题。需要在国土空间规划的引领下,进行全域规划、整体设计、综合治理、多措并举。

---

❶《省级国土空间规划编制指南》(试行)。

专栏　全域土地综合整治分区指引

《〈自然资源部关于开展全域土地综合整治工作的通知〉解读》中提出：①经济相对发达的浙江、上海、四川等地，土地综合整治侧重服务城乡融合发展，保障农村新产业新业态发展用地，统筹产业发展空间；②中部的江西、湖北、河南等地，土地综合整治侧重助推乡村振兴战略实施，着重解决现代农业发展、"空心村"整治问题，促进中部崛起；③西部贫困地区，土地综合整治侧重服务国家脱贫攻坚战略，能够较好地解决耕地保护、易地扶贫搬迁、农村基础设施建设、产业扶贫用地等问题。

2018年9月，浙江"千村示范、万村整治"工程获得联合国环境规划署"地球卫士奖"，得到了国际上的充分认可。该工程充分证明通过全域土地综合整治，不仅能促进耕地保护和土地集约节约，还能改善农村生态环境，为农业农村提供发展空间，助推乡村振兴，是践行"绿水青山就是金山银山"理念的最佳典范[1]。

（4）全域土地综合整治试点

总体要求

乡镇国土空间规划和村庄规划是实施全域土地综合整治的规划依据，全域土地综合整治是规划实施的平台和手段。①试点乡镇在编制乡镇国土空间规划时，就应明确全域土地综合整治的目标任务、整治区域、主要内容、空间布局等；②要按照宜农则农、宜建则建、宜留则留、宜整则整的原则，将整治任务、指标和布局要求落实到具体地块，明确组织管理、实施时序、项目安排、资金估算和投资来源等；③通过全域土地综合整治，确保整治区域内耕地质量有提升、新增耕地面积原则上不少于原有耕地面积的5%[2]。

主要工程

①农用地整理。适应发展现代农业和适度规模经营的需要，统筹推进低效林草地和园地整理、农田基础设施建设、现有耕地提质改造等，增加耕地数量，提高耕地质量，改善农田生态。

②建设用地整理。统筹农民住宅建设、产业发展、公共服务、基础设施等各类建设用地，有序开展农村宅基地、工矿废弃地以及其他低效闲置建设用地整理，优化农村建设用地结构布局，提升农村建设用地使用效益和集约化水平，支持农村新产业新业态融合发展用地。

③乡村生态保护修复。按照山水林田湖草系统治理的要求，结合农村人居环境整治等，优化调整生态用地布局，保护和恢复乡村生态功能，维护生物多样性，提高防御自然灾害能力，保持乡村自然景观和农村风貌。

④乡村历史文化保护。充分挖掘乡村自然和文化资源，保持乡村特有的乡土文化，注重传统农耕文化传承，保护历史文脉。

---

[1] 自然资源部 .《自然资源部关于开展全域土地综合整治试点工作的通知》解读 . https://www.mnr.gov.cn/dt/ywbb/201912/t20191220_2490903.html.

[2] 中国政府网 . 自然资源部启动全域土地综合整治试点 . https://www.gov.cn/xinwen/2019-12/22/content_5463027.htm.

73. 矿山生态修复

自然资源部等部门联合印发的《关于进一步加强绿色矿山建设的通知》提出，绿色矿山建设是推动矿业高质量发展的重要举措，是矿业领域生态文明建设的有力抓手，是实现人与自然和谐共生的必然要求。

（1）概念

《省级国土空间规划编制指南》（试行）提出，矿山生态修复是指针对矿产资源开发造成的地灾隐患、占用和损毁土地、生态破坏等问题，通过预防控制和综合整治措施，使矿山地质环境达到稳定、损毁的土地达到可供利用状态以及生态功能恢复的活动。

专栏　采石场改造实践案例

佘山世茂洲际酒店，位于上海佘山天马山深坑内。该深坑原系采石场，经过几十年的采石，形成一个长千米、深百米的深坑。上海市充分利用了深坑的自然环境，建成全球首个建在废石坑里的酒店❶。

上海佘山天马山深坑酒店
图片来源：图虫网.

专栏　北方防沙带矿山生态修复工程

《北方防沙带生态保护和修复重大工程建设规划（2021—2035年）》提出，北方防沙带工程区内废弃矿山主要分布在河北太行山、冀东北、阴山—大青山、内蒙古大兴安岭南麓、天山、河西走廊等地区，涉及河北、内蒙古、甘肃、新疆（含新疆兵团），共计52个县域。

该区域废弃矿山分布范围广，2018年的遥感监测结果表明，矿山工程涉及县域内废弃矿山生态损毁面积约15.15万公顷，主要是矿产资源开发利用导致的土地沙化、草原退化等生态环境问题。

规划计划完成北方防沙带重要生态功能区废弃矿山损毁土地生态修复面积约5.47万公顷。

北方防沙带矿山生态修复工程重点项目布局

重点项目	省级行政区	县（市、区、旗、团）
河北太行山地区矿山生态修复项目	河北	井陉县、灵寿县、平山县、唐县、曲阳县、蔚县、易县、怀安县、怀来县、赤城县、涿鹿县、信都区、阳原县、尚义县、阜平县、涞源县、张北县
冀东北矿山生态修复项目	河北	迁西县、青龙满族自治县、兴隆县、承德县、滦平县、隆化县、丰宁县、围场县、平泉市、宽城满族自治县
内蒙古大兴安岭南麓矿山生态修复项目	内蒙古	林西县、巴林左旗、西乌珠穆沁旗、巴林右旗、锡林浩特市、喀喇沁旗、敖汉旗、松山区
阴山—大青山矿山生态修复项目	内蒙古	固阳县、乌拉特前旗、达尔罕茂明安联合旗、乌拉特中旗、白云鄂博矿区、丰镇市、兴和县
天山矿山生态修复项目	新疆	达坂城区、伊宁县、精河县、博乐市、巴里坤哈萨克自治县
河西走廊矿山生态修复项目	甘肃	古浪县、民乐县、山丹县、敦煌市、瓜州县

---

❶　全国能源信息平台.「案例分享」全球废弃矿山生态修复经典案例赏析. https://baijiahao.baidu.com/s?id=1668167811879761770&wfr=spider&for=pc.

（2）矿山环境治理参考模式

　　河北省是矿业大省，结合实际编制了《河北省矿山环境治理参考模式》，主要针对矿山环境问题，按照"因地制宜、综合整治，宜耕则耕、宜林则林、宜渔则渔、宜草则草、宜工则工、宜景则景"的原则，归纳整理了矿山复绿、农业用地、建设用地、空间再用、休闲公园、文化造景、边采边治、矿山公园共8种矿山环境治理模式。

　　矿山复绿模式。 矿山环境治理的最基本模式，指通过采取工程和生物措施，对采矿活动引起的矿山环境问题进行综合治理，达到地质环境稳定、消除矿山地质灾害、矿区得到绿化、生态得到恢复、景观得到美化的效果。

　　农业用地模式。 通过采取工程措施，对采矿场、排土场、生产加工厂（工业广场）、办公生活区、采空塌陷区等矿山破坏土地进行综合治理，使其满足农用耕地要求，达到优化生态环境、土地再利用，提高土地利用价值和经济效益的效果。

　　建设用地模式。 通过采取工程措施，对采矿场、排土场、生产加工场、办公生活区、采空塌陷区等矿山破坏土地进行综合整治，使其成为各类建设用地，达到优化生态环境、土地再利用、使废弃矿山成为新的经济增长区的效果。

　　空间再用模式。 在遵循安全第一、合理利用的前提下，对矿山废弃的露天采坑和地采井巷再次开发利用的过程，其效果是变废为利、提升土地的利用价值。

　　休闲公园模式。 本着以人为本的原则，对矿山遭破坏的土地进行专业规划和设计，将矿山建设成适于人类休憩、游玩、娱乐的休闲公园的矿山环境治理模式，达到美化环境、丰富居民精神生活、创建和谐社会、改善矿山生态环境的效果。

　　文化造景模式。 采取工程措施，主要针对露天采矿所形成的、不易绿化的高陡边坡、掌子面、残山等进行治理，通过在岩壁上进行雕塑、石刻、写字、作画等，建立文化石刻长廊，达到美化环境、改善矿区生态条件的效果。

河北省承德市滦平县周台子铁矿边坡绿化效果（矿山复绿模式）
图片来源：河北省自然资源厅国土空间生态修复处，《河北省矿山环境治理参考模式》。

河北省三河市石灰岩矿压占地复垦为苹果园（农业用地模式）
图片来源：河北省自然资源厅国土空间生态修复处，《河北省矿山环境治理参考模式》。

河北省张家口市流平寺采石场压占地改造成天然气公司（建设用地模式）
图片来源：河北省自然资源厅国土空间生态修复处，《河北省矿山环境治理参考模式》。

河北省保定市徐水战备砖厂采坑中建蘑菇养殖棚（空间再用模式）
图片来源：河北省自然资源厅国土空间生态修复处，《河北省矿山环境治理参考模式》。

　　边采边治模式。 按照预防为主、防治结合，在保护中开发、在开发中保护，因地制宜、边开采边治理的原则，在矿产资源开发过程中科学规划、合

河北省唐山市南湖生态城全景（休闲公园模式）
图片来源：河北省自然资源厅国土空间生态修复处，《河北省矿山环境治理参考模式》.

河北省邯郸市涉县文化长廊（文化造景模式）
图片来源：河北省自然资源厅国土空间生态修复处，《河北省矿山环境治理参考模式》.

生产矿山台阶式边坡的绿化（边采边治模式）
图片来源：河北省自然资源厅国土空间生态修复处，《河北省矿山环境治理参考模式》.

理设计，采用先进的开采技术来防范矿山环境问题的发生，再辅以必要的治理措施应对可能产生的矿山环境问题，达到矿山环境扰动最小化和环境恢复最优化的治理效果。

矿山公园模式。将具备条件的矿山经过科学规划、精细施工，建设成为矿山公园的矿山环境治理模式，达到保护矿业遗迹、进行科普教育、发展工业旅游、提高经济效益、改善矿山生态地质环境的效果。

专栏　湖北省黄石国家矿山地质公园

黄石国家矿山地质公园位于铁山区境内，历经百年开采，大冶铁矿东露天采场形成了落差444米的世界第一高陡边坡。为了治理生态环境，该矿成为亚洲最大的硬质岩复垦基地，充分展示了具有数千年悠久历史的中国矿业文化[1]。

湖北省黄石国家矿山地质公园
图片来源：图虫网.

---

[1]　全国能源信息平台.「案例分享」全球废弃矿山生态修复经典案例赏析. https://baijiahao.baidu.com/s?id=16681678118797617770&wfr=spider&for=pc.

74. 海洋生态修复

要高度重视海洋生态文明建设，加强海洋环境污染防治，保护海洋生物多样性，实现海洋资源有序开发利用，为子孙后代留下一片碧海蓝天。

（1）概念

海洋生态修复是指针对开发活动造成的滨海湿地大面积减少、自然岸线锐减等典型的海洋生态系统受损、退化等问题，通过开展整治和修复，逐步恢复遭到破坏的海洋生态系统的结构和功能，提高海洋生物多样性，促进海洋生态安全屏障建设❶。

（2）修复原则和类型

修复原则。①保护优先，自然恢复为主。充分发挥生态系统自我恢复能力，遵循优先保障安全、突出恢复生态、适度兼顾景观的次序，实施必要的人工辅助修复。②战略引领，科学合理布局。聚焦重点海域和关键生态问题，科学合理部署海洋生态保护修复任务。③陆海统筹，实施系统修复。按照"山水林田湖草是生命共同体"的理念，陆海统筹、河海兼顾，系统实施生态修复。④因地制宜，分区分类施策。考虑区域自然条件差异和生态系统的特征，"一湾（海湾）一策""一口（河口）一策"，精准识别问题，因地制宜采取生态保护修复措施❷。

修复类型。我国海洋生态修复分为典型生态系统修复和综合生态系统修复。①典型生态系统修复，包括红树林生态修复、盐沼生态修复、海草床生态修复、海藻场生态修复、珊瑚礁生态修复、牡蛎礁生态修复；②综合生态系统修复，包括岸滩整治与生态修复、河口生态修复、海湾生态修复、海岛生态修复等综合生态系统修复❸。

（3）目标指标

规划目标。《"十四五"海洋生态保护修复行动计划》明确，"十四五"期间，完成整治修复滨海湿地不少于 2 万公顷，其中营造红树林 9050 公顷，整治修复岸线不少于 400 千米，自然岸线保有率达 35% 以上。通过实施行动计划，到 2025 年，我国红树林、珊瑚礁、海草床等典型海洋生态系统的质量有所提高，达到生态恢复认定标准的岸线长度有所增加，岸线和滨海湿地生态功能得到改善，海洋生态系统碳汇增量有所提升，海岸带生态与减灾协同增效防护体系日臻完善，海岸带生态安全屏障更加牢固。

规划指标。《"十四五"海洋生态环境保护规划》中明确了近岸海域水质优良（一、二类）比例、自然岸线保有率等六项指标。

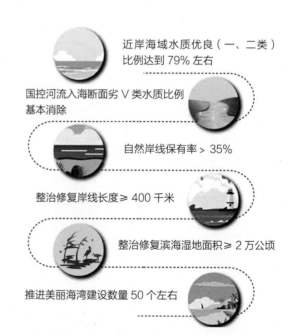

近岸海域水质优良（一、二类）比例达到 79% 左右

国控河流入海断面劣 Ⅴ 类水质比例基本消除

自然岸线保有率 > 35%

整治修复岸线长度 ≥ 400 千米

整治修复滨海湿地面积 ≥ 2 万公顷

推进美丽海湾建设数量 50 个左右

《"十四五"海洋生态环境保护规划》6 项指标
图片来源：中华人民共和国生态环境部. 一图读懂《"十四五"海洋生态环境保护规划》. https://www.mee.gov.cn/zcwj/zcjd/202201/t20220117_967328.shtml.

---

❶《省级国土空间规划编制指南》（试行）.
❷《"十四五"海洋生态保护修复行动计划》.
❸《海洋生态修复技术指南（试行）》.

（4）重点任务

《"十四五"海洋生态保护修复行动计划》确定了五项重点任务。

渤海区生态保护修复。 渤海属于半封闭型内海，分布有河口、盐沼、海草床、牡蛎礁等多种典型海洋生态系统，是东亚—澳大利西亚候鸟迁徙路线的关键枢纽，也是斑海豹、丹顶鹤等珍稀濒危动物的越冬区、繁殖区或栖息地。渤海区生态保护修复以暖温带河口湿地为重点，立足辽东湾、黄河口及邻近海域等海洋生态区实施生态保护和修复，巩固渤海区海岸带生态安全屏障功能。

黄海区生态保护修复。 黄海分布有泥质滩涂、河口、盐沼、海草床等多种典型滨海湿地，其中盐城黄海湿地是我国第一个列入世界遗产的滨海湿地，是东亚—澳大利西亚候鸟迁徙路线上不可替代的自然栖息地。黄海区生态保护修复以暖温带滨海湿地为重点，立足北黄海、苏北等海洋生态区实施生态保护和修复，持续推进浒苔绿潮灾害防控，巩固黄海区海岸带生态安全屏障。

东海区生态保护修复。 东海区海湾、岛屿众多，分布有中华鲟、江豚、中华凤头燕鸥等珍稀濒危物种，众多海洋生物的产卵场、育幼场、索饵场和洄游通道。东海区生态保护修复以亚热带河口、海湾和海岛为重点，立足长江口—杭州湾、浙东南、台湾海峡等海洋生态区实施生态保护和修复，巩固东海区海岸带生态安全屏障。

南海区生态保护修复。 南海区岛礁众多，生物多样性丰富，分布有珊瑚礁、红树林、海草床等热带典型海洋生态系统。南海区生态保护修复以亚热带和热带典型滨海湿地为重点，立足珠江口及邻近海域、北部湾、环海南岛及南海重点区域的海洋生态区实施生态保护和修复，巩固南海区海岸带生态安全屏障。

海洋生态保护修复监测与评估。 聚焦海洋生态保护修复的重点任务，推进海洋生态本底调查、海洋生态保护修复监测体系建设、海洋生态保护修复综合评估及海洋生态修复标准规范体系建设，推动海洋生态保护修复监测和评估工作系统化、规范化和业务化。

专栏　浙江省温州市洞头区蓝色海湾整治行动 ❶

洞头区位于浙江东南沿海，是全国 14 个海岛区（县）之一。洞头区拥有 302 个岛屿和 351 千米的海岸线，总面积约 2862 平方千米，其中海域面积占了近 95%。通过蓝色海湾整治项目，实施"破堤通海"，打造"十里湿地"，开展"退养还海"，洞头区完成清淤疏浚面积 157 万平方米，修复沙滩面积 10.51 万平方米，建设海洋生态廊道 23 千米，种植红树林 419 亩，修复污水管网 5.69 千米。2018 年洞头成功入选全国第二批"绿水青山就是金山银山"实践创新基地，成为获此荣誉的首个海岛地区。

蓝色海湾破堤通海、生态海堤工程
图片来源：浙江省自然资源厅. 中国生态修复典型案例 | 温州洞头蓝色海湾整治行动 . https://zrzyt.zj.gov.cn/art/2021/10/19/art_1289955_58944893.html.

---

❶ 浙江省自然资源厅. 中国生态修复典型案例 | 温州洞头蓝色海湾整治行动 . https://zrzyt.zj.gov.cn/art/2021/10/19/art_1289955_58944893.html.

8

公共设施布局与安全防灾

75. 区域基础设施布局

《中华人民共和国国民经济和社会发展第十四个五年规划和 2035 年远景目标纲要》提出，统筹推进传统基础设施和新型基础设施建设，打造系统完备、高效实用、智能绿色、安全可靠的现代化基础设施体系。

（1）国土空间规划要求

省级层面。落实国家重大交通、能源、水利、信息通讯等基础设施项目，明确空间布局和规划要求。明确重大基础设施项目、建设时序安排，确定重点项目表。按照区域一体化要求，构建与国土空间开发保护格局相适应的基础设施支撑体系。按照高效集约的原则，统筹各类区域基础设施布局，线性基础设施尽量并线，明确重大基础设施廊道布局要求，减少对国土空间的分割和过度占用[1]。

市县层面。以协同融合、安全韧性为导向，结合空间格局优化和智慧城市建设，优化形成各类基础设施一体化、网络化、复合化、绿色化、智能化布局。提出市域重要交通廊道和高压输电干线、天然气高压干线等能源通道空间布局，以及市域重大水利工程布局安排[2]。

（2）基础设施布局

电力。以大区域供电系统为基础，结合本区域电源和电网现状、用电量和用电负荷结构，根据需电量预测和现状电源，规划电源建设，完善电网布局，确定高压线走向等[3]。

西电东送是指将西部省份的电力资源，输送到电力紧缺的广东、华东和京津唐地区，以促进西部地区将资源优势转化为经济优势，分南、中、北三条通道：①南部通道主要实施"向广东送电 1000 万千瓦"工程，目前南部通道已建成，送电能力最大达到 300 万千瓦；②中部通道包括川渝、华中、华东、福建等 11 个省、市，主要任务是三峡电能消纳和川电外送；③北部通道由两部分组成，一是山西、内蒙古西部电力外送，二是西北黄河上游水电及陕西、宁夏火电外送，送电方向为京津冀及山东电网[4]。

燃气。根据国家燃气资源总量平衡情况和当地燃气发展特点和需求，明确发展目标、选择燃气气源、合理布局储气设施、明确燃气设施保护范围等[5]。

西气东输包括 1 干 8 支，途经新疆、甘肃、宁夏、陕西、河南、湖北、湖南、江西、福建和广东 10 个省级行政区，管道总长 7378 千米，年设计输气量 300 亿立方米，上游与中国—中亚天然气管道 C 线连接[6]。

水利。坚持节水优先、空间均衡、系统治理，规划全局性、战略性重大水利工程，统筹规划中小型水利设施，提高水安全保障能力。规划推进江河流域系统整治，加强水生态治理与保护，完善水利防灾减灾体系。

南水北调根据 2002 年国务院批复的《南水北调工程总体规划》，通过东、中、西三条调水线路，相互连接长江、淮河、黄河、海河，构成我国中部地区水资源"四横三纵、南北调配、东西互济"的

---

[1] 《省级国土空间规划编制指南》（试行）.

[2] 《市级国土空间总体规划编制指南（试行）》.

[3] 崔功豪，魏清泉，刘科伟. 区域分析与区域规划（第二版）[M]. 北京：高等教育出版社，2006.

[4] 央视国际网络. 跨世纪工程——西电东送. https://www.cctv.com/news/china/20020503/28.html.

[5] 《城镇燃气管理条例》.

[6] 人民网. 西气东输三线西段工程全线贯通. http://energy.people.com.cn/n/2014/0901/c71661-25578096.html.

总体格局 **❶**。

　　①东线工程：从长江下游扬州江都抽引长江水，利用京杭大运河及与其平行的河道逐级提水北送，一期工程调水主干线全长 1466.50 千米；②中线工程：从丹江口水库引水，经长江流域与淮河流域，穿过黄河，沿京广铁路西侧北上，自流到北京、天津，输水干线全长 1431.945 千米；③西线工程：主要是解决涉及青海、甘肃、宁夏、内蒙古、陕西、山西 6 个省级行政区上中游地区和渭河关中平原的缺水问题，具体方案正在研究论证。

新型基础设施。《中华人民共和国国民经济和社会发展第十四个五年规划和 2035 年远景目标纲要》提出：加快 5G 网络规模化部署，用户普及率提高到 56%，推广升级千兆光纤网络；前瞻布局 6G 网络技术储备，扩容骨干网互联节点，新设一批国际通信出入口，全面推进互联网协议第六版（IPv6）商用部署；打造全球覆盖、高效运行的通信、导航、遥感空间基础设施体系，建设商业航天发射场；实施中西部地区中小城市基础网络完善工程。

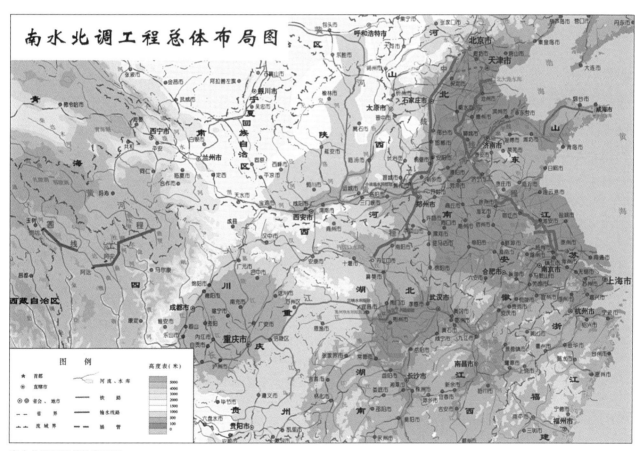

南水北调工程总体布局图
图片来源：中华人民共和国水利部 南水北调工程管理司 . 工程概况 . http://nsbd.mwr.gov.cn/zw/gcgk/.

❶ 中华人民共和国水利部 南水北调工程管理司 . 南水北调工程总体简介 . http://nsbd.mwr.gov.cn/zw/gcgk/gczs/202209/t20220918_
1608832.html.

76. 区域综合立体交通网布局

《"十四五"现代综合交通运输体系发展规划》提出，构建完善以"十纵十横"综合运输大通道为骨干，以综合交通枢纽为支点，以快速网、干线网、基础网多层次网络为依托的综合交通网络。

（1）概念

国家综合立体交通网。是国家交通基础设施最高层次的空间网络，是国家综合交通运输体系的基础，是铁路、公路、水运、民航、管道等各种运输方式的主要通道和节点❶。

综合交通枢纽。是综合交通运输体系的重要组成部分，是衔接铁路、公路、航空等多种运输方式、辐射一定区域的客、货转运中心。

（2）国土空间规划要求

《省级国土空间规划编制指南》（试行）提出，以区域综合交通和基础设施网络为骨架、以重点城镇和综合交通枢纽为节点，促进形成省域国土空间网络化。《市级国土空间总体规划编制指南（试行）》提出，发挥综合交通对区域网络化布局的引领和支撑作用，增强区域、市域、城乡之间的交通服务能力。

（3）综合交通发展现状

《"十四五"现代综合交通运输体系发展规划》中提出，"十三五"时期，我国交通运输基础设施网络日趋完善，综合交通网络总里程突破600万千米，"十纵十横"综合运输大通道基本贯通。高速铁路运营里程翻一番，覆盖超过95%的百万人口以上城市，高速公路对20万人口以上城市覆盖率超过98%，民用运输机场覆盖92%左右的地级市，超大特大城市轨道交通加快成网。港珠澳大桥、北京大兴国际机场、上海洋山港自动化码头、京张高速铁路等超大型交通工程建成投运。

专栏 "十纵十横"综合运输大通道

纵向综合运输通道

沿海运输通道。起自同江，经哈尔滨、长春、沈阳、大连、秦皇岛、天津、烟台、青岛、连云港、南通、上海、宁波、福州、厦门、汕头、广州、湛江、海口，至防城港、至三亚。

北京至上海运输通道。起自北京，经天津、济南、蚌埠、南京，至上海、至杭州。

北京至港澳台运输通道。起自北京，经衡水、菏泽、商丘、九江、南昌、赣州、深圳，至香港（澳门）；支线经合肥、黄山、福州，至台北。

黑河至港澳运输通道。起自黑河，经齐齐哈尔、通辽、沈阳、北京、石家庄、郑州、武汉、长沙、广州，至香港（澳门）。

二连浩特至湛江运输通道。起自二连浩特，经集宁、大同、太原、洛阳、襄阳、宜昌、怀化，至湛江。

包头至防城港运输通道。起自包头（满都拉），经延安、西安、重庆、贵阳、南宁，至防城港。

临河至磨憨运输通道。起自临河（甘其毛都），经银川、平凉、宝鸡、重庆、昆明，至磨憨、至河口。

北京至昆明运输通道。起自北京，经太原、西安、成都（重庆），至昆明。

额济纳至广州运输通道。起自额济纳（策克），经酒泉（嘉峪关）、西宁（兰州）、成都、泸州（宜宾）、贵阳、桂林，至广州。

烟台至重庆运输通道。起自烟台，经潍坊、济南、郑州、南阳、襄阳，至重庆。

横向综合运输通道

绥芬河至满洲里运输通道。起自绥芬河，经牡丹江、哈尔滨、齐齐哈尔，至满洲里。

珲春至二连浩特运输通道。起自珲春，经长春、

---

❶ 新华网．这是一盘大棋，国家综合立体交通网究竟是什么．https://baijiahao.baidu.com/s?id=16927302238821777238&wfr=spider&for=pc.

通辽、锡林浩特，至二连浩特。

西北北部运输通道。起自天津（唐山、秦皇岛），经北京、呼和浩特、临河、哈密、吐鲁番、库尔勒、喀什，至吐尔尕特、至伊尔克什坦、至红其拉甫；西端支线自哈密，经将军庙，至阿勒泰（吉木乃）。

青岛至拉萨运输通道。起自青岛，经济南、德州、石家庄、太原、银川、兰州、西宁、格尔木，至拉萨。

陆桥运输通道。起自连云港，经徐州、郑州、西安、兰州、乌鲁木齐、精河，至阿拉山口、至霍尔果斯。

沿江运输通道。起自上海，经南京、芜湖、九江、武汉、岳阳、重庆、成都、林芝、拉萨、日喀则，至亚东、至樟木。

上海至瑞丽运输通道。起自上海（宁波），经杭州、南昌、长沙、贵阳、昆明，至瑞丽。

汕头至昆明运输通道。起自汕头，经广州、梧州、南宁、百色，至昆明。

福州至银川运输通道。起自福州，经南昌、九江、武汉、襄阳、西安、庆阳，至银川。

厦门至喀什运输通道。起自厦门，经赣州、长沙、重庆、成都、格尔木、若羌，至喀什。

与此同时，我国综合交通运输发展不平衡、不充分问题仍然突出，如综合交通网络布局不够均衡、结构不尽合理、衔接不够顺畅，重点城市群、都市圈的城际和市域（郊）铁路还存在较明显的短板。

（4）国家综合立体交通网

总体要求和目标。中共中央、国务院印发的《国家综合立体交通网规划纲要》提出，到2035年，除部分边远地区外，基本实现全国县级行政中心15分钟上国道、30分钟上高速公路、60分钟上铁路，市地级行政中心45分钟上高速铁路、60分钟到机场，基本实现地级市之间当天可达和"全国123出行交通圈"（都市区1小时通勤、城市群2小时通达、全国主要城市3小时覆盖）和"全球123快货物流圈"（国内1天送达、周边国家2天送达、全球主要城市3天送达）。

综合立体交通网主骨架布局。依据国家区域发展战略和国土空间开发保护格局，按照4极、8组群、9组团之间的交通联系强度，打造由6主轴、7走廊、8通道组成的国家综合立体交通网主骨架。

综合交通枢纽布局。①打造综合交通枢纽集群。建设京津冀、长三角、粤港澳大湾区、成渝地区双城经济圈等国际性综合交通枢纽集群，提升全球互联互通水平和辐射能级。培育一批辐射区域、连通全国的综合交通枢纽集群，合理组织集群服务网络，提高集群内枢纽城市协同效率。②优化综合交通枢纽城市功能。提升北京、天津、上海、广州、深圳、成都、重庆等枢纽城市的全球辐射能级。增强南京、杭州、沈阳、大连、哈尔滨、青岛、厦门、郑州、武汉、海口、昆明、西安、乌鲁木齐、宁波等枢纽城市的国际门户作用。提升石家庄、太原、合肥、济南、长沙、南宁、兰州等枢纽城市全国集聚辐射功能。

4极	京津冀、长三角、粤港澳大湾区、成渝地区双城经济圈
8组群	长江中游、山东半岛、海峡两岸、中原地区、哈长、辽中南、北部湾、关中平原
9组团	呼包鄂榆、黔中、滇中、山西中部、天山北坡、兰西、宁夏沿黄、拉萨、喀什
6主轴	京津冀—长三角、京津冀—粤港澳、京津冀—成渝、长三角—粤港澳、长三角—成渝、粤港澳—成渝
7走廊	京哈、京藏、大陆桥、西部陆海、沪昆、成渝昆、广昆
8通道	绥满、京延、延边、福银、二湛、川藏、湘桂、厦蓉

国家综合立体交通网主骨架
资料来源：《国家综合立体交通网规划纲要》，2021年2月印发.

专栏　山东省综合立体交通布局

山东省规划建设"一轴两廊十通道"综合立体交通网主骨架。遵循《国家综合立体交通网规划纲要》"一轴两廊"（京津冀—长三角主轴、京哈走廊、京藏走廊）和《黄河流域生态保护和高质量发展规划纲要》"一字型"沿黄通道山东布局，在巩固、提升既有"四横五纵"综合运输通道基础上，规划建设全省"四横五纵沿黄达海十通道"综合立体交通网主骨架。

形成四条横向综合运输通道，在基本形成鲁北、济青、鲁南三个横向通道的基础上，加快完善鲁中通道，提升沿海港口辐射能力和西向铁水联运效能，积极融入"一带一路"建设。

形成五条纵向综合运输通道，在基本形成沿海、京沪二、京沪、京九四个纵向通道的基础上，加快完善滨临通道，强化与京津冀、长三角、粤港澳区域的连接。

形成沿黄达海综合运输通道，加快构建对接日韩、覆盖山东、辐射黄河流域的沿黄达海国际陆海联运大通道。

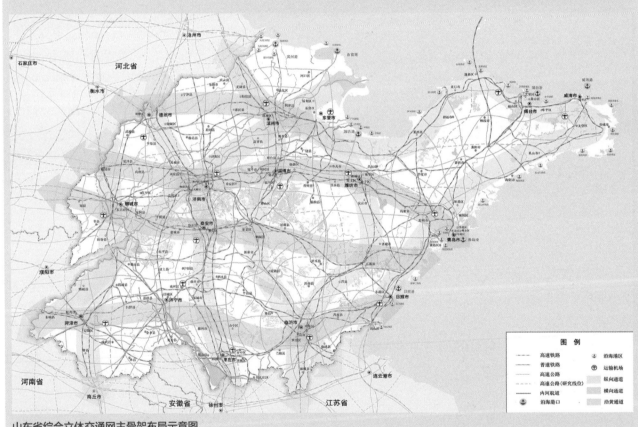

山东省综合立体交通网主骨架布局示意图

图片来源:《山东省综合立体交通网规划纲要（2023—2035 年）》，2023 年 11 月发布.

77. 城市交通系统布局

2015 年 12 月，中央城市工作会议指出，面对越来越多的大城市交通拥堵问题，城市规划就要树立新理念，注意完善快速路、主次干路、支路搭配合理的道路网系统。

（1）国土空间规划要求

《中共中央 国务院关于进一步加强城市规划建设管理工作的若干意见》提出，加强城市综合交通枢纽建设，促进不同运输方式和城市内外交通之间的顺畅衔接、便捷换乘。优先发展公共交通，扩大公共交通专用道的覆盖范围，以提高公共交通分担率为突破口，缓解城市交通压力。

《市级国土空间总体规划编制指南（试行）》提出：①提高空间连通性和交通可达性，明确综合交通系统发展目标，促进城市高效、安全、低能耗运行，优化综合交通网络，完善物流运输系统布局，促进新业态发展，增强区域、市域、城乡之间的交通服务能力；②坚持公交引导城市发展，提出与城市功能布局相融合的公共交通体系与设施布局；③按照"小街区、密路网"的理念，优化中心城区城市道路网结构和布局，提高中心城区道路网密度；④构建系统安全的慢行系统，结合街道和蓝绿网络，构建连通城市和城郊的绿道系统，提出城市中心城区覆盖地上地下、室内户外的慢行系统规划要求，建设步行友好城市。

（2）城市对外交通布局 ❶

城市对外交通综合布局一般应遵循以下原则：各类设施之间要方便组织水、陆、空各种运输方式的综合运输，并与城市功能布局配合，客运部分应与城市市区靠近，交通场站要与城市交通性干道系统密切联系。

铁路。①客运站。客运站的位置应靠近市中心，一般距离城市中心 2~3 千米以内。客运站还应与城市的主要干道连接，直接通达市中心以及其他联运点（车站、码头等）。目前，各地新建高铁站选址多考虑未来城市发展方向，一般布局于城市边缘。大城市或有多个客运站的，宜分布在城市不同方向。②货运站。货运站位置一方面要满足货物运输的经济性、合理性要求，另一方面也要尽量减少对城市的干扰。③中间站（客货合一站）。中间站分布与货场的位置关系密切，为了避免铁路切割城市，铁路最好从城市边缘通过，并将客站与货场均布置在城

以地下铁路连接引入市中心　铁路直接深入市中心地下设客运站

客运站与城市中心的联系方式

图片来源：李德华.城市规划原理（第三版）[M].北京：中国建筑工业出版社，2001.

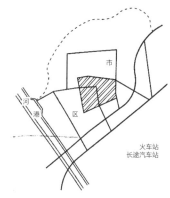

长途汽车站与铁路车站结合布置

图片来源：李德华.城市规划原理（第三版）[M].北京：中国建筑工业出版社，2001.

---

❶ 吴志强，李德华.城市规划原理（第四版）[M].北京：中国建筑工业出版社，2010.

市一侧，使货场接近工业、仓库区，而客站位于居住用地的一侧。

公路。①公路交通与城市的关系。以城市为目的地的到达交通，要求线路直通市区，并与城市干道直接衔接；同城市关系不大的过境交通，一般宜尽量由城市边缘通过；联系市郊各区的交通，一般多采用绕城干道解决。②站场位置。长途汽车站场的位置选择，要考虑功能分区和干道系统的布置，既方便使用，又不影响城市的生产和生活。大城市中一般将长途汽车站与车站结合布置，也可采用分路线方式，在城市中心区或中心区边缘设两个或几个客运站。

港口。港口是水陆联运的枢纽，也是水上运输的枢纽。港口分为水域与陆域两大部分，港口后方集疏运是港口城市交通的重要组成部分。现代港口城市的发展与建设，首先反映在快速、高效的城市的对外交通与城市道路系统的建立，如高速公路、铁路、水运（包括近海、内河、运河）、空运以及管道等组成的交通运输网，并与城市生活交通街道系统分离，成为快速、高效集疏运系统。

机场。①位置选择。机场的选址应使跑道轴线方向尽量避免穿过城市市区，最好在城市侧面相切的位置。城市建设地区（特别是生活居住区）应尽量避免布置在机场跑道轴线方向，且居住区边缘与跑道侧面的距离最好在 5 千米以上。在特殊情况下，跑道轴线不得穿越居住区。②机场与城市的距离。为方便机场与城市的联系，机场不宜远离城市，一般在 30 千米范围内，保证将机场与城市的交通时间控制在 30 分钟以内。新航空港在选址上应与城市边缘至少保持在 10 千米。

（3）城市道路系统

城市道路形式。一般可归纳为方格棋盘式、环形放射式等几种形式。城市道路系统可分为主要道路系统（交通性）和辅助道路系统（生活性）[1]。

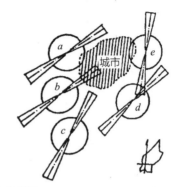

机场在城市中的位置

图片来源：李德华.城市规划原理（第三版）[M].北京：中国建筑工业出版社，2001.

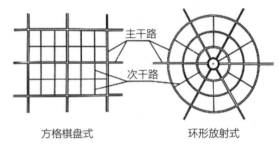

城市干路网类型

图片来源：文国玮.城市交通与道路系统规划[M].北京：清华大学出版社，2007.

交通分流原则。快与慢分流、客与货分流、过境与市内分流、机动车与非机动车分流。

路网密度。《中共中央 国务院关于进一步加强城市规划建设管理工作的若干意见》提出，建设快速路、主次干路和支路级配合理的道路网系统。到 2020 年，城市建成区平均路网密度提高到 8 千米／平方千米，道路面积率达到 15%。

道路红线。道路红线是指道路横断面中机动车道、非机动车道、道路绿化等各种用地宽度的总和，一般规划人口规模 50 万及以上城市不应超过 70 米，20 万 ~50 万的城市不应超过 55 米，20 万以下城市不应超过 40 米。

（4）城市公共交通布局

城市客运交通由步行、自行车、摩托车、小汽车以及公共交通几部分组成。在大城市或都市区内应鼓励公共交通的发展，实施"公交优先"的管理模式。

---

❶ 吴志强，李德华.城市规划原理（第四版）[M].北京：中国建筑工业出版社，2010.

专栏　城市道路功能等级

《城市综合交通体系规划标准》（GB/T 51328—2018）提出，按照城市道路所承担的城市活动特征，应分为干线道路、支线道路、联系两者的集散道路3个大类，城市快速路、主干路、次干路和支路4个中类以及8个小类。

城市道路功能等级划分与规划要求

大类	中类	小类	功能说明	设计时速（千米/小时）	高峰小时服务交通量推荐（双向PCU）
干线道路	快速路	Ⅰ级快速路	为城市长距离机动车出行提供快速、高效的交通服务	80~100	3000~12000
		Ⅱ级快速路	为城市长距离机动车出行提供快速交通服务	60~80	2400~9600
	主干路	Ⅰ级主干路	为城市主要分区（组团）间的中、长距离联系交通服务	60	2400~5600
		Ⅱ级主干路	为城市分区（组团）间中、长距离联系以及分区（组团）内部主要交通联系服务	50~60	1200~3600
		Ⅲ级主干路	为城市分区（组团）间联系以及分区（组团）内部中等距离交通联系提供辅助服务，为沿线用地服务较多	40~50	1000~3000
集散道路	次干路	次干路	为干线道路与支线道路的转换以及城市内中、短距离的地方性活动组织服务	30~50	300~2000
支线道路	支路	Ⅰ级支路	为短距离地方性活动组织服务	20~30	—
		Ⅱ级支路	为短距离地方性活动组织服务的街坊内道路、步行、非机动车专用路等	—	—

总体要求。优先发展公共交通，以提高公共交通分担率为突破口，缓解城市交通压力，统筹公共汽车、轻轨、地铁等多种类型公共交通协调发展。加强城市综合交通枢纽建设，促进不同运输方式和城市内外交通之间的顺畅衔接、便捷换乘。扩大公共交通专用道的覆盖范围，公交专用道及优先车道设置明显提升。

公共交通系统构成。城市公共交通是涵盖多个层次的综合系统，由常规公共交通、快速轨道交通、快速公交系统（BRT）、辅助公共交通和特殊公共交通五部分组成。

分级发展重点。《"十四五"现代综合交通运输体系发展规划》和《绿色交通"十四五"发展规划》提出，持续深化国家公交都市建设。①超大、特大城市构建以轨道交通为骨干的快速公交网络，科学有序发展城市轨道交通，推动轨道交通、常规公交、

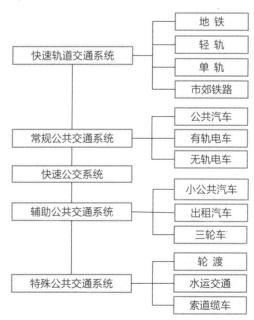

城市公共交通系统的层次和分类

资料来源：徐循初，黄建中．城市道路与交通规划（下册）[M]．北京：中国建筑工业出版社，2007.

慢行交通网络融合发展；公共交通机动化出行分担率不低于50%。②大城市形成以地面公交为主体的城市公共交通系统，发展重要客流走廊快速公交，如分担率不低于40%。③中小城市提高城区公共交通运营效率，逐步提升站点覆盖率和服务水平，分担率不低于30%。规划的公共交通线路网密度在市中心区应达到3~4千米/平方千米，在城市边缘区应达到2~2.5千米/平方千米。

专栏 公交都市

"公交都市"是为应对小汽车高速增长和交通拥堵所采取的一项城市交通战略，对于缓解城市交通拥堵、降低能源消耗、改善生态环境都具有重要意义。

公交都市的主要特征：①城市具有较高的公共交通分担比例，原则上，有轨道交通的城市公共交通出行分担率达到45%以上，没有轨道交通的城市公共交通出行分担率达到40%以上；②紧凑的城市空间布局，多元化的城市公共交通服务网络，城市建成区公交线网密度达到3千米/平方千米以上，公交站点500米半径覆盖率达到90%以上，实现主城区500米上车、5分钟换乘；③以人为本的城市公共交通优先政策，高效的城市交通综合管理[1]。

截至2022年9月，共有46个城市被命名为国家公交都市建设示范城市。第一批城市包括上海、南京；第二批城市包括北京、天津、大连、苏州、杭州、宁波、郑州、武汉、长沙、广州、深圳、银川；第三批城市包括石家庄、呼和浩特、沈阳、哈尔滨、合肥、南昌、济南、青岛、株洲、柳州、西安、乌鲁木齐；第四批城市包括太原、长春、重庆、贵阳、昆明、兰州、西宁；第五批城市包括成都、南宁、鞍山、昆山、湖州、金华、洛阳、南阳、驻马店、襄阳、常德、自贡、泸州。

（5）城市慢行交通系统

《绿色交通"十四五"发展规划》中提出，完善城市慢行交通系统，提升城市步行和非机动车的出行品质，构建安全、连续和舒适的城市慢行交通体系。

慢行交通系统包括步行及非机动车交通系统，由各级城市道路的人行道、非机动车道、过街设施、步行与非机动车专用路（含绿道）及其他各类专用设施（如楼梯、台阶、坡道、电扶梯、自动人行道等）构成。

专栏 山东省寿光市城市慢行系统[2]

山东省寿光市针对愈加拥堵的交通问题，考虑到多数市民出行开始选择"慢行"，以建慢道、造绿道、串系统、配设施等路径，构建绿化游园步行道和林荫非机动车道为主的城市慢行系统，荣获"联合国人居奖"，被评为首批"国家生态园林城市"。

①建慢道。围绕道路改造，在道路两侧建设步行和自行车专用道，新建道路实行机动车道、非机动车道和人行道的"分离"，保证步行和自行车的通行空间。

②造绿道。配建大量绿荫道，截至2015年年底，城区步行道总面积217.18万平方米、专用自行车道路132.4千米。城市道路林荫化推广率达到90.34%。

③串系统。完善步行和自行车交通系统，优化道路标线和单位出入口的衔接关系，科学组织交叉口步行、自行车交通，实现道路无障碍连接。

④配设施。做到盲道、无障碍设施、林荫路、标线标牌及其他市政公共设施设计同步到位，配套建设自行车停车设施、公共租赁自行车服务点。

游园步道一角
图片来源：寿光市人民政府，http://www.shouguang.gov.cn/sgjsj/csly/202110/t20211027_5962009.html.

---

❶ 中国道路运输网．公交都市示范工程．http://www.urbanchina.org/content/content_7122636.html.
❷ 寿光市人民政府．城区道路．http：//www.shouguang.gov.cn/sq/sgnj/sgnj5/jshb/csjs/201703/t20170323_4382379.html.

游园步道有机融合

图片来源：寿光市人民政府.林海生态博览园（4A级）. https://www.shouguang.gov.cn/sq/lysg/yzsg/201309/t20130918_3297315.html.

自行车交通的最佳出行距离是3~5千米，其主要特点是环保和便捷。根据城市居民出行特征调查，步行出行方式的比重约占30%以上，人流主要的集散地点是市中心区、对外交通车站、公交换乘枢纽和居住区内。

（6）城市静态交通

静态交通（包括公共交通停靠站、停车场等）是城市道路交通的组成部分。《城市停车规划规范》（GB/T 51149—2016）提出，建设以配建停车场为主、路外公共停车场为辅、路内停车为补充的停车系统。

停车场类型和数量。停车场按照规划管理方式分为建筑物配建停车场和城市公共停车场，按服务对象分为机动车停车场和非机动车停车场。

①建筑物配建停车场和城市公共停车场。建筑物配建停车位是城市机动车停车位供给的主体，应占城市机动车停车位供给总量的85%以上；城市公共停车场提供的停车位可占城市机动车停车位供给总量的10%~15%。

②机动车停车场和非机动车停车场。规划人口规模大于等于50万的城市，机动车停车位供给总量

应控制在机动车保有量的1.1~1.3倍之间；规划人口规模小于50万的城市，机动车停车位供给总量应控制在机动车保有量的1.1~1.5倍之间。非机动车停车位供给总量不应小于非机动车保有量的1.5倍。

③城市外来机动车公共停车场。主要为过境的和到城市来装运货物的机动车停车而设，应设置在城市外环路和城市出入口道路附近。

停车场规模。城市公共停车场规划用地总规模可按规划城市人口核算，人均城市公共停车场占地规模宜控制在0.5~1平方米。

停车场服务半径。公共停车场要与公共建筑布置相配合，要与火车站、长途汽车站、港口码头、机场等城市对外交通设施接驳。从停车地点到目的地的步行距离要短，公共停车场的服务半径不能太大，市中心地区不应大于200米，一般地区不应大于300米❶。

（7）城市货运交通组织

城市货运有公路、铁路、水运、航空和管道运输等方式。

城市货运交通内容。①过境货运交通，与城市在地域内的位置有关，与城市的生产、生活关系较小，有些经过市区，有些经城市中转；②出入市货运交通，与城市对外辐射的活力有密切关系，中心城市的职能越强，出入市货运交通就越大；③市内货运交通，是和城市自身生产、生活和基本建设有关的货运。

货运流通中心。货物流通中心是组织、转运、调节和管理物流的场所，是集货物储存、运输、商贸为一体的重要集散点。①地区性货物流通中心应设置在城市边缘地区的货运干路附近；②生产性货物流通中心的规划选址应尽可能与工业区结合，服务半径不宜过大，一般采用3~4千米；③生活性货物流通中心服务半径以2~3千米为宜❷。

---

❶ 吴志强，李德华.城市规划原理（第四版）[M].北京：中国建筑工业出版社，2010.

❷ 同❶.

78. 城市市政基础设施布局

2015 年 12 月，中央城市工作会议指出，城市交通、能源、供排水、供热、污水、垃圾处理等基础设施，要按照绿色、循环、低碳的理念进行规划建设。要支持城市能源系统节能低碳改造，更多地使用可再生能源，支持分布式电力系统建设，对现有建筑物和城市照明系统进行节能改造。要加强水的循环利用，鼓励发展超低能耗建筑技术，建设一批近零碳排放区示范工程。要在源头上实行垃圾减量化行动，让能再利用的废弃物得到充分利用，提高循环利用水平，减少垃圾填埋量。

（1）概念

城市基础设施包括城市交通、给水、排水、燃气、供热、供电、通信、环境卫生、防灾等工程，在城市生活、生产等各项经济社会活动中起保障作用❶。

（2）国土空间规划要求

《市级国土空间总体规划编制指南（试行）》提出，以协同融合、安全韧性为导向，结合空间格局优化和智慧城市建设，形成各类基础设施一体化、网络化、复合化、绿色化、智能化布局；提出中心城区交通、能源、水系统、信息、物流、固体废弃物处理等基础设施的规模和网络化布局的要求，明确廊道控制要求，鼓励新建城区提出综合管廊布局方案。构建集约高效、智能绿色、安全可靠的现代化基础设施体系，提高城市综合承载能力，建设韧性城市。

（3）给水工程系统❷

城市给水工程系统由取水工程、净水工程、输配水等组成。

水厂选址。①应选在地质条件较好且不受洪水威

专栏　江苏省无锡市供水系统

《无锡市国土空间总体规划（2021—2035 年）》（公示稿）中明确，供水系统保持"三源"（江阴水源地、锡东水源地和南泉水源地）、"四厂"（锡澄水厂、利西石桥水厂、小湾水厂和肖山水厂）供水格局，优化城乡管网系统，全面提升供水水质，满足城乡用水需求。

无锡市锡东水源地取水泵房
图片来源：中国城镇供水排水协会. 揭秘无锡水源地——锡东水源地 . https://old.cuwa.org.cn/guoneizixun/4661.html.

胁的地方；②周围应具有良好的环境卫生和安全防护条件；③尽量设置在交通方便、靠近电源的地方。

管网形式。为枝状管网和环状管网。①枝状管网建设投资较少，但供水可靠性较差。管线损坏时

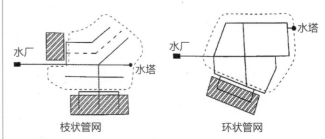

管网形式
图片来源：吴志强，李德华. 城市规划原理（第四版）[M]. 北京：中国建筑工业出版社，2010.

---

❶ 李亚峰，马学文，王培，等 . 城市基础设施规划 [M]. 北京：机械工业出版社，2017.
❷ 吴志强，李德华 . 城市规划原理（第四版）[M]. 北京：中国建筑工业出版社，2010.

会影响用户使用；用水量小时，水管中流速减慢，极易导致水变质。②环状管网与枝状管网相反，供水可靠性较好。管线损坏时，可从其他的管线供应用户，断水地区范围可以缩小。③一般在城市建设的初期采用枝状管网，随城市发展逐渐连成环状管网；在城市中心布置成环状管网，郊区布置成枝状管网。

（4）排水工程系统❶

排水工程系统通常由排水管渠、污水处理厂和出水口组成。

排水体制。可分为合流制和分流制。①合流制排水系统是将生活污水、工业污水和雨水混合在一个管渠内排出的系统。临河岸边建造截流干管，设置溢流井，并设污水处理厂。合流制对水体污染严重，但管渠造价低，城市建设早期使用较多。②分流制排水系统是将生活污水、工业废水和雨水分别在两个或两个以上各自独立的管渠内排出的系统。分流制卫生条件较好，投资较大，新建城市和重要工矿企业一般采用此形式。

污水处理厂选址。①应设置在地势较低处；②必须位于水源下游，并设在城镇夏季主导风向的下方；③应与城镇、工厂和生活区有 300 米以上距离，并设卫生防护带；④尽可能与回用处理后污水（中水）的主要用户靠近；⑤不宜设在雨季易受水淹的低洼处，靠近水体的污水处理厂应不受洪水威胁。

（5）环境卫生工程系统

城市环境卫生工程系统由垃圾处理厂（场）、垃圾填埋场、垃圾收集站和转运站、车辆清理场、公共厕所等组成。

城市固体垃圾处理的目标是减量化、无害化和资源化，主要有填埋处理、堆肥处理和焚烧处理三种方式。垃圾填埋场场址选择应最大限度地减少对环境的影响，距大、中城市规划建成区应大于 5 千米，距小城市规划建成区应大于 2 千米，距居民点

专栏　福建省厦门市排水系统

《厦门市国土空间总体规划（2020—2035 年）》（草案）提出完善污水收集处理及污泥处理设施，积极推进分流制改造与截流调蓄。至 2035 年实现污水全收集全处理、污泥无害化 100%；提高排水防涝系统规划标准，完善城镇排水体系；实施海绵城市建设分区管控策略，2035 年建成区基本实现年径流控制率 70%。

厦门市污水处理厂

图片来源：《厦门市国土空间总体规划（2020—2035 年）》（草案），2021 年 11 月公示.

应大于 0.5 千米，且四周宜设置防护绿地或生态绿地。垃圾转运站的选址应靠近服务区域中心或垃圾产量最多的地方，周围交通应比较便利，其服务半径与运距应符合有关规定。

（6）燃气工程系统❷

城市燃气工程系统由燃气气源工程、储气工程、输配气管网工程等组成。煤气制气厂选址应具有方便、经济的交通运输条件，靠近生产关系密切的工厂，必须避开高压走廊。天然气门站和液化石油气供应基地选址应选在城市边缘，处在城市所在地区全年最小频率风向的上风侧，选择地势平坦、开阔、不易积存燃气的地段，并避开地震带。

（7）集中供热系统❸

城市集中供热系统由热源、热力网和热用户三部分组成。热电厂布局应尽量靠近热负荷中心，有

---

❶ 吴志强，李德华. 城市规划原理（第四版）[M]. 北京：中国建筑工业出版社，2010.
❷ 同❶.
❸ 李亚峰，马学文，王培，等. 城市基础设施规划 [M]. 北京：机械工业出版社，2017.

方便的水陆交通、供水、解决排灰、出线的条件，并留出一定宽度的卫生防护带。

（8）供电系统

城市供电系统由城市电源工程、输配电网络工程组成。

城市电源布局。我国城市电源的发电厂以火电厂和水电厂为主。①火电厂需要在城市边缘地区进行选址布局；②水电厂布局距离城市较远，一般选择在便于拦河筑坝的河流狭窄处，或水库水流下游处[1]。

城市输配电网络布局。《城市电力规划规范》（GB/T 50293—2014）明确，城市电力线路中市区架空高、中压输电线路应采用双回线路，可与高压配电线同杆架设；市区内的 35 千伏以下电力线路宜采用地下敷设。城市架空高压线路不宜穿过城市的中心地区和人口密集的地区。

（9）通信工程系统[2]

城市通信工程系统由邮政、电信、广播电视等分系统组成。邮政局应设在闹市区、居民集聚区、文化游览区、公共活动场所、大型工矿企业、大专院校所在地。电信设施选址应尽量接近线路网中心，便于电缆管道的敷设；同时应选择地质条件良好，地形较平坦的地区，并应注意避开雷击区。

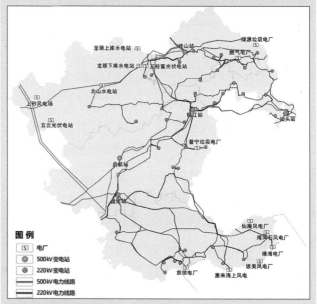

揭阳市电力工程规划图
图片来源：《揭阳市国土空间总体规划（2020—2035 年）》（公示版），2021 年 9 月公示．

（10）城市管线布局矛盾处理方式[3]

当工程管线竖向位置发生矛盾时，在符合城市地下空间利用规划的要求下，宜按下列规定处理：①压力管线（给水管道等）宜避让重力流管线（雨水管道等）；②易弯曲管线（电信电缆、电力电缆等），宜避让不易弯曲管线（污水管道等）；③分支管线宜避让主干管线；④小管径管线宜避让大管径管线；⑤临时管线宜避让永久管线。

---

[1] 吴志强，李德华．城市规划原理（第四版）[M]．北京：中国建筑工业出版社，2010．

[2] 同[1]．

[3] 同[1]．

79. 城市公共服务设施布局

2015 年 12 月，中央城市工作会议指出，城市的核心是人，关键是十二个字：衣食住行、生老病死、安居乐业。城市工作做得好不好，老百姓满意不满意，生活方便不方便，城市管理和服务状况是重要评判标准。

（1）概念

公共服务设施指与人口规模相对应配建的，满足居民物质与文化生活需要，为居民提供公共服务的设施总称，包括教育设施、医疗卫生设施、文化设施、体育设施、社会福利设施以及其他服务设施[1]。

《市级国土空间总体规划编制指南（试行）》提出，基于常住人口的总量和结构，提出分区、分级公共服务中心体系布局和标准，针对实际服务管理人口特征和需求，完善服务功能，改善服务的便利性，确定中心城区公共服务设施用地总量和结构比例。

（2）政策要求

中共中央、国务院印发《关于进一步加强城市规划建设管理工作的若干意见》提出，合理确定公共服务设施建设标准，加强社区服务场所建设，形成以社区级设施为基础，市、区级设施衔接配套的公共服务设施网络体系。配套建设中小学、幼儿园、超市、菜市场，以及社区养老、医疗卫生、文化服务等设施，大力推进无障碍环境建设，打造方便、快捷的生活圈。继续推动公共图书馆、美术馆、文化馆（站）、博物馆、科技馆免费向全社会开放。

中共中央办公厅、国务院办公厅印发的《关于建立健全基本公共服务标准体系的指导意见》提出，确保基本公共服务覆盖全民、兜住底线、均等享有，使人民获得感、幸福感、安全感更加充实、更有保障、更可持续。明确幼有所育、学有所教、劳有所得、病有所医、老有所养、住有所居、弱有所扶以

及优军服务保障、文体服务保障九个方面的具体保障范围和质量要求。

（3）教育设施

包括小学、初级中学、普通高级中学、特殊教育学校、中等职业学校等。一般小学的服务半径为 500m 左右，中学为 1000m 左右。

布局要求。《城市普通中小学校校舍建设标准》（建标〔2002〕102 号）提出：①中小学校应选在交通方便、地势平坦开阔、环境适宜、公用设施比较完善、远

教育设施配建标准

设施名称	规模（班）	班额人数
完全小学	12/18/24/30	45 人
九年制学校	18/27/36/45	小学阶段 45 人 中学阶段 50 人
初级中学	12/18/24/30	50 人
完全中学	18/24/30/36	50 人
高级中学	18/24/30/36	50 人

资料来源：《城市普通中小学校校舍建设标准》（建标〔2002〕102 号）

清华大学二校门

---

[1] 吴志强，李德华. 城市规划原理（第四版）[M]. 北京：中国建筑工业出版社，2010.

离污染源的地段；避开高层建筑的阴影区、地震断裂带等不安全地带；架空高压输电线、高压电缆及通航河道等不得穿越校区；学校不应与集贸市场、公共娱乐场所、医院传染病房、太平间、公安看守所等场所毗邻；②科研机构和专科学校：常常与生产性机构相结合，形成一定的专业化地区；③科技园区（高新技术园区）与综合性大学相毗邻，利于相互促进，共同发展❶。

（4）医疗卫生设施

包括综合医院、中医医院、专科医院、妇幼健康服务机构、疾病预防控制中心、急救中心（站）、社区卫生服务机构、乡镇卫生院、村卫生室等。

医疗卫生设施规划千人指标床位数

城市规模（万人）	<20	20~50	50~100	100~200	≥ 200
床位数（床/千人）	4~5	4~5	5~6	6~7	≥ 7

资料来源：《城市公共设施规划规范》（GB 50442—2008）

配置要求。《全国医疗卫生服务体系规划纲要（2015—2020年）》要求，省级区域每1000万人口规划设置1~2个省办综合性医院；地市级区域每100万~200万人口设置1~2个市办综合性医院，服务半径一般为50千米左右；在县级区域依据常住人口数，原则上设置1个县办综合医院和1个县办中医类医院。

布局要求。①医疗卫生设施根据不同的级别和服务范围，均匀布置在城区；②有些小城市，担负着为较大地区服务的职能，应在长途汽车站、火车站等附近增设一些医疗设施❷。

（5）文化设施

包括文化馆、图书馆、博物馆、科技馆、美术馆、剧场、工人文化宫、青少年宫、文化活动中心、文化活动站等。

布局要求。《文化馆建设标准》（建标〔2010〕136号）明确，①选择在城镇文化中心或人口集

文化馆建筑面积及服务人口

类型	建筑面积（平方米）	服务人口（万人）
大型馆	≥ 8000	≥ 250
	6000~8000	50~250
中型馆	4000~6000	20~50
		≥ 30
小型馆	2000~4000	5~20
		5~30
	800~2000	< 5

资料来源：《文化馆建设标准》（建标〔2010〕136号）

江苏省南京市六合区文化馆
图片来源：图虫网.

公共图书馆服务人口、千人面积、千人阅览座位

规模	服务人口（万）	千人面积指标（平方米/千人）	千人阅览座位（座/千人）
大型	400~1000	9.5~6	0.6~0.3
	150~400	13.3~9.5	0.8~0.6
中型	100~150	13.5~13.3	0.9~0.8
	50~100	15~13.5	0.9
	20~50	22.5~15	1.2~0.9
小型	10~20	23~22.5	1.3~1.2
	3~10	27~23	2.0~1.3

资料来源：《公共图书馆建设标准》（建标108—2008）

江苏省常州市奥林匹克体育中心
图片来源：图虫网.

---

❶ 《河北省城乡公共服务设施配置和建设标准》（DB13（J）/T 282—2018）.
❷ 李德华. 城市规划原理（第三版）[M]. 北京：中国建筑工业出版社，2001.

河北省石家庄市图书馆新馆
图片来源：石家庄市图书馆．

中、交通便利的地区；②同时满足工程地质及水文
地质条件，符合安全、卫生和环保标准，便于开展
群众性文化活动；③宜结合城镇广场、公园绿地
等公共活动空间综合布置，避免或减少对医院、学
校、幼儿园、住宅等需要安静环境的建筑的影响。

（6）体育设施

包括体育场、体育馆、游泳馆（池）、全民健身
活动中心、球类场地、健身步道、健身路径、室外
综合健身场地等。

布局要求。《体育建筑设计规范》（JGJ 31—
2003）提出：①交通方便，根据体育设施规模大
小，基地至少应分别有一面或二面临接城市道路，
且该道路应有足够的通行宽度，以保证疏散和交通、
便于利用城市已有基础设施；②环境较好，与污染
源、高压线路、易燃易爆物品场所之间的距离达到
有关防护规定，防止洪涝、滑坡等自然灾害，并注
意体育设施使用时对周围环境的影响；③大型体育
设施一般应均匀布置在城市中心区外围或边缘，需

体育设施规模（单位：千座）

城市规模	100万以上	50万~100万	20万~50万	10万~20万
体育场	30~50	20~30	15~20	10~15
体育馆	4~10	4~6	2~4	2~3
游泳馆	2~4	2~3	—	—

资料来源：《体育建筑设计规范》（JGJ 31—2003）

要有良好的交通疏解条件，而服务居民的体育、文
化设施，常与居住用地、公建中心相结合，构成社
区级公共活动中心。

（7）社会福利设施

包括老年养护院、养老院、老年活动中心、托
老所、儿童福利院、未成年人救助保护中心、残疾
人康复中心、残疾人托养服务机构、老年日间照料
中心、救助管理站等。

布局要求。①交通便利：位于服务对象相对集
中的区域，便于利用周边的生活、医疗等社会公共
服务设施，与各级医院、社区卫生服务中心、社区

儿童福利院建设标准

人口数量（万人）	床位数（张）
400~600	350~450
300~400	250~349
200~300	150~249
100~200	100~149

资料来源：《儿童福利院建设标准》（建标 145—2010）

卫生服务站等邻近为宜；②降低影响：避开商业繁华区、公共娱乐场所，与高噪声、污染源的防护距离符合有关安全卫生规定。

（8）其他公共服务设施

包括街道办事处、派出所、社区居民委员会工作和服务用房、物业管理用房、集贸市场、菜市场、邮政所、银行储蓄所等。

专栏　山西省太原市汾河西岸文化区

太原汾河西岸的文化区主要包括山西大剧院、太原博物馆、太原美术馆、山西省图书馆、山西省科学技术馆、国际会展中心等建筑群组成。

太原市汾河西岸文化区

图片来源：图虫网.

80. 区域防灾减灾

2015 年 12 月，中央城市工作会议指出，要健全城市抗震、防洪、排涝、消防、应对地质灾害应急指挥体系，完善城市生命通道系统，加强城市防灾避难场所建设，增强抵御自然灾害、处置突发事件和危机管理能力，形成全天候、系统性、现代化的城市运行安全保障体系。

（1）国土空间规划要求

《省级国土空间规划编制指南》（试行）提出，要考虑气候变化可能造成的环境风险，如沿海地区海平面上升、风暴潮等自然灾害，山地丘陵地区崩塌、滑坡、泥石流等地质灾害，提出防洪排涝、抗震、防潮、人防、地质灾害防治等规划要求，明确应对措施。对国土空间开发不适宜区域，根据治理需求提出应对措施。合理布局各类防灾救灾通道，明确省级综合防灾减灾重大项目布局和时序安排，并纳入重点项目表。

（2）自然灾害概况

我国位于世界两大自然灾害带（环太平洋、北半球中纬度带）交汇的地区，是世界上自然灾害发生广泛、灾种多样、灾情严重的国家之一。《中国的减灾行动》提出，我国 70% 以上的城市、50%以上的人口分布在气象、地震、地质、海洋等自然灾害严重的地区；三分之二以上的国土面积受到洪涝灾害威胁；约占国土面积 69% 的山地、高原地区，滑坡、泥石流等地质灾害频繁发生。

（3）防洪

概况。 我国是个多暴雨的国家，除西北地区个别省份外，几乎都有暴雨出现。由于受季风、地形等因素的影响，我国的暴雨洪涝灾害多发生在江淮以南以及华南沿海地区，其中江南北部至长江中下游最多。长时间、大范围的连阴雨或频繁的暴雨都会引发洪涝灾害。

防洪规划。《防洪法》中规定，防御、减轻洪涝灾害，应编制防洪规划，制定防洪措施。①防洪规划包括国家确定的重要江河、湖泊的流域防洪规划，其他江河、河段、湖泊的防洪规划以及区域防洪规划；受风暴潮威胁的沿海地区的县级以上地方人民政府，应把防御风暴潮纳入本地区的防洪规划；②防洪规划的主要内容，包括防护对象、治理目标和任务、防洪措施和实施方案，划定洪泛区、蓄滞洪区和防洪保护区的范围，规定蓄滞洪区的使用原则。

防洪标准。《防洪标准》（GB 50201—2014）规定：①城市防护区应根据政治、经济地位的重要性、常住人口或当量经济规模指标分为四个防护等级；②乡村防护区应根据人口或耕地面积分为四个防护等级；划分防洪保护区防护等级的人口、

城市防护区的防护等级和防洪标准

防护等级	重要性	常住人口（万人）	当量经济规模（万人）	防洪标准（重现期：年）
I	特别重要	≥ 150	≥ 300	≥ 200
II	重要	< 150，≥ 50	< 300，≥ 100	200~100
III	比较重要	< 50，≥ 20	< 100，≥ 40	100~50
IV	一般	< 20	< 40	50~20

资料来源：《防洪标准》（GB 50201—2014）

乡村防护区的防护等级和防洪标准

防护等级	人口（万人）	耕地面积（万亩）	防洪标准（重现期：年）
I	≥ 150	≥ 300	100~50
II	< 150，≥ 50	< 300，≥ 100	50~30
III	< 50，≥ 20	< 100，≥ 30	30~20
IV	< 20	< 30	20~10

资料来源：《防洪标准》（GB 50201—2014）

专栏 浙江省椒江流域防洪减灾体系

《浙江省椒江流域防洪规划（2020—2035年）》（征求意见稿）提出，针对流域防洪（潮）排涝短板，流域防洪（潮）的总体格局为"增加上蓄能力、完善中拓措施、提升下挡标准"，建立"上蓄下挡、蓄泄兼筹、分级设防、保弃有序"的防洪减灾体系。

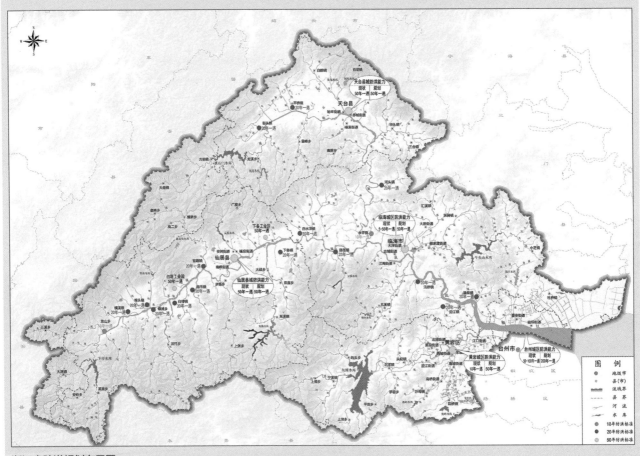

浙江省防洪规划布局图

图片来源：《浙江省椒江流域防洪规划（2020—2035年）》（征求意见稿）.2021年3月公示.

耕地、经济指标的统计范围，应采用相应标准洪水的淹没范围。

（4）地质灾害防治

概况。山体滑坡和泥石流具有分布广、破坏性强、隐蔽性及容易链状成灾等特点，不仅会阻塞河道与交通、毁坏农田和建筑物，还会造成人员伤亡和财产损失，对生态环境造成巨大破坏。我国山体滑坡和泥石流的发生类型和分布具有明显的区域性特点：云南、四川、重庆、贵州和西藏等地，秦岭—大巴山地区、西北黄土高原等地为滑坡发生的主要地区。此外，江、河、湖（水库）、沟的岸坡地带，山区铁路、公路、工程建筑物的边坡，以及暴雨多发区及异常的强降雨区也属于滑坡易发和多发区。

地质灾害防治规划。《地质灾害防治条例》明确，应相应开展地质灾害防治工作，编制地质灾害防治规划。规划内容包括：地质灾害现状和发展趋势预测；地质灾害的防治原则和目标；划定地质灾害易发区、重点防治区；地质灾害防治项目；地质灾害防治措施等。

（5）防台风

概况。我国拥有漫长的海岸线，是受台风影响最严重的国家之一。台风最早出现于 5 月，最盛于 7~9 月，也可持续到冬季❶。台风带来的狂风、暴雨和海面巨浪海潮，危害陆海交通、渔业捕捞、工农生产和人们的生命财产，平均每年因台风造成约 250 亿元的经济损失和 600 人左右死亡的灾害❷。2021 年，风暴潮主要发生在季节海平面较高的 7~10 月，浙江、辽宁和海南等沿海受影响较重，全年造成直接经济损失约 24.7 亿元。

台风防治规划。《浙江省防汛防台抗旱条例》明确，防御和减轻洪涝、台风等自然灾害，需要综合考虑灾害风险空间分布，科学规划水库、重要堤防、堰坝和避风锚地等工程设施建设，提高洪涝、台风等自然灾害的工程设施防御能力。

（6）森林草原防火

概况。森林草原火灾是一种突发性强、破坏性大、处置救助较为困难的自然灾害，它不仅破坏自然生态系统，而且对人民生命财产和公共安全产生极大危害。2020 年全国发生森林火灾 1153 次，受害面积为 8526 公顷，草原火灾受害面积为 11046 公顷❸。

森林防火规划。结合本地实际，明确森林防火发展的总体思路、发展目标、建设重点和长效机制。依据森林资源分布状况和森林火灾发生规律，划定森林防火区，规定森林防火期。

草原防火规划。《草原防火条例》提出，草原防火规划主要包括规划制定的依据、组织体系建设、基础设施和装备建设、物资储备、保障措施等内容。

专栏　全国森林防火规划（2016—2025 年）

《全国森林防火规划（2016—2025 年）》提出，形成完备的森林火灾预防、扑救、保障三大体系，实现"24 小时火灾扑灭率达到 95% 以上，森林火灾受害率稳定控制在 0.9‰以内"的目标。根据全国森林火险区划等级、森林资源分布状况和森林火灾发生情况，将全国森林防火区域划分为森林火灾高危区、森林火灾高风险区和一般森林火险区三类，包括确定重点实施预警监测系统、通信和信息指挥系统、森林消防队伍能力、森林航空消防能力、林火阻隔系统、防火应急道路共六大建设任务。

全国森林防火重点区域划分为：大小兴安岭森林防火重点区、长白山完达山森林防火重点区、京津冀森林防火重点区、太行山吕梁山森林防火重点区、天山阿尔泰山森林防火重点区、西部生态脆弱森林重点火险区、秦巴山脉森林防火重点区、横断山脉森林防火重点区、大别山森林防火重点区、武陵山森林防火重点区、罗霄山脉森林防火重点区、武夷山森林防火重点区、南岭森林防火重点区、云贵高原森林防火重点区、东部沿海森林防火重点区、海南森林防火重点区共 16 个森林防火重点区。

---

❶ 中央气象台台风网 . 台风之最 . http：//m.nmc.cn/ty/.

❷ 新浪财经 . 半小时观察：政府主导减灾 将损失减到最低 . http：//finance.sina.com.cn/g/20110831/055210408053.shtml.

❸ 央视新闻 . 应急管理部发布 2020 年全国自然灾害基本情况：因灾死亡失踪人数下降 43% 为历史新低 . https://baijiahao.baidu.com/s?id=1688310790007784136&wfr=spider&for=pc.

81. 城市安全韧性

2022 年 10 月，党的二十大报告指出，坚持人民城市人民建、人民城市为人民，提高城市规划、建设、治理水平，加快转变超大特大城市发展方式，实施城市更新行动，加强城市基础设施建设，打造宜居、韧性、智慧城市。

（1）概念

韧性城市是指能够凭借自身能力抵御灾害，减轻灾害损失，并合理地调配资源以从灾害中快速恢复过来的城市。当灾害事件发生时，韧性城市能够及时感知、快速应对、迅速恢复，保持城市基本正常运行，通过自我调节来更好地应对未来的灾害风险。

《中华人民共和国国民经济和社会发展第十四个五年规划和 2035 年远景目标纲要》提出，建设源头减排、蓄排结合、排涝除险、超标应急的城市防洪排涝体系，推动城市内涝治理取得明显成效；增强公共设施应对风暴、干旱和地质灾害的能力，完善公共设施和建筑应急避难功能。

（2）国土空间规划要求

《市级国土空间总体规划编制指南（试行）》提出，基于灾害风险评估，确定主要灾害类型的防灾减灾目标和设防标准，划示灾害风险区；明确防洪（潮）、抗震、消防、人防、防疫等各类重大防灾设施标准、布局要求与防灾减灾措施，适度提高生命线工程的冗余度。针对气候变化影响，结合城市自然地理特征，优化防洪排涝通道和蓄滞洪区，划定洪涝风险控制线，修复自然生态系统，因地制宜推进海绵城市建设。

（3）城市内涝防治

《城镇内涝防治技术规范》（GB 51222—2017）明确，城市内涝是城镇范围内的强降雨或连续性降雨超过城镇雨水设施消纳能力，导致城镇地面产生积水的现象。

《关于加强城市内涝治理的实施意见》提出，我国目前存在着自然调蓄空间不足、排水设施建设滞后、应急管理能力不强等问题。

专栏 城市内涝防治标准

《城镇内涝防治技术规范》（GB 51222—2017）提出，应按城镇内涝防治专项规划的相关要求，确定内涝防治设施的设计标准、雨水的排水分区和排水出路，因地制宜进行内涝防治设施的建设。

城市内涝防治设计重现期

城镇类型	重现期（年）	地面积水设计标准
超大城市（1000 万人以上）	100	居民住宅和工商业建筑物的底层不进水；道路中一条车道的积水深度不超过 15 厘米
特大城市（500 万~1000 万人）	50~100	
大城市（500 万以下）	30~50	
中等城市（50 万~100 万人）	20~30	
小城市（50 万以下）	20~30	

注：重现期是指在未来时间内发生的平均时间间隔。

内涝防治设计重现期下的最大允许退水时间（单位：小时）

城区类型	中心城区	非中心城区	中心城区的重要地区
最大允许退水时间	1~3	1.5~4	0.5~2

注：最大允许退水时间为停雨后地面积水的最大允许排干时间。

专栏 海绵城市

《海绵城市建设评价标准》（GB/T 51345—2018）提出，海绵城市主要是通过充分利用自然山体、河湖湿地、耕地等生态空间，提升水源涵养能力，缓解雨洪内涝压力，将 70% 的降水就地消纳和利用，实现地表水资源、污水资源、生态用水、自然降水、地下水等统筹管理、保护与利用。按照"源头减排、过程控制、系统治理"的理念系统谋划，因地制宜，将灰色设施和绿色设施相结合，采用"渗、滞、蓄、净、用、排"等方法综合施策。

渗水地面	下沉式绿地
生物滞留	植被缓冲带
蓄水池	排水

河北省迁安市海绵城市建设

图片来源：中华人民共和国中央人民政府.润"城"细无声——河北迁安打造海绵城市. https://www.gov.cn/xinwen/2021-08-03/content_5629222.htm#4.

（4）抗震设防

地震灾害具有突发性强、破坏性大，具有瞬时毁灭性的特点。我国平均每五年发生一次7.5级地震，每十年发生一次8级地震，三分之一的国土面积存在大震风险。20世纪以来我国因地震造成的人员死亡超过全球的50%，是世界上地震灾害最严重的国家之一❶。《建筑工程抗震设防分类标准》（GB 50223—2008）提出，衡量抗震设防要求高低的尺度，由抗震设防烈度或设计地震动参数及建筑抗震设防类别确定，生命线工程应当适当提高抗震能力。

防震减灾规划。 根据《中国地震动参数区划图》（GB 18306—2015），地震烈度在6度及以上地区的建筑，必须进行抗震设防。《防震减灾法》规定规划内容应当包括：震情形势和防震减灾总体目标，地震监测台网建设布局，地震灾害预防措施，地震应急救援措施，以及防震减灾技术、信息、资金、物资等保障措施。

布局要求。《地震应急避难场所 场址及配套设施》（GB 21734—2008）提出，地震应急避难场所的场址包括公园（不包括动物园和公园内的文物古迹保护区域）、绿地、广场、体育场、室内公共的场、馆、所。选址应满足以下要求：①应避开地震断裂带，洪涝、山体滑坡、泥石流等自然灾害易发生地段；②应选择地势较为平坦、空旷且地势略高，易于排水，适宜搭建帐篷的地形，应有两条以上方向不同的疏散道路；③应选择有毒气体储放地、易燃易爆物或核放射物储放池、高压输变电线路等设施对人身安全可能产生影响的范围之外；④应选择在高层建筑物、高耸构筑物的垮塌范围距离之外。

（5）防疫

为预防、控制和消除传染病的发生与流行，保障人体健康和公共卫生安全，有效应对传染病疫情防控救治，建立市、区（县）、街道（乡镇）、社区（村）防疫体系等级。应结合服务人口规模、行政区划、规划单元等要求划定防疫分区，并制定差异化防控策略。

《城市防疫专项规划编制导则》明确，防疫设施包括公共卫生应急指挥设施，公共卫生监测预警设施，疾病预防控制设施，应急医疗救治设施，应急集中隔离设施，应急救援和物资通道，应急物资储备分发设施，应急供水、供电、供热、供气、通信、污水、环卫等基础设施，公共卫生社区治理设施等。

（6）消防

据统计，2012~2021年，全国共发生居住场所火灾132.4万起，造成11634人遇难、6738人受伤，直接财产损失77.7亿元。火灾从区域分布上看，城市地区占50.5%，其中城市市区占33.1%，城市消防安全形势严峻❷。

---

❶ 陕西地震信息网.防震减灾"十三五"专项规划——地震科技规划. https://www.eqsn.gov.cn/info/1326/38858.htm.
❷ 国家消防救援局.近10年全国居住场所火灾造成11634人遇难. https://www.119.gov.cn/gk/sjtj/2022/27328.shtml.

《城市消防规划规范》（GB 51080—2015）提出，城市人民政府应当将消防安全布局、消防站、消防供水、消防通信、消防车通道、消防装备等消防规划内容纳入国土空间规划。

消防站选址。 ①消防站应设置在便于消防车辆迅速出动的主、次干路的临街地段；②消防站执勤车辆的主出入口与医院、学校、幼儿园、托儿所、影剧院、商场、体育场馆、展览馆等人员密集场所的主要疏散出口的距离不应小于 50 米；③城市建设用地范围内普通消防站的布局，应以消防队接到出动指令后 5 分钟内可到达其辖区边缘为原则确定。

消防车通道。 ①消防车通道之间的中心线间距不宜大于 160 米；②环形消防车通道至少应有两处与其他车道连通，尽端式消防车通道应设置回车道或回车场地；③消防车通道的净宽度和净空高度均不应小于 4 米，与建筑外墙的距离宜大于 5 米；④消防车通道的坡度不宜大于 8%，转弯半径应符合消防车的通行要求；举高消防车停靠和作业场地坡度不宜大于 3%。

专栏　浙江省金华市区消防专项规划（2021—2035）

《金华市区消防专项规划（2021—2035）》规划范围为金华市区行政管辖范围，规划消防站 35 座，其中保留 10 座、新建 25 座。近期新建消防站 7 座，其中婺城区 4 座、金义新区 3 座。远期新建消防站 18 座，其中婺城区 9 座、金义新区 9 座；规划琅琊专职消防队、江东专职消防队、岭下专职消防队、澧浦专职消防队、曹宅专职消防队 5 座专职消防队；规划安地镇、莘畈乡、岭上乡、塔石乡、沙畈乡、箬阳乡、长山乡、源东乡分别设置乡镇志愿消防队 1 座。

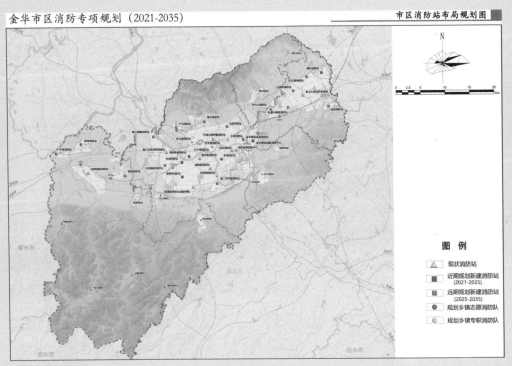

金华市区消防专项规划布局图

图片来源：《金华市区消防专项规划（2021—2035）》. 2022 年 8 月公布.

（7）人防

《人民防空法》规定，城市人民政府应当制定人民防空工程建设规划，并纳入国土空间总体规划。建设人民防空工程，应当在保证战时使用效能的前提下，有利于平时的经济建设、群众的生产生活和工程的开发利用。城市新建民用建筑，按照国家有关规定修建战时可用于防空的地下室。

城市居住区人防工程规划设计原则。《城市居住区人民防空工程规划规范》（GB 50808—2013）提出：①应贯彻"长期准备、重点建设、平战结合"的方针，坚持与经济建设协调发展、与城市建设相结合的原则；②应符合城市规划和城市人防工程专项规划的要求，做到规模适当、布局合理、功能配套。

人防工程设施布局要求。要注意面上分散、点上集中，应有重点地组成集团或群体，便于开发利用，便于连通，单建式与附建式结合，地上、地下统一安排。避开易遭到袭击的重要军事目标，如军事基地、机场、码头等；避开易燃易爆品生产储运单位和设施，控制距离应大于 50 米；避开有害液体和有毒重气体贮罐，距离应大于 100 米；人员掩蔽所距人员工作生活地点不宜大于 200 米 ❶。

---

❶ 吴志强，李德华 . 城市规划原理（第四版）[M]. 北京：中国建筑工业出版社，2010.

9

第九篇

乡镇国土空间总体规划
和村庄规划

82. 村镇规划发展历程

我国村镇规划大致经历了以农房为主的村镇初步规划，村镇建设规划制度化、规范化，生态文明背景下的美丽乡村全面提升和国土空间规划体系下村镇规划建立 4 个阶段。

（1）以农房为主的村镇初步规划阶段（新中国成立至改革开放前）

人民公社时期，开展了一系列农村规划和建设，内容涉及农、林、牧、渔发展，平整土地，整修道路，建设新村等❶。

农村经济改革时期，农村经济复苏，农村地区开始大规模农房建设潮。第二次全国农村房屋建设工作会议提出，将乡村及其周边环境视为一体进行综合规划。

（2）村镇建设规划制度化、规范化阶段（改革开放后至党的十八大前后）

村镇建设规划。 1982 年原国家建委、原国家农委联合颁布《村镇规划原则》，对村镇规划的任务、内容作出了原则性规定。到 1986 年年底，全国有 3.3 万个小城镇和 280 万个村庄都编制了初步规划。1993 年，国务院出台《村庄和集镇规划建设管理条例》，提出村镇规划分为村庄、集镇总体规划和村庄、集镇建设规划两个阶段。原建设部于 1993 年发布《村镇规划标准》（GB 50188—93），于 1995 年发布《建制镇规划建设管理办法》，于 2000 年发布施行《村镇规划编制办法（试行）》，于 2007 年将《村镇规划标准》（GB 50188—93）更新为《镇规划标准》（GB 50188—2007），指导规划编制。

新农村建设前后的各类政策和规划。 2000 年以来，由于不同时期农村建设发展的需求，相继产生了不同类型的村镇规划。2000 年《中共中央 国务

专栏　人民公社时期农村建设

人民公社初建时期，生产小队经营承包农田从种到收的生产任务，兼营本队的林、牧、渔副业生产，指导社员家庭副业生产❷。

江苏省徐州市福达农庄人民公社
图片来源：图虫网.

专栏　农村经济改革时期农房建设

农村经济体制改革时期，红砖房开始在农村流行，居住的安全性能进一步能提升。

河北省衡水市桃城区赵家圈镇前铺村农房

---

❶ "中国村镇建设 70 年成就收集" 课题组. 新中国成立 70 周年村镇建设发展历程回顾 [J]. 小城镇建设，2019，37（9）：5-12.
❷ 徐州政协. 徐州地区人民公社化运动梗概. http://www.xzzx.gov.cn/yszz/show-2468.html.

专栏 新农村建设

2003 年 11 月，沙河市栾卸村的农民住宅群—恒利庄园荣获"中国人居环境范例奖"，栾卸村是全国第一个荣获该奖的村庄❶。

河北省沙河市白塔镇栾卸村恒利庄园风貌
图片来源：栾卸村村委会.

院关于促进小城镇健康发展的若干意见》发布，明确了小城镇在社会发展中的重要地位。2005 年中央提出社会主义新农村建设，《中共中央 国务院关于推进社会主义新农村建设的若干意见》，对新农村建设提出了明确要求，住房和城乡建设部于 2008 年出台《村庄整治技术规范》，用于指导我国村庄建设。

县域村镇体系规划。县域村镇体系规划、镇乡域规划编制办法和导则于 2006 年、2010 年先后制订，提出要充分考虑村庄迁并的多种情况，确定县域村镇体系、村庄布局，明确中心镇、中心村等。

（3）生态文明背景下的美丽乡村全面提升阶段（党的十八大至 2018 年前后）

美丽乡村建设。2015 年，党中央提出建设美丽乡村，国家标准化管理委员会印发《美丽乡村建设指南》（GB/T 32000—2015），提出村庄规划要科学划分生产生活区域，确定农业及其他生产经营设施用地，提出村庄建设与治理、产业发展和村庄管理的总体要求。2017 年，国土资源部启动村

土地利用规划编制，作为乡镇土地利用总体规划的重要组成部分。

乡村振兴战略与农村人居环境整治。2013 年，住房和城乡建设部印发《村庄整治规划编制办法》，明确了村庄整治规划编制要求和内容。《乡村振兴战略规划（2018—2022 年）》《农村人居环境整治提升五年行动方案（2021—2025 年）》相继发布，要求开展县域乡村建设规划编制，与县、乡土地利用总体规划、土地整治规划、村土地利用规划、农村社区建设规划等充分衔接，鼓励推行"多规合一"，推进实用性村庄规划编制实施。2019 年，住房和城乡建设部将《村庄整治技术规范》（GB 50445—2008）更新为《村庄整治技术标准》（GB/T 50445—2019），明确了有关要求。

（4）国土空间规划体系下村镇规划建立阶段（2019 年至今）

《中共中央 国务院关于建立国土空间规划体系并监督实施的若干意见》，建立了包括国家、省、市、县、乡镇五级，总体规划、详细规划、相关专项规划三类的国土空间规划体系。在城镇开发边界外的乡村地区，以一个或几个行政村为单元，由乡镇人民政府组织编制"多规合一"的实用性村庄规划，作为详细规划，报上一级政府审批。

《中央农办 农业农村部 自然资源部 国家发展改革委 财政部关于统筹推进村庄规划工作的意见》《自然资源部办公厅关于加强村庄规划促进乡村振兴的通知》《自然资源部办公厅关于进一步做好村庄规划工作的意见》等文件出台，明确了村庄规划的内容和要求，国土空间规划体系下的村庄规划突出了以下 5 个方面特征。

"多规合一"。延续、深化了土地利用规划的全域管控、村庄建设规划的用地布局和设施建设等内容，实现土地利用规划、城乡规划等有机融合，实现了全域、全要素管控。

底线管控。保留原土地利用规划对农用地、建

专栏　河北省石家庄市平山县西柏坡镇北庄村人居环境整治

北庄村依托深厚的红色文化和丰富的生态资源，尝试打造红绿结合的旅游目的地❶，2021年入选中国美丽休闲乡村。

石家庄市平山县北庄片区村庄风貌
图片来源：苑静静 摄．

专栏　河北省保定市阜平县龙泉关镇骆驼湾村人居环境整治

骆驼湾村打造民宿旅游新业态、大力发展乡村旅游业。先后被评为第五批中国传统村落、中国美丽休闲乡村、全国乡村旅游重点村❷。

保定市阜平县龙泉关镇骆驼湾村风貌
图片来源：河北省农业农村厅．

设用地和其他用地的范围、规模和管控要求，进一步落实上位规划确定的农业空间、生态空间、建设空间以及耕地和永久基本农田、生态保护红线、村庄建设边界范围和管控要求。

统筹建设。 基本延续了城乡规划体系下的村庄建设规划内容，确定村庄定位、发展规模，明确村庄各类用地、基础设施和公共服务设施布局，提出人居环境整治要求。

特色塑造。 传承了环境整治规划、面貌提升规划等内容，提出村庄整体风貌、公共空间、街巷景观、文化标识等引导要求，注重出入口、村民活动广场等公共空间规划设计。

详规深度。 明确村庄规划为详细规划，要求标明每处宅基地范围、面积，明确农村居民点的建筑高度、建筑密度、容积率、绿地率及建筑退让距离、日照间距等管控指标要求。

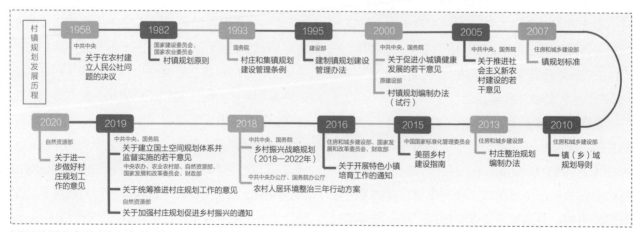

村镇规划发展典型政策文件时间轴

---

❶ 河北广电网．石家庄市平山县北庄村：唱响团结歌 走好乡村振兴路．http://www.hbgd.net/html/hbxw/20220424/61743.html.
❷ 人民网．骆驼湾村新貌（走进传统村落⑥）．http://ent.people.com.cn/n1/2022/0103/c1012-32322851.html.

83. 县域村庄布局规划

2020 年 12 月，中央农村工作会议指出，现在农村人口向城镇集中是大趋势，村庄格局会继续演变分化。有的村庄会聚集更多的人口和产业，有的会逐步同城镇融合，有的会逐渐衰落。要合理确定村庄布局分类，看得准的先干起来，看不准的可以等一等。

（1）政策要求

中共中央、国务院印发《乡村振兴战略规划（2018—2022 年）》提出，综合考虑村庄演变规律、集聚特点和现状分布，结合农民生产生活半径，合理确定县域村庄布局和规模，避免随意撤并村庄搞大社区、违背农民意愿大拆大建。

（2）规划任务

河北省将县域村庄布局规划的重点任务归纳为"五定"，即定镇村体系、定村庄类型、定村庄布局、定建设用地变化量和定规划编制单元。

1）定镇村体系

在分析评价区位交通、人口经济、设施配置等因素基础上，确定县城、中心镇、一般镇、中心村、基层村 5 级县域镇村等级结构。

中心镇。《镇规划标准》（GB 50188—2007）提出，县域内在经济、社会和空间发展中发挥中心作用的镇规划为中心镇。中心镇遴选应当综合考虑以下条件：人口规模较大；区位较优；实力较强或潜力较大；既能有效承接周围大中城市辐射，又能带动周边乡镇和农村发展。

中心村。《镇规划标准》（GB 50188—2007）提出，设有兼为周围村服务的公共设施的村规划为中心村。《镇（乡）域规划导则（试行）》提出，中心村遴选应当综合考虑以下条件：人口规模较大；经济实力较强；基础设施和公共服务设施较为完备；

专栏　河北省邢台市隆尧县莲子镇镇

莲子镇镇是隆尧县中心镇，管辖 23 个行政村，总人口 5.3 万人，镇区建成区面积 7 平方千米。莲子镇镇以食品及食品配套为主导产业，现拥有各类食品及食品配套企业 80 余家，形成了以方便面、饮品为主导，兼有面粉、挂面、粉丝等系列产品和调味品、添加剂等系列食品产业的集群[1]，是世界上最大的方便面生产基地、中国知名的食品包装材料生产基地，也是农业农村部命名的"全国农产品加工示范基地"、首批"农业产业化示范基地"，先后被评为"全国环境优美镇""全国重点镇""省级经济发达镇行政管理体制改革试点""省级新型城镇化综合改革试点"，以及首批"中国特色小镇"[2]。

邢台市隆尧县莲子镇镇风貌
图片来源：隆尧县融媒体中心．

能够带动周围村庄建设和发展。平原地区服务半径一般以带动 5 个左右基层村为宜，山区等特殊地区可根据实际情况确定中心村服务半径。

2）定村庄类型

《中央农办 农业农村部 自然资源部 国家发展改革委 财政部关于统筹推进村庄规划工作的意见》提

---

❶ 隆尧县人民政府．莲子镇镇：打造中国北方食品产业聚集区．http://www.longyao.gov.cn/content-8-2796-1.html.
❷ 隆尧县人民政府．隆尧县莲子镇镇上榜全国首批特色小镇．http://www.longyao.gov.cn/content-8-249-1.html.

出，各地要结合乡村振兴战略规划编制实施，逐村研究村庄人口变化、区位条件和发展趋势，明确县域村庄分类。①将现有规模较大的中心村确定为集聚提升类村庄。②将城市近郊区以及县城城关镇所在地村庄确定为城郊融合类村庄。③将历史文化名村、传统村落、少数民族特色村寨、特色景观旅游名村等特色资源丰富的村庄确定为特色保护类村庄。④将位于生存条件恶劣、生态环境脆弱、自然灾害频发等地区的村庄，因重大项目建设需要搬迁的村庄，以及人口流失特别严重的村庄，确定为搬迁撤并类村庄。⑤对于看不准的村庄，可暂不作分类，留出足够的观察和论证时间。河北省将此类村庄定为保留改善类村庄。

3）定村庄布局

做好与县（市）国土空间总体规划的衔接，结合三条控制线划定工作，科学确定村庄布局。①城镇周边村庄一体化布局。县城和乡镇人民政府驻地周边的村庄，应结合产业、基础设施建设，统筹安排城镇、村庄布局，实施一体化发展。②集聚提升类村庄集中式布局。应统筹周边村庄发展，促进农村居民点集中或连片建设，有条件的地区应结合新型城镇化建设农村新型社区。③特色保护和保留改善类村庄相对独立布局。在原村址基础上实施可持续建设发展，注重美丽乡村建设与自然环境、历史文化保护相结合，注重保持传统风貌，改善人居环境。

专栏　河北省唐山市迁西县域村庄布局规划（2020—2035 年）

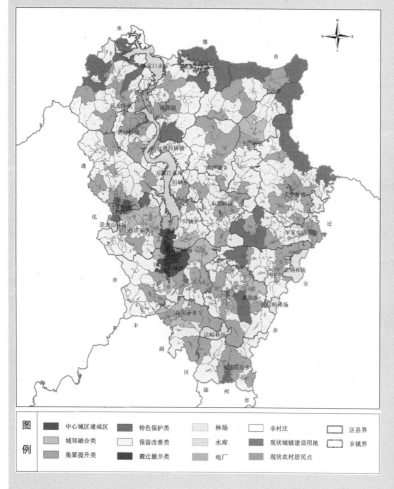

迁西县农业资源丰富，板栗、安梨、栗蘑等农产品声名远扬；拥有长城文化、滦河文化、抗战文化、栗乡文化等多种文化类型。迁西县共辖 417 个行政村、882 个自然村，村庄呈现数量多、规模小、分布散的特点，县域中部村庄较密且面积大，南北两端村庄较疏且面积小，属于典型北方山区村庄，聚落形态受地形地貌影响，村庄大多沿山谷呈现条状形态，分布零散。

迁西县县域村庄布局规划初步确定了 293 个村庄规划编制单元，对迁西县城镇建成区以外的 406 个村庄进行分类，初步确定城郊融合类村庄 27 个，集聚提升类村庄 97 个，特色保护类村庄 33 个，保留改善类村庄 248 个，搬迁撤并类村庄 1 个。

图例

中心城区建成区	特色保护类	林场	非村庄	区县界
城郊融合类	保留改善类	水库	现状城镇建设用地	乡镇界
集聚提升类	搬迁撤并类	电厂	现状农村居民点	

唐山市迁西县域村庄类型布局图

图片来源：《迁西县域村庄布局规划（2020—2035 年）》（阶段性成果），2021 年 2 月.

4）定建设用地变化量

结合不同类型村庄发展实际，研究预测建设用地未来变化趋势。①集聚提升类村庄适当预留增量。可根据需要合理新增建设用地规模，主要用于新增宅基地、产业发展和配套设施建设用地。②保留改善类村庄实施减量发展。鼓励通过整合原有宅基地资源统筹解决"空心村"和宅基地需求。③特色保护类村庄保障合理需求。在保护村庄传统格局的基础上，统筹考虑旧村保护和新村发展，结合发展实际确定村庄建设用地变化量。

5）定规划编制单元

根据城乡发展需要，结合实际，综合确定乡镇、村庄规划编制单元。

确定乡镇规划编制单元

①市县中心城区城镇开发边界内的乡镇，纳入市县国土空间总体规划统筹编制。②市县中心城区城镇开发边界外的乡镇，根据实际编制乡镇国土空间总体规划。可根据需要，确定以一个或几个乡镇为单元编制乡镇规划。

确定村庄规划编制单元

不需要编制村庄规划的情况。①市县中心城区城镇开发边界以内的村庄纳入城镇详细规划统筹编制。②乡镇人民政府驻地的村庄纳入乡镇国土空间总体规划统筹编制。③乡镇国土空间总体规划能满足村庄发展需求的保留改善类村庄可不再编制村庄规划。④搬迁撤并类村庄可不再编制村庄规划。

应编制村庄规划的情况。①集聚提升类、特色保护类村庄应编制村庄规划。②有条件、有需求的保留改善类村庄应编制村庄规划。③现状建设已连成一体的村庄应合并编制村庄规划。

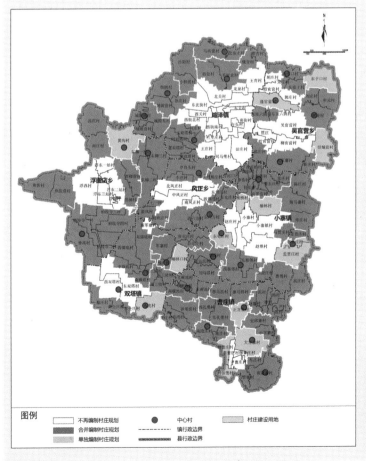

专栏　河北省邯郸市鸡泽县村庄规划编制单元划定

鸡泽县为邯郸市下辖县，位于河北省南部，总面积约 337 平方千米。规划明确城镇开发边界内的村庄可纳入城镇详细规划编制，乡镇政府驻地规划范围内的村庄纳入乡镇规划统筹编制。不进行开发建设或只进行人居环境整治的村庄，可依据县、乡镇国土空间规划中明确的国土空间用途和建设管控要求进行通则式管控。

邯郸市鸡泽县村庄规划编制单元划定图
图片来源：《鸡泽县村庄布局规划（2020—2035）》（阶段性成果），2020 年 8 月.

---

❶ 沙河市人民政府 . 本市概况 . http://shaheshi.gov.cn/article/31/52257.html.

84. 乡镇类型与规划指引

《"十四五"新型城镇化实施方案》提出，分类引导小城镇发展。坚持规模适度、突出特色、强化功能，因地制宜发展小城镇。支持大城市周边小城镇充分对接城市需求，加强规划统筹、功能衔接和设施配套，发展成为卫星镇。支持具有区位优势或独特资源的小城镇强化要素资源配置，发展成为先进制造、交通枢纽、商贸流通、文化旅游等专业功能镇。支持远离城市的小城镇完善基础设施和公共服务，增强服务乡村、带动周边功能，发展成为综合性小城镇。推进大型易地扶贫搬迁安置区新型城镇化建设。

《河北省乡镇国土空间总体规划编制导则（试行）》将乡镇分为城郊服务型、工贸带动型、特色保护型、资源生态型、现代农业型，并对类型界定和编制指引作出规定。

（1）城郊服务型

类型界定。指位于大中城市、县城周边，与市县中心城区联系紧密，能够承接城市外溢功能，服务城市能力强，非农产业人口比重较高，城乡要素流动通畅，发展动力较好的乡镇。

编制指引。①职能定位应突出城市卫星镇，有效承接大中城市、县城外溢功能。②空间布局应与城市呈组团式发展，避免沿城市外围贴边建设，为城市发展预留弹性发展空间。③产业发展应围绕承接城市制造业、科研教育、医疗卫生等功能疏解，打造创新创业平台，适当增加战略留白用地。④设施建设应与市县中心城区基础设施互联互通、公共服务共建共享，为城市基础设施向乡镇延伸做好规划预留。

（2）工贸带动型

类型界定。指产业上以工业、商贸为主的乡镇，包括部分特色小城镇、特色小镇和经济发达镇。

编制指引。①职能定位应突出在区域经济和产

专栏　城郊服务型乡镇——河北省廊坊市香河县蒋辛屯镇

蒋辛屯镇地处香河县北部，位于通州北三县协同发展核心区域、京沈特色发展带与生态绿洲的交点。紧邻北京城市副中心，与市县中心城区经济联系紧密，能够承接城市外溢功能，服务城市能力强，从事非农产业人口比重较高，城乡要素流动通畅，属城郊服务型城镇。2019年户籍人口35443人，暂住人口9709人，常住人口45152人，城镇化率64.1%。

廊坊市香河县蒋辛屯镇风貌（城郊服务型）
图片来源：宋超 摄.

专栏　工贸带动型乡镇——河北省高碑店市白沟镇

白沟新城地处京、津、保三角腹地，紧邻雄安新区，是"中国箱包之都"和全国知名的小商品集散中心。白沟镇归白沟新城管理委员会代管，辖区面积54.5平方千米，建成区面积27平方千米，常住人口17万，流动人口10万~15万。

高碑店市白沟镇风貌（工贸带动型）
图片来源：高碑店市自然资源和规划局.

业体系中的地位作用，产业发展应巩固传统基础，引导转型升级，打造特色产业集群。②空间布局应处理好乡镇人民政府驻地与产业园区的关系，引导工业企业向乡镇人民政府驻地或产业园区集中，适当提高工业和商业服务业用地比例，推动产城融合、职住平衡。③道路交通应强化与区域公路、铁路、航空、港口等交通网络联系，打造高效便捷的交通、物流通道。④设施建设应注重提高宜居环境品质，建设与产业发展相适应的配套服务设施。

（3）特色保护型

类型界定。 指历史文化名镇、特色景观旅游名镇和部分具有文化旅游资源的特色小城镇，乡人民政府驻地为历史文化名村或传统村落的，具有世界文化遗产、全国重点文物保护单位、国家级非物质文化遗产、重要革命旧址，以及其他具有文化保护价值的乡镇。

编制指引。 ①职能定位应突出乡镇历史文化特色，体现在历史发展、建筑艺术、文化民俗等方面的重要价值。②空间布局应处理好古村镇保护与新村镇建设的关系，注重保护传统格局、历史风貌和山水环境，并为近远期发展留足必要空间。③产业发展应围绕文物古迹、革命旧址、传统民居和民俗文化展示，发展特色文化旅游。④历史文化名镇、乡人民政府驻地为历史文化名村或传统村落的，应按照《历史文化名城名镇名村保护规划编制要求》《传统村落保护发展规划编制基本要求（试行）》编制保护规划，提出历史文化保护和建设管控要求。

（4）资源生态型

类型界定。 指水、林草、矿产等资源相对丰富，生态敏感度较高或具有较高生态安全战略意义，以及资源枯竭需生态修复的乡镇。

编制指引。 ①职能定位应突出乡镇自然生态和资源禀赋特征，体现在生态修复、自然遗产保护、农田水利建设、工矿生产等方面的作用。②空间布局应注重提高生态空间占比，保持山体和河湖水系自然形态，合理安排工矿企业布局。③产业发展应围绕健康疗养、休闲旅游等绿色产业，统筹自然资源保护和内涵式开发利用，严格落实产业准入条件，

专栏 特色保护型乡镇——河北省邯郸市永年区广府镇

广府镇位于邯郸市永年区，是第三批中国历史文化名镇。全国重点文物保护单位有广府古城、弘济桥，省级重点文物保护单位有杨露禅故居、武禹襄故居等。春秋时期广府古城曾是曲梁侯国，城池形成于魏晋。隋末唐初，夏王窦建德曾在此建都。

邯郸市永年区广府镇风貌（特色保护型）
图片来源：韩林、任竹 摄．

专栏 资源生态型乡镇——河北省保定市阜平县龙泉关镇

龙泉关镇位于阜平县西部，保阜高速、337国道穿境而过，交通十分便利。拥有红色、绿色、古色等资源，其中国家级自然公园2个、省级自然保护区1个、省级文物保护单位8处、县级文物保护单位2处、传统村落1个、非物质文化遗产1项、潜在的文化路线1条。

保定市阜平县龙泉关镇风貌（资源生态型）
图片来源：保定市城乡规划设计研究院．

提出生态保护措施。④空间治理应注重做好自然资源和生态修复，引导矿山生态修复，保障生态安全。加强人口、用地管控，严格控制开发强度。

（5）现代农业型

类型界定。指位于粮食生产功能区、重要农产品生产保护区，域内耕地面积比重大，在农业发展效率、规模、质量等方面优势突出的乡镇。

编制指引。①职能定位应突出农业产业优势，体现农耕种植、畜禽养殖、林草养殖等方面的特色。②空间布局上稳定农业空间占比，巩固高标准农田建设和中低产田改造成果，保障重大农业基础设施和现代农业发展用地。③产业发展应拓展农业生产功能，建设田园综合体和高效设施农业，推动农业与加工流通、文化旅游、信息产业融合发展。④设施建设上注重补齐乡镇基本生活服务设施短板，与乡村自然风光和田园景观相协调，打造恬静、宜居、舒适的现代乡镇。

专栏 现代农业型乡镇——河北省石家庄市行唐县口头镇

口头镇地处行唐县北部，为全国重点镇，种养殖业优势明显，属现代农业型乡镇。镇域农用地面积10554.38公顷，耕地面积6083.41公顷。当地结合林果和种养殖业基础较好、生态环境本底好等优势，围绕生态旅游、农业特色产业等方面，重点打造特色农业，为京津冀地区供应特色农产品。全域划分为5个农产品特色种植区：平原区打造现代农业生产区、蔬菜种植区、红薯种植区，丘陵区打造农牧业功能区，北部山区打造太行山特色林果区。

石家庄市行唐县口头镇风貌（现代农业型）
图片来源：武毅娜 摄．

85. 乡镇国土空间总体布局

《中共中央 国务院关于促进小城镇健康发展的若干意见》提出，在小城镇的规划中，要注重经济社会和环境的全面发展，合理确定人口规模与用地规模，既要坚持建设标准，又要防止贪大求洋和乱铺摊子。小城镇建设要各具特色，切忌千篇一律，特别要注意保护文物古迹以及具有民族和地方特点的文化自然景观。

《河北省乡镇国土空间总体规划编制导则（试行）》提出，乡镇规划包括乡镇域和乡镇人民政府驻地两个层次。

（1）乡镇域

严格落实市县规划确定的耕地和永久基本农田、生态保护红线、城镇开发边界。按照人口资源环境相均衡、经济社会生态效益相统一的原则，统筹划定农业空间、生态空间、建设空间，落实市县规划分区，明确农用地、建设用地和其他用地的范围、规模和管控要求，因地制宜地确定国土空间总体格局。

（2）乡镇人民政府驻地

用地布局。①细化落实市县国土空间规划下达的城乡建设用地规模，划定乡镇人民政府驻地建设边界，确定规划期内用地主要发展方向。②综合考虑建设现状、经济社会发展、资源禀赋、类型特征，明确用地结构调整方向，合理布局住宅、工业、公共服务设施、公用设施、道路交通、绿地广场等各类用地规模和布局。

空间形态引导。①结合山水格局和地方文化特色，确定乡镇风貌特色定位，提出重要生态及景观廊道布局和控制要求。②确定乡镇人民政府驻地主要出入口、广场、重要节点的景观意向，提出标志性建筑物的位置、类型、功能、风貌建议。③划定开发强度分区和高度分区，按照分区或用地类型提出容积率、密度、高度等管控要求。④规划人口规模3万以上的乡镇人民政府驻地应明确城市设计重

专栏　河北省平泉市青河镇国土空间总体布局

青河镇位于平泉市东南部，青龙河源头，境内有双峰山、清河两处省级森林自然公园。镇区所在地距离县城35千米，距101国道、长深高速15千米，县道X511贯穿境内，下辖3个社区、8个行政村。

规划构建"一轴、两心"的镇域发展结构。"一轴"指沿县道X511形成的城镇发展轴；"两心"指在镇区和古山子社区。

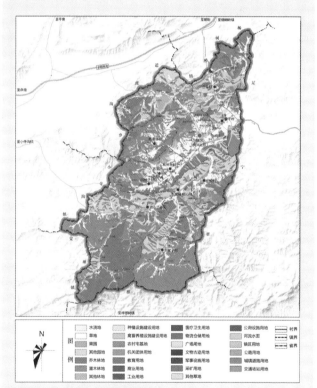

平泉市青河镇国土空间总体规划图
图片来源：《平泉市青河镇国土空间总体规划（2021—2035年）》（阶段性成果），2021年11月.

点地区和详细规划编制单元。

住房建设和人居环境。①合理确定居住用地规模、占比和位置，提升居民生活品质，保障人均住房面积。结合乡镇人民政府驻地实际，制定旧村改造、危房改造、人居环境整治、建筑节能改造等

行动计划，并提出建设时序。②乡镇人民政府驻地居住用地规划布局应根据发展需求，选择低层、多层等不同住宅形式，相对集中布置，形成居住组团。新规划的集中住宅小区，宜以多层为主，并处理好与乡镇道路交通、公共服务设施、山水景观等关系。

绿化和公共空间。①提出乡镇人民政府驻地绿地、水体等开敞空间的控制范围和管控要求，确定人均公园绿地面积。②通过多种绿化和空间组合形式，构建尺度宜人、富有活力，具有传统文化特色的街巷、广场、公园和滨水等公共空间体系。③推进公共空间与公共服务设施、公用设施的共用共享，提高公共空间利用效率。

重要控制线管控。乡镇人民政府驻地划定道路红线、重大基础设施和公共安全设施黄线、公园绿地和防护绿地绿线、水域蓝线、历史文化资源保护紫线，明确管控范围和要求，以及需要在详细规划中落实的有关内容。

专栏 河北省秦皇岛市海港区石门寨镇人民政府驻地用地布局规划

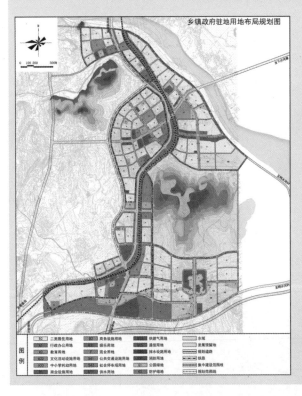

石门寨镇隶属于河北省秦皇岛市海港区，地处北三镇中心地带，自然山水和历史文化资源丰富，属城郊服务型城镇。北部与驻操营镇相邻，南部与杜庄乡毗邻，西北部是青龙满族自治县，东部与辽宁省接壤。镇区距秦皇岛市市区15千米，对外交通便利，可达性较高。石门寨镇下辖70个行政村，其中北斜村、南关村、高井村、顺城村、北河村5村为镇区所在地。规划围绕地质科考、文创影视、生态旅游等方面，明确了城镇发展定位和实现路径，开展了乡村振兴、产业发展、资源开发保护等相关战略研究，细化了柳江国家地质公园、祖山国家级风景名胜区管控要求，并提出了合理利用措施。

秦皇岛市海港区石门寨镇镇区用地布局规划图
图片来源：《秦皇岛市海港区石门寨镇国土空间总体规划（2021—2035年）》（阶段性成果），2021年9月.

86. 乡村产业发展和集体经营性建设用地布局

《土地管理法实施条例》提出，国土空间规划应当统筹并合理安排集体经营性建设用地布局和用途，依法控制集体经营性建设用地规模，促进集体经营性建设用地的节约集约利用。鼓励乡村重点产业和项目使用集体经营性建设用地。市、县人民政府自然资源主管部门应当依据国土空间规划提出拟出让、出租的集体经营性建设用地的规划条件，明确土地界址、面积、用途和开发建设强度等。市、县人民政府自然资源主管部门应当会同有关部门提出产业准入和生态环境保护要求。

（1）概念

集体经营性建设用地。 在村集体经营性建设用地范围内，国土空间规划确定为工业、商业等经营性用途的用地。《土地管理法》中明确，集体经营性建设用地出让、出租等，应当经本集体经济组织成员的村民会议三分之二以上成员或者三分之二以上村民代表的同意。

农业设施建设用地。 指对地表耕作层造成破坏的，为农业生产、农村生活服务的乡村道路用地以及种植设施、畜禽养殖设施、水产养殖设施建设用地 ❶。

（2）国土空间规划要求

《自然资源部办公厅关于加强村庄规划促进乡村振兴的通知》提出：①统筹城乡产业发展空间，优化城乡产业用地布局；②合理保障农村新产业、新业态发展用地，明确产业用地用途、强度等要求。《自然资源部办公厅关于进一步做好村庄规划工作的意见》明确：①工业布局要围绕县域经济发展，原则上安排在县、乡镇的产业园区；除少量必需的农产品生产加工外，一般不在农村地区安排新增工业

专栏　河北省武安市活水乡白王庄村村庄产业布局

白王庄村坐落于武安市活水乡白云山的西麓，白云川的源头，距武安市30千米，三面环山。白王庄村沿河打造滨河风貌街，主要布局民宿、农家乐、农产品售卖点、民俗文化展示馆等产业项目。

武安市活水乡白王庄村村庄规划鸟瞰图

图片来源：武安市自然资源和规划局.

---

❶《国土空间调查、规划、用途管制用地用海分类指南》（2023年11月）.

用地；②对利用本地资源、不侵占永久基本农田、不破坏自然环境和历史风貌的乡村旅游、农村电商、农产品分拣、冷链、初加工等农村产业业态可根据实际条件就近布局。

（3）集体经营性建设用地布局

河北省地方标准《村庄规划技术规范》（DB13/T 5557—2022）提出，集体经营性建设用地布局应符合以下要求：①直接服务种植养殖业的农产品加工、电子商务、仓储保鲜冷链、产地低温直销配送等产业，应集中在村庄建设边界内，优先使用存量建设用地；②对居住和公共环境基本无干扰、污染和安全隐患的，同类型的工业用地应集中分类布置，协作密切的生产项目应邻近布置；③发展休闲观光旅游的村庄，可在村庄建设边界外沿旅游线路安排旅游厕所、观景台、服务点等少量配套服务设施用地；④村庄餐饮、住宿等商业用地宜布置在交通出入方便、有停车场地，且不会对周围居民生活产生干扰的地段；⑤不应占用永久基本农田和生态保护红线，不应破坏生态环境和乡村风貌，其规划图件应明确土地界址、面积、用途和开发建设强度等。

（4）农业设施建设用地布局

①种植设施应方便村民生产劳动使用和运输作业。打谷场、晾晒场宜布置在干燥、地势较高地段。②畜禽养殖设施宜布置在村庄居民点常年主导风向的下风向或侧风向，选择通风、排水条件良好的地段，并保持一定的卫生防护距离。按照人畜分离要求，引导规模化养殖。③水产养殖设施应优先利用村内荒滩、荒水、低洼地等未利用地，周围不应布置污染企业。

（5）仓储用地布局

①仓储用地宜布置在村庄边缘、交通方便且利于排水、不受洪涝等灾害影响的地段，并应满足仓储用地对水文地质、工程地质条件的要求，村庄道路不应穿越小型仓储用地。②同类仓储设施宜集中布置，收储中转和物资储备仓储用地选址应靠近铁路站场、公路货运站、港口等；存放生活资料的仓储用地可邻近居住和商业用地布置；存放生产资料的仓储用地宜结合生产用地布置。③易燃易爆和危险品仓储用地选址应符合国家相关安全防护要求，不宜设在村庄居民点内，宜布置在相对独立地段和常年主导风向的下风侧、江河下游等地段。

（6）乡村产业用地政策

《中共中央 国务院关于抓好"三农"领域重点工作确保如期实现全面小康的意见》提出：①省级层面，省级制定土地利用年度计划时，应安排至少5% 新增建设用地指标保障乡村重点产业和项目用地；②县乡层面，新编县乡级国土空间规划应安排不少于 10% 的建设用地指标，重点保障乡村产业发展用地。农村集体建设用地可以通过入股、租用等方式直接用于发展乡村产业。

《自然资源部办公厅关于加强村庄规划促进乡村振兴的通知》提出：①各地可在乡镇国土空间规划和村庄规划中预留不超过 5% 的建设用地机动指标，村民居住、农村公共公益设施、零星分散的乡村文旅设施及农村新产业新业态等用地可申请使用；②建设项目规划审批时落地机动指标、明确规划用地性质，项目批准后更新数据库。机动指标使用不得占用永久基本农田和生态保护红线。

专栏　河北省邯郸市邱县邱城镇段寨村

段寨村现有蜂蜜红薯种植 1600 余亩，采取以"龙头企业＋合作社＋农户"的模式，成立种植专业合作社，注册"平丘山"品牌，提高了红薯价值。村庄现有气调库两座及展销大厅、冰冻烤薯厂等，并衍生出红薯粉条、冷冻烤薯等加工产业，初步形成了红薯培育、种植、储藏、加工、销售一条龙的产业链条。

邯郸市邱县邱城镇段寨村红薯产业园区

87. 乡村公共服务设施布局

2022年5月，中共中央办公厅、国务院办公厅印发《乡村建设行动实施方案》提出，坚持农业农村优先发展，把乡村建设摆在社会主义现代化建设的重要位置，顺应农民群众对美好生活的向往，以普惠性、基础性、兜底性民生建设为重点，强化规划引领，统筹资源要素，动员各方力量，加强农村基础设施和公共服务体系建设，合理确定公共基础设施配置和基本公共服务标准。

（1）国土空间规划要求

《自然资源部办公厅关于加强村庄规划促进乡村振兴的通知》提出，在县域、乡镇域范围内统筹考虑村庄发展布局以及基础设施和公共服务设施用地布局，规划建立全域覆盖、普惠共享、城乡一体的基础设施和公共服务设施网络。以安全、经济、方便群众使用为原则，因地制宜提出村域基础设施和公共服务设施的选址、规模、标准等要求。

乡镇层面。《河北省乡镇国土空间总体规划编制导则（试行）》提出，落实市县规划确定的区域公共服务设施，梳理分析现状公共服务设施情况，按照中心镇、一般乡镇、中心村、基层村层级和共建共享的原则统筹确定行政办公、文化教育、医疗体育、社会福利（养老服务、殡葬设施）、商业金融等公共服务设施的布局、规模和数量。

村庄层面。《河北省村庄规划编制导则（试行）》提出，依据村庄类型、人口规模和实际需求，确定村庄文化教育、医疗卫生、商业服务、集贸设施、养老设施等公共建筑的规模、位置及空间组合形式。鼓励以乡镇为单元，统筹布局村庄公共服务设施。

（2）村民活动中心

除小学、幼儿园、集贸市场外，宜将村委会、图书馆阅览室、老年活动室、健身广场、戏台剧场、农村小超市等进行集中布置，形成村民活动中心和公共开放空间。

（3）教育设施

河北省地方标准《村庄规划技术规范》（DB13/T 5557—2022）提出，教育设施应考虑与附近村庄共建共享，对于本村没有条件建设小学的，应明确其到附近县城、乡镇、中心村的解决方案。学校、幼儿园、托儿所的选址要求如下：①应选址在交通便利、阳光充足、地势平坦、环境安静、远离污染、不危及学生安全的地段；幼儿园应有独立院落和出入口，主要入口不应开向交通量较大的主要街道和过境公路；②村庄教育设施的配置规模应与其实际服务的人口相适应，其布局和规模应符合服务半径的要求。

专栏　河北省邯郸市馆陶县魏僧寨镇域公共服务设施布局

魏僧寨镇域公共设施建设按照"镇人民政府驻地—中心村—基层村"三级公共服务体系进行设施配置。考虑共建共享、镇村人口规模以及外来人口使用等因素，合理配置公共服务设施。规划在中心村配置村委会、小学、幼儿园、文化娱乐设施、医疗设施、商店等公共服务设施，在基层村配置幼儿园、文化娱乐设施、商店等设施。

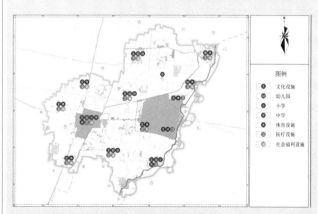

邯郸市馆陶县魏僧寨镇域公共服务设施规划图

图片来源：《馆陶县魏僧寨镇国土空间总体规划（2021—2035年）》（阶段性成果），2021年11月.

（4）文体科技设施

村庄文化体育设施宜选址在村庄中心位置，可与广场、绿地、停车场等混合配建。

（5）医疗卫生设施

《镇规划标准》（GB 50188—2007）提出，医院、卫生院、防疫站的选址，应方便使用和避开人流、车流量大的地段，并应满足突发灾害事件的应急要求。河北省地方标准《村庄规划技术规范》（DB13/T 5557—2022）提出，村卫生室应选址在群众方便就医的地点，服务范围以步行15分钟内到达为宜，满足突发灾害事件的应急医疗需求，可结合村民委员会、村民服务中心等设施集中建设。

（6）社会福利设施

社会福利设施应考虑与附近村庄共建共享，对于本村没有条件建设农村互助幸福院的，应明确其到附近县城、乡镇、中心村的解决方案。宜选择环境安静、日照充足、交通便利、设施完善的地段，避开自然灾害易发区。

（7）集贸设施

《镇规划标准》（GB 50188—2007）提出，集贸市场用地应综合考虑交通、环境与节约用地等因素进行布置。集贸市场用地选址的要求包括：①应有利于人流和商品的集散，并不得占用公路、主要干路、车站、码头、桥头等交通量大的地段；②不应布置在文体、教育、医疗机构等人员密集场所的出入口附近和妨碍消防车通行的地段；③影响环境和易燃易爆的商品市场，应设在集镇的边缘，并应符合卫生、安全防护的要求；④集贸市场用地的面积应按平集规模确定，并应安排好大集时临时占用的场地，休集时应考虑设施和用地的综合利用。

专栏 河北省承德市隆化县白虎沟乡榆树营村公共服务设施布局

榆树营村位于白虎沟乡域最南端，现有357省道与隆化县和外界进行联系，北边有县道504通往围场满族蒙古族自治县。该村为保留改善类村庄，是以蒙古族、满族为主的少数民族村，村庄山清水秀，自然资源好，村中有浓厚的文化底蕴。榆树营村各类公共服务设施规划如下：①村委会办公设施，将现状服装厂改造为村委会办公设施，配建养老设施、文化活动室等；②教育设施，小学、幼儿园学龄儿童均到栅子村就读；③商业设施，将原卫生室改造为农商代销点，原村委会改造为其他商业用地。

承德市隆化县白虎沟乡榆树营村居民点规划总平面图

图片来源：《隆化县榆树营村"多规合一"村庄规划（2020—2035年）》（阶段性成果），2020年10月.

88. 乡村人居环境基础设施布局

2020 年 12 月，中央农村工作会议指出，"十四五"时期，要继续推进农村人居环境整治提升行动，重点抓好改厕和污水、垃圾处理，健全生活垃圾处理长效机制。

《中华人民共和国国民经济和社会发展第十四个五年规划和 2035 年远景目标纲要》提出，健全城乡基础设施统一规划、统一建设、统一管护机制，推动市政公用设施向郊区乡村和规模较大中心镇延伸，完善乡村水、电、路、气、邮政通信、广播电视、物流等基础设施，提升农房建设质量。

（1）国土空间规划要求

《自然资源部办公厅关于进一步做好村庄规划工作的意见》提出，强化县城综合服务能力，把乡镇建成服务农民的区域中心，统筹布局村基础设施、公益事业设施和公共设施，促进设施共建共享，提高资源利用节约集约水平。

（2）有关政策要求

中共中央办公厅、国务院办公厅印发《农村人居环境整治提升五年行动方案（2021—2025 年）》提出，到 2025 年，农村人居环境显著改善，生态宜居美丽乡村建设取得新进步。

河北省廊坊市固安县牛驼镇郭翟村健身广场风貌
图片来源：固安县人民政府. 农业强、农村美、农民富，乡村振兴"固安样板"这样打造. https://www.guan.gov.cn/posts/post/nong-ye-qiang-nong-cun-mei-nong-min-fu-xiang-cun-zhen-xing-gu-an-yang-ban-zhe-yang-da-zao.

分区指引。①东部地区、中西部城市近郊区等有基础、有条件的地区，全面提升农村人居环境基础设施建设水平，农村卫生厕所基本普及，农村生活污水治理率明显提升，农村生活垃圾基本实现无害化处理并推动分类处理试点示范，长效管护机制全面建立。②中西部有较好基础、基本具备条件的地区，农村人居环境基础设施持续完善，农村户用厕所愿改尽改，农村生活污水治理率有效提升，农村生活垃圾收运处置体系基本实现全覆盖，长效管护机制基本建立。③地处偏远、经济欠发达的地区，农村人居环境基础设施明显改善，农村卫生厕所普及率逐步提高，农村生活污水垃圾治理水平有新提升，村容村貌持续改善。

分类推进。顺应村庄发展规律和演变趋势，优化村庄布局，强化规划引领，合理确定村庄分类，科学划定整治范围，统筹考虑主导产业、人居环境、生态保护等村庄发展。①集聚提升类村庄重在完善人居环境基础设施，推动农村人居环境与产业发展互促互进，提升建设管护水平，保护保留乡村风貌。②城郊融合类村庄重在加快实现城乡人居环境基础设施共建共享、互联互通。③特色保护类村庄重在保护自然历史文化特色资源、尊重原住居民生活形态和生活习惯，加快改善人居环境。④"空心村"、已经明确的搬迁撤并类村庄不列入农村人居环境整治提升范围，重在保持干净整洁，保障现有农村人居环境基础设施稳定运行。

（3）道路交通布局

《镇规划标准》（GB 50188—2007）提出，乡镇道路交通规划应根据镇用地的功能、交通的流向和流量，结合自然条件和现状特点，确定镇区内部的道路系统，以及镇域内镇区和村庄之间的道路交通系统，应解决好与区域公路、铁路、水路等交通干线的衔接，并应有利于镇区和村庄的发展、建筑

专栏 河北省廊坊市固安县礼让店乡屈家营村道路系统规划

廊坊市固安县礼让店乡屈家营村村庄规划对道路进行了系统性规划,明确对中心街进行修整及道路硬化。道路系统主要包括村庄对外交通、主要道路、次要道路和田间道路4个道路等级。

廊坊市固安县礼让店乡屈家营村道路交通规划图

图片来源:《固安县礼让店乡屈家营村"多规合一"村庄规划(2020—2035年)》(阶段性成果),2020年11月.

布置和管线敷设。

《村庄整治技术标准》(GB/T 50445—2019)提出,村庄道路系统宜在保留原有路网形态和结构的基础上,结合村庄规模、地形地貌、村庄形态、河流走向、对外交通布局等条件因地制宜地确定,必要时应打通断头路,形成通达性良好的村内路网格局。

(4)给水

《村庄整治技术标准》(GB/T 50445—2019)提出,给水方式应根据规划要求及当地水源、地形、能源、经济条件、技术水平等因素进行方案综合比较后确定。①城镇周边的村庄,应依据安全、经济、实用的原则,优先选择城镇配水管网延伸供水。②无条件采用城镇配水管网延伸供水的村庄,应优先选择联村、联片或单村集中式给水方式。③无条件建设集中式给水工程的村庄,可选择手动泵、引泉池或雨水收集等联户或单户分散式给水方式。

(5)生活污水处理

河北省地方标准《村庄规划技术规范》(DB13/T 5557—2022)提出,污水处理设施选址应位于村庄夏季主导风向的下风侧、村庄水系的下游,并靠近受纳水体或农田灌溉区,同时避免雨季和洪水季节自然水体的倒灌。

《河北省农村人居环境整治提升五年行动实施方案(2021—2025年)》提出:①对于城镇周边村庄,推动城镇污水管网向农村延伸覆盖,实现城乡一体化处理;②对适宜集中处理的村庄,结合厕所改造,分区建设污水集中处理站点或大三格式化粪池,及时清掏转运,实行污水集中处理;③对不具备集中处理条件的村庄,选择人工湿地、沼气池或无害化化粪池等方式开展分散式处理。

(6)电力电信

推进电网升级改造。①实施农村电网巩固提升工程,持续抓好农村电网改造,解决个别地方夏季

专栏 河北省晋州市槐树镇龙头村生活污水处理

晋州市将农村生活污水治理与坑塘改造相结合,将处理后的污水、净化的雨水资源化利用,回用或回补地下水,实现"污水不出村,出村无污水"的治理目标,达到了"一个污水处理场站,一个乡村湿地公园"的治理效果❶。

---

❶ 生态环境部公众号.走进美丽乡村(4)|河北省石家庄市晋州市污水雨水资源化 湿地清水润农家. https://mp.weixin.qq.com/s/dICAN-Gf4eiU1iKZjfaCRg.

用电高峰电网负荷过重问题，提高稳定用电保障水平。②优化农村电网结构，大力发展风电、光伏等绿电能源，重点抓好整县（市、区）屋顶分布式光伏开发试点建设，统筹解决好太阳能发电、照明、冬季取暖等。③巩固提升农村电代煤工程，加强督导和管护，保障电源运行安全。

扩大信息网络覆盖。《河北省农村人居环境整治提升五年行动实施方案（2021—2025年）》提出，①持续巩固行政村光纤宽带和4G网络建设成效，逐步推进重点行政村5G网络建设。②大力发展广播电视、电信和互联网三网融合型业务研发和应用推广，培育壮大三网融合信息服务产业和市场，推动"互联网＋政务服务"向乡村延伸。③推动农业生产加工和农村基础设施数字化、智能化升级，加快农村信息服务站点建设，加强适农信息服务开发与推广。

（7）供热燃气

河北省地方标准《村庄规划技术规范》（DB13/T 5557—2022）提出，①有条件的村庄应考虑集中供热，一般地区可采用分散供热。城郊融合类村庄可考虑接入城镇供热管网。②村庄应根据不同地区的燃料资源和能源结构的情况确定燃气气源种类。城郊融合类村庄可接入城镇燃气管网；距城镇气源较远的村庄可使用瓶装液化石油气、天然气、人工煤气等。③推进太阳能、风能、地热资源、生物质能等新能源的开发利用。村庄新能源设施的布局应优先使用村庄空闲地。

（8）环境卫生

农村厕所革命。①新改户用厕所基本入院，有条件的地区要积极推动厕所入室，新建农房应配套设计建设卫生厕所及粪污处理设施设备。②合理规划布局农村公共厕所，加快建设乡村景区旅游厕所，落实公共厕所管护责任，强化日常卫生保洁。③在水冲式厕所改造中积极推广节水型、少水型水冲设施。

生活垃圾处理。①全面落实"村收集、乡转运、县集中处理"工作机制，强化保洁队伍建设，配齐垃圾收集转运车辆，实行农村垃圾、农村公厕日扫日清。②加快推进农村生活垃圾源头分类减量，积极探索符合农村特点和农民习惯、简便易行的分类处理模式，减少垃圾出村处理量，有条件的地区基本实现农村可回收垃圾资源化利用、易腐烂垃圾和煤渣灰土就地就近消纳、有毒有害垃圾单独收集贮存和处置、其他垃圾无害化处理。③完善建筑垃圾分类管理，实行分类存放、运输、消纳和利用，禁止将生活垃圾、工业垃圾等混入建筑垃圾。通过粉碎转化、坑塘回填、回收利用及村内道路、入户路、景观建设使用等方式，提高建筑垃圾就地消纳和再利用水平。

专栏　浙江省宁波市杭州湾新区农村垃圾分类

富北村作为杭州湾新区首个推行垃圾分类"智能化＋大数据"模式的试点单位，研发出一套智能设备，通过建立"智能账户"，推行"一户一桶一卡一芯片"智慧分类，实现了垃圾前端分类、中途运输和末端处置的全过程、全天候、全方位监管❶。

装备"智慧脑"的垃圾收运车

图片来源：浙江在线．杭州湾新区农村垃圾分类装上"智慧脑"．https://zjnews.zjol.com.cn/zjnews/nbnews/202103/t20210324_22288866.shtml.

---

❶ 浙江在线．杭州湾新区农村垃圾分类装上"智慧脑"．https://zjnews.zjol.com.cn/zjnews/nbnews/202103/t20210324_22288866.shtml.

89. 村庄类型与规划指引

2024 年 2 月,《中共中央 国务院关于学习运用"千村示范、万村整治"工程经验有力有效推进乡村全面振兴的意见》提出,分类编制村庄规划,可单独编制,也可以乡镇或若干村庄为单元编制,不需要编制的可在县乡级国土空间规划中明确通则式管理规定。

（1）城郊融合类

范围及特征。 市县中心城区（含开发区、工矿区）建成区以外、城镇开发边界以内的村庄。其主要特征是：村庄能够承接城镇外溢功能,居住建筑已经或即将呈现城市聚落形态,村庄能够共享使用城镇基础设施,具备向城镇转型的潜力条件。

编制指引。 可纳入城镇详细规划统筹编制；确需编制村庄规划的,不得与市县国土空间总体规划相抵触。城郊融合类村庄应综合考虑工业化、城镇化和村庄自身发展需要,加快城乡产业融合发展、基础设施互联互通、公共服务设施共建共享,逐步强化服务城市发展、承接城市功能外溢的作用。

（2）集聚提升类

范围及特征。 上位规划确定为中心村的村庄。其主要特征是：人口规模相对较大,区位交通条件相对较好,配套设施相对齐全,产业发展有一定基础,对周边村庄能够起到一定辐射带动作用,具有

专栏　城郊融合类村庄——河北省张家口市下花园区定方水乡武家庄村

武家庄村位于张家口市中心城区北部山区,距离下花园城区 12 千米,距离乡政府 7.5 千米,呈现典型黄土地区风貌特征,利用红砖进行民居改造,打造形成"红砖艺术小镇"。

张家口市下花园区定方水乡武家庄村风貌（城郊融合类）
图片来源：张家口市自然资源和规划局.

较大发展潜力。

编制指引。上位规划确定为中心村的村庄，应以本村或与周围几个村庄为单元编制村庄规划。规划应统筹考虑与周边村庄一体化发展，促进农村居民点集中或连片建设。合理预测村庄人口和建设用地规模，结合宅基地整理、未利用地整治改造，留足发展空间。推进农村一二三产业融合发展，补齐基础设施和公共服务设施短板，提升对周围村庄的带动和服务能力。有条件的地区应结合新型城镇化，建设农村新型社区。

（3）特色保护类

范围及特征。已经公布的省级以上历史文化名村、传统村落、少数民族特色村寨、特色景观旅游名村，以及未公布的具有历史文化价值、自然景观保护价值或者具有其他保护价值的村庄。此类村庄一般具有以下一个或多个特征：文物古迹丰富、传统建筑集中成片、传统格局完整、非物质文化遗产资源丰富，具有历史文化和自然山水特色景观、地方特色产业等。

编制指引。特色保护类村庄规划应与该类村庄的保护规划相衔接，将核心保护范围、建设控制地带等纳入村庄规划，保持村庄传统格局的完整性，其他保护类村庄也可参照执行。规划应统筹保护、利用与发展的关系，保持村庄传统格局的完整性、历史建筑的真实性和居民生活的延续性，提出特色保护和建设管控要求，对村庄未来发展提出具体措施。

专栏 集聚提升类村庄——河北省迁安市五重安乡万宝沟—茶井沟村

河北省迁安市万宝沟—茶井沟村两村相邻，规划将村庄打造为观光游览度假、山水休闲乡村，大力发展乡村休闲旅游，丰富业态，融入全域旅游，打造迁安北部重要旅游节点。

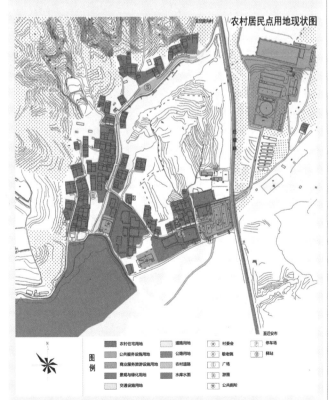

迁安市五重安乡万宝沟—茶井沟村规划图（集聚提升类）
图片来源：《迁安市五重安乡万宝沟—茶井沟村"多规合一"村庄规划（2020—2035年）》（阶段性成果），2020年12月.

专栏 特色保护类村庄——河北省石家庄市井陉县于家乡于家村

于家村属于中国历史文化名村，河北省唯一一处古村落省级重点文物保护单位，是太行山典型的石头村。

石家庄市井陉县于家乡于家村风貌（特色保护类）

（4）搬迁撤并类

范围及特征。上位规划确定为整体搬迁的村庄。其主要特征是：生存条件恶劣，生态环境脆弱，自然灾害频发，存在重大安全隐患，人口流失严重或因重大项目建设等原因需要搬迁。

编制指引。搬迁撤并类村庄不单独编制村庄规划，纳入集聚提升类村庄规划或上位国土空间总体规划统筹编制。确实近期不能搬迁撤并的村庄可根据实际发展需要，坚持建设用地减量原则，与"空心村"治理相结合，编制近期村庄建设整治方案作为建设和管控指引，突出村庄人居环境整治内容，严格限制新建、扩建永久性建筑。

（5）保留改善类

对于看不准的村庄，可暂不作分类，留出足够的观察和论证时间，如河北省将此类村庄定为保留改善类村庄。

范围及特征。除上述类别以外的其他村庄。其主要特征是：人口规模相对较小，配套设施一般，需要依托附近集聚提升类村庄共同发展。

编制指引。保留改善类村庄，可以单独编制村庄规划，也可纳入县、乡国土空间规划统一管控，或与集聚提升类村庄形成一个规划单元统筹编制。

专栏　保留改善类村庄——河北省衡水市饶阳县饶阳镇故城村

故城村村域面积 123.83 公顷，共 174 户，608 人，户均年收入超 10 万元，产业以葡萄种植业为特色，产品销往京、津地区，是省级"美丽乡村"，基础设施和公共服务设施较为完善。

衡水市饶阳县饶阳镇故城村风貌（保留改善类）

规划应按照村庄实际需要，坚持节约集约用地原则，统筹安排农村危房改造、人居环境整治、基础设施、公共服务设施、土地综合整治、生态保护与修复等各项建设活动。

90. 村庄规划布局和建设边界

2023 年 2 月，《中共中央 国务院关于做好 2023 年全面推进乡村振兴重点工作的意见》提出，坚持县域统筹，支持有条件、有需求的村庄分区分类编制村庄规划，合理确定村庄布局和建设边界。

（1）国土空间规划要求

《自然资源部办公厅关于进一步做好村庄规划工作的意见》提出，村庄规划编制要在落实县、乡镇级国土空间总体规划确定的生态保护红线、永久基本农田基础上，不挖山、不填湖、不毁林，因地制宜划定历史文化保护线、地质灾害和洪涝灾害风险控制线等管控边界。以"三调"为基础划好村庄建设边界，明确建筑高度等空间形态管控要求，保护历史文化和乡村风貌。

（2）村域国土空间布局

《河北省村庄规划编制导则（试行）》提出，按照生态环境不破坏、耕地保有量不减少的要求，明确村域开发保护格局，落实上位规划确定的耕地和永久基本农田、生态保护红线、村庄建设边界，不得突破上位规划设定的约束性指标及强制性要求。

结合村庄实际划分村域农、林、牧、副、渔等农业空间，森林、河湖、草原等生态空间，住房、经营性建设、公共服务与基础设施等建设空间，划定村域内重要控制线，标注各类控制线坐标，提出保护控制要求。

（3）村庄建设边界划定

划定原则。现状相对集中的村庄建设用地应划入村庄建设边界，现状零星分散的村庄建设用地可不划入村庄建设边界。未来村庄建设尽可能安排在现状村庄用地范围内，优先利用现状村庄用地内部的非建设用地和闲置、低效的存量建设用地。

范围边界。应在国土变更调查确定的现状村庄用地范围基础上进行划定和优化调整。利用道路、河流、田坎等明显的现状自然地物和人工建（构）筑物作为界线，力求边界清晰，让村委、村民容易识别。

合理避让。应避让耕地和永久基本农田、生态保护红线，不占或尽量少占耕地，避让地质灾害极高和高风险区、蓄滞洪区、地震断裂带、洪涝风险

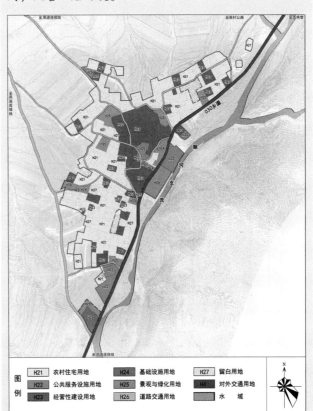

专栏　河北省承德市丰宁县将军营镇两间房村村庄用地布局

规划注重优化村庄用地布局，合理布置宅基地、集体经营性建设用地、公共服务设施和基础设施等用地。依托村庄四条东西向主要道路，将村庄划分为五个组团。利用村庄空闲地增设游园和广场等开敞空间，改善人居环境。

承德市丰宁县将军营镇两间房村村庄规划图

图片来源：《承德市丰宁满族自治县将军营镇两间房村"多规合一"村庄规划（2020—2035 年）》（阶段性成果），2021 年 11 月.

易发区、采煤塌陷区、重要矿产资源压覆区及油井密集区等不适宜建设区域。对现状村庄用地位于生态保护红线和风险区内的，可以划入村庄建设边界，但不得在现状基础上扩大范围。

统筹安排。因建设需求大，现状村庄用地无法满足，确需新增村庄建设用地规模的，新增建设用地规模应当在县或乡镇国土空间总体规划中统筹安排，在村庄规划中划入新的村庄建设边界。

（4）村庄居民点

河北省地方标准《村庄规划技术规范》（DB13/T 5557—2022）提出，统筹安排各类建设用地布局，明确公共服务设施配置和建设标准，确定建筑高度、建筑色彩、形式等引导要求，明确工程管线位置和埋深等。

专栏　云南省村庄建设边界划定方法

村庄建设边界线尽量利用国家有关基础调查明确的现状地类、地物等界限，如道路、河流、林地、草地等明显的现状地物，做到清晰可辨、便于管理。

村庄建设边界形态应充分与周边环境融合，保护延续村落传统空间形态和肌理，做到与山水林田湖草等空间自然过渡衔接，避免村落形态僵化、生硬。

原则上30户以上、相对集中的自然村（集中居民点）应划定完整、闭合的村庄建设边界；30户以下、小而散的村庄依据现状视具体情况划定村庄建设边界，满足新增村民宅基地建房需求；现状零星建设用地建设不划入边界线，通过土地整理、宅基地置换等方式逐渐向村庄建设边界内集中。

村庄建设边界的划定应充分尊重村民意见，保障村民合理宅基地建房需求，保证村民充分参与，让边界划定更合理，更便于操作和管控。

原则上县域内村庄规划建设用地总规模不超过现状村庄建设用地总规模的1.1倍。村庄规划建设用地规模超过现状村庄建设用地规模1.1倍的，应对其必要性及合理性予以说明（如产业发展需求等）。

对村庄集中建设区、弹性发展区、特别用途区分别作出规定。

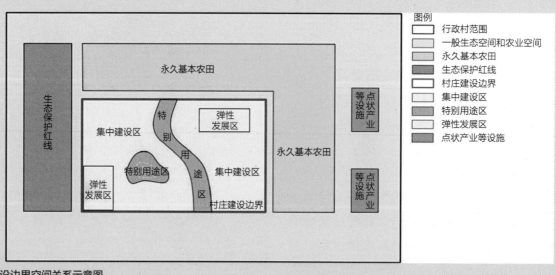

村庄建设边界空间关系示意图

图片来源：《云南省村庄建设边界划定工作指引（试行）》，2021年12月发布.

91. 宅基地和住房布局

2022年5月，中共中央办公厅、国务院办公厅印发《乡村建设行动实施方案》提出，新建农房要避开自然灾害易发地段，顺应地形地貌，不随意切坡填方弃渣、不挖山填湖、不破坏水系、不砍老树，形成自然、紧凑、有序的农房群落。

（1）国土空间规划要求

《自然资源部办公厅关于加强村庄规划促进乡村振兴的通知》提出，统筹农村住房布局，按照上位规划确定的农村居民点布局和建设用地管控要求，合理确定宅基地规模，划定宅基地建设范围，严格落实"一户一宅"。充分考虑当地建筑文化特色和居民生活习惯，因地制宜提出住宅的规划设计要求。

（2）宅基地布局

基本原则。《自然资源部 农业农村部关于保障农村村民住宅建设合理用地的通知》提出，加强规划管控，在县、乡级国土空间规划和村庄规划中，要为农村村民住宅建设用地预留空间。已有村庄规划的，要严格落实。没有村庄规划的，要统筹考虑宅基地规模和布局，与未来规划做好衔接。要优先利用村内空闲地，尽量少占耕地。

布局要求。河北省地方标准《村庄规划技术规范》（DB13/T 5557—2022）提出，宅基地布局应符合以下要求。①方便村民生活需要，宜集中布局，处理好宅基地与村庄道路、公共服务设施、公用设施、绿化景观及山体、水域等的关系。②布置在大气污染源的常年最小风向频率下风侧以及水污染源上游。山区和丘陵宅基地应优先选用坡度适宜的向阳坡和通风良好地段。③新规划宅基地应布置在村庄建设边界内，优先利用村内空闲地、闲置宅基地和未利用地，避开自然灾害隐患区，满足铁路、公路、高压线等设施退让要求。

宅基地管控。①农村村民住宅建设要依法落实"一户一宅"要求，严格执行宅基地标准，不得随意

专栏　苗族吊脚楼

苗族的吊脚楼通常建造在斜坡上，为2层或3层。顶层层高很矮，只放粮食不住人。楼下堆放杂物或作牲口圈。一般以竹编糊泥作墙，以草盖顶，现多已改为瓦顶。

苗族吊脚楼（湖南省湘西土家族苗族自治州凤凰县沱江镇凤凰古城）

专栏　藏族民居

藏族民居极具特色，藏南地区的碉房、藏北地区的帐房、雅鲁藏布江流域的木构建筑都各具特色。在防寒、防风、防震的同时，采用开辟风门，设置天井、天窗等方法，较好地解决了气候、地理等自然环境的不利因素对生产、生活的影响，达到通风、采暖的效果。

藏族民居
图片来源：图虫网.

改变。②注意分户的合理性，做好与户籍管理的衔接，不得设立互为前置的申请条件。③人均土地少、不能保障一户拥有一处宅基地的地区，县级人民政

府在充分尊重农村村民意愿的基础上，可以采取措施，按照省、自治区、直辖市规定的标准保障农村村民实现户有所居。④充分尊重农民意愿，不提倡、不鼓励在城市和集镇规划区外拆并村庄、建设大规模农民集中居住区，不得强制农民搬迁和上楼居住❶。

不同类型村庄宅基地规模。河北省地方标准《村庄规划技术规范》（DB13/T 5557—2022）提出：①集聚提升类村庄应根据发展实际，合理确定新增宅基地规模；②保留改善类村庄应按照实际需求，坚持节约集约用地原则，优先利用空闲地，适量控制新增宅基地规模；③特色保护类村庄应在保护原有格局和特色风貌的前提下，合理保障村民住房需求。

宅基地用地保障。自然资源部征求农业农村部意见后，在年度全国土地利用计划中单列安排，原则上不低于新增建设用地计划指标的5%，专项保障农村村民住宅建设用地，年底实报实销。当年保障不足的，下一年度优先保障❷。

（3）住宅布局

布局要求。①按建筑年代、质量、材料、屋顶形式、建筑色彩对现状村民住宅进行分类，提出规划要求。②根据气候、用地条件、使用要求及地方风俗习惯，合理确定建筑高度、密度、容积率、退让距离等控制性要求，建筑朝向、建筑间距应满足卫生、采光、通风和防灾要求。③结合村庄地形地貌、道路、绿地等空间布局进行群体组合，合理安排绿地系统和空间环境，避免过于单调。

风貌引导。①提出村庄屋顶形式、院落围墙及入口造型、重要细部节点、建筑色彩、建筑材料等风貌引导要求，形成能够体现地域特色的村庄建筑风貌。②新规划的村民集中住宅小区，应确定村庄院落和住宅的平面布局形态，结合村庄地形地貌、道路、绿地等空间布局进行规划设计。

住宅设计。①村民院落应布局合理、使用安全、交通组织顺畅，充分考虑停车空间、生产工具及粮食

专栏　四合院

四合院建筑布局是以南北纵轴对称布置和封闭独立的院落为基本特征。由四面房屋围合成一个庭院，成为院落的基本单元，称为一进四合院，两个院落围合而成的为两进四合院，三个院落围合而成的为三进四合院，依此类推。

四合院（河北省石家庄市井陉县天长镇王家大院）

专栏　皖南民居

皖南民居的大门一般都配有门楼，主要作用是防止雨水顺墙而下，溅到门上。平常人家的门罩较为简单，在离门框上部少许的位置，用水磨砖砌出向外挑的檐脚，顶上覆瓦，并刻有一些简单的图案。

皖南民居（安徽省黄山市黟县西递镇西递村）

存放要求，形成庭院绿化美化、整洁舒适的院落空间。②住宅平面应与院落布局相协调，各功能空间划分应实现寝居分离、食寝分离、洁污分离，给水、排水、电力、燃气、采暖、网络等配套设施完善。

---

❶《自然资源部 农业农村部关于保障农村村民住宅建设合理用地的通知》（2020年7月）.
❷ 同❶.

92. 村庄绿地布局和景观风貌

2022 年 5 月，中共中央办公厅、国务院办公厅印发《乡村建设行动实施方案》提出，传承保护传统村落民居和优秀乡土文化，突出地域特色和乡村特点，保留具有本土特色和乡土气息的乡村风貌。因地制宜开展荒山荒地荒滩绿化，加强农田（牧场）防护林建设和修复，引导鼓励农民开展庭院和村庄绿化美化，建设村庄小微公园和公共绿地。

（1）国土空间规划要求

《自然资源部办公厅关于加强村庄规划促进乡村振兴的通知》提出，应尽可能多地保留乡村原有的地貌、自然形态等，系统保护好乡村自然风光和田园景观；加强各类建设的风貌规划和引导，保护好村庄的特色风貌。

（2）有关政策要求

《国务院办公厅关于科学绿化的指导意见》提出，科学选择绿化树种、草种；积极采用乡土树种草种进行绿化，审慎使用外来树种、草种；各地要制定乡土树种草种名录，提倡使用多样化树种营造混交林；根据自然地理气候条件、植被生长发育规律、生活生产生态需要，合理选择绿化树种、草种。

充分利用城乡废弃地、边角地、房前屋后等"见缝插绿"，推进立体绿化，做到应绿尽绿。增强城乡绿地的系统性、协同性，构建绿道网络，实现城乡绿地连接贯通。鼓励农村"四旁"（水旁、路旁、村旁、宅旁）种植乡土珍贵树种，打造生态宜居的美丽乡村。

有条件的地区推广城乡环卫一体化第三方治理。深入推进村庄清洁和绿化行动。开展美丽宜居村庄和美丽庭院示范创建活动❶。

（3）村庄绿地布局

河北省地方标准《村庄规划技术规范》（DB13/T 5557—2022）提出，绿地布局应符合以下要求：

山地村庄：河北省石家庄市井陉县南障城镇大梁江村风貌

沿河村庄：江西省上饶市婺源县沱川乡理坑村风貌

背山临水村庄：江西省上饶市婺源县江湾镇汪口村风貌

---

❶《中共中央 国务院关于全面推进乡村振兴加快农业农村现代化的意见》（2021 年 1 月）.

①特大型、大型村庄可规划独立的小型公园，公园绿地宜结合村口、公共中心及主要道路进行布置。中型、小型村庄可结合运动健身场地等公共服务设施布置绿地；②街道绿化宜以乔木为主，灌木、藤本为辅，主要街道两侧应至少种植一行适宜的乔木或灌木，道路两侧有高压线等设施的应选择小乔木或花灌木；③宅旁空间绿化应充分利用空闲地和不宜建设地段，可布置农家小菜园、小果园。游园及公共场所绿化宜以冠幅大、遮阴好的乔木为主，适当搭配花灌木；④坑塘河道绿化应保留、利用现有河道岸线，以生态护坡的方式，整治边坡与岸线；⑤防护绿地应根据卫生和安全功能要求，在水源保护区、工矿企业、养殖企业、铁路和公路、高压电力线路走廊周边设置。

（4）村庄整体风貌

河北省地方标准《村庄规划技术规范》（DB13/T 5557—2022）提出，挖掘和提炼村庄自然、人文景观及乡土特色，确定村庄总体风貌格局和整体形象，明确特色保护、风貌塑造和高度控制等空间形态引导要求；应做到不挖山、不填湖、不砍树、不挖塘，不搞大牌楼、大广场、大水面、大公园。

山地村庄。应依山就势进行布局，随着山体高度的变化而层层升高，整体上呈现出丰富的层次变化。由于街巷多为弯曲的空间，会形成两侧建筑自然生长、进退有致的布局形态。

沿河村庄。由于河流的曲折，建筑随弯就曲地沿河流一侧或两侧布置，村庄也自然形成了带状布局。尤其是河流的交汇处，由于地块的不规则布置，更增加了建筑布局的随意性和灵活性。

背山临水村庄。应考虑随地形升高在山坡上建造一些住宅，也要随河流弯曲沿河建造一些住宅，会形成更为丰富的村庄景观风貌。

平原村庄。由于地势较为平坦，可以进行灵活布局，如进村道路可以有一定的弯曲度，保持村庄内部

历史形成的街道骨架，不轻易裁弯取直和改变路径，利用村庄内已有的道路、树木、坑塘，灵活进行住宅建筑的组织围合 ❶。

（5）街巷景观风貌

立面。街巷设计要处理好建筑、道路、绿化、小品、设施等之间的协调关系，街巷界面应注重层次

> **专栏 平原村庄**
>
> 全村 3549 人，属集聚提升类村庄，是全省首批果品增收示范村，梨果特色种植、生物再生能源、保温新材料产业基础好。
>
>
>
> 河北省辛集市田家庄乡东张口村风貌
> 图片来源：辛集市自然资源规划局.

> **专栏 沿河村庄**
>
> 片区农田成方、河渠成网，生态基底良好，拥有优美的潮白河岸线，梁家务干渠连通潮白河与镇域内各干渠、支渠，为水岸潮白 4A 景区的核心区域，自然景观资源丰富，规划打造潮白河滨水休闲观光带。
>
>
>
> 河北省廊坊市香河县蒋辛屯镇北李庄村片区风貌
> 图片来源：宋超 摄.

---

❶ 赵勇，郭亚然，李沛帆. 我国城镇化进程中乡村建设发展的思考 [J]. 小城镇建设，2014（10）：46-47 页.

专栏　背山临水村庄

宏村三面环山，布局基本上保持坐北朝南状，基址处于山水环抱的中央，现完好保存明清民居140余幢。2000年，以宏村为代表的皖南古村落被联合国教科文组织列入世界文化遗产名录。

安徽省黄山市黟县宏村镇宏村风貌

变化，营造富有特色、简洁美观的沿街立面景观。尊重原有建筑立面材质，增添具有地域特色和村庄文化的装饰元素。

铺地。路面宜采用传统或与原有风格相协调的材料，历史文化名村、传统村落应保留和修复现状富有特色的石板路、青砖路、石子路等传统街巷。

小品。照明灯具、座椅、雕塑、废物箱等街巷小品，应充分运用村庄标识符号，做到形式简洁、色彩和谐、易于识别。

（6）民居及公共建筑风貌

村内建筑在形象、风格、比例、尺度、色彩、材料等方面应与村庄整体风貌相协调。

民居建筑。应遵循建筑内部城市化品质、外观乡村化风貌的原则，新、改、扩建时在屋顶、门楼、院墙、门窗、材质、色彩等方面，应充分运用传统特色元素符号。

公共建筑。宜采用当地建筑材料，融合村庄文化符号和标识，在满足公共设施功能的基础上，打造富有地方特色的标志性建筑风貌，可适当融入现代元素。

古建筑。对寺庙、祠堂、楼阁、戏台、戏楼等传统公共建筑，应保护其原有风貌，新、改、扩建时应参照古建筑制式。

（7）重要景观节点风貌

村庄标识。设计、造型可取材当地特有历史文化、装饰符号、生活生产用具、建筑形式等，材料选取具有地方特征的原材料，应体现当地特色文化。

出入口、村民活动广场设计。结合村庄特色标识，景观风貌应反映乡村文化历史、延续乡村文脉，材料体现乡土文化和生态化施工工艺，与当地特色协调统一。

坑塘沟渠。保留现有坑塘沟渠，满足防洪和排水要求，驳岸应尊重自然走向，宜采用生态驳岸。

河北省定州市高蓬镇钮店村风貌

河北省承德市滦平县巴克什营镇古城川村风貌
图片来源：滦平县自然资源和规划局．

10

第十篇

规划实施管理和"一张图"建设

93. 近期规划安排

《城乡规划法》规定，近期建设规划应当以重要基础设施、公共服务设施和中低收入居民住房建设以及生态环境保护为重点内容，明确近期建设的时序、发展方向和空间布局。

（1）省级层面

《省级国土空间规划编制指南》（试行）提出，结合国民经济和社会发展五年规划确定的重点任务，明确近期规划安排。确定约束性和预期性指标，并分解下达至下级规划，明确推进措施。

（2）市县级层面

《市级国土空间总体规划编制指南（试行）》提出，衔接国民经济和社会发展五年规划，结合城市体检评估，对规划近期作出统筹安排，制定行动计划。编制城市更新、土地整治、生态修复、基础设施、公共服务设施和防洪排涝工程等重大项目清单，提出实施支撑政策。

（3）乡镇层面

《河北省乡镇国土空间总体规划编制导则（试行）》明确了近期建设要求：①衔接市县规划，结合乡镇实际对近期规划作出统筹安排，落实市县重大基础设施项目建设、生态修复和国土综合整治等工程及时序安排；②对乡镇产业、交通、水利、能源、电力、通信、环保、旅游等建设项目，文化教育、医疗体育、社会福利等公共设施项目，明确近期实施重点和发展时序；③制定近期建设项目表，明确项目类型、项目名称、建设性质、建设年限、用地规模、资金预算、新增建设用地和所在地区等。

专栏　北京市国土空间近期规划（2021年—2025年）

《北京市国土空间近期规划（2021年—2025年）》对接"十四五"经济社会发展规划，明确总体规划实施第二阶段目标指标和重点任务，推动总体规划实施各项任务分阶段、按时序分解落实，同步制定《北京城市总体规划实施工作方案（2021年—2025年）》，逐一明确责任部门、工作要求和完成时限，将推动任务不断转化为具体行动计划、年度实施计划及重大政策研究等。

建设用地。到2025年，全市建设用地总规模控制在3670平方千米左右，坚持增减挂钩，严格控制拆占比，城乡建设用地规模控制在2790平方千米左右。

生活空间。供应各类住房100万套左右，新增各类居住用地约50平方千米，城乡居住用地占全市城乡建设用地比重提高到36.5%左右。

自然资源和生态环境。全市森林蓄积量提升至3000万立方米，生态控制区占市域面积比例达到75%。建成区人均公园绿地面积达到16.7平方米，公园绿地500米服务半径覆盖率达到90%。

历史文化保护。加强"一城"（老城）、"三带"（长城文化带、西山永定河文化带、大运河文化带）保护发展，攻坚中轴线申遗保护，推动老城整体保护与复兴。

公共服务设施。建设北京第四实验学校、北大附小丰台分校等一批优质学校，北京口腔医院新院区、北京大学第一医院城南院区等一批优质医院，以及中国杂技艺术中心、大兴区文博综合馆等一批文化设施，提升公共服务水平。

交通系统和基础设施。轨道交通里程达到1600千米。继续实施官厅水库、永定河流域生态恢复工程，逐步提高官厅水库水质。积极推动温潮减河工程建设，完善城市副中心防洪体系。

（4）村庄层面

《自然资源部办公厅关于加强村庄规划促进乡村振兴的通知》明确，应研究提出近期需要推进的生态修复整治、农田整理、补充耕地、产业发展、基础设施和公共服务设施建设、人居环境整治、历史文化保护等项目，明确资金规模及筹措方式、建设主体和方式等。

专栏 四川省成都市国土空间总体规划近期行动计划清单

成都市国土空间总体规划中突出问题导向，明确近期行动，包括推动区域协调发展、提升城市竞争力等六大方面，细分为区域基础设施建设工程、科技创新中心建设行动、经济中心建设行动等 26 项行动计划。

成都市近期行动计划清单

方面	序号	行动名称
推动区域协调发展	1	区域基础设施建设工程
	2	区域产业协作工程
	3	区域创新融合工程
	4	区域协同开放工程
	5	区域协同生态建设工程
提升城市竞争力	6	科技创新中心建设行动
	7	经济中心建设行动
	8	国际门户枢纽建设行动
提升城市宜居品质	9	高品质公共服务倍增工程
	10	城市通勤效率提升工程
	11	城市更新和老旧小区改造提升工程
	12	"五绿润城"工程
推动基础设施完善	13	高效交通系统建设工程
	14	智慧城市建设工程
	15	韧性城市建设工程
推动国土空间综合整治	16	土地综合整治工程
	17	高标准农田建设行动
推动生态环境保护修复	18	川西林盘保护修复行动
	19	水环境治理工程
	20	长江支流矿山修复工程
	21	地质灾害综合防治工程
	22	大气污染治理工程
	23	两山生态提升工程
	24	土壤修复工程
	25	自然保护地系统建设和生物多样性保护工程
	26	全域森林生态建设提升工程

资料来源：《成都市国土空间总体规划（2020—2035 年）》（草案公示），2021 年 7 月公示.

专栏 河北省邢台市信都区路罗镇茶旧沟村近期建设安排

茶旧沟村村庄规划（阶段性成果）近期建设项目从生态修复、人居环境整治、道路交通、历史文化保护、基础设施和公共服务设施六个方面进行规划，制定了近期建设项目表，明确了各项目建设规模、资金估算和建设时序等内容。

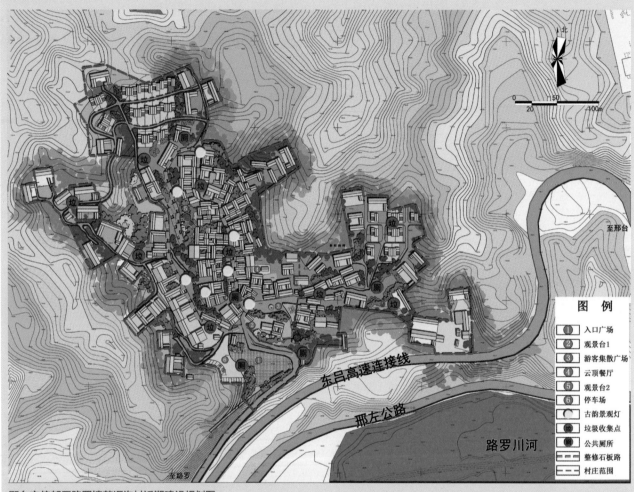

邢台市信都区路罗镇茶旧沟村近期建设规划图

图片来源：《邢台市信都区路罗镇茶旧沟村"多规合一"村庄规划（2020—2035年）》，2020年11月.

94. 建设用地"一书三证"用途管制

《中共中央 国务院关于建立国土空间规划体系并监督实施的若干意见》提出，健全用途管制制度；以国土空间规划为依据，对所有国土空间分区分类实施用途管制。①城镇开发边界内的建设，实行"详细规划＋规划许可"的管制方式；②城镇开发边界外的建设，按照主导用途分区，实行"详细规划＋规划许可"和"约束指标＋分区准入"的管制方式；③对以国家公园为主体的自然保护地、重要海域和海岛、重要水源地、文物等实行特殊保护制度。因地制宜制定用途管制制度，为地方管理和创新活动留有空间。

（1）国土空间规划要求

《自然资源部关于加强和规范规划实施监督管理工作的通知》提出，经依法批准的国土空间规划是开展各类国土空间开发保护建设活动、实施统一用途管制的基本依据。总体规划和详细规划是实施城乡开发建设、整治更新、保护修复活动和核发规划许可的法定依据。不得以城市设计、城市更新规划等专项规划替代国土空间总体规划和详细规划作为各类开发保护建设活动的规划审批依据。

《自然资源部办公厅关于加强国土空间规划监督管理的通知》指出，坚持先规划、后建设。严格按照国土空间规划核发建设项目用地预审与选址意见书、建设用地规划许可证、建设工程规划许可证、乡村建设规划许可证。未取得规划许可，不得新建、改建、扩建工程。不得以集体讨论、会议决定等非法定方式替代规划许可。

（2）用途管制阶段

国土空间用途管制分为 5 个阶段：建设项目用地预审与选址、农用地转用与土地征收、建设用地规划许可、建设工程规划许可、土地核验与规划核实。

建设项目用地预审与选址

自然资源主管部门在建设项目审批、核准、备案阶段，依法对项目涉及的土地利用事项，以及以划拨方式提供国有土地使用权的，对项目涉及的国土空间规划情况进行审查、许可的行为。

自然资源部将建设项目选址意见书、建设项目用地预审意见合并，自然资源主管部门统一核发建设项目用地预审与选址意见书，不再单独核发建设项目选址意见书、建设项目用地预审意见。

建设项目用地预审与选址意见书需要载明项目名称、项目代码、建设单位名称、项目建设依据、项目拟选位置、拟用地面积、拟建设规模。

建设项目批准、核准前或者备案前后，由自然资源主管部门对建设项目用地事项进行审查，提出建设项目用地预审意见。建设项目需要申请核发选址意见书的，应当合并办理建设项目用地预审与选址意见书，核发建设项目用地预审与选址意见书。

①涉及新增建设用地。用地预审权限在自然资源部的，建设单位向地方自然资源主管部门提出用地预审与选址申请，由地方自然资源主管部门受理；经省级自然资源主管部门报自然资源部通过用地预审后，地方自然资源主管部门向建设单位核发建设项目用地预审与选址意见书。用地预审权限在省级以下自然资源主管部门的，由省级自然资源主管部门确定建设项目用地预审与选址意见书办理的层级和权限。

②使用已经依法批准的建设用地。进行建设的项目，不再办理用地预审；需要办理规划选址的，由地方自然资源主管部门对规划选址情况进行审查，核发建设项目用地预审与选址意见书。

③有效期。建设项目用地预审与选址意见书有效期为三年，自批准之日起计算。

农用地转用与土地征收

建设占用土地，涉及农用地转为建设用地的，应当办理农用地转用审批手续。永久基本农田转为建设用地的，由国务院批准。将永久基本农田以外的农用地转为建设用地的，由国务院或者国务院授权的省、自治区、直辖市人民政府批准。

为了公共利益的需要，有下列情形之一，确需征收农民集体所有的土地的，可以依法实施征收：①军事和外交需要用地；②由政府组织实施的能源、交通、水利、通信、邮政等基础设施建设需要用地；③由政府组织实施的科技、教育、文化、卫生、体育、生态环境和资源保护、防灾减灾、文物保护、社区综合服务、社会福利、市政公用、优抚安置、英烈保护等公共事业需要用地；④由政府组织实施的扶贫搬迁、保障性安居工程建设需要用地；⑤在土地利用总体规划确定的城镇建设用地范围内，经省级以上人民政府批准由县级以上地方人民政府组织实施的成片开发建设需要用地；⑥法律规定为公共利益需要可以征收农民集体所有的土地的其他情形。

由国务院批准征收的土地的情形：①永久基本农田；②永久基本农田以外超过35公顷的耕地；③其他超过70公顷的土地。征收上述以外土地，由省、自治区、直辖市人民政府批准。

建设用地规划许可

自然资源主管部门依法依规对以划拨或出让方式提供国有土地使用权的建设项目用地的规划审查、许可的行为。

自然资源部将建设用地规划许可证、建设用地批准书合并，自然资源主管部门统一核发新的建设用地规划许可证，不再单独核发建设用地批准书。

①以划拨方式取得国有土地使用权的。建设单位向所在地的市、县自然资源主管部门提出建设用地规划许可申请，经有建设用地批准权的人民政府批准后，市、县自然资源主管部门向建设单位同步核发建设用地规划许可证、国有土地划拨决定书。

②以出让方式取得国有土地使用权的。市、县自然资源主管部门依据规划条件编制土地出让方案，经依法批准后组织土地供应，将规划条件纳入国有建设用地使用权出让合同。建设单位在签订国有建设用地使用权出让合同后，市、县自然资源主管部门向建设单位核发建设用地规划许可证。

建设用地规划许可证需要载明用地单位、项目名称、批准用地机关、批准用地文号、用地位置、土地用途、建设规模、土地取得方式。

建设工程规划许可

自然资源主管部门或者省、自治区、直辖市人民政府确定的镇人民政府，依法依规对建筑物、构筑物、道路、管线和其他工程建设的规划审查、许可的行为。

在城市、镇规划区内进行建筑物、构筑物、道路、管线和其他工程建设的，建设单位或者个人应当向城市、县人民政府自然资源主管部门或者省、自治区、直辖市人民政府确定的镇人民政府申请办理建设工程规划许可证。

建设工程规划许可证需要载明项目名称、项目代码、建设单位名称、建设位置、用地面积、建设规模。

土地核验与规划核实

自然资源主管部门依法依规对建设项目土地利用是否符合土地出让合同、建设工程是否符合规划条件和规划许可内容等核实、验收的行为。

自然资源主管部门严格依据规划条件和建设工程规划许可证开展规划核实。无规划许可或违反规划许可的建设项目不得通过规划核实，不得组织竣工验收。

（3）乡村建设规划许可

自然资源主管部门依法依规对乡镇企业、乡村公共设施和公益事业建设以及农村村民住宅建设活动的规划审查、许可的行为。

农村地区要有序推进"多规合一"的实用性村庄规划编制和规划用地"多审合一、多证合一"，加强用地审批和乡村建设规划许可管理，坚持农地农用。严禁借农用地流转、土地整治等名义违反规划搞非农建设、乱占耕地建房等，坚决杜绝集体土地失管失控现象。

在乡、村庄规划区内进行乡镇企业、乡村公共设施和公益事业建设的，建设单位或者个人应当向乡、镇人民政府提出申请，由乡、镇人民政府报城市、县人民政府自然资源主管部门核发乡村建设规划许可证。

乡村建设规划许可证应载明建设单位、建设项目名称、地块位置、用地范围、用地性质、建筑面积、建筑高度等要求，并附标注地块四至范围坐标的建设工程设计总平面图。根据管理需要，内容也可以包括建筑风格、外观形象、色彩等要求。

95. 国土空间规划城市体检评估

《中共中央 国务院关于建立国土空间规划体系并监督实施的若干意见》提出，健全资源环境承载能力监测预警长效机制，建立国土空间规划定期评估制度，结合国民经济社会发展实际和规划定期评估结果，对国土空间规划进行动态调整完善。

（1）国土空间规划要求

《国土空间规划城市体检评估规程》（TD/T 1063—2021）提出，坚持以人民为中心的发展思想，坚持目标导向、问题导向和结果导向相结合，坚持一切从实际出发和科学简明操作，健全国土空间规划实施监督、定期评估、动态维护制度，开展城市体检评估，有助于及时揭示城市空间治理中存在的问题和短板，提高城市治理现代化水平，推动建设安全韧性、绿色低碳、开放协调、创新智慧、包容共享并独具魅力的美好城市。

（2）概念

年度体检。聚焦当年度规划实施的关键变量和核心任务，对国土空间总体规划实施情况进行的年度监测和评价。

五年评估。对照国土空间总体规划确定的总体目标、阶段目标和任务措施等，系统分析城市发展趋势，对规划实施情况进行的阶段性综合评估。

专栏 北京市城市体检评估

2021年北京进行了首次评估，共有93项指标达到或者超过总体规划目标，102项任务阶段性目标全面完成，有力推动了北京城市战略定位转型和首都高质量发展 ❶。

北京市风貌
图片来源：图虫网.

---

❶ 网易.市民对话一把手｜"城市体检"首次评估结果出炉，未来城市生活更方便、更舒心、更美好！. https://www.163.com/dy/article/GT2U0K590525CD92.html.

责任主体。体检评估工作由城市人民政府负责组织实施，自然资源主管部门结合国土空间规划编制、审批、动态维护、实施监督等职责负责具体实施。可采取自体检评估和第三方体检评估相结合的方式。

指标体系。按安全、创新、协调、绿色、开放和共享6个维度建立指标体系，包括基本指标、推荐指标和自选指标。在基本指标的基础上，可结合本地发展阶段选择推荐指标，也可与地方实际紧密结合，另行增设城市发展中与时空紧密关联，体现质量、效率、结构和品质的自选指标。

工作流程。体检评估工作流程包括制定工作方案、构建指标体系、规范和夯实数据基础、分析评价、编制成果、汇交成果、成果应用等。

时间安排。年度体检宜结合年度国土变更调查每年开展，五年评估原则上与国民经济和社会发展五年规划周期保持一致。开展五年评估的当年不单独开展年度体检。体检评估工作应于每年第一季度启动，争取于当年第二季度完成。

（3）国土空间规划要求

自然资源主管部门会同有关部门动态监测国土空间布局、重大工程等执行情况，以及下级对上级国土空间规划的落实情况，对规划实施情况开展动态监测、评估和预警。

（4）体检评估内容

围绕战略定位、底线管控、规模结构、空间布局、支撑体系、实施保障6个方面的评估内容（各城市可根据具体情况进行调整），采取全局数据与典型案例结合、纵向比较与横向比较结合、客观评估与主观评价结合等分析方法，对各项指标现状年与基期年、目标年或未来预期进行比照，分析规划实施率等进展情况。

战略定位。分析实施国家和区域重大战略、落实城市发展目标、强化城市主要职能、优化调整城市功能等方面的成效及问题。

底线管控。分析耕地和永久基本农田、生态保护红线、城镇开发边界、地质洪涝灾害、文化遗产保护等底线管控，以及全域约束性自然资源保护（包含山水林田湖草沙海全要素）目标落实等方面的成效及问题。

规模结构。分析优化人口、就业、用地和建筑的规模、结构和布局，提升土地使用效益，推进城市更新等工作的成效及问题。

专栏 南京市城市体检评估

南京市城市体检评估工作围绕国土空间开发保护中取得的成效和存在的短板、不足，采取多维度、多层次、多规范对比的方式，突出问题识别，引领战略发展，形成综合的体检评估结论。具体包括：①生态文明建设成效显著；②城乡功能品质大幅提升；③创新名城建设成效凸显；④历史文化保护扎实推进；⑤民生保障水平稳步提升。

江苏省南京市风貌
图片来源：李民健 摄.

空间布局。分析区域协同、城乡统筹、产城融合、分区发展、重点和薄弱地区建设等空间优化调整方面的成效及问题。

支撑体系。分析生态环境改善、住房保障、公共服务、综合交通、市政基础设施、城市安全韧性、城市空间品质等方面的成效及问题。

实施保障。分析实施总体规划所开展的行动计划、执法督察、政策机制保障、信息化平台建设，以及落实总体规划的详细规划、相关专项规划及下层次县级或乡镇级国土空间总体规划的编制、实施等方面的成效及问题。

（5）**年度体检评估报告内容要求**

基于6个方面的内容分析，聚焦年度规划实施中的关键变量和核心任务，总结当年城市运行和规划实施中存在的问题和难点，并从年度实施计划、规划、应对措施、配套政策机制等方面有针对性地提出建议。

年度体检报告主要包括总体结论、规划实施成效、存在问题及原因分析、对策建议等。体检成果要对上一年体检发现问题的整改情况进行说明。

（6）**五年评估报告内容要求**

应全面对照国土空间总体规划和上级人民政府对国土空间总体规划的批复要求，以6个方面的规划实施情况为重点，开展阶段性的全面评估和总结，结合规划面临的新形势和新要求，对未来发展趋势作出判断，并对规划的动态维护及下一个五年规划实施措施、政策机制等方面提出建议。

五年评估报告内容主要包括总体结论、规划实施成效、存在问题及原因分析、对策建议等。

96. 规划传导

《中共中央 国务院关于建立国土空间规划体系并监督实施的若干意见》提出，明确规划约束性指标和刚性管控要求，同时提出指导要求。制定实施规划的政策措施，提出下级国土空间总体规划和相关专项规划、详细规划的分解落实要求，健全规划实施传导机制，确保规划能用、管用、好用。

（1）国土空间规划要求

省级层面。①对市县规划传导。以省域国土空间格局为指引，统筹市县国土空间开发保护需求，实现发展的持续性和空间的合理性。省级国土空间规划通过分区传导、底线管控、控制指标、名录管理、政策要求等方式，对市县级规划编制提出指导约束要求。省级国土空间规划要将上述要求分解到下级规划，不得突破。②对专项规划指导约束。省级国土空间规划要综合统筹相关专项规划的空间要求，协调各专项规划空间安排。

市级层面。①对区县指引。对市辖县（区、市）提出规划指引，按照主体功能区定位，落实市级总体规划确定的规划目标、规划分区、重要控制线、城镇定位、要素配置等规划内容。制定市辖县（区、市）的约束性指标分解方案，下达调控指标，确保约束性指标的落实。②对专项指引。明确专项规划编制清单。相关专项规划应在国土空间总体规划的指导约束下编制，落实相关约束性指标，不得违背市级总体规划的强制性内容。

（2）定位传导

战略定位的设定，重点承接上位规划的要求，并将其与自身发展有机结合，制定体现自身特色的发展定位。

专栏 定位传导

中共中央、国务院印发的《京津冀协同发展规划纲要》中明确河北省全国现代商贸物流基地、产业转型升级试验区、新型城镇化与城乡统筹示范区、京津冀生态环境支撑区等"三区一基地"总体定位。

河北省邯郸市积极传导落实省级定位要求，深入实施京津冀协同发展战略，着力建设全国重要的先进制造业基地、全国性综合交通枢纽城市、国家历史文化名城，打造京津冀联动中原的区域中心城市。

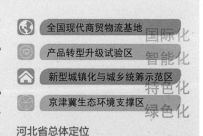

河北省总体定位

河北省邯郸市丛台公园
图片来源：邯郸市自然资源和规划局.

（3）控制指标传导

控制指标传导是落实上位规划确定的量化要求，以总量、人均量化形式在本级规划中予以明确并分配至下级规划的传导方式。

①耕地、永久基本农田方面。重点对耕地保有量、永久基本农田保护面积等指标进行传导。②林地方面。重点对林地面积森林覆盖率等指标进行传导。③用水量方面。重点对用水总量、每万元国内生产总值水耗等指标进行传导。④建设用地方面。重点对城镇开发边界扩展倍数、城镇建设用地规模、村庄建设用地规模等指标进行传导。⑤新增国土修复方面。重点对山水林田湖草生态修复、国土综合整治、矿山生态修复、海洋生态修复、其他整治和修复等指标进行传导。⑥其他底线管控方面。重点对生态保护红线面积、大陆自然海岸线保有率、人均城镇建设用地面积、道路网密度、公园绿地广场步行 5 分钟覆盖率等指标进行传导。

（4）控制线传导

控制线传导是落实上位规划确定的各类底线要求，以刚性的控制线对面积、分布、边界等予以精确表达并传导。重点对三条控制线（耕地和永久基本农田、生态保护红线、城镇开发边界）、历史文化保护线、矿产资源底线、中心城市绿线、蓝线等进行传导。

（5）分区传导

规划分区应落实上位国土空间规划要求，为本行政区域国土空间保护开发作出综合部署和总体安排，应充分考虑生态环境保护、经济布局、人口分布、国土利用等因素。重点对生态保护区、生态控制区、农田保护区、城镇发展区、乡村发展区、海洋发展区、矿产能源发展区等进行传导。

（6）政策传导

政策传导是落实上位规划确定的标准、原则、措施等各类要求，以便于落实的各类文件、细则、标准等形式予以明确并传导。重点对用途准入标准、正负面清单、建设用地集约利用措施、中心城区绿地系统布局和控制要求、特色景观地区管控要求等进行传导。

（7）名录传导

名录传导是落实上位规划的针对性要求，以名录的形式对名称、面积、分布、责任主体等予以细化，重点对自然保护地名录、历史文化遗产保护名录、重点建设项目清单等进行传导。

专栏　规划传导实例——山东省青岛市国土空间总体规划传导

山东省青岛市按照"全域统一、上下衔接、分级管理"的原则，构建"三级三类"的国土空间规划体系，明确具体传导要求。

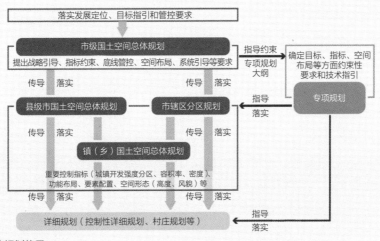

山东省青岛市国土空间总体规划传导

图片来源：《青岛市国土空间总体规划（2021—2035 年）》（公示版），2021 年 7 月公示.

97. 各方主体责任

《中共中央 国务院关于建立国土空间规划体系并监督实施的若干意见》提出，地方各级党委和政府要充分认识建立国土空间规划体系的重大意义，主要负责人亲自抓，落实政府组织编制和实施国土空间规划的主体责任，明确责任分工，落实工作经费，加强队伍建设，加强监督考核，做好宣传教育。加强国土空间规划实施的考核，考核结果作为对各级党委、人民政府及其部门绩效考核的重要内容；强化监督和责任追究制度，国土空间规划实施坚持党政同责，对违反国土空间规划的各类行为，立案查处并依法依规追究责任。

（1）党委、人大、政府责任

组织编制

省级人民政府组织编制省级国土空间规划。市级人民政府组织编制市级国土空间总体规划。县级人民政府组织编制县级国土空间总体规划。乡镇人民政府原则上组织编制乡镇国土空间总体规划和村庄规划。

审批审议

①国家层面。党中央、国务院审定全国国土空间规划。国务院审批省级国土空间规划，直辖市、计划单列市、省会城市及国务院指定城市的国土空间总体规划，国家级国土空间专项规划等。

②省级层面。省级人大常委会审议省级国土空间规划。省级人民政府审批设区市国土空间总体规划（不含国务院审批的城市），以及省级人民政府确定的县级国土空间总体规划、省级国土空间专项规划、跨市级行政区域的专项规划等。

③市县层面。除报国务院和省级人民政府审批的城市国土空间总体规划以外，其他市县及乡镇国土空间总体规划由省级人民政府根据当地实际，明确规划编制审批内容和程序要求。《河北省土地管理条例》明确了审议主体，市级、县级人大常委会审

议本级国土空间总体规划。设区市人民政府审批其他县（市）国土空间总体规划，以及市辖区内乡镇国土空间总体规划。县（市）人民政府审批乡镇国土空间总体规划和村庄规划。市县人民政府审批城镇开发边界内的详细规划、本级国土空间专项规划、下一级跨行政区域的专项规划等。

④乡村层面。乡镇人民代表大会审议乡镇国土空间总体规划。村庄规划应经村民委员会审议和村民会议或村民代表会议讨论通过。

（2）部门责任

《中共中央 国务院关于建立国土空间规划体系并监督实施的若干意见》对有关部门责任进行了明确规定。

自然资源部门。①《自然资源部职能配置、内设机构和人员编制规定》提出，自然资源部推进主体功能区战略和制度，组织编制并监督实施国土空间规划和相关专项规划。开展国土空间开发适宜性评价，建立国土空间规划实施监测、评估和预警体系。会同相关部门组织编制全国国土空间规划，构建技术标准体系，加快推进国土空间规划立法工作。②省级、市级、县级自然资源主管部门承担同级国土空间总体规划具体编制工作，组织编制海岸带、自然保护地等专项规划及跨行政区域或流域的国土空间规划。市级、县级自然资源主管部门按照规定的管辖范围组织编制城镇开发边界内的详细规划。③上级自然资源主管部门要会同有关部门组织对下级国土空间规划中各类管控边界、约束性指标等管控要求的落实情况进行监督检查，将国土空间规划执行情况纳入自然资源执法内容。

组织、人事、审计等部门要研究将国土空间规划执行情况纳入领导干部自然资源资产离任审计，作为党政领导干部综合考核评价的重要参考。组织部门在对地方党委和政府主要负责人的教育培训中

要注重提高其规划意识。纪检监察机关要加强监督。

发展改革、财政、金融、税务、自然资源、生态环境、住房城乡建设、农业农村等部门要研究制定完善主体功能区的配套政策。教育部门要研究加强国土空间规划相关学科建设。

（3）规划设计单位责任

《自然资源部办公厅关于深入推进城乡规划编制单位资质认定"放管服"改革的通知》提出，规划编制单位及法定代表人对法定的国土空间规划编制成果是否符合法律法规、标准规范、相关政策以及上位国土空间规划强制性内容要求负终身责任。两个及以上规划编制单位合作编制国土空间规划的，牵头单位对编制成果质量负总责，其他单位按照合同约定对项目承担相应责任。

98. 国土空间规划公众参与

2015 年 12 月，中央城市工作会议指出，市民是城市建设、城市发展的主体。要尊重市民对城市发展决策的知情权、参与权、监督权，鼓励企业和市民通过各种方式参与城市建设、管理。在共建共享过程中，城市政府应该从"划桨人"转变为"掌舵人"，同市场、企业、市民一起管理城市事务、承担社会责任。只有让全体市民共同参与，从房前屋后的实事做起，从身边的小事做起，把市民和政府的关系从"你和我"变成"我们"，从"要我做"变为"一起做"，才能真正实现城市共治共管、共建共享。

（1）国土空间规划要求

《中共中央 国务院关于建立国土空间规划体系并监督实施的若干意见》提出，坚持上下结合、社会协同，完善公众参与制度，发挥不同领域专家的作用。

省、市、县层面。《省级国土空间规划编制指南》（试行）提出，加强社会协同和公众参与，充分听取公众意见，发挥专家作用，实现共商共治，让规划编制成为凝聚社会共识的平台。《市级国土空间总体规划编制指南（试行）》提出，贯彻落实"人民城市人民建，人民城市为人民"理念，坚持开门编规划，建立全流程、多渠道的公众参与和社会协同机制。

乡村层面。《自然资源部办公厅关于加强村庄规划促进乡村振兴的通知》提出，乡镇政府应引导村党组织和村民委员会认真研究审议村庄规划并动员、组织村民以主人翁的态度，在调研访谈、方案比选、公告公示等各个环节积极参与村庄规划编制，协商确定规划内容。村民委员会要将规划主要内容纳入村规民约。

（2）规划编制阶段

省、市、县层面。在规划编制启动阶段，深入了解各地区、各部门、各行业和社会公众的意见和需求。充分调动和整合各方力量，鼓励各类相关机构参与规划编制。健全专家咨询机制，组建包括各相关领域专家的综合性咨询团队。完善部门协作机制，共同推进规划编制工作。

乡村层面。开门编规划，综合应用各有关单位、行业已有工作基础，鼓励引导大专院校和规划设计机构下乡提供志愿服务、规划师下乡蹲点，建立驻村、驻镇规划师制度。激励引导熟悉当地情况的乡贤、能人积极参与村庄规划编制。支持投资乡村建设的企业积极参与村庄规划工作。村庄规划编制中要充分听取村民意见，反映村民诉求。

（3）方案论证阶段

省、市、县层面。在规划方案论证阶段，应针对中间成果征求有关方面意见。规划成果报批前，应以通俗易懂的方式征求社会各方意见。充分利用各类媒体和信息平台，采取贴近群众的各种社会沟通工具，保障各阶段公众参与的广泛性、代表性和实效性，并保障充分的参与时间。

乡村层面。乡镇人民政府应引导村党组织和村民委员会认真研究审议村庄规划，积极参与村庄规划方案论证，协商确定规划内容。村庄规划在报送审批前应在村内公示 30 日，报送审批时应附村民委员会审

> **专栏 河北省探索乡村责任规划师试点工作**
>
> 河北省积极推进乡村责任规划师工作，出台《关于开展乡村责任规划师试点工作的指导意见》，确定乡村责任规划师省级试点，明确乡村责任规划师职责主要为参与乡村规划建设的研究决策、配合组织编制乡村规划、参与重要项目的规划设计实施、解读规划政策、反馈村民诉求等。同时，建立月报制度，掌握乡村责任规划师主要工作动态，及时协调解决责任规划师工作中的难点问题。

议意见和村民会议或村民代表会议讨论通过的决议。

（4）规划批准后

《省级国土空间规划编制指南》（试行）提出，规划经批准后，应在一个月内向社会公告。涉及向社会公开的文本和图件，应符合国家保密管理和地图管理等有关规定。

专栏　辽宁省沈阳市国土空间总体规划公众参与活动内容

沈阳市提出了"全过程、全方位、多渠道"的公众参与模式。按照规划编制工作方案内容和进度安排，公众参与分为规划前期准备、规划编制阶段、成果深化、规划实施与监督管理四个阶段。

沈阳市国土空间总体规划公众参与及活动内容

阶段	活动	详细内容
规划前期准备	公众意见征询及愿景调查	网络问卷调查，通过媒体宣传、地铁站点宣传形式开展
		开展"六进入"活动。其中包括进社区、企业、学校以现场讲解和填写纸质问卷的形式进行愿景调查和有针对性的意见征询；进人大、政协和科研院所以书信形式邀请人大代表、政协委员和科研机构对规划编制的专题专项提出宝贵意见
	规划基本情况及公众参与活动宣传	制作通俗易懂的公众宣传手册、宣传动画，将"六进入"活动制成宣传短片，通过媒体及在地铁、公交车、人群集聚地宣传
	专家采访	专家接受新闻媒体采访，介绍本次国土空间总体规划的基本情况
	召开专家会	成立规划编制专家顾问委员会，召开专家会为规划编制把脉，共同研讨编制中涉及的各项问题
规划编制阶段	公众意见征询	通过报纸、网页、微信公众号、微博等方式，将规划初步成果向社会公示，并广泛征求意见
	组织网络社情民意收集	以"沈阳国土空间"为搜索关键词，抓取主流网络媒体、自媒体、网民关注的内容、跟帖评价，分析信息热度、网民观点分布，为规划编制提供网络社情民意数据参考
	专家解读活动	邀请专家顾问对本次规划编制进行专业解读，对方向进行展望，可安排电视专访，重点是为国土空间总体规划编制明确方向，为市民进行规划知识普及
成果深化	成果公示	通过报纸、网页、微信、微博等媒体，将规划拟上报成果制成公众读本向社会公示，广泛征求意见
	组织批复成果宣传	制作公益广告、宣传片等，通过各类宣传平台将审批通过的规划成果进行报道宣传
规划实施与监督管理	公众监督	专题网站和微信平台作为市民进行规划实施监督的重要平台予以保留，重点对规划实施的过程和重大项目进行新闻报道、成果发布，同时市民通过该平台可对规划实施进行监督和提出建议

资料来源：中国国土空间规划公众号，https://mp.weixin.qq.com/s/UTls25jtc7Kw_jr1wCGy2Q.

99. 国土空间规划新技术应用

《中共中央 国务院关于建立国土空间规划体系并监督实施的若干意见》提出，运用城市设计、乡村营造、大数据等手段，改进规划方法，提高规划编制水平。

（1）国土空间规划要求

自然资源部办公厅印发《全国国土空间规划实施监测网络建设工作方案（2023—2027年）》提出，积极落实数字中国战略，顺应新技术革命趋势，以业务需求为牵引，以智能工具和算法模型为支撑，注重顶层设计和基层探索有机结合，技术创新和制度创新双轮驱动，加强系统互联和数据治理，加大资源整合力度，加快建设"可感知、能学习、善治理、自适应"的智慧规划，提升国土空间治理现代化水平。

《市级国土空间总体规划编制指南（试行）》提出，要夯实规划基础，强化城市设计、大数据、人工智能等技术手段对规划方案的辅助支撑作用，提升规划编制和管理水平。

（2）新技术应用

大数据、云计算等新技术广泛应用于现代化城市治理等各个阶段，包括城市体检评估、"双评价""双评估"、区域分析、人地关系研究、综合交通规划、产业空间布局、公共服务设施布局、"一张图"建设等。

①在城市发展战略研究中，借助手机信令、铁路12306、航空公司票务等观测人口迁徙、空间分布、职住关系等分析城市间联系强度和城乡关系，为城镇体系建设提供决策依据。

②在交通网络分析中，如百度慧眼工作居住人口数据、微博打卡数据、IC卡记录等提取人的活动空间与流向，分析就业密度、居住密度、通勤情况等，可助力智慧交通，推进交通精细化管理。

专栏 手机信令数据应用

基于手机信令研究河北省衡水市安平县工作日通勤OD（起点和终点），县城和西两洼乡呈现明显集聚，说明此区域产业集聚明显，是城镇化重要地区。在春节期间，向主城区集聚态势明显，周边村庄人口也有所增加，主要原因为外出务工和求学集中返乡、春节期间走亲访友、景区游览等。

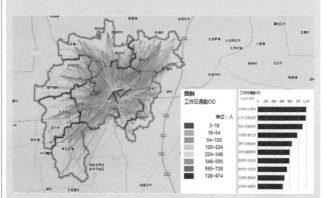

安平县工作日通勤OD图

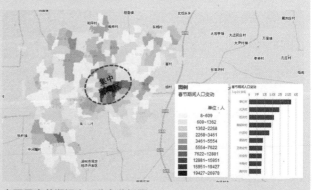

安平县春节期间人口分布分析图
图片来源：《安平县新型城镇化和人口发展预测》，2022年.

③在公共服务设施规划布局中，借助时空数据实时监测、动态跟踪，运用云计算、数据可视化等手段分析评估现状设施实际服务范围、各设施间的关系及互相影响，通过网格化人口管理，叠加现状情况、服务范围、人口及用地、道路交通等情况，提高设施使用效率，优化设施服务能力。

（3）大数据类型

大数据时代新出现的数据类型有以下几类。①开放型本地数据。如音乐、照片、视频等影音资料，共享在互联网面向所有用户。②传感器数据。移动设备上用户点击行为数据，如手机信令、App 使用等。③地图数据。电子地图如高德、百度、Google 地图等形成的出行热点、OD 调查等数据。④社交行为数据。社交网络如微博、微信等。⑤电商数据。网络交易行为，包含支付数据、查询行为等信息流和资金流数据。⑥搜索行为数据。基于各类搜索引擎聚集的海量用户数据[1]。

专栏 灯光数据的应用

利用卫星传感器探测夜晚地球的灯光、火光等人类活动的表征信息，具有极强的时效性。收集陆地、大气、冰层和海洋的可见光和红外波段的辐射图像，测量云量、海洋水色、海洋和陆地表面温度、火灾、地球反照率等，可应用于城市体检评估、风险识别等方面。

我国的珞珈一号数据，可提供我国及全球 GDP 指数、碳排放指数、城市住房空置率指数等专题产品，动态监测中国和全球宏观经济运行情况，与人口、GDP、碳排放等人类活动、城市活力息息相关，为政府决策提供客观依据。

---

[1] 赵国生，王健，宋一兵. 大数据基础与应用 [M]. 北京：机械工业出版社 . 2019.

100. 国土空间规划"一张图"

2019 年 7 月，中央全面深化改革委员会第九次会议强调，要以资源环境承载能力和国土空间开发适宜性评价为基础，科学有序统筹布局生态、农业、城镇等功能空间，按照统一底图、统一标准、统一规划、统一平台的要求，建立健全分类管控机制。

（1）国土空间规划要求

《中共中央 国务院关于建立国土空间规划体系并监督实施的若干意见》提出，以自然资源调查监测数据为基础，采用国家统一的测绘基准和测绘系统，整合各类空间关联数据，建立全国统一的国土空间基础信息平台。以国土空间基础信息平台为底板，结合各级各类国土空间规划编制，同步完成县级以上国土空间基础信息平台建设，实现主体功能区战略和各类空间管控要素精准落地，逐步形成全国国土空间规划"一张图"，推进政府部门之间的数据共享以及政府与社会之间的信息交互。

（2）建设目标

建设完善省、市、县各级国土空间基础信息平台。以第三次全国国土调查成果为基础，整合国土空间规划编制所需的各类空间关联数据，形成坐标一致、边界吻合、上下贯通的一张底图，作为国土空间规划编制的工作基础。

形成统一的全国国土空间规划"一张图"。依托平台，以一张底图为基础，整合叠加各级、各类国土空间规划成果，实现各类空间管控要素精准落地，形成覆盖全国、动态更新、权威统一的全国国土空间规划"一张图"，为统一国土空间用途管制、强化规划实施监督提供法定依据。

推动国土空间规划"一张图"实施监督信息系统建设。基于平台，同步推动省、市、县各级国土空间规划"一张图"实施监督信息系统建设，为建立健全国土空间规划动态监测评估预警和实施监管机制提供信息化支撑。

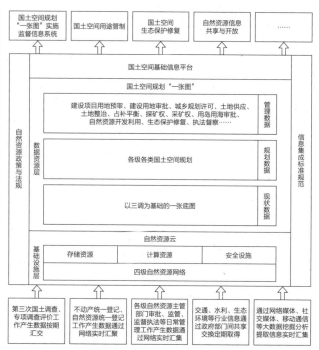

国土空间基础信息平台框架图

图片来源：《国土空间规划"一张图"建设指南（试行）》，2019 年 7 月．

（3）构建国土空间规划"一张图"的具体路径

国土空间规划"一张图"建设的核心是建立完善国土空间基础信息平台，同步构建国土空间规划"一张图"实施监督信息系统。

建设统一的国土空间基础信息资源管理与服务体系。建成国家、省、市、县上下贯通、部门联动、安全可靠的国土空间基础信息平台，为国土空间规划编制和监督实施、国土空间用途管制、国土空间开发利用监测监管、国土空间生态修复等提供数据支撑和技术保障，有效提升国土空间治理能力现代化水平。

"一张底图"支撑国土空间规划编制。基于第三次全国国土调查成果，采用国家统一的测绘基准和测绘系统，在坐标一致、边界吻合、上下贯通的前提下，可整合集成遥感影像、基础地理、基础地质、地理国情普查等现状类数据，共享发改、生态、住建、交通、水利、农业等部门国土空间相关信息，开展地类细化调查和补充调查，依托平台，形成一张底图，支撑国土空间规划编制。

建设完善国土空间基础信息平台。省、市、县各级平台建设，应与国家级平台对接，全面实现纵向联通，推进与其他相关部门信息平台的横向联通和数据共享。基于平台，建设从国家到市县级的国土空间规划"一张图"实施监督信息系统，开展国土空间规划动态监测评估预警和实施监管。未完成平台和系统建设的市县不得先行报批国土空间总体规划。

建立全国国土空间规划"一张图"。《国土空间规划"一张图"建设指南（试行）》提出，国土空间规划数据库标准、国土空间规划数据汇交要求、国土空间规划数据库质量检查细则和相关接口规范。省、市、县级可在此基础上结合本级实际管理要求进行拓展。

（4）国土空间规划"一张图"的应用 ❶

资源浏览。提供基础的数据浏览和地图操作功能，支持按照国土空间规划数据资源目录进行浏览、查询、定位；支持相关规划指标、规划文本和图件的浏览查看；满足多源数据的集成浏览展示与查询应用需求。

专题图制作。以专题应用为导向，通过数据选取、数据组织、数据展示、数据导出等步骤实现专题图制作与输出，专题制作流程可模板化定制并记录任务日志，以适应不同场景和多次使用需求。

对比分析。通过叠加分析、对比分析等手段，分析不同类别、不同层级的国土空间规划数据、现状数据和建设项目数据等不同数据之间在空间位置、数量关系、内在联系等方面的情况。

查询统计。提供属性筛选、空间筛选、图查数、数查图等查询方式获得图数一体查询结果，对查询结果可按维度进行分类统计并输出统计结果。

成果共享。针对相关部门业务需求，提供标准

专栏　河北省国土空间规划"一张图"

河北"一张图"数据管理平台，集成基础地理、现状、规划等各类数据，提供包括数据处理、资源浏览、专题图制作、对比分析、查询统计、成果共享等功能，多层次服务国土空间规划管理工作。

"一张图"数据管理平台的功能展示
图片来源：河北省自然资源厅．

化国土空间规划"一张图"数据服务和功能服务，供相关系统集成和调用，促成成果应用。

国土空间分析评价。以自然资源环境和国土空间开发利用现状数据为基础，开展资源环境承载能力和国土空间开发适宜性评价、国土空间规划实施评估和国土空间开发保护风险评估。

国土空间规划成果审查与管理。按照各级国土空间规划管理事权，提供规划成果质量控制、成果辅助审查、成果管理和成果动态更新等功能，支撑成果审查与管理。

国土空间规划实施监督。构建针对重要控制线和重点区域的监测评估预警指标和模型，实现国土空间规划实施的动态监测、定期评估和及时预警。

国土空间规划指标模型管理。实现国土空间规划编制、审核、修改和实施监督全过程中指标和模型的可视化管理。

社会公众服务。充分利用各种公开途径，提供面向公众的国土空间规划服务。支持多终端、多渠道的公开公示、意见征询和公众监督，促进规划公众参与。

---

❶《国土空间规划"一张图"实施监督信息系统技术规范》（GB/T 39972—2021）．

后记

从我国空间类规划发展历史来看，已历经半个多世纪，指引了我国波澜壮阔的城乡建设发展；从空间类规划在经济社会发展中的作用来看，无疑发挥着战略引领作用，塑造了各具地方特色的城镇和乡村；从空间类规划在新时代担负的历史使命来看，国家意志、"多规合一"、底线约束都将是规划编制和管理的重点方向。

目前，《全国国土空间规划纲要（2021—2035年）》正式印发实施，地方各级国土空间总体规划陆续批复，工作重心由高质量编制好规划成果向高水平实施好规划转变。本书立足规划全周期管理要求，除了规划编制、审批外，对规划动态监测评估预警等实施管理做了认真解读。此外，本书对地、矿、海、林、草、湿等各类自然资源和历史文化资源保护利用进行了系统阐述，希望本书能为自然资源和国土空间规划事业贡献一份力量。

今年是京津冀协同发展重大国家战略实施10周年，在深入实施京津冀协同发展战略的基础上，我们也高度关注和学习借鉴长江经济带发展、粤港澳大湾区建设、长三角一体化发展、黄河流域生态保护和高质量发展等重大战略地区的国土空间规划，在书中进行了经验介绍。

本书是河北省国土空间规划编制研究中心全体人员倾心投入的成果，结合国内外行业相关论著、规划实践，历时两年左右，经多次讨论及修改，最后将本书奉献给读者。赵勇负责全书审定，张守利、刘阳、霍磊负责全书统稿，各篇统稿人分别为：第1篇柴红霞；第2篇刘阳；第3、4篇霍磊；第5篇崔立烨；第6篇武明明；第7篇苗润涛；第8篇张守利；第9篇李如、张浩；第10篇任少飞；武明明、刘怡茜负责全书美化。

感谢自然资源部国土空间规划局张兵局长、国土空间规划研究中心门晓莹副主任对本书提出的指导性意见。感谢刘运琦、孙燕北、刘秉良、唐渭荣、梁彦庆、邢天河、高文杰、徐全洪、杜敏海、刘志敏、赵仓群、王凯、吴建春、李欣、赵丽梅、李艳平等专家，感谢河北省自然资源厅石建国、张晓国、刘彩欣、张德良、王伟、于立峰、李林、刘宁、史荣新、梁万、靳海峰、张力、张磊、田颖辉、覃政涛、刘瀚、尚月敏、霍永伟等同志提出的修改建议。

本书旨在为各级管理者、技术人员和社会公众提供国土空间规划知识普及的参考借鉴。在编写过程中，由于涉及内容较多，部分国土空间规划成果采用中间过程公示稿。作者能力有限，疏漏难免，希望专家及读者多提宝贵意见。